不要退缩，
不要自大，
坚守你神圣的阵地。

——布琳·布朗

目　录

如何防止 校园霸凌

帮助孩子自信、有韧性和坚强成长的实用工具

Bully-Proof Kids

Practical Tools to Help Your Child to Grow Up Confident, Resilient and Strong

[英] 斯特拉·奥马利（Stella O'Malley）著

中国青年出版社

图书在版编目（CIP）数据

如何防止校园霸凌：帮助孩子自信、有韧性和坚强成长的实用工具 /（英）斯特拉·奥马利著；邓林园译. —北京：中国青年出版社，2023.12
书名原文：BULLY-PROOF KIDS: PRACTICAL TOOLS TO HELP YOUR CHILD GROW UP CONFIDENT, RESILIENT AND STRONG
ISBN 978-7-5153-7015-6

Ⅰ. ①如… Ⅱ. ①斯… ②邓… Ⅲ. ①校园—暴力行为—预防—青少年读物 Ⅳ. ①G474-49

中国国家版本馆CIP数据核字（2023）第197822号

如何防止校园霸凌：
帮助孩子自信、有韧性和坚强成长的实用工具

作　　者：[英] 斯特拉·奥马利
译　　者：邓林园
策划编辑：刘　吉
责任编辑：刘　吉
美术编辑：张　艳
出　　版：中国青年出版社
发　　行：北京中青文文化传媒有限公司
电　　话：010-65511272 / 65516873
公司网址：www.cyb.com.cn
购书网址：zqwts.tmall.com
印　　刷：大厂回族自治县益利印刷有限公司
版　　次：2023年12月第1版
印　　次：2023年12月第1次印刷
开　　本：787mm × 1092mm　1/16
字　　数：150千字
印　　张：16
京权图字：01-2023-1265
书　　号：ISBN 978-7-5153-7015-6
定　　价：59.90元

译者序

近年来，校园霸凌事件时有发生，引发社会广泛关注。2017年联合国教科文组织发布的一份全球校园霸凌现状报告显示，每年约有2.46亿名儿童和青少年遭受学校暴力和霸凌。遭受校园霸凌会对孩子产生一系列负面影响，如心理问题、社交障碍、学习成绩下降等，这些影响甚至可能会持续到成年期。对许多家长来说，看到自己的孩子遭受霸凌是非常痛苦的经历。然而，如果我们不了解霸凌的行为特征和应对方法，我们就很可能无法真正地帮到孩子们。

本书作者斯特拉·奥马利（Stella O’Malley）是一位致力于帮助人们理解霸凌问题的心理咨询师和作家。她通过举办工作坊、提供培训和咨询服务，帮助孩子和家长更好地应对霸凌问题。她撰写了许多有关心理健康与儿童成长的畅销书籍。她的书籍广受欢迎，被翻译成多种语言，在国际上也有一定的影响力。

这本书是写给家长的反霸凌指南，结构清晰，深入浅出，既介绍了富有启发性的霸凌相关理论，也提供了通俗易懂的防霸凌小技巧。全书共9章：第1章“定义霸凌”主要介绍了霸凌的定义，区分了霸凌与冲突，并简要说明了霸凌行为背后的动因；第2章“复杂的关系”主要介绍了青少年之间基于社交等级秩序建立起的友谊关系，并对其中可能存在的权力关系进行了分析；第3章“霸凌者和他的团伙”主要介绍了两种常见的霸凌者类型，还对霸凌者的跟班们进行了简要介绍；第4章“霸凌者的目标”

主要介绍了三种常见的被霸凌者类型，并对他们为何会被霸凌者盯上的原因进行了深入分析；第5章“旁观者们”主要介绍了霸凌事件中旁观者的角色、旁观者出现的原因以及如何让旁观者挺身而出的方法；第6章“霸凌环境”主要介绍了引发霸凌的环境因素，并为家长提供了解决方案；第7章“网络霸凌”主要介绍了网络霸凌的类型及防治措施；第8章“如何停止霸凌”主要介绍了霸凌防护的实用技巧，包括如何与孩子展开对话、如何与学校沟通、如何应对霸凌者的父母等；第9章“走出霸凌的阴影”主要介绍了如何培养孩子的情商、自信心、社交技能等，帮助孩子从霸凌中恢复。

作为读者，您将从书中学习到许多实用的知识和技能：您将了解霸凌行为背后的动因，从而更好地理解霸凌；您将了解到霸凌行为的各种形式，如肢体霸凌、言语霸凌、网络霸凌等，以及如何帮助孩子有效应对霸凌行为；您将掌握如何与学校合作，与老师与校长沟通，以便更好地支持您的孩子……这些策略和方法可以帮助您的孩子更好地适应学校和社交环境，并在面对困难和挑战时更有信心。

本书第1—5章由唐逸文协助翻译，第6—9章由杨雨晨协助翻译，她们在翻译过程中发挥了重要作用，感谢她们的辛勤付出！作为本书的译者，我们深知语言和文化之间的差异。因此，在翻译过程中，我们尽量忠实于原文的内容，并尝试用清晰明了的语言来传达信息。

最后，感谢您选择阅读本书。希望这本书能够让您有所收获，帮助孩子更好地应对霸凌，建立自信，更加蓬勃茁壮地成长！

引 言

在世界各地的学校中，每天都在上演这样的场景：有的孩子被迫只能在狭小的厕所隔间里吃午饭；有的孩子整个上午都在课堂上为担心谁抢自己的午餐而烦恼；数百万孩子听到手机传来熟悉的提示音时会立刻感到惊慌失措，因为这意味着又有一个所谓的“朋友”在社交媒体上对他们发出了恶毒的攻击。

作为一名心理治疗师，我觉得有必要写这本书来回应不计其数的求助者，他们的生活都被霸凌摧毁了。很多父母来向我求助，他们为自己的孩子遭受霸凌而感到痛苦不堪。很多受到霸凌的孩子也会向我求助，而在治疗初始阶段他们经常表现出的茫然、痛苦令我痛心。不仅如此，我还经常和那些在社交方面遇到困难的孩子一起工作，这些孩子通常是在群体边缘徘徊的孩子。这些孩子觉得自己不太“融入”——他们甚至不确定自己是否想要融入——但他们生活在一个人人追求人气、社交能力和社交媒体“点赞”数的世界里。

据估计，在任何特定的儿童群体中，都有10%—15%的儿童会反复霸凌他人，而与此同时，也有10%—15%的儿童会反复成为霸凌者的目标。尽管肢体霸凌会随着儿童年龄的增长而逐渐减少，但另一方面，言语霸凌、社交霸凌和网络霸凌会在10—15岁之间达到峰值。值得庆幸的是，随着青少年年龄的增长，他们霸凌他人的次数会减少，并且通常在他们从学校毕业的时候，霸凌行为的发生率会显著降低。

尽管女孩更倾向于通过社交霸凌来获得凌驾于他人之上的权力，而男孩则更多地使用身体霸凌的方式，但不管这种霸凌是身体上的、社交上的、情感上的，还是网络上的，这都不重要，因为霸凌会深深烙在一个人的心里，并摧毁个体的自我意识。女孩们的霸凌方式可能更加隐蔽，比如利用八卦和孤立排挤等方式，男孩们的霸凌方式则更加外显，发生更频繁、持续时间也更长。被霸凌的孩子经常会感到很沮丧，因为他们被他人凝视和评判后还被贴上“不够好”的标签，他们对“人之初，性本善”的信念就这样被摧毁了。霸凌的问题在于，这种羞辱和羞耻对人的影响几乎是压倒性的，每个被霸凌的小孩都会认为被霸凌是他们个人的失败，他们通常会责怪自己。20年后，当他们发现这并不是他们的错时，他们可能会感到如释重负，甚至感到真相大白，但在个人成长的关键阶段被同龄人抛弃和羞辱的痛苦仍会给他们带来许多长期的创伤。

在咨询的过程中，我遇到许多看不起社交中的“落单者”和“怪胎”的孩子，他们的轻蔑态度让我不安。当我试图提醒这些在其他方面体贴善良的孩子时，他们往往一脸困惑，然后耸耸肩，对于同龄人的痛苦无动于衷。其他的旁观者担心地搓着手，但并不会做任何对被霸凌者有实际帮助的行为。学校通常更关注孩子的学习状态，而不是他们的情绪状态，因而更希望将那些排挤和霸凌事件大事化小，小事化了。被霸凌者通常会因为这段经历而感到羞耻，他们选择沉默，希望这一切都没有发生过。这是我写这本书的另一个原因，对他人痛苦的蔑视和漠然是霸凌涉及的许多问题之一，我决心要解决这个问题。

好消息是，有方法可以应对霸凌的，但坏消息是并没有足够多的人接受过关于如何做到这一点的教育。这本书旨在确保读者对他们可能遇到的任何霸凌现象做好充分准备，不论他们在其中扮演什么角色。

我在中部地区的一家私人诊所工作，在该地区的三所初中里，一所学校能极为有效地应对霸凌行为，另一所学校也做得相当好，但是第三所学校却几乎接二连三地发生霸凌事件。我对此印象深刻，因为这些被霸凌的孩子都有着非常相似的出身背景。不同的是，第三所学校尽量减小霸凌事件的影响，或是假装没有发生霸凌事件，然而前面两所学校或多或少都愿意直面霸凌问题，并采取必要的措施去解决问题。

这本书探讨了霸凌的黑暗世界，并讨论了一些应对方法为什么以及怎样比其他应对方法更成功。在这本书中，读者将了解对抗霸凌和孤立的策略。为什么有人会霸凌别人、为什么他们试图从同龄人身上获得权力、为什么一些人会比其他人更容易成为霸凌者的目标以及为什么旁观者不干预，这些问题在书中均有探讨。本书还概述了不同的方法以便被霸凌者可以从他们的悲痛经历中恢复过来，并且带着自信、自我意识和自我接纳生活下去。

许多家长和老师应对霸凌的方式就是和孩子们说“不要欺负别人”，或是“勇敢面对霸凌者”，或是“一笑置之就好”。可惜的是，这些建议很少起作用，我们需要一个更全面的方法来处理这个复杂的问题。此外，很多家长倾向于视而不见，假装霸凌和孤立排挤并不是发生在全国各地的普遍事件。而当这种情况发生在他们家孩子身上的时候，他们又经常因为他人的袖手旁观而感到被孤立和沮丧。在读了这本书之后，读者们将对这些问题有更全面的了解，并且深入了解如何正确地应对儿童和青少年的霸凌以及他们复杂的社交状况。

世界上没有应对霸凌的灵丹妙药。洞察力、自我意识和情商的培养都不是一日之功，但那些总感觉自己在群体边缘的孩子，那些因为不知如何处理同龄人的“花招”而每天在自己的储物柜前消磨时间的孩子，他们需要有人帮他们提升社交能力。保护孩子不受任何伤害是不可能的，但作为父母，在孩子需要帮助的时候施以援手是我们的责任。这本书将帮助广大父母协助他们的孩子成为不被霸凌的人。

第1章

定义霸凌

什么是霸凌，什么不是霸凌

* * *

一开始他们会无视你，接着嘲笑你，
进而打击你，但最终你胜利了。

|

圣雄甘地
（*Mahatma Gandhi*）

“我小时候第一次感到自己不对劲是在我被同学霸凌的时候”“当我小时候被同学霸凌的时候，我就开始崩溃了”“当我还是个孩子的时候，我失去了自信，还和我的朋友们闹翻了”……在世界各地的心理咨询室里，每天都能听到和这些类似的话。当我刚开始做心理治疗师时，我会惊讶于有这么多来访者将他们第一次感到抑郁、焦虑或其他心理健康问题的时间追溯到他们小时候被霸凌和孤立的时候。但随着时间的推移，我现在已经开始期待这部分内容。

根据都柏林城市大学国家反霸凌中心主任詹姆斯·奥希金斯·诺曼博士的说法，霸凌是指“拥有更大权力的人实施的反复的、攻击性行为”。霸凌通常是故意和有预谋的，往往会持续很长一段时间。

霸凌行为一般会在孩子12岁时达到顶峰，而网络霸凌则在15岁时达到峰值，但任何受过霸凌的人都会告诉你，霸凌绝对不只发生在这些年纪的孩子身上。然而，如果我们想要知道霸凌的动机是什么，那么我们就必须放下指责，并理性地分析这一领域的问题，这样我们才能更好地找到如何降低霸凌的影响、强度和频率的方法。

霸凌有许多不同的类型，主要类型如下：

- **言语霸凌**

您可能比较熟悉这类霸凌，它是指被人用语言进行辱骂、贬低、嘲笑或威胁。这类霸凌可以是面对面的、书面的或是通过手机进行的，它也包括用语言进行性骚扰。

- **肢体霸凌**

这类霸凌包括被人殴打和绊倒，或是东西被他人偷盗和损坏，它还包括被人性虐待。

- **社交霸凌**

这类霸凌包括在社交中被人冷落、忽视或是造谣，这通常是最难识别和处理的霸凌类型之一。

- **心理霸凌**

这一类型的霸凌也很难被精准地定义，它包括被人用轻蔑的目光注视、跟踪、操纵或是受到他人其他不可预知行为的影响。它通常不像其他类型的霸凌那么明显，你可能会觉得这一切都只是你的想象而已。

- **网络霸凌**

这类霸凌包括在社交网站上被人用邮件、短信中伤或是骚扰，或者被他人盗取账号等。这是一种新兴的相当可怕的霸凌方式，因为你会觉得被这种霸凌压得喘不过气。

为什么有人会霸凌他人

通过观察大自然，我们可以发现生物有一种本能的欲望，那就是获得控制身边环境的力量，以提高自己的生存概率。当这种需要得到满足时，身体就会感到满足。许多人和动物或多或少还有另一种天生的欲望，那就是聚集在一起，然后建立一个等级秩序。但动物和人类倾向于形成群体是有正当理由的，弱小的动物需要群体中强者的保护，对于动物来说，群居比独居更容易活下来。

“啄食秩序”（pecking order）一词（最初用于描述鸡群的等级行为）描述了包括人类在内的许多物种赖以生存的社会组织系统，这一系列的等级命令在动物中非常有用，因为它能阐明形势，每个人都有自己的角色，所以团队合作会更为高效。

当身处压力与冲突之中时，动物和人类建立等级秩序的本能会加强。

因此，如果我们的国家处于战争状态，我们就需要有一个强有力的领袖，这样我们才能获胜。同样，如果一个群体受到袭击，那么对于等级秩序的需要就会增强。但遗憾的是，由于我们社会中的竞争压力，许多孩子常常会有一种危机感，所以他们想要在自己去的任何地方都建立等级秩序。这些孩子觉得需要一个或一群领导者，因为没有领导者他们感觉不安全。他们的不安全感驱使着他们为群体中的每个人都设定明确的角色，这样他们待在团队中才会感到安全。

弱小的群体成员如果想要活得好，就尤为需要一个强大的群体，因此他们往往比强大的成员更有戒备心。弱势成员往往对新人怀有敌意，因为他们会感到更大的威胁，新人让他们觉得自己在团体中的位置岌岌可危。他们担心团体凝聚力受到威胁，并且拒绝新的变化，因为他们害怕自己会因此处于不利地位。如果轻易地允许新人加入或者退出团体，那么这个团体就没有强大的凝聚力。因此，在所有团体中，有时是较弱的成员去劝说强大的成员排挤和孤立新人。当然，并没有多少成员意识到他们维护团体纯粹性的原始本能。相反，弱势成员只是有一种不可抗拒的冲动想要送走新成员并让他们待在该待的地方——那就是团体之外。

最近，当我6岁的儿子参加足球训练时，我很清楚地看到了小男孩之间等级森严的现实。我只是惊讶于我温和的小男孩会经常在球场上突然和其他孩子打起来。在训练中，当我还没反应过来时，等级秩序就出现了，一个小小的意见不一致就会让男孩们把对方的头撞个稀烂。我的儿子是新来这个街区的孩子，在最初的几周里，他似乎每次训练都要和别人打架。几个月后，男孩们似乎已经确立了等级秩序，每个人都有自己的角色，现在很少发生暴力事件了。但与此同时，我8岁的女儿——一个明显比我儿子更果断勇敢的孩子——据我所知却从未参与过打架。

尽管性别之间的差距每天都在缩小，但女孩仍然倾向于用一种更加精妙和谨慎的方式建立等级秩序。当我的女儿罗伊辛第一次去上舞蹈课时，女孩们会对每个人的衣着、举止、吸引力和受欢迎程度进行细致的考察，以便建立起等级制度。当每个人都知道了自己是谁，也知道她们在社交秩序中的相对位置时，女孩们才可以继续享受彼此的陪伴，并学习如何跳舞。然而，如果有人在这堂舞蹈课上做了出格的举动，那么我毫不怀疑，那些炙热的目光和激烈的言论会让这个轻率的女孩很快回到自己原来的位置上去。

人性与竞争文化

心理学家认为，所有人类——包括我们每个人——有一种与生俱来的对某种权力或是地位的需求。这种需求可以很强烈，也可以非常微弱，这因人而异。对于那些需求不那么强烈的人来说，他们很容易得到满足，例如，当他们和朋友一起骑车或是玩游戏的时候，他们就觉得满足了。然而，对于权力需求更为强烈的孩子来说，他们想要在所有情境下处于主导地位。这样的孩子通常有远大的目标和坚毅的品格，他们也可能会非常好胜。这些对权力有强烈需求的孩子通常喜欢赢，因为他们有更强的控制欲，并且希望自己是老大。

人类对于权力的普遍需求也会带来一些问题，由于地球上资源有限，权力需求较强烈的人往往会奴役那些不那么有控制欲的人。不仅如此，资源有限也意味着世界上总是存在一定的竞争——不是每个人都能成为富人——因此总是那些最需要权力的人、最愿意为了争夺优势地位而“打败”其他人的人，最终成为有钱人。

我们聚集在一个群体中的倾向与我们为了有限资源而与群体成员竞争的倾向之间，往往会达成微妙的平衡。一些社区的成员如果不依赖彼此就无法生存，因此在这些社区、城镇和村庄中，会培育出一种相互支持与合作的氛围。但是生活在更富裕的地区的人通常不需要依靠别人生存，因为他们不依赖社区也能过得很好，所以这些人往往会有一种强烈的保护自己既有利益的欲望。这也解释了为什么越有钱的人越容易成为利己主义者，通过保护自己的既有利益、确保他人不会超过自己的地位并与他们圈子里的其他人竞争，这些人的权力需要得到了满足。奥利弗·詹姆斯（Oliver James）的论辩著作《身份的焦虑》中进一步阐述了奉行物质主义和受商业驱动的社会如何以及为什么往往更具竞争性、侵略性，也更个人主义、更自私以及更恃强凌弱。

根据西方的思想观念，为了生存壮大，我们必须“打败”所有人。但我们不可能打败所有人，所以有许多人成为“赢家通吃”观点的受害者。现在许多成年人给孩子传递了错误的观念，让他们觉得打败别人是他们能做的最了不起的事情。这样做的问题在于，在一个人人痴迷于成功、打败别人和成为“最强者”的世界里，我们无意中创造了一种霸凌文化。像《英国达人秀》和《学徒》这种流行节目倾向于美化霸凌，而诸如《使命召唤》和《部落冲突》等大量电子游戏则是在以娱乐的名义美化暴力。一些魅力型的管理者往往也是恶霸，这再次说明比起温文尔雅、善于思考的君子，现如今我们更尊重强大的恶霸。如果有影响力的成年人鼓吹这种“赢家通吃”的观点，那么希望孩子们不通过凌驾于他人之上来获得优越感是不现实的。可悲的是，最容易被霸凌的人往往是群体中尤为需要同情和被温柔以待的孩子。

尽管设计社交媒体的初衷是为了加强人与人之间的联结，但它事实上也会离间我们，因为我们在社交媒体上总在情不自禁地计算“点赞”和“朋友”的数量，并通过将自己与他人进行比较来量化我们的社会地位。即便是让孩子们进入大学的教育制度，也是在提倡“赢家通吃”的观念。

在这种教育体系中，每个申请者都要与他们的同龄人竞争。因此，如果你碰巧遇上了有特别多聪明的竞争者的一年，那么你绝对会发现，要进入你喜欢的大学比其他时候都难得多。

即便与50年前相比，西方国家的大多数人都相对更富裕了，我们不太可能饿死、因营养不良而患病或是无家可归。但是，人类渴望权力的本能却并没有为我们的好运而拍手叫好，而是驱使我们进一步控制我们身处的环境，保护我们的财富，寻求更多的财富、更好的假期和更大的“成功”。我们过分关注物质与成功的问题在于，这会创造出一个环境更加恶劣的社会，一个认为“权力”至高无上的社会。受到霸凌的孩子更有可能将这种观念延续下去，而将霸凌视为一种实现自己目标的有效方式的家庭也更有可能培养出霸凌别人的孩子。不幸的是，这些家庭中也可能出现更多被霸凌者，因为家庭中性格温和的那些人已经习惯了被欺负。

我的父亲是个恶霸，他会一直拳打脚踢、咆哮尖叫，直到他得到自己想要的，我母亲则是一个受气包。所以我下定决心，永远不允许任何人像我父亲对待我母亲那样对待我。从很多方面来说，我成为一个恶霸是不可避免的事。我有阅读障碍，在学校一无是处，但我不想被任何人欺负，所以不如“先下手为强”。我无情地欺负“书呆子”们，一有机会我就诽谤他们、模仿他们的声音或是打他们。

我记得小学的时候，有个倒霉的男孩在学校拉到裤子里了，我就一路上踢着他的屁股回家。排泄物流过他的背进到裤子里，直到溢出来。可怜的孩子，他只比我小几岁。我知道每个人都怕我，这感觉很好——我觉得自己很强大。

直到我长大成人，我的小女儿在学校被别人霸凌的时候，我才意识到我给别人带来了多大的伤害。从那时起，我幡然悔悟，但你也可以说这是恶有恶报，因为我的小女儿在被霸凌之后感到极度的自我厌恶。

41岁的谢伊

关于霸凌的神经科学研究

近年来研究者们在神经科学方面做的开创性工作激发出许多关于霸凌的新理论。现在我们已经知道，大脑中的杏仁核会触发我们的“战斗或逃跑”反应，而一些心理学家认为它还会触发第三种和第四种反应，即“战斗、逃跑、僵住或讨好”反应。当我们认为自己正在遭受攻击时——无论是在昏暗的巷子里被人抢劫，还是在丛林里被狮子追，或是在球赛的第一天被一个咄咄逼人、追求权力的孩子威胁——我们都倾向于先行动再思考。有些人会奋起反抗，有些人仓皇逃窜，有些人僵在原地，还有些人会试图安抚攻击者，但只有事后我们才会分析并思考我们的行动是否正确。

如果我们考虑到动物建立一个让所有成员感到更强大的群体或社区的本能，并将其与我们对杏仁核的了解结合起来，我们很快就会理解为什么群体中更弱、更没有安全感的成员（也就是协助者）会经常劝说他们更强大自信的同伴（也就是潜在的霸凌者）去打压“外来者”。群体中弱小的个体更容易受到威胁，因而他们比强大的个体更需要将群体团结在一起。

当较弱小的成员感受到威胁时，他们的杏仁核就会被激活，然后立刻进入“战斗模式”，因为他们希望通过这种方式来让自己放心，他们用恃强凌弱的强大性格来巩固自己的地位。不幸的是，被霸凌者通常会进入“逃跑”模式，这就让协助者和霸凌者们迅速感受到权力带来的愉悦感，所以他们会经常回到同一个目标处，想要反复感受这种快感。

不过也有一些好消息，因为对大脑的进一步研究表明，在前额叶的帮助下，人类对于杏仁核的反应已经得到了进一步发展。这给了人们尝试说服、安抚或智胜对手的机会，因此高情商的人通常可以通过谈话摆脱霸凌的局面，因为他们更容易理解是什么导致了这种局面，也知道需要说什么来安抚他人。正是这种干练精明的本事可以帮助被霸凌者摆脱霸凌，并在社交群体中获得更安全的位置。

霸凌和冲突的区别

人们越来越喜欢在实际上并没有发生霸凌时，就哭喊着认为某件事属于“霸凌”。很多人觉得“霸凌”这个词被绑架了，它的原意被轻率的过度使用所糟蹋和稀释了，这种语言里悄然而生的变化意味着谁是霸凌者、谁是被霸凌者并不总是那么清晰。因此，当“霸凌”这个词被误用和滥用时，所有人都是输家，它扭曲了公众对霸凌者的看法，并让那些被误认为是霸凌者的人产生了愤怒和共鸣。

对霸凌实质认识的缺乏进一步加剧了霸凌问题。我的两个孩子一遇到冲突，就会大喊大叫着认为这是“霸凌”。他们是这个时代的孩子，所以在学校里、在他们的活动中、从其他人那里，他们都已经被灌输了霸凌不好的观念，因而这是一种快速获取成年照顾者充分关注的方法。就这样，有时这对吵吵闹闹的姐弟会突然在车后座大喊“你是个恶霸”，就为了争夺妈妈的关注。

霸凌是比你更有权力的人在一段时间内对你重复进行的卑鄙行为，戏弄不是霸凌，嘲笑也不是霸凌——尽管它并不友好，还可能造成创伤，但这种嘲笑必须由更有权力的人在一段时间内重复进行，才能被称为霸凌。与某人发生持续的冲突或分歧也不是霸凌，刻薄或是不友善也不能被归为霸凌，除非这种行为反复发生，而且施害者比被施害者更有权力。

吉娜来找我咨询，因为她对班上另一个同学的霸凌指控感到非常痛苦。吉娜有家人从政，她喜欢和任何愿意参与的人讨论复杂的问题。她是一名无神论者和科学主义者，而她的一个同学波琳是一名虔诚的天主教徒，持有神创论的观点，这让吉娜很生气。此外，吉娜和波琳还都是班里第一名的竞争者，这让情况变得更加棘手。于是，吉娜开始像一只疯狂的猎犬一样引诱波琳和她讨论进化论，然后再用科学理论让她眼花缭乱。吉娜享受着讨论的每一刻，而波琳对此却很害怕，于是就开始装病，这样她就不用上学了。波琳的母亲打电话给校长，要求对吉娜的霸凌行为采取相应措施。吉娜被拽进了校长办公室，然后惊讶地发现自己因为霸凌他人而被投诉——吉娜以为自己只是在进行知识分子间的探讨！虽然吉娜愿意进行咨询，但她还是对事态的发展感到困惑。我告诉她，如果一个人愿意开展理性的辩论而不越界辱骂他人或强行让他人闭嘴时，那么他们就不是通常意义上的霸凌他人，他们可能只是富有激情。她听后松了口气。有些人极为固执己见，他们喜欢挑战别人并与别人辩论。有些人不喜欢这样的人，因为他们觉得这样的人很有对抗性、很烦人，所以他们可能会刻意和这样的人保持距离。但话又说回来，也有人不喜欢这种隐藏自己想法且拒绝参与讨论的人。

如何应对八卦和取笑?

如果你的孩子来找你，告诉你他们因为自己生活中的八卦和取笑而感到困扰，首先你要认真对待他们，在这个孩子们极度脆弱的时刻，不要忽视问题、淡化问题或是用幽默敷衍过去。

认真倾听你的孩子。问一些开放性的问题，这样你就能清楚地知道孩子的感受，例如："他们背着你做这些事，你一定觉得特别恼火，我说的对吗？"当你没能第一时间理解孩子的感受时，他们可能会生气，但无论如何，你也要道歉并且继续提问，直到你完全弄明白发生了什么为止。

与你的孩子共情，和他们换位思考。这对你来说可能会非常痛苦，所以许多父母会忽视这一点，但它会让你更深入地理解孩子的痛苦，这样你之后才不会太小瞧事情的严重性。你可以用孩子说的原话来表达你的共情，如果孩子说某件事是"可怕的"，那么确保你在描述时也要用"可怕的"这个词，而不是用类似的词，如"吓人的"或"灾难性的"。通过使用孩子们表达自己情绪时的词汇，你可以学会从他们的角度看问题。

准备好花大量的时间讨论下一步的利弊。你可以和孩子商量下一步的对策，但最好不只和孩子讨论，也不要总当着孩子的面讨论。Mumsnet.com之类的网络论坛可以提供一些更客观的观点，因为你自己社交媒体上的亲密好友们的情绪可能会过于激动，他们很想讨个公道，还可能非理性地想要参与一场闹剧。

被过度保护的“棉花娃娃”

在这个满是被过度保护的“棉花娃娃”的时代，许多孩子都习惯于指望离他们最近的成年人来拯救他们，以至于他们到了十几岁的时候还没有发展出任何自我照顾的能力。我在做心理治疗师时，经常会遇到这些无辜的、备受宠爱的孩子，他们还没有机会去学习抗逆力、自我保护或是良好的社交技能。

我之前写的书探讨了现在有多少孩子没有机会学习如何独立处理问题，不论是小问题还是大问题，他们都没有学习过。因此，当他们被霸凌时，他们常常会请求父母或者老师来帮助他们，并且满怀期待地认为成年人能像以前一样拯救他们。在这些孩子进入中学之后，他们会突然发现成年人不再适合或者不可能再插手他们之间的争执，这让他们非常不安。的确，他们中的很多人都会感觉自己像是从一个没有安全网的悬崖上掉了下来，因为他们的父母和老师虽然提供了可以帮助他们的策略，但最终还是希望孩子们能自己解决问题。

但这些孩子还不能独立解决问题，因为他们还没有任何实践经验。这些青少年没有应对冲突的经验或知识，所以有时一些应该很容易处理的冲突可能会演变为霸凌，因为侵犯者发现被欺负的孩子每次一难过就会跑去找妈妈，棉花娃娃们的笨拙就成了霸凌者戏弄他们的另一个原因。被霸凌者可能会错误地认为他们的父母或者老师会阻止霸凌行为，而他们往往不明白，他们的力量实际上在于他们的内心。如果父母不教他们如何应对冲突或者困境的话，那么当孩子离开青少年时期时，他们就不完全具备成为一个健康正常的成年人所需要的能力。

13岁的罗南在上小学的时候，可以很轻松地应对来自同学的任何恶意。他只需要去告诉老师这些事，老师通常就会让每个人都安分守己。然而，在罗南从小学升入初中后，这个方法就没那么有用了。

初一的时候，一个叫乔希的男孩一直取笑罗南的发型，所以罗南就做了他之前学到的事（而不是直接和乔希说，让乔希不要再这样了）——他去向负责监管的成年人请求帮助。但这只是个小玩笑，老师建议罗南自己处理。

乔希和他的朋友们很快就发现罗南“告发”了他们，但是并没有成功。这样做的直接后果就是，他们的玩笑升级了。当罗南经过时，他们开始叫他“老鼠”，而每当他们捉弄他时，罗南就不去看他们，一直盯着地板。乔希和他的朋友们觉得这很好笑，于是就开始做各种各样的事情，试图让罗南做出反应。而不知所措的罗南仍然没有反应——他从未意识到这已成为乔希和他的团体的游戏的一部分。

茫然的罗南向他的母亲求助，于是他的母亲及时和学校进行了沟通，却被告知罗南需要学会自己解决冲突。最终，罗南来到我的咨询室进行咨询，告诉了我整件事的来龙去脉。一开始这是一件非常小的事情，但它一直没有得到控制，直到罗南在新学校的生活被无意间的霸凌所摧毁。罗南和我一起工作，久而久之，他学会了用事前筹划和高情商的话术来对付恶霸们（参见第8章和第9章）。乔希和他的同班男生觉得罗南没那么有意思了，因为罗南不再以一种让他们发笑的方式回应，于是他们开始寻找其他的乐子。

有一天，当罗南和我正在分析他初一时被霸凌几个月的经历给他造成的心理伤害时，他突然大声说道："天哪，我真希望我在乔希一开始取笑我的时候就把这事给解决了！就因为我不知道该怎么处理，我无谓地忍受了几个月的痛苦。"

为什么我们会对想象中的伤害这么敏感呢？为什么我们总是纠结于一个负面评价而忽视那些积极评价呢？这本书旨在让人更全面地了解霸凌，因此需要对日渐增加的对霸凌行为的不当指控和侵犯文化进行深入探讨。

我们中的许多人，在某些情况下，最终会扮演受害者。一般来说，我们这样是为了更好地控制局面或是应对问题。如果这种方法没有奏效，那我们可能会寻找更多有用的应对策略。然而，如果扮演受害者确实能够带来预期的结果，那么许多人就会陷入这种行为模式而不自知，我们将在第4章更详细地讨论这个问题。

"哭霸"（cry-bully）是一个矛盾的名词，它是指那些为了主导任何局面而扮演受害者的人。颇有争议的记者朱莉·布尔奇尔（Julie Burchill）言简意赅地将哭霸定义为"一种受害者和胜利者、爱哭者和暴虐者的可怕混合体"。以前，霸凌者会朝受害者的脸上踢沙子，而我们则支持受害者取得胜利。但现在的情况要复杂得多，现在一说到霸凌，人们最常见的反应是谨小慎微，因为他们想要弄清楚事情的来龙去脉。当我告诉同事们我正在写一本关于霸凌的书时，这一点变得非常明显，许多人来联系我，明确地请求我将日益严重的对霸凌的不当指控写到书里。

我经常在全国各地的学校和各种组织里做演讲，就在最近，我受邀去一所存在严重霸凌问题的学校做讲座。事先我了解到，有一个叫尼亚芙的女孩霸凌了她的许多同龄人，也正是因为她我才被邀请来做讲座。就在我刚播放我的第一张幻灯片时，尼亚芙就开始哭泣。让我非常惊讶的是，尼亚芙在整个讲座过程中都一直在不停地啜泣，她会抓住每一个机会大声解释她是怎样成为霸凌受害者的。房间里面其他人的敌意清楚地表明了尼亚芙的同伴如何看待她的鳄鱼眼泪，然而尼亚芙显然非常痛苦，并且认为自己是霸凌的受害者。

可悲的是，由于霸凌行为会立即引起人们的注意，一些霸凌者会假扮成霸凌的受害者，从而获得权力并控制局面。在电影《贱女孩》（*Mean Girls*）中，雷吉娜·乔治（Regina George）这一角色在失去她凌驾于她人之上的权力之后就变得有些疯狂，于是就在她们学校校长面前假扮成霸凌的受害者。雷吉娜给校长看了一本自己写的小册子，里面全是关于学校里每个人——包括她自己——的可怕的事情。雷吉娜这样做是为了通过扮演霸凌的受害者来控制局面，也许这样有些疯狂，但奇怪的是这很常见。

第2章

复杂的关系

友敌和权力的游戏

* * *

交朋友容易，不过友谊本身是个
成熟缓慢的果实。

|

亚里士多德
（*Aristotle*）

孩子们作为生活在这场游戏的新人，他们往往会快速地、简单地、天真地去交朋友。在他们很小的时候，这样做非常好，但随着他们年龄的增长（通常从9岁开始），他们就会开始区别对待他们的朋友。

对于那种很难理解社会生活的复杂性和微妙之处的孩子来说，这可能会成为他们童年时期一个非常棘手的部分。因此，一些孩子——那些容易陷入和退出友谊的孩子、那些难以结交朋友或维持友谊的孩子，以及那些经常发现自己卷入了复杂的权力游戏的孩子——通常需要额外的帮助和支持来维持积极的人际关系。虽然父母不能马上就让孩子变得受欢迎，但他们可以培养和发展孩子的情商，让孩子可以更好地识别并预测特定行为的影响。只要简单学习一些有效的社交技能，这些孩子就会发现他们的生活变得更容易也更可控了。

社会心理发展阶段和人格类型

当青少年开始形成自我身份认同，并且对社交变得更敏感时，他们往往会格外在意自己在朋友中的社交地位。他们开始害怕与没有受到朋友圈认可的人做朋友，因为这可能会无意中降低他们的社交地位。社交生活不稳定的青少年早期是孩子们最迫切地想成为某个群体中一员的时期，他们中的许多人为了融入自己所在的任意的群体，几乎愿意做任何事。

埃里克·埃里克森（Erik Erikson）提出的世界闻名的人类社会心理发展阶段理论揭示了为什么青少年在中学时会与同龄人产生过密交往。从12岁到18岁，正常发展的个体就会开始在心理上远离他们的家人，并去寻找自己究竟是谁。而在青少年形成身份认同的过程中，他们的同龄人就开始代替家人成为主要影响他们的人。这就是为什么强烈关注社交地位是青少年时期很自然的一部分，但是帮助孩子保持客观的判断能力很重要，因为这对每个人来说都可能是一个很痛苦的阶段。很多老师发现初二对青少年来说是一个情绪困难期，因为学生们几乎沉迷于追求自己的社交地位。幸运的是，当他们成长到足以进入第三阶段时，这一切都会好起来（坏消息是，到那时他们会沉迷于寻找“真命天子/天女”），详情见埃里克森的社会心理发展阶段表。

社会心理发展阶段表

发展阶段	社会心理冲突	发展成功者的品质	年龄
1	信任感 vs. 不信任感	希望	婴儿期（0—18个月）
2	自主性 vs. 羞耻感	意志力	儿童早期（18个月—3岁）
3	主动性 vs. 内疚感	方向和目的	学前期（3—5岁）
4	勤奋感 vs. 自卑感	能力	学龄期（5—12岁）
5	自我同一性 vs. 角色混淆	忠诚	青少年时期（12—18岁）
6	亲密感 vs. 孤独感	爱	成年早期（18—40岁）
7	繁殖感 vs. 停滞感	关心	成年期（40—65岁）
8	自我完善 vs. 绝望	智慧	成年晚期（65岁以上）

有些孩子，尤其是那些还没有形成强烈身份认同的孩子，可能会随波逐流，并且更容易和每个人都和睦相处。而另一些孩子小小年纪就形成了强烈的身份认同，所以他们会发现自己更难与不同人格类型的人打交道。一般来说，那些性格强势的孩子会发现自己的学生时代过得有些艰难，因为他们更难做到逆来顺受——他们不能撇开自己的喜恶而不做出任何

抗争。

一些孩子天生随和，所以他们总是能和大家相处融洽。很多父母非常希望他们的孩子能更随和一些，这不是出于自私，而是因为他们还记得自己少年时代那些社交困难的孩子会有多可怕的下场。所以他们很自然地会希望自己的孩子可以受到大家的喜爱，能轻易地交到朋友，也不用面对任何痛苦的事情。这就是为什么“随和”通常被认为是一种非常可取的品质，在日常生活中，与随和的人一起生活也会容易得多。

当然，如果你所有的孩子很随和、很容易交到朋友，你不太可能会看这本书，所以我们可以大胆假设你的生活远比这复杂得多。然而，应该指出的是（尽管这是来自一个自己本身不太随和的人的建议），尽管随和在青少年时期以及追求受欢迎的社会心理发展阶段是一件好事，但在我们长大之后，随和却不一定是件好事。

我很了解我的两个孩子，一个极端、诚实、充满激情、喜怒无常，另一个则随和、灵活、可爱和冷静。所有的这些特质有它们自己的价值，但是大多数成年人都更喜欢随和的孩子（嗯，他们当然会这样，不是吗）。我就是一个极端的人，所以我想借此机会为我们当中那些更“有挑战”的（或是“棘手的”）人发声。

随和的人往往不会挑战别人或是改变现状，他们更喜欢顺从和服从，这就是为什么一个成年人和一个随和的孩子相处起来更轻松。但是从另一方面来说，一个随和的人也不太可能做任何有意义或是有价值的事——他们通常没有责任心、激情或者顽强的毅力，而这些通常是一个人取得非凡成就所需的。相反，随和的人在另一方面是一种向善的力量，因为他们的存在常常以一种积极的方式影响这个世界，而有激情的人也可以是一种向善的力量，因为只有极端而热情的人才有动力去全身心投入改变世界的事业中。如果我们回顾历史（或者就看看我们自己的家人），那很快就会发现，那些极端、诚实、充满激情、喜怒无常的人与冷静、风趣和随和的人一样重要。所以，谢天谢地，所有的人在人群中有一席之地！

人气和社交等级秩序

大多数孩子到11岁的时候会说他们是某个小团体或是小圈子的一员，于是同一间教室里的孩子们之间就会出现一种有趣的等级制度。

大约三分之一的学生属于最受欢迎的群体，这个团体或者圈子可能（这取决于学校环境）会参与许多明争暗斗，以维持或者巩固他们的社交地位。大约十分之一的孩子属于“追随者”（wannabe）群体，这些孩子在受欢迎团体的边缘徘徊，拼命地想要得到认可，这样他们就可以加入这个很酷的小团体。为了保持这种状态，他们通常会从团体老大那里获得足够多的认可，但很少会得到完全的接纳。大约一半的学生持中立态度。这包

当我回想我的学生时代时，我会害怕得缩成一团。我那时是一个极其安静的小怂包，会盲目地跟风所有我认为受欢迎的女孩会做的事。我们都穿着同样的衣服，梳着同样的发型，画着同样的妆，我们之间只有极其细微的差别。我们一起去购物，我买的每样东西都受到了她们的认可。我喜欢那群女孩喜欢的音乐，我喜欢那群女孩喜欢的电影——我真的没有自己的想法。谢天谢地，在上大学后，我就远离了那群女孩，终于有了自己的想法。

37岁的凯茜

括一些更小的、独立的朋友圈子，他们强调要对彼此忠诚、善良并相互支持。这些孩子通常不喜欢受欢迎的孩子，因为他们认为受欢迎的孩子很不友善，还很冷漠，但他们也看不起不受欢迎的孩子。社交生活不愉快的孩子的父母需要努力识别出这些中立的孩子，并让自己的孩子朝着成为中立者的方向努力——但请记住，你的孩子可能会被“酷小孩”（cool kids）迷得神魂颠倒，以至于他们可能会对这帮中立的孩子不屑一顾。大约十分之一的学生会远离所有的社交团体，而这些孩子最有可能成为霸凌者的目标。

当孩子们试图变得受欢迎时会有风险吗？是的，它有。研究表明，当已经很受欢迎的孩子为了获得更多的喜爱而避免使用激进手段时，那些不受欢迎的孩子却不避讳采取激进手段。但从另一方面来看，不太受欢迎的孩子在某种程度上学会适应同龄人的文化，如服装、口头禅或是音乐品位等，这其实无伤大雅。尽管家长们很可能会忽视他们的孩子关于受欢迎程度的担忧，但这样做真的不太好，因为对于青少年来说，他们关注自己的社交地位是很正常的。这正是青少年在大脑发育方面应该达到的状态——远离父母对自己的控制，并对自己在同龄人中的地位更感兴趣。所以，也许在某些特定的情境下，你应该允许他们——天哪，甚至是鼓励他们——在生日时得到一件新的霍利斯特牌（Hollister）卫衣。

很少有人一出生就有特定的社交地位，因此，随着成长，我们开始注意到家庭以外的世界，然后开始寻找我们在外部世界中的位置。当我们成年时，大多数人都会学会接受自己的地位，并与其他人快乐地生活在一起，抑或是将自己的地位调整到一个更适合自己的位置（尽管如此，但不得不说，有些人会沉溺于对自己童年地位的悔恨之中，因为他们从未能成功超越自己人生的起点）。对于青少年来说，探索自己最合适的社会地位是很正常的，这样他们才能判断自己现在的位置是否适合自己，或是是否需要改变自己的地位。

有些父母在发现自己的孩子很受欢迎时会很开心，但一旦有了高人气，孩子就不会一帆风顺了，因为随着不同孩子对于最受欢迎位置的争夺，这种受欢迎的情况可能会被改变。此外（就像许多父母看到的那样，当他们举办生日派对时，他们的小可爱会变成某种疯狂的小恶魔，他们对此感到震惊和恐惧），一些孩子还不够成熟，无法处理由于受欢迎所带来的权力。确实，许多孩子在意识到自己拥有权力时，会变得热血沸腾、完全失去理智。

人际关系攻击

人际关系攻击是指把友谊当作控制同伴的武器，这种行为早在3岁儿童的相处中就出现了。直到最近，这个词还鲜为人知，但现在学校、家长和媒体都开始注意到这种恶劣的行为方式。当肢体攻击不被允许时，控制欲强的孩子常常会通过人际关系攻击来达到自己的目的，所以他们会要求自己的朋友说："你要做这件事，否则我就不再是你的朋友了。"这种控制可以通过阴沉的表情、冷落的行为和肢体语言来微妙而有效地表达出来。

孩子很难和自己的父母或者老师说清楚人际关系的情况。劳拉10岁的时候，她试图想和我解释她是如何被和她同一个团体的女孩冷落的。尽管她非常努力，但她还是不能找到确切的词语来说明："她们一直用很刻薄的眼神看着我，还窃窃私语……当我想要加入她们的时候，她们就会转过身去，所以她们窃窃私语的时候我就被排除在外了……她们还会互相写关于我的小纸条。"劳拉本想把这件事告诉她妈妈，但是进展也不顺利："我和我妈妈无话不谈，但当我和她说关于那些刻薄女孩的事时，她会很生气，让我不要理她们。但我做不到，这太难了，而且我也不想惹我妈妈生气，所以我也不再和她说这事了。”

这一切的问题在于，一个10岁的小女孩根本不具备理解这种情形所需要的语言、社会语境、敏锐度、洞察力或是公共意识。这也正是许多年轻女孩（主要是女孩）为什么以及如何从无助和无力转变为痛苦的内疚、自责和自我厌恶。

然而，随着孩子们年龄的增长，他们会越来越有社会洞察力，会开始发现人际关系攻击本质是一种操纵。值得庆幸的是，当这些青少年到了十八九岁时，所谓的酷小孩的社交影响力就会被稀释，因为青少年开始建立真正持久的友谊。

如何处理复杂的友谊？

千万不要盲目地批评你孩子的朋友而让你的孩子疏远你！我们生活在这个世界上的时间更长，所以很多父母都能比孩子先发现某些友谊的麻烦之处。但重要的是，父母要使尽浑身解数来确保自己不会把孩子逼急了。如果孩子觉得他们必须在父母的批评面前为自己的朋友辩护，这可能反而会让这段友谊变长几个月，甚至几年。父母们必须先了解每段友谊的积极和消极方面，然后才有资格去评价这段关系。如果你不能理解一段特定的友谊，那么为了你的孩子，在你说或做任何事之前，你可能需要更多地去发掘这段关系中的积极方面。时机非常重要，你不能在错误的时间盲目地批评你孩子的朋友。你可以先闭口不言，等到时机合适时再指出这段关系中令人烦恼的某些方面，但同时也要承认没有人十全十美，这样做可能对你和孩子更有帮助。尽管这取决于一段友谊的破坏性有多大，但一些父母还是需要对孩子有信心，相信孩子在父母的一些有益见解的帮助下，最终会对复杂的友谊做出自己的决定。

我亲身经历过这些，清楚地记得我的父母再次带走了我的一个朋友。但我父母不知道并且我当时也说不清楚的是，我需要这个“朋友”的原因有很多。我其实很清楚她不是很友善，但我也意识到我需要她是出于复杂的社交原因——她的认可意味着我不会被“酷团体”所排斥。我当时的生活已经够艰难了，但我的父母不让我和她玩，这事让我的生活变得更加困难。

控制欲强的朋友

控制欲强的朋友通常拥有纯粹的恶霸（pure bully）（参见第3章）的典型特征，这种人一般很有权势，也很受欢迎。他们试图控制整个群体，也会想要控制自己的朋友们。很多被朋友控制的人对这种情况持一种非常矛盾的态度：他们不喜欢被控制，但他们却相信这些控制欲强的朋友实际上比他们知道得更多，所以完全有权利控制他们。可悲的是，很多孩子会被这种控制欲极强的朋友吸引，因为这些人可能幽默风趣、精于社交、活力四射、人气满满，并且经常还有许多其他的人被他们控制着。

父母需要对这种情况极度敏感，尽管对待所有孩子的友谊要这样，但尤其要警惕这种类型的友谊。如果想要让孩子从这种友谊中全身而退的话，家长们最好还是要帮助自己的孩子提高情商（参见第8章）。

这种类型的友谊问题多多，并且从很多方面说都应该被当作霸凌来处理（参见第8章）——尽管可能不需要联系有关的学校或是父母。

幽默和取笑

不幸的是，许多基于权力关系建立起来的友谊，其负面影响会被幽默抵消。团体中有权有势的人和他们的跟班往往会想出一种巧妙的方法，这样他们就可以无耻地利用这种方法来获得更多的权力和人气。当人们被我们的笑话逗乐时，我们都会很享受那种拥有力量和满足的感觉。对于那些特别渴望权力的恶霸或者头目来说，这种感觉会让他们很兴奋，也很容易上瘾。如果周围环境很无聊、很没有挑战性，或者是周围环境中竞争过于激烈、充满威胁，孩子们需要放松一下，那么很多人可能只是为了分散注意力而“掉入”霸凌的陷阱。在这种情况下，父母和老师不仅要让被霸凌者拥有更多的洞察，并削弱霸凌者们嚣张的气焰，还要以更积极的方式遏制在霸凌者中蔓延的无聊或紧张的情绪（参见第6章）。

幽默通常是用来打发无聊的，而随意的争吵是另一种更具破坏性的缓解无聊的方式。小口角在友谊中很常见，它可能是学习如何妥协及求同存异的机会。然而，有些孩子会比其他人更容易与人争吵，他们可能需要学习更多关于解决问题和应对冲突的知识和技能。

我们大多数人都能很轻松地识别出什么是恰当的玩笑，它往往是善意的，每个人都会开这种玩笑但没有人会因此而感到难受。不合时宜的玩笑和恰当的玩笑可能出发点是一样的，但是开玩笑的人往往做得太过、按下了错误的开关或是哪壶不开提哪壶。在这种情况下，被取笑的人应当诚实面对自己的感受，并礼貌地要求其他人停止取笑自己，因为这很让人尴尬。

最令人心烦意乱的是彻头彻尾的恶意取笑，这是指社交地位较高的取笑者将注意力集中在被取笑者生活中令人尴尬的一面，他们会直击被取笑者的要害。对这种情况的准确的说法是“嘲讽”（taunting），但霸凌者会将其弱化为“取笑”（teasing）或是“调侃”（slagging）。可悲的是，这种嘲讽可以非常风趣幽默（以一种残酷的方式）。所以那些旁观者——甚至是被嘲讽的人自己——都会发现自己被这种纯粹的嘲讽逗乐了，即便是他们真的不想参与这种卑鄙的行为。取笑和嘲讽之间的区别如下所示：

取笑	嘲讽
尝试逗笑每一个人	嘲笑被取笑者，而非和他一起笑
无意冒犯被取笑者	故意冒犯被取笑者
基本上是轻松愉快的	通常包含伪装成笑话的羞辱性或贬低性的言论
取笑者和被取笑者之间可以轻松地互换角色，取笑者自己也可以被取笑	基于两方的权力不对等而开展
如果被取笑者感到被冒犯，就会马上停止	哪怕被取笑者表现出明显的不适，也还是会继续

我不好意思承认，但我在学校是个恶霸。我不喜欢学校，因为它非常紧张但又很无聊，我们总是会为了缓解无尽的压力而去找点乐子。回想起来，我只能说我掉入了霸凌的陷阱，而一旦我开始霸凌别人，我就会骗自己说这是那个被霸凌的人活该。对于那时幼稚的我们来说，欺负别人很有趣。

那时学校里有个女孩不受人待见，她是个百事通，也是个告密者。她完全没有幽默感，正因如此，我们开始欺负她。一开始我们会模仿她，并假装对她广阔的知识面和完美的成绩印象深刻。她像气球一样膨胀起来，给我们讲述青蛙的生命周期，而我们会假装听得入迷。在这个阶段里，一切都是没有恶意的，但随着时间的推移，事情变得越来越恶劣。

我们以前叫她诺拉·巴蒂，因为她看起来非常老气。我们会残忍地捉弄她，和她约时间见面但不出现，而是躲起来看她焦急地等待着我们，她打扮得漂漂亮亮的却无处可去。“诺拉”的问题在于她不会隐藏自己的感受，所以在我们看来，在她天真的脸上看到呼之欲出的怒火似乎很有趣。

然后我们开始找她家的麻烦，把披萨和其他东西送到她家，让他们为自己没有买的东西付钱。现在看来，这一切都很愚蠢，但说实话，他们脸上那种义愤填膺的表情真的很有意思。那家人根本没有任何社交头脑，尽管他们学富五车，但似乎从来没有识破过我们的任何一个拙劣的诡计。他们常常会因为披萨外卖的事把警察叫过来，然后被警察嘲笑。我们只是出于无聊做这些事，他们对这些事的反应越大，对于当时作为青少年的我们来说就越有趣。

我记得一个女孩在诺拉·巴蒂正弯腰疯狂写试卷的时候把用过的卫生巾放到了她书包里，而那些卫生巾都是从厕所的垃圾桶里捡来的。我记得我看着这一切发生，心想“现在这一切都有些令人毛骨悚然了”，但我也很难解释清楚整件事是怎么自己发展起来的。在那所可怕的学校里，缓解无聊和创造欢笑的唯一方法就是牺牲诺拉·巴蒂。

35岁的保罗

友敌及其危害性

有些友谊是有害的。父母往往会对孩子生活中“友敌”的到来感到恐慌，但正如俗话所说：“只有经历年少无知才能变得成熟睿智。”如果父母试图阻碍孩子学习如何与这些友敌相处，那这可能只会推迟并延长这些朋友给孩子带来的痛苦。

友敌就是伪装成朋友的敌人。充满竞争和怨恨是这种关系的特征，友敌是说挖苦的恭维话的高手。他们很少会为别人的好运而高兴，而是把时间花在诋毁别人上。

苏茜是一个10岁的可爱女孩，她的妈妈艾玛很伤心地来找我咨询，因为苏茜选择和一个对她不好的女孩做朋友。不管那个朋友对她有多坏，只要那个朋友重新又对她好起来，苏茜就会高兴地跑回那个朋友身边。最终，苏茜在艾玛的劝说下同意每次在那个朋友对苏茜不好的时候就悄悄画一个“黑色标记”。在画了20个黑色标记之后，苏茜对她们之间的这种模式有了更清晰的认识，并对她那个朋友的行为不怎么在意了。后来苏茜和另一个同样受到虐待的女孩希瑟成为朋友，她们开始在学校里一起玩耍——这让艾玛很欣慰。就像欧里庇得斯（Euripides）说的，“朋友之间会雪中送炭，而不是锦上添花”。随着时间的推移，希瑟和苏茜成了好朋友。

你的孩子和他们的朋友待在一起时的感觉好坏是这种关系健康与否的一个很好的标志。如果你的孩子看起来很沮丧，可以问一些盘根问底的问题来找出究竟是什么让他们变成这样，这种方法很有效——这可能需要你用一些巧妙的问题来鼓励你的孩子敞开心扉，但如果你很有技巧的话，这可能会成为一个父母引导孩子提升情绪觉察能力的好机会。

虽然典型的“友敌”关系已经很糟糕了，但如果你的孩子对一个更像敌人而不是朋友的人死心塌地，那么父母是很难对自己的孩子被别人恶意利用和虐待的情况袖手旁观的。

“友敌”可以是既友善又好斗的。他们很善于理解别人，并利用这一点去控制任何特定的情况。这种类型的人会在对的时间给予对的人足够的善意，让他们依赖自己，但另一方面，他们也会散发出足够的恶意来维持自己的社交权力，让其他人的生活失去平衡。干得真漂亮。

当友敌迷惑了你的孩子时

冷静地指出这种相处模式。孩子们往往当局者迷，所以父母的角色就是指出这段友谊中不合理的相处模式。如果一开始你说的是另一个朋友而不是你孩子的事，就会让孩子更容易听进去。父母应该平静温和地说这件事——慷慨激昂的演说只会让你的孩子反抗你，而不是反抗他们强有力的朋友！

问一些发人深省的问题，并且试着让你的语气保持好奇且开放的感觉——如果你指责孩子，那这个练习就失败了。

“你注意到莎拉对待希瑟的方式了吗？”

“你觉得希瑟在莎拉身边会有什么感觉？”

“你觉得希瑟为什么一直想和莎拉做朋友？”

“你知道她们吵架后莎拉是怎么说希瑟的吗？你觉得你和她吵架之后她也会那样说你吗？”

“现在莎拉和希瑟和好了，你觉得这次和好能持续很久吗？”

让你的孩子为下一次争吵做好准备。告诉你的孩子不要和强有力的友敌做朋友是不太可能有用的，但是作为成熟的成年人，你可以密切关注这段关系的起起伏伏，让他们为下一次争吵做好准备。在争吵爆发之前总会有各种迹象，你可以把这些当作一种“莎拉”的行为模式告诉你的孩子。当你的孩子学会了识别导致争吵的信号时，他们的情商就得到了一定的提升，这有助于他们将来处理自己的人际关系。

问问你的孩子打算忍受多少次恶劣的对待才会离开那个朋友。让你的孩子给出一个具体的数字，可能是20，也可能是5，但重点是让你的孩子做决定。每当“友敌”恶劣地对待你的孩子时，他/她可以默默地给他们一张“罚单”——父母可以帮助确保每次事件都有被记录下来，然后在“友敌”犯规达到了一定的次数以后，你的孩子就可以按照自己的心意行事。与此同时，父母也可以放心，随着他们的孩子获得更多的觉察，这段友谊也会改变。你的孩子可能会选择离开那个朋友，但即便没有离开，他们至少也对这种行为模式有了更强的觉察。

青少年的闹剧和荷尔蒙

现如今，青少年们会计算和攀比自己在社交媒体上得到的“赞”数，而受欢迎就是通往成功的捷径。青少年之间闹剧的爆发是因为不同的孩子都想成为老大，而在这一竞争过程中，他们之间经常产生冲突和张力。这种闹剧的问题在于，那些竞争者们往往沉迷于树立威信，所以会为了迅速展示自己的优势地位而残忍地伤害群体中处于社交弱势的孩子。如果一个孩子卷入了一场疯狂的“青少年闹剧”，那么父母能做的最好的事就是意识到养育孩子是一场持久战，然后开始帮助孩子提升情商，这样他们就能更好地理解自己和朋友们的想法。

就像喜剧中的调侃一样，八卦是如此有趣，以至于可以将正派的人从纯粹的戏剧故事中吸引到八卦上来。我理解八卦拥有的吸引力，也会看一些名人杂志，也会读《每日邮报》(*Daily Mail*)上的垃圾文章。但当我们将自己的娱乐建立在他人的痛苦之上时，我们是不是在和魔鬼做交易呢？因为可能有朝一日，我们自己的痛苦也会成为别人茶余饭后的谈资。

有时候八卦是相当无害的，人们只是简单地讨论任何既定的情况，并说出自己的个人看法——实际上，它甚至可以引发有趣的对话。然而，如果一个人缺乏安全感，那么八卦可能会毁了他的生活。

如果一个孩子告诉自己的父母，学校里正在传关于他们的八卦，父母千万不要用一些老套的“棍子和石头”[1]的话术或其他的无意义的话搪塞过去。任何一所全是儿童、青少年或是情绪化青少年的学校，都有着强烈的情感旋涡，这意味着清醒的判断会很少而夸张的闹剧会很多。对于一个孩子来说，今天就是一切，今天发生的事情在他们的世界中具有无与伦比的重要性，即使是明天也感觉像是遥远的未来。

当孩子因为别人传自己的八卦而感到不得不去找父母时，父母温柔地对待这些感到丢脸的孩子会更好。如果你的孩子提到他们发现自己难以应付学校里传的八卦，无论他们看上去有多漫不经心，父母都应该看到这背

① 这里是指一首童谣：“棍子和石头也许可以伤害我的身体，但流言蜚语绝不会伤害到我。”——译者注

后的求助信号（参见第8章的应对策略）。

我15岁的时候很喜欢一个叫保罗的男孩，所有女孩喜欢他——他又帅又有活力。某天晚上我在一个聚会上遇到了他，还和他一起去了外面的小花园。那种感觉很奇妙，令人目不暇接，我想那天晚上我们在花园里那啥了——那是第一次。所有的姑娘嫉妒得直向我吐口水，有段时间我感觉自己像个女王。现在回想起来，我对保罗的炫耀和吹嘘有点过头了，但我并没有得意多久，因为不久之后我的名声就被毁了。原来聚会上的一些男孩在楼上看到了我们的“现场表演”，一个叫凯文的男孩发现可以从楼上看到我们，就是他带头上楼的。凯文是那种讨人厌的男孩，他之前从来没有真正融入过大家。但奇怪的是，这件事发生之后，突然间所有人觉得他就是我们的一员。

我还是不敢相信我居然没有注意到那群楼上的男孩，他们肯定很安静。当然，那群男孩把这一切都拍了下来并放到了网上，但好在不能辨认出那个视频里是谁。但我还是觉得很惊恐，因为网上有一段写着我名字的“录像”。我从来没有告诉过我父母这件事，希望他们永远不知道，因为那会让我爸爸生不如死。

不久之后，那群男孩开始叫我“婊子”，无论我走到哪里，他们都会朝我扔黄油，他们过去还常在我学校的储物柜和椅子上放黄油。现在想想，我想大多数人——除了我以外——都因这场闹剧而感到兴奋不已。有一次在校车上，所有人在不停地朝我扔那些小袋黄油，整整扔了一路，他们肯定有一整盒黄油。那真是一场噩梦。

当我回头看时，我觉得我很轻浮，许多男孩喜欢我，同样地，也有很多女孩嫉妒我。我现在明白为什么那些女孩想要“打倒”我了，当时我只是在想“为什么她们不喜欢我？”但我当时可能会表现出烦人的沾沾自喜，并对接近保罗感到自负。

男孩们则是另一种情况——那时我们学校里有一种可怕的“荡妇羞辱”风气，大多数男孩都参与其中。你可能会觉得，现在是21世纪了，我们可能会超越这一点，但当时学校并没有实现这种超越。保罗经过这件事后看起来像匹大种马，甚至比之前更抢手，凯文自此比以前更受大家欢迎，而对我来说，我的学生时代彻底毁在了一个充满荷尔蒙的醉酒之夜。我不确定我能从这次经历中学到什么——除了青少年可能非常残忍的痛苦的认识，所以自我保护很重要。

18岁的艾玛

我经常听到有女孩被其他女孩和男孩形容为“荡妇”或是“渣”，这对我来说很不可思议。尽管女权主义正处于第三次——甚至是第四次——浪潮中，但在少女们能否自由享受青春期的问题上，我们还停留在维多利亚时代。可悲的是，这个问题似乎不会很快得到改变，所以十几岁的女孩通常要比十几岁的男孩更加谨慎保守地对待自己的性行为。许多人会争辩说，这是大自然决定的，因为通常是女孩会因意外怀孕而感受到更多的情绪上的焦虑。然而，更多的人会认为，我们已经成功克服了许多显然是“自然”带来的困难——硬膜外麻醉和避孕——所以也许有一天，我们可以期待有一个十几岁的女孩和男孩同样自由地享受他们正在发展的性的世界。

青春期导致的荷尔蒙的变化已经被谈论得够多了，但还没有涉及少女们第一次意识到自己正在被人追求时的兴奋感。这种拥有性权力的感觉可以让女孩们刹那间感觉到自己几乎是无所不能的——可悲的是，这些性冲动的感觉常常会被有辱人格的、日常的性别歧视所阻碍。（我记得我16岁的时候，穿着紫色的新夏装，兴高采烈地走过都柏林市的奥康奈尔桥，那种感觉棒极了。但我刚建立起来的信心瞬间被一个中年卡车司机彻底粉碎了，他按着喇叭从车窗里向我喊：“你这个小不点儿。”我感觉全世界都在嘲笑我，还盯着我看。我感觉我会羞愧地死去，所有的快乐进而阳光消失了。）

男孩们强烈的性冲动会很快带来无力感，因为似乎是女孩们掌握着魔法王国的钥匙。然而，所谓的拥有钥匙的女孩，却常常对她们可能拥有的任何性力量感到困惑和不安。谨慎至上是他们的宗旨，青少年需要学会“慢慢加速”，因为他们刚开始尝试弄清楚自己的性取向和性偏好。高涨的情绪和荷尔蒙的变化会让所有事情显得极其重要——而父母的任务则是试着在这些充满情绪的情况下给孩子们带来一些成熟、幽默和有洞察力的观点。

在这些复杂的情况下，青少年需要指导，这样他们才能对友谊维持一种平衡的视角——即使是处在青春期的风暴和压力中时。现在的青少年和以前的青少年的主要区别之一在于，现在的青少年在社交媒体上经常有上千个“朋友”，但当他们感到不安沮丧时，没有人会给他们打电话。自从脸书（Facebook）挪用了“朋友”这个词后，“友谊”就变成了一个与许多成年人年轻时不同的概念。曾几何时，获得友谊需要时间、付出、关心和回报，而现如今，只需要随意地在这里或者那里点个“赞”，我们就能成为“脸书好友”。值得注意的是，对于我所见过的许多青少年来说，他们所谓的好朋友通常充满感情和戏剧性，但却缺乏真正的团结一致。

如今年轻人面临的众多挑战之一是学会如何区分社交媒体上的朋友和现实生活中的朋友。很多人可以在社交媒体上成为很好的朋友，但在现实生活中，他们可能不是那么合得来。这种更广泛的社交网络可能会一直存在，所以父母需要了解如今青少年之间友谊的复杂性。我遇到的青少年很清楚社交媒体上的“朋友”和现实生活中的“朋友”之间的区别，但是很多家长却不太明白这一点。很多成年人都将他们的“社交媒体友谊”局限于现实生活中的朋友，而青少年则极度渴望从网络世界中获得更多的认可，所以他们会和所有能交朋友的人做朋友。然而正如布琳·布朗（Brené Brown）[①]所说：“社交媒体让我们意识到，我们都应该有一些现实生活中的朋友，如果有一两个现实中的好朋友，那可太幸运了。”

① 布琳·布朗，休斯敦大学研究教授兼畅销书作家，曾在TED发表演讲并创下最高观看次数纪录，研究话题包括脆弱性、勇气、真实性和羞耻。——译者注

第 3 章

霸凌者和他的团伙

狮子、鬣狗和羚羊

* * *

不是每个人都是霸凌者或霸凌的受害者，但每个人都见过霸凌。
见到之后，有人加入有人反对，有人嘲笑有人保持沉默，
有人感到厌恶有人感到有趣。

|

奥克塔维亚·巴特勒
（*Octavia E. Butler*）

第3章

我们有的人是狮子，有的人是羚羊，但更多的人是在一旁加油助威的鬣狗。有些人温柔谦逊，有些人咄咄逼人、嚣张跋扈，剩下的人往往只是无名小卒。那些温和的人对权力没有强烈的需求，更喜欢低调行事，而对权力的需求在这些温和的“羚羊”身上很容易得到满足。与此同时，更自信的人——狮子——受到权力需求的驱使，往往咄咄逼人，并且想要确保自己在任何情况下都占据上风。鬣狗则会通过成为边缘群体的一员和讨狮子的喜欢来保证自身安全。

如果我们生活在一个包容的群体中，每个人带给群体不同的东西都会被感激，那么每个人都能以自己独特的方式茁壮成长。然而，如果我们生活在一个强调胜利和成功的群体中，那么温和和缺乏竞争力的个体会感到自卑软弱，而强大和有攻击性的群体则会感到自己高人一等。

传统观点认为霸凌者都是暴怒的傻瓜，会通过肢体恐吓这一笨拙的方式来达到自己的目的，但这种观点已经被多次证明是错误的，不太可信了。的确，有一些危险好斗的白痴享受在肢体上威胁更弱小的人（比如大家刻板印象里的夜总会保镖）。然而，聪明、受欢迎和刻薄的霸凌者对人们生活的影响要大得多，也更具破坏性。典型的霸凌者往往是个性强硬的人，他们将霸凌视为一种不正常的娱乐方式。这种人通常道德观念淡漠、很受欢迎，并且无法妥善运用自己拥有的权力。

许多霸凌者或控制欲强的“朋友”都有控制局面的强烈需求，在这种需求的驱使下，他们想要确保全世界都屈服于他们的意志。当有人（通常是无意的）激怒他们时，这些性格强势的人就会选择霸凌。他们对被霸凌者几乎没有同情心——事实上，他们经常把目标非人化——他们认为被霸凌者不过是权力和乐趣的来源。

典型的霸凌者通常一开始就没有很完善的罪恶感或者社会良知，他们的道德推理水平也往往很低。由于他们有强烈的主导任何既定情况的意愿，往往对规则和制度不屑一顾。他们通常缺乏解决问题的能力——所以当处于社交地位更低的人惹怒了他们时，他们不会冷静理智地处理矛盾，而会发起恶意的攻击。

霸凌的动力机制

对被霸凌者及其父母来说，最重要的是要了解霸凌的动力机制。被霸凌者需要了解霸凌者的动机、劣势和优势。如果他们根本不明白发生了什么，那么就有必要从咨询师或者朋友那里寻求一些支持，以便更好地理解霸凌。

如果父母能将对霸凌动力机制的准确理解传递给被霸凌的孩子，就能产生长期的、持久的影响。因为如果他们获得了对人性更深刻的了解，他们将来也更有可能会远离人性的危险水域。另外，如果被霸凌者不明白发生了什么，那么他们可能要花很长一段时间摆脱这段经历而不让自我受影响。缺乏对霸凌动力机制的理解对未来并不意味着什么好事，如果被霸凌者不明白发生了什么，他们可能会再次受到霸凌，因为他们不知道应该注意什么。

纯粹的恶霸

纯粹的恶霸通常是争强好胜、骄傲自负的人，他们享受权力带来的兴奋感。这种精于社交且聪明的人不太可能自卑——实际上，他们在社交方面通常非常自信。他们处于食物链的顶端，并在任何既定情况下都占据主导地位。

这种人身边几乎总是有一群跟班，他们本能地认为和这种主导者成为朋友会对他们有好处：纯粹的恶霸通常很受欢迎，即使他们不是特别受人“喜欢”——他们所谓的高人气是建立于恐惧和小心翼翼之上的。有趣的是，研究表明，纯粹的恶霸比大多数人都表现出更低的唤起状态——他们时刻保持冷静，哪怕发生极端情况也不会情绪紧张。这也是他们在骚扰别人时能付出更多努力的原因之一——他们没有情感投入，而更加多愁善感的人会发现霸凌可能会让他们感到内疚、糟糕或者内心不适。

这些聪明、漂亮、受欢迎的霸凌者往往是自恋的，他们的自我意识很强烈但也很脆弱。他们会怀疑自己的强大，因此如果让他们意识到他们可能并不像自己想的那么强大，那他们很快就会生气和变得防备起来。实际上，在他们内心深处的黑暗角落里，可能（但并不总是）会有一种自卑感，并通过向其他人和自己佯装强大来弥补这种自卑。这是一种复杂的动力机制，很难理解，尤其是对孩子们来说，然而一旦人们弄清楚了这种动力机制，被霸凌者就更清楚该如何与霸凌者相处，这样他们最终才不会落入狮子窝。

> 艾米第一次来我的咨询室时才15岁，她很漂亮、为人直率，喜欢音乐和篮球，还是学校辩论队的队长。她出身于一个非常成功的家庭，因而也渴望成功。艾米有一种天生的支配欲，从她来到我的咨询室并开始对墙上的艺术品评头论足，然后又自然地过渡到关注其中一幅画的来历的那一刻起，我就意识到了这一点。

艾米来进行咨询是因为她被认定是一群女孩的头目，这群女孩一直在无情地嘲讽一个名叫本的自闭症小男孩。艾米和她的同伴将这种嘲讽说成“只是一点小乐子”，但这给本带来了巨大的痛苦。无论在哪里看到他，女孩们都会不停地喊道：“嘿！本十！”这句话在你第一次或第十次听到的时候可能没什么恶意，但如果你本来就不知道在社交情境中该如何行事，而一群聒噪的受欢迎的漂亮女孩还朝你这么叫，你就会感到尴尬不已、坐立难安。

当我第一次和艾米一起工作的时候，她大声争辩道自己严格意义上并没有做错什么。艾米觉得很无聊，所以她很享受破坏这个系统的乐趣——而且她坚信自己严格意义上来说是对的，因为喊“嘿！本十！”又没什么错。艾米明显缺乏同理心，这意味着她根本不理解本的痛苦。艾米认为本感受到的各种痛苦都无关紧要，因为她们是对的。在艾米的世界里，生活就是一场巨大的竞争，而她必须占据上风。

艾米自尊心很强，她把自己看得很重，认为地位比她低的人不那么重要。她的道德推理能力较差，认为没她那么成功的人不配像她一样成功。

几代人的研究经常告诉我们，某些特质会很容易遗传给下一代，艾米的母亲迪尔德丽也非常好胜。迪尔德丽从小就告诉艾米他们家是很特别的，他们处于法律之外，普通的规则并不能约束他们。艾米被教导不要尊重权威，只有当他人“打败”你时，他/她才能获得你的尊重。迪尔德丽和艾米认为，每个人都生活在尊重的等级秩序中，那些不擅长音乐、体育或学术的人在这条社交等级链上地位都不如自己。

我们一起走过了很长一段路，但凭着真诚和不断地斗智斗勇，艾米最终学会了一些道德推理和同情心。在许多次咨询中，艾米和我会仔细地讨论和分析本会是什么感受。教会艾米同情心和道德承诺花了一些时间，但她最终意识到了她和她的朋友们是如何摧毁了本的生活。但所有这些努力是值得的，因为艾米变成了一个更善良、更有同情心的人，她不再那么喜欢骚扰其他温柔的人。

有一种类型的纯粹的恶霸会“严重缺乏”道德推理或是同情心，他们不能理解或者不关心其他人的感受。一些神经科学家认为，一些霸凌者患有神经缺陷——他们的大脑出现了故障，使他们无法理解或关心别人的痛苦。（当然，被霸凌孩子的父母可能会感到愤怒，因为神经科学家们的观点表明，与消灭霸凌行为相比，我们更应该对霸凌者表现出他们自己所没有的同情。）

但是另一方面，也有其他关于残忍的霸凌行为的解释，因为不只是霸凌者会不顾他人的感受，一些有非常正常大脑的非常正常的人也可能“关闭”他们的道德感。实际上，道德上的疏离是人们霸凌他人以及其他人对霸凌袖手旁观并任由其发生的关键原因之一（参见第5章）。

威廉·戈尔丁（William Golding）令人毛骨悚然的小说《蝇王》（*Lord of the Flies*）出版60年后，仍旧向我们展示了一群孩子是如何让他们的目标变得不人道，并关闭了自己的道德感。这些男孩独自生活在一个小岛上，所以为了控制他们的环境，他们很快就建立了一个以拉尔夫为领袖的等级秩序。

在讲述男孩们是如何堕落成野蛮人时，戈尔丁有力地展示了群体意志和个性之间的张力。在这本小说里——也许这是现存的关于霸凌的最可怕的文本——人类和平共处、共同生活的天性与另一种天性发生了冲突，那就是渴望在任何既定情况下获得权力的本能。最终，一个温和但不同寻常的男孩西蒙，以及微胖但聪明的男孩皮基被小岛上男孩心中的野兽杀死了。

如何应对纯粹的恶霸？

我们应当以深思熟虑和深谋远虑来巧妙地对待这种人。让他们变得有同情心和善良并不容易，最简单的减少霸凌的方法就是弄清楚主要霸凌者欺负你孩子的原因是什么。如果你能找出霸凌的动机，那么你就可以思考如何让你的孩子不再成为霸凌者的燃料。

是因为无聊吗？是因为你孩子的反应会让霸凌者开心吗？霸凌者带着他的跟班一直进行霸凌是因为他们想在你孩子身上看到特定的反应吗？什么时候霸凌加重了呢？什么时候情况好转了呢？在网上情况会更好还是更坏？最重要的是，附近的人谁能挺身而出？谁能帮忙，谁会拒绝帮忙？你的孩子不需要去麻烦那些拒绝提供帮助的人，但通常在任何团体中都会有一些人对自己在霸凌中的角色感到愧疚，而这些人就是被霸凌者摆脱霸凌所要关注的人。（详见第5章）

霸凌者还是失败的领导者

一些父母意识到，在特定情况下，他们的孩子可能会成为霸凌者。这些父母可以抓住每个机会向孩子展示优秀领导者的持久的品质，并将其与霸凌行为造成的破坏性影响进行对比。这会让孩子开始形成一种期望和信念，那就是成为领导者才是正确的道路。

如何帮助渴望权力的孩子

如果你的孩子有些痴迷权力，那父母必须要知道，在特定情况下，他们渴望权力的孩子可能会无意中陷入霸凌，尤其需要教会这些孩子善良、道德推理和同理心。有了这些特质，他们就可以从一个潜在的霸凌者变成潜在的伟大领导者。霸凌者通常是一个糟糕的领导者，所以如果你担心你的孩子会开始以一种消极的方式发挥自己的特长，那么你可以通过一些努力和承诺来让他们回到正轨上来。

示范善良、同理心、道德和同情心是教会孩子这些品质的最简单的方法。当你做了一些善事时，一定要告诉你的孩子，并给他/她解释为什么这对每个参与的人来说都是好事。教会你的孩子同情心以及体谅他人——让他们能迅速意识到，我们中较为温和的人往往更能把大家团结到一起；给孩子解释为什么每个团队都需要不同个性的人才能开展工作；告诉孩子我们多么需要善于思考的人、谨慎的人、有趣的人和勇敢的人。

承认你的孩子可能有一些霸凌者的倾向，这可能是父母给予孩子的一份很好的礼物，因为只要稍加培养，大多数潜在的霸凌者都可以很容易被引导成长为领导者。

下面是一些可以用来增强孩子领导能力的建议：

● 一个好的领导者会以身作则，而一个恶霸则会操纵和威胁别人。当父母在家里以身作则，或是当父母放弃以身作则并使用更多霸凌策略时，他们很容易向孩子说明这一点。

● 领导者会诚实地与所有人分享信息，而恶霸则会将信息作为权力的砝码。

● 领导者不会被别人的意见所威胁——事实上，他们乐于听到他人的智慧观点，而恶霸则更喜欢周围都是“唯唯诺诺的人”，并且无法忍受任何异议。

● 领导者了解团体中不同的个体，并且会根据每个人不同的特点来激励他们，而恶霸往往对每个人的期望都很低。

● 领导者具有高情商和良好的人际交往能力，因此他们可以有效地与他人进行交流。恶霸们往往在情感上是不成熟的，并对其他人抱有孩子气的竞争态度。

如果你的孩子很好胜，那么就请帮这个世界一个忙，教他们如何成为一名优秀的竞争者。一般来说，好胜心是很有用的，但良好的竞争精神是一个有道德的竞争者的必要组成部分，它教会人们以同情心、同理心和尊严待人。好消息是，这些特质会在生活的各个方面帮助他们，而不只是在当地的群体竞争中。

但仅仅背诵“做一个输得起的人”之类的格言是不够的，父母需要和孩子讨论良好的竞争精神意味着什么，以及它是怎样影响世界的。这意味着不作弊，不诋毁竞争对手，并对所有失败者保持友好和尊重。竞争中的赢和输都是绝佳的教育机会，父母需要介入并且告诉孩子如何应对失败，以及如何有尊严、有同理心地应对成功。

父母可以和孩子一起分析在职业体育运动中声名狼藉的失败者，并借此机会指出这种行为是多么没有必要和多么龌龊。你还可以和你的孩子一起上油管（YouTube）看看麦肯罗（McEnore）在温布尔登（Wimbledon）比赛中颇具争议的旧片段[①]，佐拉·巴德（Zola Budd）明显绊倒了玛丽·德克尔（Mary Decker）的片段[②]，阿尔塞纳·温格（Arsène Wenger）拒绝与对手握手的片段[③]以及韩国拳击手范忠一（Byun Jung-il）在1988年汉城奥运会上因用头撞击对手而受罚时的号啕大哭[④]。

你可以与你的孩子讨论这些事件，并将它们与充满英雄主义和体育精神的故事进行比较。让他们看看那些顶着压力仍旧表现得体的人的有启发性的故事，比如在比赛的关键节点，一些台球和网球运动员在没人发现的情况下承认自己犯规了，再比如新西兰橄榄球运动员塔纳·乌玛加（Tana Umaga）牺牲了自己的进攻位置，把对手科林·查维斯（Colin Chavis）送进了能重新接到球的位置。1914年圣诞节英国和德国士兵那场著名的足球赛[⑤]是另一个有力的例子，它可以告诉孩子们表现得体比击败对手更重要。

如果你的孩子在压力大的时候没能表现得很好，那就可以教他们承认自己和其他人一样容易犯错。正如口语艺术家凯特·坦布斯特告诉我们的

① 约翰·麦肯罗（John McEnroe），美国网球运动员，是网坛脾气最臭的运动员之一，经常辱骂裁判、对手与球迷。1990年的澳网，他也成为赛事历史上第一位因为言行不敬被赶出赛场的球员。——译者注

② 1984年洛杉矶奥运会3000米决赛中，巴德和德克尔两位选手摔在了一起，但究竟是谁绊倒了谁，舆论纷争不休，两位选手因此都没有取得较好成绩。——译者注

③ 阿尔塞纳·温格（Arsène Wenger）曾于1996年至2018年执教英格兰阿森纳足球俱乐部，在一次与摩纳哥的比赛后拒绝与对方教练握手，被对方教练认为“太没修养”。——译者注

④ 1988年的汉城奥运会上，韩国拳击手范忠一（Byun Jung-il）无视裁判警告，不停地对保加利亚对手亚历山大·赫里斯托夫（Aleksandar Hristov）犯规击打，被现场执裁的新西兰裁判基思·沃克扣分，最终韩国选手输掉了比赛。当裁判宣布结果之后，韩国选手的教练和助理竟然直接冲到擂台上殴打裁判以及擂台上的工作人员发泄不满。——译者注

⑤ 1914年，第一次世界大战爆发，英法双方在法国战场陷入了堑壕战，战局十分僵持，但到了圣诞节这一天，双方士兵不但暂时停火，还用罐头盒当足球，踢了一场足球赛。这个场景体现出了人性的共通，所以后来这个场景被多次拍成电影，大家都很感动。——译者注

那样："如果你今天是个混蛋，那就承认吧，明天尽量别这样就行了。"

受害者型霸凌者

老话"受伤的人会伤害别人"完美地揭示了"受害者型霸凌者"的来源，他们也可以被称为"霸凌者型受害者"。有些人——"受害者型霸凌者"——经历了两种最糟糕的情况：他们经历了被霸凌，然后又成了霸凌者。研究表明，这种类型的人在特定情况下会表现出比其他人更高的唤起程度，所以他们在压力情境下往往会反应过度。有趣的是，在这一方面，这种类型的人与"纯粹的恶霸"完全相反，纯粹的恶霸不容易动情，而且会对别人的痛苦很冷漠，而受害者型霸凌者则会对情绪烦恼反应过度。受害者型霸凌者通常很容易激动，会对自己被忽视或得不到应有奖励的情况高度敏感。他们对自己的感受极度敏感，但由于太过自我而不能顾及其他人的反应。他们会很容易生气，并且由于他们还没有学会如何在不发泄情绪的情况下成为一个非受害者，所以和他们相处起来很困难。

我小时候是个恶霸，这真的是个偶然。我是个长得很奇怪的孩子——红色的头发，有雀斑，非常瘦，而且还很不幸地是个龅牙——当然我当时可能不像我认为的那么奇怪，但无论如何我都不是很常规的长相。我的父母真的很喜欢好看的人——他们自己就很好看，他们把所有的心思花在我妹妹身上，她很漂亮，而我却是被忽视和被嫌弃的那个。我有个表姐也是红头发，我们被当成家族里的两个怪胎。我讨厌承认这一点，但我超乎常理地、发自内心地讨厌我遇到的长得奇怪的孩子们，我会欺负任何长得与众不同的人。现在回想起来，我嘲笑他们是因为这样一来没有人会注意到我的外表也与众不同，但这真的不是借口。

我们让一些孩子的生活如堕地狱——虽然我说的是“我们”，但实际上都是由我主导的。我们叫我班上的一个女孩“怪胎”——她的真名是希妮德——我们让她的生活变得很惨。我们会给她发不怀好意的短信、公然在社交媒体上嘲讽她，还不断把她的照片发给一些长得很丑的人，邀请这些人成为我们建立的线上俱乐部“怪胎们”的成员。这些行为都极其令人作呕，但那时候我们却觉得自己很搞笑。最后，她的父母让她退学了。最近我遇到了希妮德，她看起来很酷也很自信。她对我很好，对那些年我们毁了她生活的事只字未提。我为自己十几岁时的行为感到羞愧，对此我能提供的唯一的借口就是那时的我是一个非常不快乐和没有安全感的孩子。

23岁的丽贝卡

受害者型霸凌者与纯粹的恶霸截然相反。他们确实缺乏自尊，在融入社会方面存在问题，并且可能会“打破”青少年之间设定的一些狭隘的社交界限。他们可能不是特别聪明、特别好看或是在青少年看来很酷的方面特别突出。然而，他们可能会以一些消极的方式脱颖而出，并认为这就是自己被霸凌的原因，更认为这就是世界的运作方式。可悲的是，这正是为什么他们觉得自己的行为是合理的，因为他们会反思自己看到的东西。

受害者型霸凌者往往会自怨自艾，因为他们完全以自我为中心，只从自己的角度来理解事情。从某种程度上来说，他们作为受害者的感受成了他们为自己将来残忍行为辩护的支柱和借口。当受害者型霸凌者自怨自艾时，一个恶性循环就开始了，他们会为自己辩护并专注于自身，而不是去担心自己对被霸凌者造成的伤害。他们曾经可能拥有的天生的同理心可能会被自恋和自怜之海中的水冲走。他们认为，因为你很生气所以要发泄出来是一个很有力的借口，而他们通常也认为自己的伤痛比他人的伤痛更重要。

很多受害者型霸凌者在终于能打败之前霸凌过他们的人时，会越过从自信到霸凌的界限，在那一刻，他们意识到这种感觉很美妙。而当他们过分自信的反应让他们感觉良好时，权力的冲动就很容易冲昏他们的头脑。这些潜在的受害者型霸凌者意识到他们可以控制局面，在这种肾上腺素激增的刺激下，他们很快就会去欺负比自己更弱小的人。由于他们是高度情绪化的，所以当他们开始霸凌他人时，会格外享受这种强烈的权力感和控制感。他们通常不太在意自己是否能在人气竞赛中拔得头筹，而是会努力确保自己不是最后一名。

受害者型霸凌者通常持有一种马基雅维利①式的人生观，他们对人性缺乏信心。由于他们被欺负的经历，他们变得愤世嫉俗、冷酷无情、充满怨恨。霸凌的残忍式幽默的本质可以让他们在欺负别人的时候感到高兴，因为他们会为自己没有成为受害者而感到兴奋，并决心要让受害者的遭遇

---

① 马基雅维利（Machiavelli，1469—1527年），意大利政治家和历史学家，以主张为达目的可以不择手段而著称于世，他对他人持功利性而不是人道主义观，认为人类愚不可及，总有填不满的欲望、膨胀的野心；总是受利害关系的左右，趋利避害，自私自利。因此，利他主义和公道都是不存在的，人们偶尔行善只是一种伪装，是为了赢得名声和利益。——译者注

比他们更糟糕——又是为了确保自己不是群体中最不受欢迎的人。

“纯粹的恶霸”和“受害者型霸凌者”之间的重要区别在于：纯粹的恶霸通常是麻木迟钝的，他们似乎没有意识到自己做了什么；而受害者型霸凌者则非常清楚自己造成的伤害，也许是因为他们自身的黑暗经历，他们会更想要继续给被霸凌者造成痛苦和烦恼。

如果你的孩子被“受害者型霸凌者”盯上了该怎么办？

孩子应该了解受害者型霸凌者的复杂动机。如果你的孩子能理解受害者型霸凌者所表现出的伤痛和愤怒更多地反映了霸凌者本人的经历，而不是关于他们，那么他们就能开始对事情有新的看法，并且意识到这不是自己的错。

与不那么情绪化的“纯粹的恶霸”相比，受害者型霸凌者更容易被力量的展示所震慑。如果你的孩子能组建起一个由愿意站出来支持他们的挺身而出的组织，那么受害者型霸凌者很快就会撤退，并寻找更容易欺负的猎物。

被霸凌者应该要求受害者型霸凌者重复他们的刻薄言论，就像自己没有听到一样。受害者型霸凌者往往没有足够的胆量再说一遍这些话，他们很容易被吓倒。

霸凌者的团伙

大多数霸凌者如果想要继续霸凌别人，就需要得到群体的认可。霸凌者可以让一些同伴在自己讲残忍的笑话时哈哈大笑，并让他们给自己提供能让自己更强大的力量。霸凌者的团伙里大多数都是缺乏安全感的“应声虫”，他们通常靠自己的智慧生存，因为他们知道自己的社交地位完全取决于是否站在霸凌者这一边。这个团伙里的个体可能没有霸凌者所拥有的魅力或是好容貌，但他们拥有战略智慧，知道该如何与团体中最有权势的人保持一致。

罗莎琳德·怀斯曼（Rosalind Wiseman）的书《女王蜂与跟屁虫》（*Queen Bees and Wannabes*）启发了2004年的热门电影《贱女孩》（*Mean Girls*）。怀斯曼的书告诉我们，在“少女的世界”里，生活可以是高度紧张和戏剧化的，青少年们的生活被谁进谁出、谁酷谁不酷的情绪过山车所建立和摧毁。许多人认为这种社交等级制度主要在女孩们的交往中出现，而男孩更倾向于“战胜任何困难”。然而，我在工作中发现，男孩和女孩一样，都非常关心自己在群体中的社交地位。如果他们在社交媒体上被忽视，或是没有被邀请去参加重要的社交活动，他们也会像女孩一样感到沮丧和孤独。

在怀斯曼的书中，她对每个人的角色进行了分类，并向我们展示了一群霸凌者通常是一个有着不容许违反的严格等级制度的复杂团体。怀斯曼在书中不仅描述了霸凌者和跟班的角色，还详细刻画了银行家、痛苦的旁观者、讨好者、追随者和漂浮不定者的形象。尽管怀斯曼选择将不同性别分开描写，并为男孩们写了另一本书《头目和跟班》（*Ringleaders and Sidekicks*），但结论和分析过程是相似的。

受欢迎的“女王蜂”或“头目”可能会抓住每个机会诋毁一个更安静、更不受欢迎的孩子，只是因为他们感到无聊，并且很享受嘲笑那个安静孩子时所获得的权力带来的兴奋感。“副官”（即跟班）总是会说有趣但残忍的话来呼应他/她的老大。“银行家”则像储存黄金一样储存信息，并利用这些信息成为团体中具有战略影响力的人，他们往往会表现得像团体之间的高傲信使，而且通过扮演“知情人士”这一角色，他们总会在团体中占据一个相对重要的位置，这让他们很满足。“讨好者”和“追随者”会盲目地追随领导者，并且希望自己有一天能在团体中获得更高的地位和更多的认可（有些人确实做到了），而“痛苦的旁观者”往往对任何不良行为都绝望地攥紧拳头，但又很害怕凭着自己的良心行事。有趣的是，“痛苦的旁观者”通常比无知的旁观者更容易成为霸凌闹剧的同谋，因为他们比其他人更了解发生了什么，也更容易对被霸凌者的痛苦感同身受。害怕成为众矢之的和害怕变得不受欢迎的想法通常会让痛苦的旁观者保持沉默（这通常违背他们的道德判断）。

怀斯曼书中的“漂浮不定者”是指那些从一个群体漂到另一个群体而不卷入任何特定群体权力斗争的人。我在中学的时候就是个“漂浮不定者”，这通常是一个孤单而缺乏安全感的角色，但由于我孤僻的个性，这是我唯一的选择。我被学校里各种团体的趋同思维吓坏了，所以根本不想加入任何一个小团体——事实上，如果有任何团体想拉拢我，我都会感到紧张和烦恼。我在小学的时候也是个“漂浮不定者”，但小学的氛围不像中学那样充满竞争和不安全感，所以我小学的时候一点儿也不焦虑。

“漂浮不定者”通常会保持自己的个性，并且乐于被别人视为有点怪异或者与众不同的人，因为他们觉得为了自由和独立做出的牺牲是值得的。但是这种人很容易从“漂浮不定者”变为“孤独者”，再变成“怪人”，所以这是一个很没有安全感的角色——尤其是在现在这个盛行个人崇拜的时代，独行侠常常会被质疑和敌视。

培养天性：善与恶

2005年10月的一个普通工作日，神经科学家詹姆斯·法伦（James Fallon）正在仔细翻看成千上万张正子扫描[①]图，想要找到大脑中与现实生活中精神病态倾向相关的解剖学模式。他说："我看了很多张扫描图，有杀人犯的、精神分裂症患者的、抑郁症患者的和其他正常人的。机缘巧合的是，当时我正好也在做一项关于阿尔茨海默症的研究，而作为那项研究的一部分，我和我家人的脑部扫描图也在我桌子上。"

我们只能想象，当法伦发现他家人的一张脑部扫描图与精神病患者的扫描图很相像时，他有多么震惊。"我翻到最后，看到了这张明显是病态的扫描图。"这张脑部扫描图在额叶和颞叶的特定区域显示的活动水平较低，而这些区域与同理心、道德和自我控制有关，这表明这个人的大脑存在精神病态的倾向。法伦的第一反应是检查扫描机器是否出了问题（但它一切正常），然后他决定弄清楚家里是谁有精神病态的大脑。当他查看编码发现扫描图中精神病态的大脑就是他自己的时，他最初的震惊一定变成了恐惧。

法伦对此很感兴趣，他说："我从来都没有杀过人，也没有强奸过谁。所以我想到的第一个解释就是也许我的假设是错误的，这些脑区并不能反映精神变态或者杀人行为。"因此，法伦接受了一系列基因测试，他发现自己的基因与攻击性行为有关。最终，在神经和行为精神病态领域做过大量研究的法伦，确信自己确实是一个精神病态者——但是是一个好的精神病态者。

法伦称自己为一个"亲社会的精神病态者"，他很难对别人产生真正的同理心，但由于他受到的良好教育和相对积极的成长环境，法伦可以在社会可接受的范围内行事。我们中的很多人可能会把那张扫描图藏起来不告诉任何人，但法伦（可能与他的精神病态倾向有关）比这大胆多了，他

① 正子扫描全称为正电子发射型计算机断层显像，是核医学领域比较先进的临床检查影像技术。正常范围的正子扫描特别适用于在没有形态学改变之前进行早期疾病诊断。——译者注

决定公开这一信息。此后，他出版了一本关于这件事的书——《精神病态者的内心：一名神经科学家走进大脑黑暗面的个人旅程》，还就此主题做了TED演讲。

法伦曾自称是遗传学家，他得出的结论是，对他天性的培养在他的成长中发挥了重要作用。“我是被人爱着的，这保护了我。”他谈到了自己的家庭教育。在经历了数次流产之后，法伦的父母非常渴望一个孩子，他认为是父母给他充足的爱和关注使他没有走上另一条不归路。虽然他在一个充满爱的家庭中长大，但法伦在成长过程中仍旧表现出一些其他的明显迹象，比如惊恐症发作、强迫症倾向和社交焦虑。他说：“从我的基因来看，我拥有危害性极大的基因组合，但我的童年是最快乐的……我经历过一段黑暗时期，但（我父母）没有带我去看精神科医生，而是告诉我的姐妹们和老师们要密切关注我……我妈妈本能地认为我遇到问题了。”

作为一名精神病学和人类行为学教授，法伦的性格显然很冷漠，从他接受ABC新闻网采访时的讲话就可以发现这一点：“当有人朝我发脾气时，我从不会表现出来——他们从我的表情看不出来什么。我从来不会立即报复他们，但四年后，我完成了我的复仇。”

有趣的是，法伦的家族血亲中，有7名涉嫌谋杀的人。法伦自己也注意到，就像其他精神病态者一样，他尤其会被权力和操纵他人的欲望驱使。他还承认自己好胜心强，缺乏同理心，喜欢冒险。幸运的是，并不是所有的精神病态者都杀人，有些人，比如法伦，会表现出不同类型的精神病态行为。他说：“我的好胜心强得令人讨厌，我甚至不会让我的孙辈赢我。我是个混蛋，我会做让人讨厌的事。虽然我很有攻击性，但我的好胜心得到了抑制，我能动口就绝不动手。”

在法伦得出这一惊天发现之前，他在“先天还是后天”的争论中站在“先天”一边。他说：“我曾经是基因决定论的坚定拥护者，但我不得不承认我之前错了。”根据法伦的说法，一个天生有精神病态倾向的人就像一把上了膛的枪，但不一定就下了死刑判决，因为只有在一定的环境中，潜在的精神病态者才会被推到崩溃边缘，成为一个精神变态杀手。很多人都有这些特点——精明、自私、冷漠和算计——但他们从不会拥有全部的这些特质。就像法伦说的：“我自己都不愿意嫁给我自己。我是个讨厌鬼，又好胜。我的控制欲会很强，也总是在追求些什么，但我绝不会杀死或强奸任何人。”

把一些人视为“生来就坏”的人，而把另一些人视为“生来就好”的人，这是不是一种危险的过度简化呢？生来就“坏”的人一定会犯罪吗？而既然他们生来就坏，我们是否应该把他们关起来，并且永远不放他们出来呢？詹姆斯·法伦的案例以及新近的神经科学研究的结果表明，有些人生来就有更大或更小的倾向成为好人或是坏人。也许我们应该同情“坏”人，因为他们生来就有邪恶和不讨人喜欢的特质。我们是否应该将“好人”视为基因上的幸运儿，将“坏人”视为基因上的不幸者呢？

幸运——又或是不幸——人类的天性比这复杂得多。善与恶是灵活多变的概念，因为一个人认为的“善”可能是另一个人心中的“恶”。此外，大多数——但不是全部——“恶”行是社会学习或是不幸童年的结果。更重要的是，一些“坏”人是可以改过自新并最终变好的，他们也可以有同情心和善良等品质。

很多专家认为，就我们对于人类道德的复杂性的认识而言，我们仍然处于初级阶段。我们还不知道为什么一些人有这么强的能力，可以一面是好人，另一面却是快乐的施虐狂。这也是为什么我们需要注意，试着理解霸凌行为的动机和想法是非常重要和有帮助的，因为这样我们就能弄明白该如何引导霸凌者采取更好的行为方式，如何触动旁观者采取负责任的行动，以及如何教会被霸凌者远离霸凌者的关注。

第 4 章

霸凌者的目标

高大的罂粟花、挑衅的受害者和温柔的人

* * *

不经过你的同意，
没有人能让你感到自卑。

|

埃莉诺·罗斯福
（*Eleanor Roosevelt*）

悲惨的现实里，有这么多的自杀都归咎于霸凌，我们现在有一个词来形容它：霸凌自杀（bullycide）。每一分钟都有世界各地的被霸凌者在思考他们在地球上的存在是否有价值，他们是否还能忍受更多的霸凌，或是他们是否应该放弃并结束这一切。最重要的是，这本书的目标是帮助霸凌者的目标们（包括潜在的和当前的目标）学会如何应对霸凌、如何避免霸凌、如何建立一个支持自己的圈子、如何有效地抱怨，最重要的是，如何坚持自己神圣的立场。然而，如果我们要有效降低霸凌的影响，被霸凌者不仅要进一步了解霸凌者、旁观者、挺身而出者以及成人监管者们的性格特点，还要对自己有更深的情感洞察，学习弄明白自己的思想、感情和行为的影响。

很多霸凌者都是自私的，如果我们告诉一个霸凌者让他不要欺负别人，他们不太可能会立马拍拍额头、恍然大悟，然后变得像羊羔一样温柔无害。更有可能的情况是，他们会觉得自己的领地被侵犯了，出于重新获得控制权的本能和强烈需求，他们的霸凌行为反而会增加。因此，被霸凌孩子的父母需要帮助他们成为霸凌目标的孩子跳出和远离恶意的霸凌。

对于被霸凌者来说，从感到彻底无力到感到他们可以改变自己的生活通常是一个缓慢而艰苦的过程，父母需要帮助他们的孩子挖掘自己内心深处的力量。被霸凌者的主要目标应该是创造一个让自己不再那么容易受霸凌的处境——这可以是他们自己的行动创造的，也可以是旁观者或成人监管者创造的。如果被霸凌者能创造这种让欺负他们的人觉得很麻烦的情境，那么根据环境的不同，霸凌者要么会寻找更容易下手的猎物，要么会做一些更积极的事情。

霸凌的影响

被霸凌的感觉就像是被你无法控制的力量困住、沉默和压制，充满了羞耻感。19岁的女孩伊莱恩形象地说明了这一点：

“在深深的羞耻感包裹之下，你会感到极其无力、孤独和寂寞，这个世界上的所有人似乎都能比你做得更好。你觉得自己无足轻重。也许最糟糕的是感觉被孤立是有传染性的，因为以前的朋友常常也会离你而去，好像他们会从你身上沾染到‘失败者’的不祥气息。”

下面是一些受害者在受霸凌时经常有的一些感觉的共同特征：

● 被霸凌者通常感觉被霸凌打倒了，觉得自己在这个世界上无依无靠，没人可以求助。他们可能会开始认为整个世界都与自己为敌，而他们则不得不接受这个事实。

● 如果霸凌持续了一段时间，被霸凌者就会开始觉得被欺负是他们的错，他们活该被欺负。

● 被霸凌者会觉得自己无法摆脱霸凌，这是他们做自己的不可避免的后果——他们甚至会因为想要别人停止霸凌而感到愧疚。

● 被霸凌者会觉得自己在某些方面“做错了”，因为一些未知的原因，他们没能融入群体。

● 因为被霸凌者觉得自己是“错误的”，他们经常会试图改变最深层的自我。

● 在试图应对自己内心深处的自卑和紧张时，被霸凌者常常会变得有自我毁灭的倾向，并且更有可能产生精神健康问题。

● 一些被霸凌者会自我贬低和自我批评，他们试图通过与自己反目成仇来站在霸凌者的一边。例如，他们可能会成为班级里的出丑者。

● 一些被霸凌者是高大罂粟花综合征[①]的受害者，他们会开始隐藏自己的才华，以减轻霸凌者的压力。

● 如果老师不帮助阻止霸凌的话，或者更糟，老师就是霸凌者，被霸凌者会感到更深的自卑和不受人喜欢、被威胁、困惑、压力和恐慌。

● 有些目标有明显的外在特征，例如一个坐着轮椅的人会感觉真实的自己被忽视了。

● 被霸凌者可能会被迫隐藏真实的自我，比如性取向或是经济状况，因为他们会觉得这是自己被霸凌的唯一原因。

为什么有些人会成为霸凌者的目标

许多人觉得自己被欺负得很频繁，就好像自己的头上挂了一块牌子，上面写着："来欺负我吧。"尽管我很讨厌这么说，但他们几乎真的这么做了。霸凌者会本能地挑选自己的猎物，他们通常对谁是最容易被霸凌的猎物、在所有社交场合的社交等级秩序是怎样的非常敏感，他们也经常受到生存本能和权力需求的刺激。

关在监狱里的儿童性罪犯曾被问过他们倾向于选什么样的儿童作为目标。他们给出的回答十分令人震惊——他们挑选的既不是可爱的孩子，也不是性早熟的孩子。相反，恋童癖们说他们选择的是不会泄密的孩子。类似地，据说连环杀手泰德·邦迪可以通过人们在街上走路的方式来辨认出自己的猎物。因此，霸凌者会本能地选择那些可以忍受霸凌而不反击的人作为目标。反击的本能是下意识的——我们中的一些人受到攻击时会

① 高大罂粟花综合征（Tall Poppy Syndrome），是澳大利亚和新西兰的一个流行用语，用来形容一种在社群文化中集体地对某类人的批判态度。当任何一个人在社会上达到某种程度上成功的时候，就会惹来社群中不约而同的、自发性的、集体性的批评。——译者注

本能地反击，而有些人则会回避冲突。那些会本能地进行反击的人不太可能受到长时间的霸凌，因为霸凌者更喜欢压制更容易被欺负的猎物。如果你的肢体语言是温和、胆怯或顺从的，那么霸凌者会更容易把你当成猎物。事实上，如果你隐忍、不好斗和安静，如果你有些与众不同，如果你生活在一个充满竞争氛围的环境里，那你很可能已经在某个地方被一些霸凌者盯上了。

为了确保你的孩子不被霸凌，下面有些简单可行的方法，你要做的就是教会你的孩子这些方法：

- **保持低调。**永远不要因为表现得好、坏或者冷漠而被霸凌者注意到。
- **表现得外向一些。**不管这是否是天生的（但也不要太外向）。
- **寻找更强大的人。**教会你的孩子如何融入各种群体。
- **可以立马变得很有攻击性。**他们必须随时准备好应对任何进攻的信号。
- **像跟班一样行动。**告诉他们做个应声虫，压制自己的价值观，以便与群体保持一致。
- **做个幽默和能自嘲的人。**他们应该做好准备成为笑话的一部分。
- **更重视自己的人气，而不是自己的价值观或信念。**教会他们赢得所有人的喜爱——即便是他们实际上并不喜欢的人。
- **做个狡猾的人。**告诉他们该如何随时对弱势群体的不同行为高度警惕，以便他们能够向群体中最强大、最有权力的成员指出这种特殊行为。

额……这些方法也没那么好，对吗？实际上，这有点令人厌恶。由此推论，更容易被人霸凌的人有以下特质：

- **与众不同。**任何敢于与众不同的人，任何有足够勇气把头伸出墙外，试图真正做一些有意义的事情的人都有被霸凌的危险。霸凌者会将任何与众不同的人视为霸凌目标。这种差别是好是坏并不重要，只要与众不同就够了。

● **友好又温柔。**与众不同不是人们被霸凌的唯一原因，尽管它绝对是最有可能的原因。有些人被霸凌者们视为目标是因为他们是温柔的人，对于生来就是和平主义者的他们来说，身体暴力是令人厌恶的。尽管这些人很少对他人构成威胁，但对于那些寻求短暂而剧烈的优越感的人来说，他们是唾手可得的猎物。

● **不是领导者。**在丛林中，狮子不会猎捕另一只狮子，而是会去找更容易捕食的猎物，比如羚羊。同样，霸凌者会关注那些在社交等级秩序中被认为地位“较低”的人，因为欺负他们更容易。如果你很受欢迎，或者你有与生俱来的领导力或高超的社交技能，霸凌者就会和你保持距离，因为他们本能地觉得其他地方还会有更容易欺负的目标。

● **隐忍。**有些人能默默地忍受比其他人时间更长的疼痛，霸凌者更喜欢针对这种类型的人，因为他们不太可能还手，也不太可能和别人抱怨自己的经历。与此相反，他们会勇敢而安静地忍受着平静绝望的生活，希望霸凌者某天会离开。

● **缺乏安全感。**缺乏安全感的人通常很容易成为霸凌者的目标，因为他们不太可能充分维护自己，所以霸凌者很容易逃脱惩罚。

所以，总结起来，霸凌者的目标通常是与众不同的，是温柔而隐忍的，他们中的一些人也并没有特别想要成为人群焦点。此外，他们常常也缺乏安全感——这也许是他们在这个狗咬狗的世界里的其他特征导致的——而正是这些特征的结合使他们更容易被欺负。与之形成鲜明对比的是，正如我们在第3章里看到的，霸凌者们通常傲慢自大、好胜心强、容易发怒、在处理冲突时乏力，而且对权力非常痴迷。可悲的是，被霸凌者往往比霸凌者善良得多，这是大自然母亲的残酷法则的又一体现。

畅销书作家斯蒂芬·金（Stephen King）的第一部小说《魔女嘉莉》（*Carrie*）被拍成了一部可怕的电影，清楚地描写了在校园霸凌环境下格格不入的人的悲剧。在下面这段节选中，金写了一个叫多迪的女孩的故事，她是他高中认识的。多迪是他虚构嘉莉这一角色的部分灵感来源，多迪被霸凌的情节推动故事达到了可怕的高潮部分。多迪和她弟弟比尔每天都穿着一样的衣服去上学，并因此受到了恶意的霸凌。

> 其他的女孩会嘲笑多迪，起初是背着她，后来就当面嘲笑，戏弄变成了嘲讽。男孩们没有欺负多迪，因为我们忙着欺负比尔。是的，我也参与其中，不是很多，但是……我当时在场。我想，多迪的情况更糟糕，女孩们不只是嘲笑多迪，她们还恨她，多迪就是她们害怕的一切。
>
> 大二那年的圣诞节假期结束后，多迪光彩夺目地回到了学校。她那过时的黑色旧短裙换成了红梅色的裙子，裙子长度到膝盖而不是小腿中部。她破旧的及膝袜也换成了尼龙长筒袜，看起来还不错，因为她终于把腿上浓密的腿毛剃掉了，她老旧的无袖上衣也被柔软的羊毛衫所取代。多迪变成了一个女孩，你可以从她的脸上看出她知道这一点。
>
> 这并不重要，因为仅仅是着装的变化改变不了任何事。那天同学们对她的戏弄比以往任何时候都过分，他们不打算让她走出他们给她设置的牢笼，她甚至会因为试图挣扎而受到惩罚。

> 我看到她的笑容逐渐淡去，她眼中的光芒先黯淡下来，然后熄灭。那天结束的时候，她又变回了圣诞节假期之前的那个女孩——一个脸色苍白、满脸雀斑的幽灵，低着头，把书抱在胸前，匆匆地走过大厅。
>
> 有人向围栏冲过去，那他就必须被击退，仅此而已。一旦这一逃离被阻止，并且全体囚犯都被清点完了，那生活就可以恢复正常秩序了。
>
> 在我开始写《魔女嘉莉》的时候，多迪已经离世了。

可悲的是，也许这不可避免，多迪是自杀的。

我们很多人都认识一个多迪——事实上，我对我童年时对一个类似多迪的孩子的深刻记忆正是我觉得有必要写这本书的众多原因之一。

也许这个故事中最悲伤的部分是，当多迪圣诞节后盛装打扮回到学校，准备开始自己的新生活时，那些霸凌者不想让她打破既有的社交秩序，所以他们当然会再次欺负她。这里有一个重要的教训——父母经常给孩子买最新款的iPhone或耐克运动鞋或其他东西，拼命地想要提高他们孩子的社交地位，但这是注定要失败的，其他孩子可以像看透玻璃一样看穿这些伎俩。如果你真的想提高你的孩子在艰难处境中的社交地位，你就必须得接受这不是一日之功。这可能包括购买最新款的iPhone或耐克运动鞋，但会有很多错误的开始，很多失败和很多教训，所以在这种情况下，你和你的孩子需要准备好参加一场持久战。

真正的问题在于，多迪是否能做些什么来逃脱霸凌。她的父母帮不上忙，他们不能教她如何适应社会规范。虽然有些人对她表示同情，比如斯蒂芬·金，但没有任何睿智的顾问建议她去寻求学校里更善良、更有同情心的孩子的帮助。可悲的是，多迪误认为一套新衣服就够了，但要在这个情境中取得胜利，还需要更长更持久的努力。人类的生存本能就是这样的，需求会唤起我们内心的恐惧和谨慎。在这个充满了恶霸、酷小孩、小团体和怪人的世界里，许多孩子想要接近受欢迎的孩子——他们和不受欢迎的孩子走得越近，就越容易被霸凌。所以，富有同情心的孩子们——陷入纠结的旁观者们，比如斯蒂芬·金自己，因为害怕被连累而没有接近多迪和她的弟弟。

霸凌者们无法宽恕多迪，因为她认为一个新的形象可以轻易地突破他们的准入门槛，他们知道她原来什么样，绝不会那么容易被一套新衣服愚弄。欺负多迪的人通过展示自己的强大控制住了局面——他们本能地认为，如果让她如此轻易地通过审查，自己会显得软弱愚蠢。

从多迪的故事中学到的

如果你的孩子在社交中被群体排斥，那么改变这种情况将需要大量的时间和努力。你的孩子必须了解每个参与其中的人的性格，包括其中的成年人，还需要了解自己在社会中的位置。认为一个戏剧性的改变就足以阻止霸凌者的想法带有无可救药的天真——我们需要的是一个长期的计划，挑战和改变被霸凌者对霸凌的反应、学校对霸凌的接受程度以及霸凌发生时旁观者的不作为。

被霸凌者需要了解在团体中什么是被重视的、什么是会被嘲笑的、什么会惹恼团体、什么会激怒团体、什么是“酷”的、什么是“不酷”的，从而更好地理解霸凌的动力。如果孩子迷失了自己，参与其中的父母可能需要教会他们的孩子这些社交中错综复杂的事。

被霸凌者需要学会如何预测危险情况，并安全离开。例如，在霸凌最严重的时候，避开公共厕所和其他敏感区域会是一个好主意。

好消息是，父母和孩子的共同努力会确保你的孩子学会许多社交技巧，这将意味着你的孩子在未来不太可能再次成为霸凌者的目标。

高大罂粟花综合征

对于许多孩子来说，群体中的权利分配是一种零和游戏（也就是说，如果把所有参与者的收益加起来，再减去总损失，那么就会得到零）。因此，在这个世界上，一个人获得权力就等于另一个人失去权力。

在某些群体中，可获得的声望名誉是有限的，某人的地位上升，另一个人的地位就必须下降。正是由于这个原因，许多人会对高成就者的成功表现感到不安——他们觉得高成就者的成功会自动导致他们的地位有所下降。所以，潜在的霸凌者会迅速羞辱或阻挠高成就者，以便在群体等级秩序中把他们挤下去。

从众本能让人更喜欢所有人聚在一起，保持不变，保持现状，不管现在有多么不愉快。与此类似，当把一群螃蟹放在一个桶里，其中一只想要爬出来时，其他的螃蟹会抓住它，也许是为了阻止它成功逃离。于是它没成功，又掉回了桶里。

被嫉妒的对象——高大的罂粟花——通常很难应对他人对自己的怨恨和憎恶。对自己生活不满意的人认为，告诉那些看上去很出众的人他们其实并没有那么好是一件愉悦的事情。这些“仇恨者”（haters）经常借着幽默来嘲笑和贬低他人的成功，可悲的是，互联网给了这些刻薄和愤世嫉俗的人一个巨大的平台，让他们可以自由地发表尖酸刻薄的言论。

应对高大罂粟花综合征的最好办法是和孩子一起分析情况，这样孩子就能理解其中的动力机制。在这个充满不安全感的时期，来自家庭的支持是很治愈的，“高大的罂粟花”也可能会从艺术作品或名人的故事中获得极大的安慰，这些名人在小时候也不适应环境，但在成年后取得了巨大成功（参见第9章）。此外，其他同样成功或令人印象深刻的孩子也可以给“高大的罂粟花”极大的帮助和鼓励。如果一个孩子总是被迫和其他与自己不相似的孩子一起玩，他就会感到很孤独。然而，如果父母能让孩子遇到在某些方面和自己类似的人，那么孩子就会对自我感到更坚强、更积极向上。

当你的孩子有很强烈的“融入”群体的需求时

美国心理学家威廉·格拉瑟认为，我们所有人的内心都在寻找联结。有些人特别需要融入群体，想要获得归属感，成为群体的一部分，但有些人则不想。和你的孩子争论他们不应该有融入群体的需求的做法搞错了重点，有些人会比其他人更能从归属感中受益，这并不一定是孩子的“缺点”。

如果你的孩子有明显的高归属感需求，那么如果你能接受这是他们性格的一部分，并给他们找到几个群体来满足他们的归属感需求（一个群体对这一类的人来说是不够的，因为如果这个群体分崩离析了，他们就需要另一个群体来依靠），这对他们会很有帮助。

你的孩子可能会适合当地的足球俱乐部、童子军或戏剧小组，这真的不重要，只要这个群体是一个运转良好的群体，而不是一个没有任何特定关注点的随机团体就行。这并不是说你的孩子不应该自己选择自己的伙伴——有高归属感需求的人通常需要一群他们自己的朋友——但是父母需要确保这群朋友不是孩子亲密关系的唯一来源，这样这些孩子才不会轻易变得很需要别人，不顾一切地想融入群体。

就像霸凌者处于从“纯粹的恶霸”到“旁观者”的连续体上一样，被霸凌者也处于从“被动的被霸凌者”到“挑衅的被霸凌者”的连续体上。在一个典型的霸凌环境中，某些类型的人可能会无意中吸引霸凌者选择自己作为霸凌目标。我们越能发现孩子们行为中的微妙之处和环境中的挑战（参见第6章），就越能找出未来最有效、最有帮助的行动策略。

被动的被霸凌者

这类人通常拥有一些特定的特点，这些特点让霸凌者认为他们是容易得手的猎物。他们可能缺乏自尊，并且当他们吸引了霸凌者的负面关注时，他们经常感到完全不知所措。他们太温和了，不适合生活在一个充满攻击性的环境里，这些温和孩子的父母需要对他们的学校环境是否适合他们格外敏感，因为一些孩子在竞争激烈的、狗咬狗的环境中会变得萎靡不振。

被动的被霸凌者可能会有一些好朋友，但在某些环境下他们的朋友——可能也很温柔——会害怕和他们做朋友，因为他们意识到和他们做朋友会让自己在社交上陷入危险。一个比较自信的人是不会允许朋友这样对待自己的，但一个被动的人会允许朋友这样对待自己。

更极端的被动的被霸凌者可能更喜欢待在家里，他们宁愿错过一些有趣的活动，也不要去到粗暴艰难的外面的世界。由于他们对竞争性环境的理性上的恐惧和厌恶，他们可能会做出狭隘的选择。有时候，这些可爱的、敏感的、天真的人可能从未学会保护自己的敏感天性不受那些更加严厉粗暴的人的影响，他们可能会被叫作“无可救药的天真者”或是“缺乏自我保护的人”。他们中的一些人在社交或者肢体上很笨拙，而另一些人则是善良、温和、安静的人。

为被动的被霸凌者建立一个支持圈子：

- √ **找到他们的圈子。**需要帮助这类人找到一个安全的地方，那里的人们以一种更加温柔平和的方式相处。重要的是，他们的父母完全接纳他们温和而被动的天性，并且不再督促他们要“变得坚强”。温柔和安静的力量对于这类人的培养来说更有帮助。父母需要帮助他们的孩子寻找并参加欣赏和支持他们个性的俱乐部。
- √ **尊重你被动的孩子。**一个被动的孩子如果被告知，“你没有理由难过”或是“不要难过”，那么他/她就会觉得自己没给父母留下好印象。忽视自己的感受会让孩子失去自我觉察的机会，而没有自我觉察就很难学会自我调节。如果父母习惯性地忽视孩子的情绪，那么霸凌者就会发现忽视这个孩子的情绪很容易。情绪没有好坏之分，它们只是情绪而已。孩子需要被教导相信自己的感觉，并尊重它们。如果家长能在不添油加醋的情况下确认孩子的感受，那会很有帮助。
- √ **帮助他们练习自信。**在家时，父母可以给他们温和的孩子提供练习说“不”的机会，并让他们看到一个简单的“不”是有用的。父母需要教会孩子相信自己的情绪，这样他们才能了解自己的情绪界限。当他们需要说“不”的那一天来临时，他们才能说“不”，并期望自己会被倾听。这有助于他们在必要的时候有勇气坚定自己的信念。

√ **帮助他们练习找到他们自己“坚定有力的声音”。**你的“坚定有力的声音”可能会比你平时的声音更低。父母可以教孩子在受到威胁时练习降低自己的声音——他们可以与家人和朋友进行角色扮演——这样他们就可以练习如何坚持自己的立场。

√ **教他们快速回应攻击。**这通常是最难教会被动孩子的事情，因为他们对攻击的本能反应不是战斗——他们宁愿逃跑、待在原地或是讨好攻击者。这类人不太可能突然变得特别自信，但是他们可以学习一些有效的姿态。例如，当霸凌者走近时，他们可以学会立即走开——从而表明自己不会待在那忍受侮辱。在这种情况下，反应速度很重要——如果他们想要减少霸凌，就要让霸凌者感觉欺负这个被动的目标是一件麻烦的事情。

√ **帮助他们维系已有的朋友。**父母可以通过注意孩子的哪些朋友特别能给予帮助和支持来确保这一点，并确保这些朋友一直留在孩子的世界里——就像普罗尼尔斯（Polonius）建议哈姆雷特（Hamlet）的那样，“相知有素的朋友，应该用钢圈把他们牢牢箍在你的灵魂上”。父母需要积极主动一些，因为温和的孩子可能不是那种能确保即使遇到困难，友谊依然长存的人。如果父母对此保持密切关注的话，那么这两个人是否上不同的学校或是有不同的爱好就无关紧要了——事实上，有时这正是孩子们需要的，那就是来自不同地方的朋友的支持。父母可以确保围绕在他们被动孩子身边的支持性朋友圈始终是活跃的，这样当孩子压力大时，老朋友们就可以给孩子一些积极的肯定和认可。

√ **帮助他们找到自己的热爱。**被动的孩子通常可以从一个爱好中受益，而这也可以由父母培养。他们可能很喜欢动物，所以也许他们可以有自己的狗，或是被鼓励去动物收容所做志愿者；或者他们可能喜欢戏剧，所以父母可以一有机会就带他们去剧院。这个爱好是什么并不重要，是否是一时冲动也不重要，只要孩子有机会忘记生活中更艰难、竞争更激烈的一面，并可以逃去自己的舒适区就好。

√ **帮助他们找到外部的兴趣爱好。**父母需要帮助这些孩子找到归属的集体，寻找一些比他们自己更重要的东西。在这种情况下，政治活动或是体育俱乐部都可以满足要求。同样，孩子可能需要一些额外的鼓励来找到这个更重要的东西，但一旦找到了，这个东西就可以作为他/她的支持圈的另一个元素，并提醒他们自己是有价值的。

√ **鼓励他们拥抱大自然。**大自然可以成为被动孩子的巨大精神寄托。正如安妮·弗兰克（Anne Frank）所说，“对于那些害怕、孤独或不快乐的人来说，最好的治疗方法就是到室外去，到一个可以让他们与大自然亲密接触的地方去。因为只有那时人才会觉得一切都恰到好处，主希望看到人们幸福地生活在大自然简单的美丽之中”。被动的孩子需要霸凌炼狱之外的慰藉，需要一个提醒，告诉他们世界上还有除了霸凌以外的事情。对于这样的人来说，大自然是一个好老师，告诉我们大自然中既有善良的一面，也有残忍的一面。如果我们采取一些保护措施，就可以经受住大多数风暴，等待太阳再次照耀人间。当然，孩子们有无数种方式可以接触大自然，比如露营、去山里徒步或在海里、湖里游泳。

当被霸凌者扮演小丑时

班级里扮演小丑角色的孩子经常觉得自己正处于被霸凌的边缘，所以他们会疯狂地到处扮演小丑、逗笑别人，以防止发生更严重的情况。例如，他们可能会嘲笑自己的肥胖，并为了让同学们嘲笑自己而强调这一点。小丑通常清楚地知道每个人都在嘲笑自己，但他们太害怕了，以至于不敢让这种笑声停下来。小丑的那些恃强凌弱的同学们几乎不会满足于几次笑声，于是他们往往会怂恿小丑做出越来越多的羞耻行为。小丑经常哗众取宠，并假装这一切都是在开玩笑，但他们却玷污了自己、贬低了自己，并严重损害了自己的自尊。

帮助小丑的方法：

√ **帮助他们发挥自己的才能。**这类人应当好好使用自己拥有的让人发笑的能力，以另一种方式引导这种才能的发挥。当小丑停止表演时，霸凌者们会变得愤怒，但从长远来看，小丑需要花些时间来保持低调，因为他们要开始学习如何以一种更健康的方式重新引导自己的幽默感。

√ **夺回幽默的自主权。**小丑可以发挥他们引人发笑的能力，但要学会确保不把注意力放在所有关于他们自己的尴尬事情上。他们需要夺回幽默的自主权，并要学着辨别嘲笑自己和嘲笑生活之间的区别。他们需要学会尊重自己，并在世界上占据一席之地。

√ **教会他们看到事情严肃的一面。**父母可以帮助小丑，一有机会就和他们进行严肃的对话，即使是在孩子不断扮演小丑的时候。父母可以对小丑讲的笑话笑一笑，但接着很快又回到严肃的谈话中。小丑可能会对这种做法很抵触，所以父母需要从新闻中找出一些自己孩子可能感兴趣的严肃话题。

√ **倡导健康的喜剧表演。**父母可以利用孩子幽默的性格，带孩子去看喜剧节目或是让他们看油管（YouTube）上的喜剧作品，从而指出自嘲和嘲笑世界之间的区别。

意外被选中的霸凌目标

虽然这类人不一定是“女王蜂”或“头目”，但通常之前过着快乐自足的生活，他们是在某件不幸的事发生后才意外落入了霸凌者的视野里。有时候发生的这件事是无伤大雅的，但如果他们处在一个霸凌弱小的环境中，如果霸凌者觉得很无聊或是感到威胁和不安全，他们就会抓住这个意外到来的霸凌目标。在这件事发生之前，这些目标通常是团体中的普通成员，但突然之间他们需要学会挖掘内心深处的情感——因为身处一次非常痛苦的创伤经历中。

我是一个普通的男孩，有几个朋友，不是特别受欢迎，也不是特别不受欢迎。在第一学年结束的最后一天，我游泳后高兴地换了衣服，在一番嬉闹之中，我的短裤掉了下来。其他几个男孩看到了我的下体，自那以后，他们就叫我“小鸡鸡”。当时每个人都嘲笑我——甚至包括我自己，但我内心是很恐慌的。现在回想起来，那是个致命的错误——我应该立即发火，这样其他几个男孩就不会轻易地嘲笑我了。但与此相反，我只是跟着他们一起笑，努力表现出脾气很好、很随和的样子。

第二天，学校里的女孩都知道了这件事，从那之后人们都叫我小鸡鸡，那太可怕了。我几乎每天都会在“脸书”（Facebook）上看如何让我的阴茎变大的帖子。我喜欢的一个女孩告诉我，她觉得和我在一起会很丢脸，我到现在都还没有原谅她。这整件事就是一场噩梦。

我不再去学校上学——只是假装去学校，然后等我父母去上班之后，我再溜回家，但最终他们还是发现了这件事。因此，我告诉我父母我被霸凌了，但并没有说得很清楚。当他们去校长办公室谈话时，我把这一切都轻描淡写了。在我妈妈和女校长面前，我觉得很尴尬，想要找个地缝钻进去。

后来有天晚上，我妹妹告诉我她听到了大家对我的称呼。她告诉了妈妈，然后整件事就公开了。这很糟糕，但也让我松了口气，因为大人们也都被这个称呼吓坏了，还有网络上那些小屁孩露出他们小鸡鸡的照片等，我看到这些会忘记羞愧，反而会感到生气。

最后，学校里一场轰轰烈烈的反霸凌运动制止了这次霸凌。其他孩子不知道的是，是我的妈妈坚持让一系列专业人士到学校里做关于霸凌的讲座。虽然我的名字从未被提及，但是这让那些善良的孩子更加支持我，并且至少有一些霸凌者减少了对我的霸凌。那些继续欺负我的人被多次叫到校长办公室去，而且他们收到禁令，那就是他们不能和除了他们父母以外的人说或者写关于我的事，他们的父母也被卷入其中。

当情况开始好转时，我很高兴，我没有再在课堂上被嘲笑过，也不会再在社交媒体上收到奇怪的东西。最终，一切霸凌都消失了。

我不太适应那所学校，并且很可能永远都不会适应，但

> 我赶走了那些霸凌者，并因此变成了一个更坚强的人。我在那所学校里也交了一些朋友，甚至有关系很好的女同学。我和我的辅导员关系也很好，我们每周都会见面。我不在担心我是否还会经历这样令人羞耻的和可怕的事，因为现在的我很强大，不会再让这样的事一直持续下去。
>
> 16岁的理查德

帮助不小心成为霸凌目标的孩子的方法：

√ **解决当下情境中的问题。**意外霸凌目标的支持者需要迅速而彻底地解决当下霸凌环境中的问题。家长们应当进行持续而系统的倡议，确保霸凌文化有所改变，这样的话，小意外就不会被放大成会改变孩子生活的大事件。家长们也应当坚持让学校将开展反霸凌的工作坊或是邀请演讲者进行反霸凌讲座作为紧急事项进行处理。

√ **鼓励孩子自信。**家长们需要教会意外被选中的孩子一些方法，这样他们就可以在当下为自己辩护，或者至少可以做到尊重自己，而且他们需要很快就学会这些方法。这可能包括武力的持续使用（参见第8章）、坚定的对视以及强有力的声音。这并不容易，但它是必要的。

√ **尽快行动。**速度在这里至关重要，因为霸凌持续的时间越长，被霸凌的孩子的自尊就可能越弱，他们甚至可能会记不得做一个普通的群体成员是什么感觉。

√ **为被霸凌者收集一些有启发性的故事。**诸如《胖男孩纪事》（*The Fat Boy Chronicles*）、《跳出我天地》（*Billy Elliot*）、《霸凌》（*Bully*）等鼓

舞人心的电影以及玛格丽特·阿特伍德写的《猫眼》(*Cat's Eye*)、杰奎琳·威尔森写的《坏女孩》(*Bad Girls*)等书都可以被纳入支持被霸凌者的资源库中。此外,名人的励志人生故事(例如第9章中提到的名人)也可以为被霸凌者提供支持和启发。

√ **寻求外界帮助。**心理咨询和心理治疗通常可以带来一些非常重要的观点和支持,帮助意外被选中的被霸凌者比之前更坚强地度过这段可怕的时期。

应对不同,促进包容

很难相信,和尼安德特人(Neanderthal)[①]一样,21世纪的我们依然无法给予那些有额外需求的孩子应有的尊重和照顾。更可悲的是,很多有着"特殊需求"的孩子往往成为其他孩子的霸凌目标。事实上,在今天的青少年群体中,"特殊需要"常常被用作一个侮辱性的词,很多来找我咨询的孩子都会尽最大努力确保自己确诊自闭谱系障碍的秘密不被泄露出去。教养、同情和宽容是一些家庭珍视的品质,而另一些家庭则不太重视。然而,如果你的孩子与正常人不同,就需要培养他们的这些品质,如果他们在主流学校上学就更需要如此,因为在那里,社交上的挑战可能更艰巨。在这种情况下,重要的是家长要确保孩子在学校里学会包容和接纳,并且学校有一些项目确保个体间的差异得到了尊重。

家长可以用一系列专家关于不同情境的谈话作为心理教育的开头。这是一个漫长的过程,但值得庆幸的是,无论如何事情都在朝这个方向发展,因此说服学校开展一个类似这样的项目可能会比较容易。

① 尼安德特人是距今20万年至3万年生活在欧洲、近东和中亚地区的早期智人。

我患有自闭症，我想正是这个与众不同导致我被霸凌。那些霸凌者曾经假装是我的朋友，但他们根本不是。他们和我交朋友是因为觉得这很有意思，但我却觉得这很令人沮丧和痛苦。我对某些特定的话题很感兴趣，当我在看《犯罪现场调查》的受害者篇时，一个女孩让我一对一地、详细地告诉每个人，我可以不因杀害班上的任何一个人而受罚。我觉得这是个很有趣的话题，但其他人都认为我是潜在的连环杀手。当我回顾我的学生时代时，我发现这个女生总是怂恿我说一些不恰当的话和做一些不合时宜的事，她就是不肯放过我。

最后，我的妈妈介入了，她要求在学校里设立反霸凌大使。在任何霸凌事件中，那些孩子都会挺身而出。尽管他们很少会为我求情，但他们总是会庇护我，所以我午饭时间总是会和他们待在一起。每次吃午饭的时候，他们会轮流来关照我，当我没人可以说话的时候，他们会把我视为团队的一员，给我派活儿。我很幸运，因为我妈妈坚持提出这个倡议，而自那以后女孩们就没有太多机会联合起来对付我了。

受害者有罪论

受害者有罪论是指认为受害者对事件负有全部或部分责任，而不只是犯罪者要担责。这个说法最早是由威廉·瑞安在他1971年的著作《责怪受害者》(*Blaming the Victims*)中提出的，是一种用来为美国对黑人的种族主义和偏见态度辩护的观点。但现如今，受害者有罪论的最典型表述是“自找的”，例如，由于性侵的受害者穿了短裙和高跟鞋，所以这是她“自找的”。这类的“荡妇羞辱”引发了激烈的争论，伪装者乐队的克里希·海德（Chrissie Hynde）发表了自己的观点，她认为在晚上出门的酗酒和吸毒的女孩不应该把自己置于危险的境地。这当然引起了争议，因为很多人理性地指出，仅仅因为一个女孩穿短裙，喝醉了并昏了过去，也不意味着任何人有权去恶意攻击和强奸她。

受害者有罪论也常常出现在霸凌事件中。霸凌者和他们的跟班通常都是社交老手，他们会得体地解释说，这一切都是在闹着玩；他们还会向老师或校长解释说，被霸凌者只是需要放松一下，以此将责任推到被霸凌者身上。学校通常会被任何关于霸凌行为的指控吓得不知所措，所以他们很高兴能有机会摆脱困境，会很愉快地接受霸凌者的理由。成年人也倾向于对霸凌者高超的社交技巧印象深刻，而对被霸凌者有时有点尴尬的社交方式印象不佳。接着，学校会向所有人保证，这只是一时失控的结果，是一个“误会”，不会再发生了。于是每个人就离开了，很高兴事情都解决了。

对被霸凌者来说却不是这样。他们常常会沉浸在沮丧中，觉得自己不值得尊重，觉得自己应该受到某种程度的责备，而且不应该把自己太当回事儿。但把自己当回事儿是很自然也很正当的事，我们的生存本能意味着我们必须把自己当回事儿。如果我们不尊重自己的感受，如果我们任由别人无视，那么我们就会开始觉得自己不重要。而感觉自己不重要，自己的感受不重要，这些想法很快就会导致被霸凌者感到自卑，并充满自我厌恶。

在20世纪60年代的一组著名的实验中，社会心理学家斯坦利·米尔格拉姆（Stanley Milgram）博士注意到，被命令电击别人的实验参与者会经常批评受害者，以使自己更好受。后续的研究支持了这一发现，而且还发现人们在评价车祸、强奸、家庭暴力、疾病和贫困的受害者时，往往会寻找受害者的弱点。这就是为什么许多人沉迷于指责受害者的原因——我们这样做是为了控制甚至是避免负面事件的影响。我们骗自己说是受害者犯了错，这主要是他们自己的问题，真的（所以我们骗自己说这不会发生在自己身上，因为我们不会犯这样的错）。

人类更愿意相信有一个公正的世界，在那个世界里，行为会产生相应的后果，并且我们可以控制发生在我们身上的事情，即一个善有善报恶有恶报、种瓜得瓜种豆得豆的地方。

人性的复杂能够提醒我们，不要小看人际交往的复杂。如果我们能学会把别人的痛苦看作可能发生在任何人身上的事——更多地认为“因着神的眷顾我才有今天”而不是“种瓜得瓜种豆得豆”——那么我们就能让

接纳自我和接纳他人

如果你能真正接受自己和自己的失败，那么你就能接受别人的错误。有些父母不能完全接纳自己孩子的性格，他们不能接受自己孩子正处于情感痛苦之中这一事实，所以就会否认霸凌的存在。

有的父母则会幻想自己有一个不同性格的孩子，或是只关注一个孩子，而避开另一个让他们心烦意乱的孩子。有时候，最让父母心烦意乱的孩子，恰恰是让父母想起自己的缺点或是家庭中不足的孩子。他们希望有一个受欢迎和自信的孩子，而不能接受有一个容易被吓到或是不受欢迎的孩子。对于自己或是伴侣有上述情况的父母来说，我建议他们认真考虑一下心理咨询，这样他们就能接纳自己和孩子。如果没有某种程度的自我接纳和他人接纳，那么个体就很难感到满足。

世界变得更美好，对任何既定情况都有更复杂的理解。

当然，社会和人格心理学家罗伊·鲍迈斯特（Roy Baumeister）认为，把所有责任推到肇事者身上也并不总是准确的。根据鲍迈斯特的说法，“纯粹邪恶的神话”创造了一个错误的想法，即在普通正直的公民无辜地做自己的事时，疯狂、邪恶和恶毒的野兽突然决定向他们发起猛烈攻击。有时候情况正是如此，但更多时候情况要复杂得多。在任何特定的暴力犯罪中，当被要求回忆事件时，犯罪者会倾向于弱化自己的罪行，而受害者则倾向于将其夸大。真相通常位于两者之间。

如果不探讨一些受害者——不是所有人，甚至不是大多数人，而是一些人——是如何在自己的受害经历中发挥了作用的话，这本书的价值还没有那么大。那些条件反射式地谈论“受害者有罪论”的人忽略了一点，从哲学的角度来看，这种观点根本解决不了任何问题。如果人们只是温和地说“你不能责怪受害者，而应该教导恶霸们不要去欺负别人”，却不停下来思考特定情况中的具体机制，那么他们就有可能错过帮助每个人更好地与他人相处的机会。

挑衅的霸凌目标

“挑衅的霸凌目标”的概念可能与受害者有罪论很接近，因此为了确定在一些霸凌事件中的准确情况，我们需要有一定的细心和耐心。挑衅的霸凌目标的特点是有引起消极情绪的倾向，例如让别人感到恼怒、烦躁和应激。这类人通常缺乏与同龄人进行有效沟通的能力，这也是为什么他们容易被孤立的原因。有时出于不同的原因，挑衅的霸凌目标会很有攻击性，他们很难包容他人的行为，并且缺乏同情心或情商。这很简单，他们被孤立是因为缺乏社交技巧，不明白自己的行为有时候会让某些人抓狂。

如果这种人不具备学习社交技巧的能力（因为各种各样的原因），那么学校就需要教会学生对待差异要更包容。这可能要花一些时间，与此同时，他们也需要很多额外的支持。但是，如果孩子有一定的学习能力，那么父母就可以教自己的孩子一些社交技巧，帮助孩子更轻松地与他人相处。

总有一些特定性格的人会引起别人的极度不满，这可能是霸凌者嫉妒被霸凌者的能力，但也有可能是因为被霸凌者过于大声和频繁地吹嘘自己。一些挑衅的被霸凌者可能会居高临下、充满优越感，或是可能会对某些人发表恶毒的评论。在这种情况下，有些人为了给挑衅者点颜色看看，会采用很残忍的方式。教会孩子同理心、情商和对每个人保持敏感有助于缓解这些问题。

当我回想我十几岁时被霸凌的原因时，我能明白为什么：对我的许多同学来说，我很招人烦。我来自一个学术世家，我的家庭教会了我要轻视那些没有受过教育的、不识字的傻瓜，而我们班上大部分同学都是这种人。当然，这是一个关于如何失去朋友和疏远他人的教训。他们不喜欢我，而我也明确表示我不在乎他们对我的看法。

然而，随着时间的推移，他们对我表现出的合理的厌恶慢慢变成了一种为了娱乐而进行的霸凌。刚开始我还应付得过来——我尽己所能，经常用我引以为傲的口才来打败他们——但后来，随着欺负我的人越来越多，势力也越来越大，我很快就发现我被完全排挤了。我用轻蔑倨傲的态度把自己逼进了角落，因此我的学生时代变得非常孤独而痛苦。

> 回想起那些日子，我觉得非常难过，因为那一切都很没有必要。我不知道为什么我父母觉得培养我的傲慢和优越感是个好主意，因为这对我一点儿好处也没有。
>
> 48岁的菲利普

并不是所有人都有讨人喜欢的天赋。这并不意味着不讨人喜欢的人就没有价值——比尔·克林顿讨人喜欢也并不代表他是一个比希拉里更“好”的人，希拉里没有他的魅力天赋。如果你是一个青少年，或者你正在竞选干部，那么受人欢迎是最重要的，否则这就不是一个那么好的品质。受欢迎的人有时是单调乏味且保守的，他们可能满足于让世界随心所欲地发展下去。继斯坦利·米尔格拉姆的著名研究之后，另一项受到广泛认可研究的结果表明，“随和”的人更有可能服从命令——即使命令是将一个人电击至死——而“更叛逆的、不太随和的”人则更有可能拒绝伤害他人。

这个世界需要固执己见的和善辩的人，因为这些人会成为阻止可怕的邪恶行为发生的人。然而，在这些强烈的个性逐渐成熟的过程中，有时需要加以控制和引导。

有些人非常咄咄逼人，而且好胜心强，所以其他人就很容易讨厌他们，这些人非常聪明，并且他们自己知道这一点。他们也许某天能学会驯服自己的智慧，也许某天能成为一股善良的力量，但当他们还在学校的时候，他们可能还不够成熟，不能妥善使用自己的强大智力。

不平等，尤其是天生的不平等，会滋生怨恨。它还会带来嫉妒，而嫉妒转而会导致消极情绪，甚至是轻蔑，因为有些人认为德不配位的人应该被怨恨。有些人更漂亮，他们自己知道这一点；有些人更富有，他们自己也知道。当一个孩子特别幸运地拥有美貌、智力、财富或其他令人羡慕的东西时，不那么幸运的孩子可能会开始变得失去人性，因为他们错误地认为幸运的、优秀的人不会像凡人一样感觉到痛苦或羞耻。

一些挑衅的被霸凌者几乎是在邀请霸凌者欺负自己，他们会激怒那些霸凌者，从而让霸凌者决定打败他们。他们可能粗鲁、好斗、傲慢、居高临下，所以霸凌者很容易散布关于他们的恶意言论。（他们也可能是机智、善良、有趣的好伙伴，但霸凌者们并不关心这些。）

不幸的是，由于先天和后天的共同作用，好胜心强、聪明但缺乏社交技巧的孩子通常有与自己相似的父母，他们的父母也聪明好胜，且在社交方面也很笨拙。这些孩子的父母经常建议他们反驳霸凌者，比如对霸凌者说“你只是嫉妒我罢了”。但这种方法很少奏效，所以请不要给你的孩子这么具有误导性的建议。

这些聪明的被霸凌者常见的问题在于，他们常常试图用自己的智力来反击——而这往往是一开始就惹怒霸凌者的事情。他们会变得骄傲粗暴，也可能会因为对某种情境想太多而变得偏执，幻想出实际上并未发生的轻视和威胁，并对这种幻想做出有害的和消极的反应，还会进行尖锐的反击。他们坚信自己的高智商会赢得胜利，并且如果他们想出了“最有力的反击”，就可以把霸凌者们都打倒在地。但他们常常忽略了一点：尽管他们有着很高的智商，但他们的情商是垫底的，因此他们永远也赢不了在社交方面的天才儿童比赛，这些被霸凌者并不具备认识到这一点的社交能力。

研究表明，挑衅的被霸凌者比被动的被霸凌者更为积极、坚定、自信和健壮。他们常常引人注目，有时他们真的就处在聚光灯之下，即便这种注意是消极的。他们会激怒别人，也很容易激怒自己。尽管大多数被霸凌者都会尽量避免攻击性的情境，但挑衅的被霸凌者倾向于主动寻求冲突。

阿米莉亚是一个受宠的独生女，她喜欢吹嘘自己家里多么有钱。她经常会羞辱班上没那么富裕的、住在她所说的“小房子”里的同学。阿米莉亚的父母并不反对她对同学家境的嘲笑，还经常和她说，等她长大了就送她去私立学校，在那里她可以和与自己同一社会阶层的人相处。

随着时间的推移，阿米莉亚从一个早熟但有趣的孩子变成了一个讨人厌的混蛋。她很瞧不起自己的同学，但当他们不和她玩时，她又会觉得很受伤。阿米莉亚的妈妈打电话给校长，要求校长阻止其他孩子霸凌阿米莉亚。校长的处境很尴尬——她看得出阿米莉亚不受欢迎，但她也知道阿米莉亚是在自讨苦吃。大多数孩子都害怕阿米莉亚刻薄的言辞，并通过与她保持距离来自我保护。阿米莉亚的父母对校长的软弱回应感到不满，于是就让阿米莉亚离开了这所学校。

阿米莉亚现在就读于一所私立学校，由于不同的原因——这次是因为孩子们都“拉帮结派”——她再一次在交友方面遇到了困难。

挑衅的被霸凌者是一类特别脆弱和有困难的人，他们在学习社交技巧、同理心和体贴方面需要比其他人更多的支持，如果可能的话，让挑衅的被霸凌者习得更多的情感觉察能力是很重要的。幸运的是，这可以通过多种方式进行教授。父母应当意识到，盲人是无法给盲人指路的，如果你自己就缺乏社交技能的话，那么最好还是寻求专业人士的帮助，比如心理咨询师。当我们的孩子有阅读障碍或多动症时，我们会给他们提供额外的帮助，所以如果需要有人在社交世界中为他们导航，那么给他们提供额外帮助也是合适的。对父母来说，将孩子缺乏社交技巧视为一种“社交上的阅读障碍”可能会有帮助。孩子们常常不知道自己错过了什么，但如果他们想要在这个世界上过得好，那在很小的时候就花精力学习这些社交上的技巧是有帮助的。

扮演受害者的孩子

有一种说法是，霸凌者教人成为受气包，而受气包又会教人成为霸凌者。虽然这听起来有点残酷和过于简化了，但其中有一个闪耀的真理。如果孩子过去曾被霸凌，并且现在正被进一步霸凌着，那么父母就需要充分意识到，他们的孩子可能已经形成了一种问题行为模式。

最初，孩子被霸凌者注意到可能是因为他们有某种倾向，或是霸凌者有某种社会期望或偏好，但一旦被霸凌，有些人就会开始产生受害者心态，这就会导致进一步的霸凌。另一些人产生受害者心态是因为他们发现扮演受害者是获取注意力或同情的最快方式。尽管受害者心态可能会让个体产生一些短暂的满足感，但从长远来看，它会让人处于一种完全无力和孤独的状态中。

我认识的一个叫艾娃的小女孩和另一个叫凯特琳的小女孩是好朋友。凯特琳在同学中很受欢迎，但艾娃却很难交到朋友。有一天，艾娃骄傲地告诉我，她想到了一个办法，可以让凯特琳每天都和自己一起玩。“怎么做到呢？”我问道。艾娃得意洋洋（尽管有点疯狂）地回答道：“我只用一个人站在操场边上，然后可怜兮兮地望着凯特琳，就可以了。”

5岁的艾娃就能发现，交朋友最快的方式就是扮演受害者，而这只是众多不良行为发展成习惯性模式中的一种。如果艾娃的这种推理方式不受控制地发展下去，她就可能会在任何需要的时候无意识地扮演受害者。

一些孩子过分强烈地认为自己很重要的感觉，加上他们天生的敏感且情绪化的性格，会让他们在即使并未受到伤害时也把自己视为受害者。父母很难发现这一点，因为当他们试图为孩子提供情感支持时，孩子却变得越来越爱发牢骚。

所以，如果一个人觉得自己被霸凌、被排挤，但实际上他/她并没有被完全孤立时，他们的父母该怎么做呢？

你的孩子会扮演受害者吗？

√　**你的孩子是否不喜欢承担责任呢？**拒绝为行为负责是受害者的典型行为表现。受害者很难接受自己可能与问题的出现有关，他们经常拒绝为事情负责。相反，受害者还会指责他人，并忽视自己对问题的影响。如果他们并不认为自己是受害者，那通常就会传递出他们是受难者的信号。

√　**你的孩子是否经常感到无能为力呢？**感觉无能为力可能是一种影子行为，这意味着它并不明显，这类人不会表现得很无力，但可能会操纵他人或使用诡计来得到自己想要的东西。习惯性的受害者认为自己受他人决定的支配，他们有一个外部控制点，并坚信自己无力改变自己的生活。

√　**你的孩子是否会在表现自信和设置界限方面遇到困难呢？**受害者并不真的相信他们能控制自己的生活，所以他们很难说清自己需要什么、渴望什么或是应得什么。他们几乎不能说出“适可而止”这句话，而他们的生活通常由顺从、被动和怨恨的重复模式组成。如果他们不打破这种模式，就常常会遭受焦虑、抑郁或其他心理健康问题的困扰。

√ **你的孩子记仇吗？**受害者会对过去耿耿于怀，他们随身携带这些以证明世界在与自己作对，所以他们坚信试图改变现状是没有意义的。这也给了他们一个不为自己行为负责的好借口。受害者会提起过去自己受到伤害的正当经历，并以此作为他们不改变现状的理由，他们可能会对自己的叙述感到极度满意。

√ **你的孩子是否不信任他人呢？**受害者常常怀疑其他人的动机，因为他们觉得其他人都像自己一样看待世界。这不仅是不信任他人的问题，他们还常常不相信自己是值得信赖的，并认为全世界都在与自己作对。

√ **你的孩子是否很容易和别人吵架呢？**除非你生活在一个心地狭隘的或功能失调的环境里，或是生活在一个冲突频繁的地区，否则就没有什么理由和别人吵很多次架。习惯性的受害者很难选择自己的战斗方式，对他们来说，每一场战斗都是一场战争。他们总是感觉受到攻击，而他们的杏仁核总是会卡在战或逃反应上。

√ **你的孩子是否过于自怨自艾？**受害者有自怨自艾的习惯。我们中很少有人能不受这个残酷世界的影响，然而有些人似乎无法超越这一点。他们永远觉得自己像一个无力保护自己的孩子，他们渴望同情，并试图通过给予自己同情来唤起别人的同情，这进一步将他们困在了受害者的角色中。

√ **你的孩子是否倾向于责怪他人并将其合理化呢？**这些连环指责者往往会想出无比有创造性的理由来解释为什么全世界都在密谋反对他们。可悲的是，这种将责任归咎于他人的倾向只会让他们为自己创造出一个充满了自怜和无助的监狱。

√ **你的孩子倾向于关注问题本身吗？**他们是否会长时间地沉浸于“如果……会怎么样”或是“要是……就好了”等想法中呢？习惯性的受害者总是忙于各种问题，但一有机会就抱怨，他们喜欢被关注、被认可，并乐于抓住抱怨的机会。

√　**你的孩子会责怪自己吗？**如果你的孩子有点觉得“我很不幸”，并喜欢说“我真没用/每个人都在和我作对/我讨厌自己”等话的话，很多父母都会急于穿过孩子创造的消极之墙，而这堵墙其实是孩子为了让自己感觉更好而建造的。然而，不断地告诉你的孩子他们很棒，但他们其实并不相信时，你发自内心的鼓励就变成了背景中的噪声。相反，父母应该让孩子解释为什么他们觉得自己不好、他们是怎么感觉不好的以及是什么让他们感觉不好的，然后再对这种情绪洪流做出理性和深思熟虑的回应。诗人玛雅·安杰洛（Maya Angelou）告诉我们：“人们会忘记你说过的话，也会忘记你做过的事，但他们永远不会忘记你带给他们的感觉。”如果你能告诉你的孩子他们本来就是“足够好的”和“被爱的”，就会让孩子产生一种内在的力量，这种力量最终可以对抗自我厌恶和自责的感受。

有人认为，过度敏感是无所事事之人才会有的东西。大多数人都忙着自己的生活，没有时间可以浪费在想象的伤害上。当然，作为一名心理咨询师，我遇到过一些来访者，他们乐于把精力花在自己的情感创伤上，但根本不愿意花太多时间来寻找解决问题的方法。这是我工作中的一个棘手的因素，尽管给予来访者像美国心理学家卡尔·罗杰斯所说的无条件积极关注、共情和真诚一致很重要，但我发现，支持来访者找到自己的力量也很有帮助。

没有多少人会决心过一种不充实的生活，也没有多少人想通过扮演受害者来抚慰受伤的自我。的确，我们大多数人一开始都有很高的期望和很大的梦想，但在这个残酷的世界里，我们很容易就会偏离正轨。正是在这些珍贵的教学时刻，在这些我们要么振作起来要么悲惨倒下的时刻，我们中的一些人会从自身经历中学习经验教训，另一些人则会否认或混淆视听，这样就不必承担责任。父母的职责就是要教孩子把挑战看作经验教

控制点

研究表明，拥有“内部控制点”的人比拥有“外部控制点”的人更快乐、更满足。“内部控制点”是指一个人觉得是自己控制着自己的生活，而“外部控制点”指的是一个人认为自己的生活处在他/她的父母、学校、政府或其他既定时刻的管理者的控制之下。如果拥有内部控制点的人不快乐，那他们就可能更有动力去改变自己的生活，而那些拥有外部控制点的人则更有可能只是简单地发泄然后闭上自己的嘴。因此，他们的生活变得停滞不前，并且他们也很少想要去解决自己生活中缺乏进步的问题。

通过鼓励孩子自己做决定，父母可以帮助孩子发展出内部控制点。一些软弱无力的孩子会在自己做决定时感到不知所措和压力较大，所以他们几乎是在强迫父母替他们做决定。这些家长可以从让孩子做一些极度简单的决定开始，比如，他们是想吃粥还是冰激凌？这有助于让总喜欢放弃自己权力的优柔寡断的孩子习惯自己做简单的决定，随着时间的推移，父母可以协助他们做出更艰难的决定。重要的是，父母不要催促孩子加快每个阶段的学习，否则孩子会感到不自信，并且拒绝做决定。

训和成长的机会。只有当一个人能够为自己的生活负责，当他/她能够找到自己的内部控制点，当他/她能够接受是他/她在控制着自己的生活的时候，他/她才能自由地成为自己命运的主人和自己灵魂的船长。

如果你的孩子倾向于扮演受害者，你可以：

教会他们如何使用自己的力量。父母可以通过发现孩子的优点并告诉孩子如何发挥自己优势的方法来帮助他们。这些优点可能会不同寻常，比如倾听别人的能力，觉察到自己更深层次情绪的能力，或是在需要时寻求帮助的能力。这样每当孩子妥善使用自己的力量时，父母就可以表扬他们。

鼓励他们追求力所能及的目标，哪怕是很小的目标，这样他们就可以感受到我们在获得成就时都体验过的力量感。如果父母能帮助习惯性受害者列出一个可以让他们朝着自己生活目标前进的小的、可实现的步骤清单，那么他们就不会感到如此无能为力，也不会被这个巨大的、糟糕的世界所摆布。

向他们展示负责任是如何让人感觉良好的。可以让不情愿的孩子承担很小的责任，比如让他们去商店帮你买东西，然后表扬他们可以独自把事情做得很好，并看着他们在这个过程中是如何成长的。在前面步骤成功的基础上，你可以告诉他们，他们可以留着零钱，因为他们的任务完成得很好。习惯性的受害者需要更经常地承担责任，这样他们才会更习惯于承担责任，并且才不会自动想把责任推卸给他人。

引导他们发现生活中更有趣的一面，并告诉他们扮演受害者这一概念。很多倾向于扮演受害者的人都忘记了自己的幽默感。请不要嘲笑你的孩子，因为这样可能很残忍也很轻蔑，可以和他们讲其他人试图扮演受害者的故事（甚至可以是编的故事）——报纸上经常报道的夸张的保险理赔案或是不公平的解雇索赔案等——以及他们是如何放弃了自己的权力，让自己看起来很傻的。你可能需要在网上搜索一下这些故事，而“斯特拉奖”[①]（Stella Awards）（他们会取笑那些离谱和无聊的诉讼）就是一个不错的开始。

有喜欢扮演受害者的孩子的父母千万不要加入他们。父母需要避免参与指责游戏，无论那些游戏多么诱人，或是游戏里有人热切地倾听他们悲惨痛苦的故事。这些孩子需要知道，他们的父母一直陪着他们，会倾听他们，但父母也不是盲目的，会在必要时提醒他们并期待他们对自己的行为负责。尽管这看起来有些无情，但从长远来看，如果父母能支持孩子从自己的内心寻求满足感，那他们就会觉得对自己的生活更有掌控感，并且不太可能屈服于无力感。

父母需要教会习惯性受害者，批评或意见分歧并不是什么大不了的事。生活仍在继续，整个冲突甚至不一定和他们有关。孩子们必须认识到，他们可以选择是否让自己卷入琐碎的斗争，还是选择高尚的道路并超越这些斗争。

观点决定一切。许多有受害者倾向的人会把自己的处境“灾难化”，这总是没什么用的。有时，父母需要帮助他们的孩子检查他们想法的准确性，是的，他们可能并不总是非常幸运，但也没有那么糟糕的不幸！

一些孩子会从设置一个“好事罐”中受益。每周孩子都可以写下发生在他们身上的一件好事，然后把纸条放进罐子里。当他们心情不好的时候，看看那些曾经发生在自己身上的好事是很暖心的。写感恩

① Stella Awards的灵感来自Stella Liebeck。1992年，当时79岁的斯特拉把一杯麦当劳咖啡洒在自己的腿上，烫伤了自己。新墨西哥州的陪审团判给她2万美元的赔偿金。从那以后，“斯特拉奖”这个名字就被用于任何疯狂、无耻或荒谬的诉讼——包括一些臭名昭著的虚假案件！

日记也很有效，孩子可以每天写下五件他们想感激的事情。这些方式可以经常使用，以确保孩子不会再次陷入扮演受害者的误区中。

从受害者到幸存者

当一个人觉得自己是环境的受害者，无法控制自己的生活时，他们很快就会感到无力和自我厌倦。汉娜·史密斯是一名14岁的女孩，她在臭名昭著的Ask.fm.网站上被霸凌之后，于2013年自杀。在调查中，人们发现98%的辱骂信息来自汉娜本人，只有4条帖子来源于真正的霸凌者。尽管这可能很难理解，但值得注意的是，“数字自残”并不是一个全新的现象。正如社交媒体专家达娜·博伊德在2010年所写的那样：“有些青少年会通过‘匿名’给自己写刻薄的问题，然后公开回答这些问题来进行自我骚扰。”有过这种自毁行为的青少年需要一个好的心理治疗师的帮助，因为他们需要开始应对如此复杂的感受。

就像进行心理健康饮食一样，一个人态度或行为上的微小改变都可能会随着时间的推移获得巨大回报。习惯性的受害者需要知道，沉浸于怨恨之中的做法会压倒他们并让他们放弃权力，而使用自己的权力改善自己的生活才是正道。放弃自己的权力也许是习惯性受害者的最具破坏性的特点。如果你放弃了自己的权力，那你就是在允许别人“让你生气”，而不是认为别人的行为是不合理的所以你选择生气。这听起来可能是一个很微妙的区别，但对一个人来说，明白没有人可以“强迫”任何人做任何事是很重要的——除非，或许他们有一把枪——相反，我们会看着提供给我们的选项，然后选择我们更喜欢的一项。如果我们愿意，我们都有着让自己快乐的权力，然而我们中的许多人选择了放弃自己的权力，好像被迫以某种方式生活。

霸凌者和被霸凌者之间的权力关系问题得到彻底的解决，因为这种破坏性的关系会带出每个人最坏的一面。刻薄孩子的霸凌目标很少会在权力游戏中毫发无伤，有些人经历了痛苦，活在自我怀疑和指责之中；而有些人则变得更强大，更有自知之明，比之前更有能力应对这个世界。可怕的经历并没有减少，但是一旦一个人被霸凌了，他/她唯一的选择就是试着用更强的自我意识和对他人的觉察来走出霸凌。让被霸凌者“反击”和“无视他们”的好心建议是行不通的，相反，父母和孩子都需要经历一个集中的反思阶段，并积极与他人进行互动。

与此同时，被霸凌者需要在善良和同情之间保持平衡，不让自己陷入受害者心态。为此，作家布朗尼·韦尔建议我们：“同情和受害者心态之间只有一线之隔。同情心是一种治愈的力量，它来自对自己的善意。而扮演受害者则是一种极其有害的浪费时间的方式，它不仅会让别人反感，还会剥夺受害者了解真正的幸福的机会。”

第5章

旁观者们

挺身而出者们未被开发的力量

* * *

知道什么是正确的并不意味着什么，
除非你做了正确的事。

|

西奥多·罗斯福
（*Theodore Roosevelt*）

我们需要把旁观者从闹剧的边缘拉出来，并将他们迅速置于一切的中心。旁观者是指看到了一切却什么都不做的人。今天，数百万孩子都是残酷霸凌、控制型友谊和强者与弱者之间权力之争的旁观者，他们让霸凌顺利发生。

旁观者是沉默的大多数，但他们掌握着大部分的权力。据估计，90%的霸凌事件中都有旁观者在场，而如果他们选择干预，通常可以在十秒之内制止霸凌。好消息是，如果我们能够消除旁观者文化，那我们将大大地减少霸凌的影响、频率和持续时间。而坏消息是，出于天性，旁观者很少愿意将头伸出护栏。

苏菲·肖尔是一名反对纳粹的非暴力抗议者，她于1943年被处决。肖尔的遗言在今天仍然适用："真正的伤害是那些想要'生存'下去的数百万人造成的，是那些只想安静生活的老实人，是那些不想让自己的小日子被任何比自己更重要的事打扰的人，是那些没有立场和行事理由的人，是那些不愿估量自己的力量、害怕克服自己弱点的人，是那些不喜欢兴风作浪的人——或者敌人……这是简化论者对生活的看法：如果你保持大事化小小事化了的做法，那么你就能控制自己的生活。"

旁观者通常更喜欢安全地待在路中间，他们通常比闹剧中的人更随和，并倾向于简单希望每个人都能冷静下来，恶劣的行为会自己消失。当被问起时，旁观者经常说，当时他们很同情被霸凌者，但他们太害怕了，不敢采取行动。当被问到这种问题时，旁观者通常有一种幸存者的愧疚，并且希望自己当时能采取更积极的行动来帮助解决问题。问题在于，旁观者往往会因为缺乏道德勇气而被放过，然而，正如作家威廉·巴勒斯所指出的那样："那里没有无辜的旁观者……他们在那里做什么呢？"

霸凌者们哗众取宠，他们需要这种"宠"，如果没有观众，他们就会把注意力转移到其他地方。如果旁观者拒绝参与霸凌，如果旁观者反对这种行为，或是找些别的事做，那么霸凌行为就会失去活力，因为没有旁观者的霸凌几乎无法满足霸凌者们渴望的权力。

如果我们能创造一种氛围，在这种氛围里，旁观者意味着霸凌者的同谋，那么我们就能消除旁观者的安全位置。挑战旁观者的位置，让他们变成“挺身而出者”，这将会把任何霸凌问题变成一个更可控也更棘手的情

回顾过去，我不得不承认，我是我成长过程中霸凌事件的旁观者。某些家庭被我所在团体的霸凌者盯上了，他们的生活被那些孩子对他们表现出的恶毒的敌意毁掉了。我通常是“群体中的一员”，介于酷孩子和怪胎之间。当事情变得恶毒时，我很少说话，但我也从未主动尝试着去缓解霸凌，因为我太害怕了，我被它的恶劣程度打倒了。

我记得当时有一个胖女孩，我叫她“米歇尔”，她当时十几岁，而我10岁。我们团体的孩子让她的生活一团糟，他们会在街上一直跟着她，她走路的时候就跟在她身后学猪叫。带头的人总是模仿她的声音，和她推搡，还嘲笑她的穿着。她看起来总像是被吓呆了。我记得我曾经想过，“她为什么不反击呢？”在某种程度上，我觉得她的不反击可以免除我的罪责。如果她都不为自己辩护，那我也没必要主动去维护她。现在我才明白，她只是太害怕了，被我们那帮人羞辱、吓呆和碾压真的很可怕。

34岁的欧拉

况，但也不会变成现如今可怕的霸凌流行病的情况。

即便旁观者没有煽风点火，但当霸凌真的发生时，旁观者微妙的、不屑一顾的态度可能会给被霸凌者造成持久的伤害。旁观者往往会漫不经心地表现得很残忍，他们将问题最小化，并巧妙地告诉被霸凌者这没什么大不了，或者说这都是他们自找的。他们这样做是因为他们需要一种应对机制，从而为自己的错误找借口。

如果我们想象那些在战火纷飞的国家每天都在发生的冲突，如果我们想到每天都有无家可归的人睡在大街上，我们中的大多数人都会不知所措，在典型的旁观者模式中，我们会对其麻木。这些无助感让我们了解到孩子们作为旁观者时的感受——这些问题看起来就是很重要但也很棘手，我们无法独自解决它们。

人类的本性让我们无法忍受我们本性中更堕落的那一面——我们这样做，我们看着它，我们袖手旁观——但我们无法真正解决它，所以我们倾向于使用某种应对机制来假装它没有发生。旁观者的应对机制复杂多样：有的人为霸凌行为辩护，这样就可以与自身的脆弱本性共存；有的人会假装被霸凌者是罪有应得，所以他们应该为自己挺身而出，或者其他人应该站出来承担责任；有的人还会欺骗自己，说被霸凌者不会像普通人一样被霸凌打倒，从而妖魔化、轻视和非人化被霸凌者。旁观者基本上都在自欺欺人，说事情并没有看起来那么糟，这样他们就不会因为自己没采取行动而过意不去。

旁观者效应

1964年3月13日，一个寒冷的清晨，在纽约皇后区附近，一位名叫基蒂·吉诺维斯的女酒吧经理下班开车回到她的公寓楼。就在吉诺维斯进入她的公寓之前，一个名叫温斯顿·莫斯利的连环杀手袭击了她，在她背后捅了两刀，然后又回来再次袭击了她。吉诺维斯后来因伤势过重死亡。这件事发生两周之后，《纽约时报》发表了一篇报道，称多达38名目击者看到或听到了袭击，但没有人报警，人们误以为那是酒后争吵或情侣间纷争，所以不想卷入其中。这一事件促使人们对现在被称为“旁观者效应”的现象进行分析。

“旁观者效应”是一种社会心理现象，指的是当有其他人在场时，一个人是不会帮助受害者的，但如果是同一个人身处偏僻之处时，他/她就更有可能帮助受害者。这听起来很不可思议，但其他人的在场会降低旁观者提供帮助的可能性，不仅如此，旁观者的数量越多，他们提供帮助的可能性就越小。

道德推脱被每个人——包括霸凌者、渴望权力的朋友和旁观者——都用作一种将行为从不可接受变成可接受的方式，这样他们就可以让自己从某种道德困境中解脱出来。

道德推脱有许多种不同的形式：骗自己不知道我们行为的后果、轻视问题、尴尬联想、强调不同的优先事项和遵守规范、多数无知、模仿观众、指责受害者、非人化受害者和分散责任等。通过这些方式，旁观者重构了行为，这样他们就不会觉得自己是同谋，也不会觉得自己有必要采取行动。

雷蒙德·扎克决定跳海自杀时53岁，当时他正在加利福尼亚州阿拉米达的罗伯特·克朗纪念沙滩上。他的养母多洛雷斯·贝里打电话给紧急救援中心，说扎克准备跳海自杀。尽管该市的消防员和警察接到了电话，但他们拒绝入海。警方认为应该是消防员下水去救扎克，而消防员却称他们没有接受过应对这种情况的训练（尽管随后的报告说他们接受过类似训练），所以他们呼叫了一艘美国海岸警卫队的船前来救援。

与此同时，当雷蒙德·扎克站在离海岸150码远、已经淹没到脖子的海里时，紧急救援中心的人仍在为谁该负责而争执不休，海滩上的数十位市民站在他们舒适的海边家中观看这一戏剧性事件的发生。没有人去帮助扎克。

最终，大约一个小时后，扎克倒在了水里，但即便到这个时候，也有好几分钟后才有人下水。终于，有人回过神来，跳进水里把扎克拉到岸边，但为时已晚，扎克在医院死于体温过低。

如果你的孩子被欺负了，那么如果他/她能让旁观者觉得自己是霸凌的同谋，将会很有帮助。如果父母能帮助被霸凌的孩子弄明白为什么在任何情境下，每个旁观者都是这样做的，那么孩子就能更轻易地穿透不作为的墙，并以一种会产生积极结果的方式向特定的旁观者寻求帮助。我们越能确定旁观者不帮忙的原因，就越容易刺痛旁观者的良知，迫使他们采取行动。

大多数人想做个好人，但恐惧常常阻碍着他们。如果雷蒙德·扎克的母亲当时在海滩上，有条不紊地走进旁观的人群，看着每个人的眼睛并温柔友善地请求他们入水解救她的儿子，那么旁观者的反应可能会迥然不同。

让你的孩子了解旁观者效应

告诉你的孩子，他们的第一反应以及他们身边人的第一反应都会是拒绝帮助被霸凌者。只要知道这一点，就能让一个人迅速脱离旁观者的漠不关心。

如果你的孩子被欺负了，他们可以利用他们对旁观者效应的了解来穿透环绕在他们身边的冷漠之墙。被霸凌者需要明确地请求一个人帮助他们——请求所有人的帮助不会有任何结果，但盯着一个人并要求他帮助你更可能有好结果。被霸凌的孩子需要挑选一个面善的人，死盯着他的眼睛并告诉那个人他需要帮助。通过只选择一个人，孩子会让那个人感受到责任，这增加了他帮忙的概率。

被霸凌的孩子事先和咨询师或父母讨论和确定他们应该选择谁求助是很有益的，这个人可以被预先确定为最有可能提供帮助的人。需要注意的是，这个潜在的“挺身而出者”不太可能来自被霸凌者自己的朋友圈子，如果他们自己有朋友是挺身而出者，那么他/她可能早就已经采取行动维护自己的朋友了。

多数无知和扮演观众

多数无知指的是这样一种情况：一个群体中的大多数人私下里都反对某种行为，但（错误地）假定其他大多数人都认为这种行为是可以接受的。因此，如果没有人对恶劣行为进行回应，那么旁观者就会认为这种回应是不恰当的，所以他们也会避免进行回应。

正如我们在雷蒙德·扎克身上看到的那样，在紧急情况下，旁观者会观察其他人的反应，看看其他人是否认为有必要进行干预。的确，当我们每个人面临是否要帮助他人的选择时，我们通常会弄清楚别人是否真的需要帮助。如果情况模棱两可的话，我们经常会观察他人的反应，以此来确定正确的做法。我们假设别人知道一些我们不知道的事，所以我们会根据他们的反应来确定自己的反应。因此，如果我们身边的人都默许这种情况持续下去，那么我们也就不会进行干预。

当然，当我们因为“每个人都这么做”而假设某种行为是恰当的时，多数无知的情况会变得更加阴暗。当四个孩子的父亲——40岁的马蒂布尔在新德里被一名肇事逃逸的司机撞倒后，监控记录了在接下来的30分钟里，有403辆车（包括一辆警车）经过，却没有一辆车停下来帮助躺在路边因出血过多而死的马蒂布尔。此外，还有45名路人对马蒂布尔视而不见，只有一个人停下来偷了马蒂布尔的手机，直到最后马蒂布尔的一个朋友来到现场，并打电话求助。

“扮演观众”与多数无知很相似，它是指人们会首先从在场的人那里获得社交提示。如果已经有一些旁观者在那的话，那么其他人会很自然地加入旁观者的行列，而不会对旁观者的行为想太多。同样，如果有人为了支持被霸凌者挺身而出的话，那么其他人也会自动效仿并保护被霸凌者。

例如，如果你在当地的游泳池里看到有一个小孩在水里疯狂扑腾，你的第一反应是环顾四周看看其他人的反应如何。如果旁观者看起来很震惊，并且大声呼救的话，你可能也会潜入水中帮忙。然而，如果周围的人都被这个孩子逗笑了的话，那么为了看上去不那么傻或是奇怪，你可能也会跟着笑。这看起来非常合理，在大多数情况下，这种策略都很有效。然而，这种指望别人来决定我们反应的倾向可能也有一些风险和误导性，因为它会导致旁观者效应。

这种情况经常发生在课堂情境中。如果一个学生对老师的讲解感到困惑，他/她的第一反应是环顾教室，看看其他人是否也感到困惑。如果没有人看起来很疑惑，那么为了避免让自己看起来很傻，这个学生通常会把疑问藏在心里，并默认其他人都理解了材料。然而，如果其他人看起来也很困惑，那么这个学生就会很自信地要求进一步讲解。（但遗憾的是，很多青少年都对看起来很傻这件事极度敏感，因而经常假装明白自己实际上不懂的事情。因此，尽管可怜的老师能够很轻松地教一个班级，但这个班可能只有一两个学生知道老师在讲什么。）

“情境主义”是当今社会学家使用的一个术语，它是指人的行为在很大程度上是由我们周围发生的事情决定的。我们大多数人不是精神病患者，也不是充满敌意和攻击性的疯子——我们只是普通人，我们的行为在很大程度上是由发生在周围环境里的事决定的。

根据美国著名心理学家劳伦斯·科尔伯格的说法，总的来说，多数无知、扮演观众和情境主义的问题在于，我们当中只有10%—15%的人能创造自己的道德准则，绝大多数人（85%—90%）会顺从社会的道德规范。因此，在一个霸凌情境或是权力争夺中，如果其他人都被残忍的笑话逗乐了的话，那么旁观者就会认为这种行为是可以接受的。可悲的是，通常是多数无知和扮演观众结合发挥作用，最常见的思维过程往往是不正确的，而每个人的行为都是有误导性的。

在一项研究旁观者效应的著名实验中，社会心理学家比布·拉塔纳和约翰·达利要求研究参与者完成一份问卷。几分钟后，房间后面的门开始往外冒烟雾。这件事发生时，一些参与者是单独待在房间里的，而另一些参与者的房间里还有两名假学生在房间里假装在填问卷，假学生们被要求无论发生什么都要保持冷静。结果显示，当参与者被单独留在房间里时，75%的人会离开并报告有烟雾的事，但当有假学生继续在房间里冷静地填问卷时，只有10%的人离开房间求助。在某些情况下，烟雾会浓到参与者甚至看不清问卷，但只要旁观者保持冷静，参与者就会效仿旁观者，认为自己也应该保持冷静，并忽略烟雾。

如何应对“多数无知”和“扮演观众”呢？

如果你的孩子对自己是一个旁观者而感到内疚，但又太害怕霸凌者，那么如果他们能尽可能以正常的方式与被霸凌者说话也是有帮助的。这可以是在霸凌者不在场的时候，或者更好是当霸凌者在场的时候。关键是你的孩子明白被霸凌者需要帮助，这种情况并不好笑，他们对于这种情境的心理重构也并不准确。这不必是一个戏剧性的转折，而只是一句经常性的、公开的和被霸凌者说的表示同情的话，这样你的孩子就能穿透塑造了旁观者行为的“多数无知”和“扮演观众”的墙。同样，如果霸凌发生在网上，你挺身而出的孩子也可以选择添加一个更友好的评论，而不是更多的恶意。

责任分散

责任分散与多数无知有着相似的结果——许多人成为旁观者，但原因不同。责任分散是指群体中某一成员的行为被认为是“其他人”的责任，而不仅仅是这个人的责任。责任分散的问题在于，越多的目击者（或者旁观者）在场，每个人就会觉得自己的责任越小。如果你是在场唯一的目击证人，那么100%的责任就落在你的肩上；但如果在场有十个目击证人，那么责任就会被分散，你只用承担10%的责任。

当六个女孩欺负一个男孩时，领头的可能会为自己辩护说：“为什么只有我一个人受到惩罚？其他人也这么做了！”对于领头者来说，这是合理的辩护。她不用负全责——她坚信自己严格意义上来说只需要承担六分之一的责任（即便是当她凭直觉知道自己是团队的领导者，而其他五个人都是她的跟班时）。

2009年，在加州里奇蒙德高中的返校舞会上，一个16岁的女孩穿着她崭新的亮紫色连衣裙，告诉她父亲舞会后见。晚上10点52分，当这位父亲接到了一个男人打来的粗俗电话，说他的女儿在性方面很棒时，他立刻陷入了恐慌。即便如此，他还是希望这只是一个愚蠢的高中恶作剧，而对发生的可怕之事一无所知。

一个小时后，这位父亲看到了他的女儿，她躺在医院的担架床上，几乎没有意识，濒临死亡，她被20多名男性轮奸了长达两个半小时。

当时这群男性正在校园里一个昏暗的院子里喝酒，而当这名少女出去呼吸新鲜空气时，有人向她提出了性要求。在她拒绝以后，她被持续殴打和强奸了两个半小时。至少24名旁观者目睹了这场侵犯，据说其中许多人大笑欢呼，用手机拍照记录，而不是报警。

以下是一名旁观者对这一事件的描述：“他们踢她的头、殴打她、抢劫她，还扯掉她的衣服，这是你无法忘记的事情。我看到人们对她的非人化对待，我看到了一些很疯狂的事。她很安静，某一分钟我觉得她像死了一样，但后来我又看到她动起来了。我觉得我应该做点什么，但我不觉得我对发生的任何事负有任何责任。”

最终，一个18岁的女孩从男友那听说了这次侵犯，并立即联系了警方。受害者被发现时已失去了意识，并被送往医院，情况很危急。

该事件的20名证人出庭，7名被告中有6名最终被指控。2011年1月，这名当时体重只有100磅、事发前显然未喝过酒的受害者从学区获得了400万美元的赔偿金。

我们中的许多人都有分散责任的罪过。如果我们认为其他人会站出来阻止一个麻烦的情况，那么我们就倾向于认为自己可以从中后退一步。因此，我们可能会对各种饱受战争摧残的国家遇到的麻烦感到绝望，并说“应该做些什么”，但当什么都没有做时，我们又会认为错在数百万同样认为“应该做些什么”的其他人身上。

其他人的在场实际上抑制了我们说点什么和做点什么的意愿。油管上有很多父母可以放心给孩子看的人们平静地跨过地板上假死人的社会实验视频，如果父母给孩子看了这些片段，孩子们就可以更好地理解和应对旁观者效应。

拉塔纳和达利也在一项社会心理学实验中对责任分散现象进行了研究。在这项研究中，参与者被邀请参加一项通过对讲系统进行的小组讨论。一些参与者进行的是一对一的对话，而另一些参与者则是与其他五个人进行交流。在讨论过程中，对讲机里有一个人说自己癫痫发作了，需要帮助（这是事先录好的）。在那些认为自己是唯一听到这个求助的人当中，

85%的人会打电话求助；但当参与者认为自己是听到这个求助的六个人之一时，只有31%的人打电话求助。后续的访谈结果表明，那些没有采取行动的旁观者确实有些担心，但并不觉得自己有责任去做任何事情。（有趣的是，当他们被问及时，大多数旁观者不认为其他人的存在影响了自己。）

当责任分散出现时，该如何帮助别人呢？

这里的一线希望在于，如果有人有足够的勇气站出来帮忙的话，那么这种情况下很快就会有很多人想要帮忙。我们只需要一个勇敢的人在旁观者效应出现时能正义地站出来，这样就能打破局面。

而一旦局面被打破，其他人通常就会积极愉快地效仿。一个勇敢者的一个行动就可以让群体思维朝着不同的方向发展，它可以刺痛人们的良心。而一旦群体决定帮忙，他们就会不遗余力地向自己和别人展现出自己的善良。

如果学校能够设立反霸凌大使，并且“只需要一个人”，如果挺身而出的文化得到认可和奖励，那么旁观者就会开始被视为问题的一部分，懒惰的旁观者就不能再认为自己是无辜的。

现如今的孩子被训练向最近的成年人寻求帮助，所以他们很少有在某个情境下挺身而出并站在道德这边的经验。问题是，在孩子们中，真正恶劣的霸凌行为通常发生在成年监管者的视线之外，或者正是由成年监管者主导的。不仅如此，成年人总是会避免介入许多与自己孩子无关的情况。英国警方曾把一个5岁女孩单独留在一个繁华的购物中心，并告诉她“装得像走丢了一样”，在有一个成年人走近想帮助她之前，有600个人路过了她。如果一个孩子在哭，我们现在不会尝试去帮助这个孩子——相反，我们倾向于去找他/她的父母——尽管我们知道“养育一个孩子需要全村的力量”，现如今出于各种原因，成年人往往比孩子更害怕承担责任。可悲的是，在现代社会，袖手旁观的文化仍然存在。

> 上课前，14岁的塔拉因为长着“火鸡腿”而被一些男生嘲笑，她看着一个围观的朋友，问她是否也觉得自己的腿看起来很奇怪。那个朋友说她不觉得。但她接着又破坏了这种氛围，她嘟囔着说：“天哪，我不知道你为什么要问我！”塔拉接着问另一个人，她对男生们的评价有什么看法。这个人不是她的朋友，但在塔拉的咨询中已经被咨询师预先认为是一个具有强大个性和高度道德责任感的人。
>
> 那个被预先识别出来的具有道德感的人当时什么也没说，但她接受了挑战，一到上课的时候，她就告诉老师男生们在欺负塔拉。塔拉对这个结果很满意，因为这让她看起来不像过街老鼠，而挺身而出者足够强大和受欢迎，能够抵御所有来自教室后面霸凌者们的攻击。塔拉的快速反应成功制止了嘲笑，并向潜在的霸凌者发出了明确的信号，她不是一个容易被欺负的人。

去个性化

去个性化是指一个群体中的人失去了自我，失去了自己的观点和道德感，并开始更紧密地与群体的道德标准保持一致。“十身一头”就是描述去个性化的最准确的说法。确实，我想起了蒙提·派森的一个老笑话——在电影《布莱恩的一生》(*Life of Brian*)中，布莱恩对一群乌合之众说，“你们都不一样”，这时一个声音大声说，“我不是”。

这里的问题在于，除了社会组织、慈善组织或宗教组织，比如童子军之外，大多数团体实际上并没有道德标准。把一个群体聚集在一起的通常是一些理想图景，比如赢得奖杯(或者获得教育)。在这种情况下，许多普通群众会寻找群体中性格最强烈的人，并试图模仿他/她的性格。

如果你的孩子有很强烈的融入群体的需求，他们就很容易会模仿其他孩子的行为，而且为了感觉更像群体的一员，他们可能会把自己的道德放在一旁。有时候，在特定情境下，群体伦理可能会默认最低的行为标准，并为可接受的行为设定一个新的下限。如果一群十几岁的男孩喜欢一起玩暴力电子游戏，他们对什么是社会可接受的标准可能会因为电子游戏和他们随后的乌合之众心态而降低。电子游戏给了他们一个强硬和残忍的自我，而为了迎合这一形象，他们也会表现得强硬冷酷。个人的道德不断败坏，孩子们会和他们所认为的群体自我保持一致。他们可能会对不良行为变得不敏感，尤其是当他们还处于最需要融入群体的青少年期时。

这是一种危险但非常常见的情况，父母需要对此保持警惕。这并不是说和一群喜欢玩暴力电子游戏的男孩在一起玩是一件天生的“坏”事，而是说如果一群以电子游戏为中心的男孩生活在一个霸凌环境中，那么许多恶劣的行为就会被认为是可接受的。

责怪被霸凌者和责怪他人

指责其他人是另一种隐秘而扭曲的逻辑，它可以让旁观者在看到其他人的生活被摧毁时仍然坦然自处。如果被霸凌的人不是旁观者的好朋友，那么旁观者（为了让自己相信不作为是合理的）总是会觉得其他人应该比他们更先进行干预。许多旁观者有不同的优先级，他们往往太专注于自己的生活，以至于没有足够的同理心和道德感让他们可以在任何特定情境中都挺身而出。旁观者通常热衷于把责任推给其他人——一个和被霸凌者玩得更好的朋友，一个承担更多责任的人，一个更受欢迎的人或是其他什么人。

在我的工作过程中，我经常遇到一些在霸凌事件中充当旁观者的青少年。如果用不那么悲观的话来说，激起这些孩子的道德愤怒是可笑的。在某一瞬间，这些青少年觉得自己就像当年的马丁·路德·金在与邪恶作斗争一样，他们指出到底谁应该受到指责，谁应该付出更切实的努力来维护被霸凌者。他们通过反复对自己说被霸凌者离自己不是很近来合理化这种情况，所以这是一个"不是我的马戏团，所以猴子不归我管"的情况——但如果他们管了的话，哦，他们会很棒的！

有时候，旁观者不喜欢霸凌者的行为，但他们更偏向于霸凌者而不是被霸凌者——事实上，他们可能是霸凌者的朋友，因为一个年轻人看到自己的好朋友霸凌群体里另一个更弱小的人并不是什么稀罕事。在这种情况下，旁观者通常会做出一个受欢迎但不道德的决定，即支持强大的朋友，而不是指出某些行为是不可接受的。

当责备妨碍了积极行动时，该如何施以援手呢？

旁观者感受到的责任大小通常是由旁观者和受害者之间的关系决定的。然而，人们也会根据他们是否觉得被霸凌者值得帮助，以及他们是否觉得自己有足够的能力去帮助他们，来决定自己是否要成为挺身而出者。如果父母能够教导孩子，每个孩子都值得帮助，并且霸凌总是不对的，更重要的是，每个人都可以做些什么来帮助他们，那么界限就很清楚了。

这可以通过多种不同的方式来教——走在城市的街道上，可以和孩子进行关于无家可归者的深度对话，电视节目和书籍也可以引发关于人们并不总是善良的但这并不意味着我们可以允许他们受到恶劣对待的交流。这些对话都可以转移到帮助那些比我们更不幸的人的话题上去。

当人们指责别人时，往往是因为他们自己还没有学会为自己负责。随着孩子的成长，父母应当慢慢地、坚定地教会孩子承担责任。在我们现在的“雪花一代”[①]中，很多父母都不愿意给孩子太多的责任，但当孩子以一种积极的方式学习责任时，新的自由和对他们生活选择的控制往往会让孩子感觉更好。

为我们的行为负责是非常有力量的。承担责任能让我们把否认和指责抛在脑后，把精力集中在能在未来产生更为高效和成功结果的新行为上。当一个人接受了责任时，改善和成功的力量突然之间就出现在他们身上了。

同样地，当一个人责怪别人时，他们就是在放弃自己的力量，并让自己相信“其他人”有能力改善自己的世界。

请鼓励你的孩子在任何情况下都要承担一些责任——当你们去商

① 指的是2010年代的青壮年，他们与前几代相比，适应性差，且更容易生气。

店购物时，可以让一个孩子负责拿面包，另一个孩子负责拿卫生纸。责任的大小并不重要，重要的是他们要习惯肩上背着责任的感觉。

教会你的孩子承担责任的关键并不是要在他们即将犯错时跳出来拯救他们，也不是在他们失败时长篇大论。请以一种积极的方式教会孩子承担责任，包括在他们成功时为他们欢呼，告诉他们一次失败并不重要——世界仍在转，就算忘了拿面包，太阳仍然会升起。

作为成年人，我们中的许多人也会习惯性地这样做，但我们并没有面临和青少年们同样程度的野蛮残酷。例如，成年人不会像不成熟的青少年那样经常或疯狂地对他人进行荡妇羞辱，或在社交媒体上散布下流的谣言。不仅如此，青少年往往没有能力应对他们的朋友做出恶劣行为的情况——他们无法面对自己不应该坐视不管的事实，因为他们的朋友表现得很残忍，但他们也不愿意承认他们的朋友是错的——所以他们会重新定义这个状况，给它一个更令人满意的解释，他们告诉自己这是被霸凌者应得的。

即使是一个成年人也很难处理这种情况，但这种情况在青少年期出现得更频繁，尤其当他们还没有学会筛选掉那些应该受到道德谴责的人，并保留那些和他们志同道合的朋友时。此外，作为成年人，我们中并没有多少人会被迫和同样的100个人共事5年，并且每周都见5天。这是一个非常紧张的环境，很多青少年如果想要在学校生存下来，就要在友谊方面相当有政治头脑。在冲突面前维持关系绝非易事，但这是需要我们教会孩子的东西，因为这是塑造性格的关键要素。

现在回想起来，我是我少年时代学校霸凌事件的同谋。当时有一个大家都不喜欢的女孩，她长得很好看，学习也很好。她也很骄傲自大，总想让每个人都知道她在每件事上有多成功。她的性格非常刻薄，而我和其他人一样，也成了她的一些恶毒评价的受害者。当她再大一点的时候，我想大概是在初三的时候，她在男生中出了名，因为有一天晚上她喝醉了，同时和两个不同的男生走在一起。

我想当男孩子开始叫她荡妇的时候，我们都很高兴。她太完美太好看了，我想我们在看到她被贬低的时候都有一种羞愧的兴奋感。但随着时间的推移，社交媒体上的照片变得非常恶毒。但这一切都很有趣，所以我忍不住给那些评论“点赞”。

它好像有了自己的生命。有几张她脱掉上衣的可疑照片流传开来，照片里的她看起来昏迷不醒、堕落不堪，所以真的很糟糕。我想我和其他人一样有罪，但你能做什么呢？你收到了一个讨人厌的漂亮女孩的丑照，然后写下了一个有趣的评论。当时我只觉得她真是个十足的傻瓜，竟然让自己陷入一个这么糟糕的境地。

直到几年以后，当我把实际发生的事情拼凑起来时，才想起来当时有许多谣言说她曾经自残。我们高三的时候，她自杀了，她有天晚上趁父母不在家，吃了大量的安眠药。这真的是一个可怕的故事，每个人都感到非常内疚。

20岁的乔安妮

旁观者的恐惧和不自信

一些旁观者害怕——这是有充分理由的——如果他们说了什么，就会被霸凌者盯上。对年轻人来说，为别人做正确的事，很有可能就等于为和自己属于同一群体的人做了坏事。就如来找我咨询的一个十几岁的女孩所说的那样："我不能对爱丽丝好，因为她是一个被孤立的人，如果我对她友好，那么我也会被归为被孤立的那一类。"

芭芭拉·科罗索在她的书《霸凌者，被霸凌者和旁观者》中解释说，对那些意识到自己的社交地位的青少年来说，这是一个狗咬狗的世界。如果反抗霸凌者意味着拿自己的人气来冒险，那么大多数青少年会保持沉默。这根本不值得冒险，青少年会安慰自己，认为这不是他们的责任，应该是成年人去阻止它（很符合逻辑）。人们希望老师能奇迹般地阻止霸凌，但是教师培训的主要目的在于让教师学会教学，所以教师以此来为自己的不作为辩护，他们认为霸凌——尤其是网络霸凌——超出了他们的能力范围（这也很符合逻辑）。当然，很多学校都不知道要如何处理每个学期发生的无数次霸凌事件，这种不知所措的无助感往往会让他们保守地解决霸凌行为问题。可悲的是，由于其他人的懦弱，被霸凌者不得不独自承担后果——而且，通常情况下，被霸凌者不具备能够经受住霸凌的自我保护能力。

当旁观者被吓倒时，我们该如何提供帮助呢？

旁观者很容易被吓倒——他们没有意识到自己所拥有的力量，如果把旁观者都聚集到一起，他们的力量通常会远远超过霸凌者的力量。父母应该教会孩子们区分正常的恐惧——当一个疯狂的斧头杀人魔靠近他们时产生的——和不正常的恐惧——当一个人被另一个人说的某句话吓倒时产生的。

如果你的孩子太害怕公开反抗霸凌者的话，他们可以转而扮演“分散注意力”的角色。这是指当旁观者意识到霸凌即将到来时，可以去分散人们的注意力，这是非常有用的。

当孩子们感到自信和有能力时，他们就会相信自己所做的事可以改变这个世界。这并不意味着他们必须要直面霸凌者——有很多种方法可以解决问题，而一个有能力的、聪明的孩子会找到一条既能自保又能做出改变的路。(如果你的孩子倾向于用一种不安全的方式来对付霸凌者的话，那么这是一个需要解决的问题。面对侵略时鲁莽行事既不能帮助别人也不能自保，这些孩子很可能需要被引导去一条更安全的路上。如果能教导这个勇猛的孩子安全地表达自己的想法，那么父母就帮了孩子一个大忙。)感觉自信和有能力是父母可以留给孩子的持久遗产，这不仅会让孩子有信心改变霸凌，还会让他们在自己的生活中掌控自己前行的方向。

非人化被霸凌者

1993年3月，著名摄影师凯文·卡特拍下了一张令人痛心的照片：一只秃鹫正在看着一个瘦弱的苏丹女孩，它在等待这个饥饿的女孩死去，这样就可以吃掉她的尸体。卡特后来说他等了20分钟，秃鹫才张开翅膀飞起来，在此期间，饥饿的女孩奄奄一息，但是卡特没有帮助她。当被问及这件事时，卡特说他拍这张照片是因为“工作需要”，他被告知不要碰那个孩子，因为害怕会被传染疾病。

最后，他拍下了照片，赶走了秃鹫，收好了自己的东西，就离开忙自己的事去了。他没有帮助那个在地上趴着的孩子，也不知道她是死是活。卡特随后解释道，他“不想卷入其中”。（就在第二年，卡特凭着这张照片获得了普利策奖，但后来他被经济问题以及关于“杀戮、尸体、愤怒和痛苦”等挥之不去的记忆压得喘不过气来，最后在约翰内斯堡的卡车上通过一氧化碳中毒的方式自杀了。）

纳粹德国的许多犹太人同样也被普通德国公民非人化了。集中营附近的小镇居民知道发生了什么，但他们重构了情境，这样他们就没有把犹太人当成活生生的人来看。爱尔兰同样也有一段旁观者和非人化的历史。普通民众很清楚在工业学校和所谓的抹大拉洗衣店①发生了什么，他们知道这些儿童和妇女受到的对待是不人道的，但他们并没有采取行动，而是把这些人看成是只需要一把锁和一根链子的小动物。

当出现不人道现象时，该如何提供帮助？

莎士比亚显然明白非人化的过程，正如我们在《威尼斯商人》里所看到的，夏洛克和萨拉里诺说起犹太人，悲伤地问道：“如果你用针扎我们，我们难道不会流血吗？如果你挠我们的痒痒，难道我们不会笑吗？”

阻止非人化倾向的最有效的方法仅仅是像对待人一样对待被霸凌者。不要假装他们“和我们不一样”，当你的同伴以为你也觉得这个人和你们“不一样”时，可以面无表情地看着你的同伴。一个简单的对话会提醒所有人，被霸凌者是一个普通人。当一个人选择去被霸凌者那里和他们说话时，风向立马就会改变。话题可以是关于天气、他们的假期或是学校里的

① 抹大拉洗衣店，是18世纪为爱尔兰“堕落的妇女”建立的天主教教会管理机构。在150年的历史中，大约有3万名妇女被带到那里进行教化，这些妇女大多是失足女子或非婚生子女。这些妇女在与外界隔绝的同时遭受身体、心理和性虐待。除了妇女之外，很多孤儿和流浪儿也被带到那里，他们遭受了极度非人化的对待。

事情，只要不激怒霸凌者，话题真的不重要——让话题保持温和，然后开始聊天。霸凌者的气焰会立马减弱，旁观者也会意识到被霸凌者也是一个像他们自己一样的普通人。

当父母和老师是旁观者时

在不公正的时代里保持中立是不道德的。大主教斯蒙德·图图睿智地指出，“如果你在不公正的情况下保持中立，那么你就是选择了站在压迫者这边。如果大象把脚踩在老鼠尾巴上，而你说你是中立的，那老鼠可不会感激你的中立”。

当中立是一种不恰当的、愤世嫉俗的回应方式时，父母和老师也会因为保持“中立”而成为旁观者，他们会通过忽视或者淡化这种情况来成为霸凌者的同谋。这种“别那么敏感”的态度不仅无情，而且可能更具破坏性，因为父母和老师本应该有道德权威性。当被霸凌者得知自己做错了，而且错在自己神经质的性格——而不是霸凌者的任性攻击错了——时，它会让可能本就感到不安全和受威胁的被霸凌者觉得自己才是罪魁祸首。这种影响可能是毁灭性的打击。

如果某种特定的互动方式得到了学校管理者的默许，甚至是公开的认可，那么就需要一个非常强大自信的人来对抗这种文化。我在咨询中接触到的许多青少年都说，老师和校长都允许霸凌和强制行为继续下去。然而，当霸凌发生时，如果老师视而不见，那么它甚至比旁观者效应还要糟糕，因为老师们有很大的权威，他们这样会奠定基调。如果父母发现了这种情况，那么尽管他们应该呼吁学校制止这种行为，但更应该重新将精力放在以其他方式支持他们的孩子上，而不是指望学校管理部门提供大量帮助。实际上，如果学校管理者默许霸凌发生的话，他们是不太可能突然醒悟并向霸凌开战的。不过，连续不断的正式投诉肯定会让情况得到控制。（关于是否要改变学校，请参见第8章。）

在我很小的时候，我被称为“娘娘腔”，但随着我的成长，那些话变得更加恶毒。我三年级的时候遇到了一个讨人厌的老师，他似乎对我的存在感到厌恶。他是一个聪明的霸凌者，用一种聪明的方式向我发起攻击。他会问一些诱导性的问题，然后当其他孩子不可避免地跟着他叫我“怪胎”的时候，他就会邪恶地傻笑。他的行为让我深感不安。

这很难用语言表达，但我感觉如果管理者认为因为我的“娘娘腔”而霸凌和侮辱我是没问题的，那么这也就意味着我基本上不能被大家接受。不幸的是，那种做“错”了的感觉从未完全消失。不仅如此，在他的课上我感到很不安全，我知道他不喜欢我，我也知道他鼓励其他男生讨厌我。那很可怕，那是我生命中最痛苦的一年。

35岁的斯蒂芬

有时情况比这更糟糕，老师可能是一个公然的霸凌者。这种情况发生的频率比家长们想象的要高，在这种时候，家长们有必要站出来，并为向学校管理部门进行强烈投诉做好准备。如果你每当老师进行霸凌时都投诉，通过电子邮件要求会面，那么你最终会得到回应。虽然你的孩子不太可能离开那个进行霸凌的老师的班级，但如果你是一个坚持反抗的家长，那个老师就很可能会放过你的孩子。

让你的孩子成为一个挺身而出者

我们需要教会我们的孩子承担责任，如果没有人这样做的话，我们就要进行干预。对成年人来说，孩子们阻碍干预的原因可能会显得软弱且幼稚——也许确实如此——但对孩子来说，这些都是非常实际的阻碍，这也是旁观者允许霸凌行为肆意发展的原因。

孩子们需要有人指导他们如何以一种聪明而有效的方式报告霸凌或恶劣行为，这样他们就不会把事情搞砸了。父母还需要和孩子解释，如果他们是旁观者，那么他们就成为霸凌者的同谋。教师可以给孩子讲解纳粹德国的旁观者效应，而父母则可以从油管上为孩子下载相关的社会实验来看。

通过问孩子一些关于他们如何看待生活的问题，父母可以培养孩子挺身而出的敏感度。从很小的时候起，父母就可以问孩子今天是否看到有人需要帮助，以及他们是否可以做些什么。这可能会让你的孩子和一个被孤立的孩子一起玩，或是对一个被霸凌的孩子表达善意。这个练习的重点在于，父母要教会孩子，他们在任何情况下都可以做些什么，做的事可能是积极的，也可能是消极的。

好消息是，教会你的孩子成为“挺身而出者”可以提升他们的情商，增强他们的自信，并强化内部控制点，这与他们快乐的能力有直接联系。这也可以教会孩子责任感，从而为他们未来的发展奠定良好的基础。

温和的、持续的沟通是这里的关键，当你问你的孩子“在今天的游戏里，有人被孤立了吗？你有没有试着把那些看起来很孤单的人也拉进来玩呢？”时，这可以教导孩子，在力所能及的范围帮助任何看起来孤独或悲伤的孩子。当然，这也并不总是有效的，但通过和父母的一些沟通，孩子会因为自己尽了最大的努力而感到满足。

纳粹德国的旁观者们

大屠杀可以说是我们所能学到的关于旁观者的毁灭性影响的最重要的道德教训，“我们只是服从命令”现在已经作为旁观者的经典借口被收入词典。

20世纪30年代初，德国正经历着巨大的经济和社会危机，通货膨胀、失业和经济不稳定肆虐，整个国家陷入了困境。这导致了一种不安全的、竞争性的和不幸福的氛围：完美的霸凌环境（见第6章）。

社会中的弱势成员急于与群体中更强大的成员建立联系，信任成了稀缺品，生存本能被高度激发。在这个如履薄冰的时刻，那些更弱者会接受更强者提出的任何让德国更强大的建议。不幸的是，这一时期最有魅力的领导人——也是最强大的霸凌者——是一个叫阿道夫·希特勒的人。

希特勒把犹太人社区当成替罪羊并不是偶然，很多人把德国的经济和社会问题归咎于犹太人，因此，当希特勒以其强大而有影响力的口吻承诺纳粹党将解决这些问题时，许多德国人都会坐下来听他说话。对德国经济困难的简单回答——归咎于犹太人——吸引了那些不喜欢深入分析和冗长模糊讨论的人，而这些讨论可以更准确地分析经济危机的成因——尽管不那么引人注目。

对犹太人的迫害逐步开始了。在这一点上，许多民众对纳粹政策正在改善他们的经济体系感到满意，不仅如此，在犹太人的财产被剥夺了之后，一些人变得富裕起来。随着时间的推移，这些政策变得更具惩罚性，很多德国人都松了一口气，因为残酷的攻击没有影响到他们自己的家庭，他们继续充当着旁观者。由于纳粹政权的残暴，他们不敢说出真话。

纳粹人认为犹太人、罗姆人、辛蒂人（吉普赛人）、黑人和残疾人对德国雅利安人构成了严重的生物性威胁，他们在很大程度上利用了群体保持和保护群体纯洁性的本能。这些蹩脚的理论让旁观者相信，德国将作为一个“纯血统”的德国雅利安人的同质群体而繁荣起来。生活在德国的绝大多数人都知道纳粹政权是怎样对待犹太人的，但是并没有多少人主动伸出援手。这是典型的旁观者，他们可能没有公开迫害犹太人，但也没有积极主动地去帮助犹太人。

因此，虽然可以说是德国国内的旁观者允许对犹太人的迫害继续下去，但世界上的其他公民也扮演了旁观者的角色，他们并没有游说他们的政府采取道德正确的行动；世界上其他国家的政治领袖也是旁观者，因为他们没有采取行动阻止希特勒继续他的邪恶统治。作为旁观者不作为的直接后果，当希特勒入侵波兰时，欧洲对纳粹政权的可怕力量毫无准备。

举几个例子，达豪、布痕瓦尔德、卑尔根-贝尔森、萨克森豪森、毛特豪森和拉文斯布吕克集中营附近村庄的居民非常清楚集中营里发生的暴行和可怕事件。集中营里散发出强烈的恶臭，盟军士兵报告说，在特定风向上，远隔20英里的地方都能闻到集中营的味道。盟军后来指责这些德国城镇的居民，因为他们完全清楚发生了什么，却没有试图挽救哪怕一条生命。因此，作为对于他们不作为的惩罚，战后他们被强迫去清理瘦弱的尸体，并将其埋进万人坑中。

在被占领的欧洲，除了丹麦人，大多数人都没有集体帮助纳粹政策的受害者。考虑到当时的政治环境，丹麦采取强硬立场是很勇敢的。丹麦是一个积极抵制纳粹政权驱逐其犹太公民的被占领国家，他们的反应被认为是对纳粹德国侵略的最大规模的集体抵抗行动。作为捍卫者们道德勇气的直接结果，7800名丹麦犹太人中的7220人和他们的686名非犹太亲属被偷运出丹麦。丹麦的抵抗运动是极其独一无二的，因为它是全国性的。与之形成鲜明对比的是法国的抵抗运动，它是一次充满了背叛和怀疑的地下运动。

丹麦犹太人获得了他们同胞提供的秘密逃生路线、伪造的证件、食物、衣服和钱，有时甚至是武器。他们的抵抗行动并没有完全成功，因为大约有464名丹麦犹太人被驱逐到了捷克斯洛伐克的特莱西恩施塔特犹太区。但即便如此，除了51名丹麦犹太人之外，其他丹麦犹太人都幸免于被驱逐，这主要是因为丹麦官员就被驱逐的丹麦犹太人的福祉向德国人施加了压力。超过99%的丹麦犹太人在大屠杀中幸存下来。当我们看到当时发生在欧洲各地的恐怖事件时，丹麦人证明了，只要有正确的心态，"挺身而出者"的集体力量可以非常强大。

当然，其他国家也有很多勇敢的英雄尝试过拯救犹太人。然而，正是丹麦人在纳粹统治下的团结提醒了我们，"挺身而出者"的心态真的可以很有用。与其他国家不同的是，丹麦犹太人很好地融入了集体，因此丹麦人认为纳粹对丹麦犹太人的攻击是对全体丹麦人的侮辱。丹麦人从小就重视团结紧密的集体，因此他们的反应与他们的价值观是一致的，一个凝聚力没那么强的集体是不太可能以类似方式做出反应的。丹麦人的凝聚力、自信心和道德参与向我们展示了群体中重要的价值观是如何对群体行为产生关键影响的。

"做利箭，而不是靶子"

爱尔兰总统希金斯引用了威尔士学者雷蒙德·威廉姆斯的话，他建议爱尔兰的年轻人“做利箭，而不是靶子”，这正是当今孩子们需要培养的挺身而出的心态。父母可以教给孩子同情心、同理心和其他宝贵的品质，这样旁观者就会以一种不由自主的方式感觉到自己与被霸凌的孩子之间的联结，哪怕他们不太喜欢那些被霸凌的孩子。孩子们需要知道，任何人都不应该被虐待，无论是谁，面对霸凌时都应该采取行动或挺身而出，否则就会被指控为有罪。

缺乏联结感是一个日益严重的问题。我们中的许多人都生活在虚拟现实中，几乎没有能力与“现实生活”中的同龄人产生联系，这就导致了社会中缺乏同理心和理解力。缺乏同情心和联结感被认为是2岁的中国孩子王悦不幸死亡的可能原因，“小悦悦”在妈妈洗衣服的时候从家里溜了出来，不幸被一辆货车撞倒。这个孩子在地上躺了好几分钟，18个人从她身边路过，却没有一个人停下来。接着，另一辆车从她身上辗过。最终，一个女人（一个拾荒者）发现了小悦悦，并试着去帮助她。据报道，这种冷漠是移民社区中缺乏凝聚力和联结感的结果，因此人们立即发起了一场名为“停止冷漠”的运动作为对这一事件的回应。

给孩子讲关于旁观者冷漠的故事有助于他们理解我们在善与恶的斗争间扮演的角色，而教给他们同理心则是向他们灌输人性和善良的一种简单而高效的方式。这将有助于提高他们的情商，而这又对他们生活的许多方面都有帮助。如果父母能够教会孩子，我们都可以选择成为问题的一部分或是去解决问题，那么你的孩子将会获得情感上的深度，意识到我们所做的一切都会产生影响。反纳粹的异见者、神学家迪特里希·邦霍费尔在解释旁观者的深远影响时指出，“面对邪恶的沉默本身就是邪恶……不说话就是一种说话，而不行动就是一种行动”。

第6章

霸凌环境

群体的凝聚力与竞争意识

* * *

邪恶之所以取得胜利，
是因为善良的人无所作为。

|

埃德蒙·伯克
（*Edmund Burke*）

许多人都曾经处于潜在的霸凌环境中：在这种环境中，在场的每个人都对自己的地位感到不安全；在这里能够感受到强烈的竞争意识、严格的等级制度和教条的生活方式。在这样的氛围中，人们会因为激烈的竞争而变得暴躁易怒，许多人开始寻找无聊的娱乐方式。而在这种竞争环境中，对于一个强势的人来说，展示自己的力量是最自然的选择。因此，霸凌经常发生。

在社交困难的环境中，沟通很快就会变得紧张，因为每个人都害怕说错话。这是因为，有这么多没有安全感的人为了权力和地位相互竞争，情况很容易愈演愈烈，连最轻微的评论都可能被视为残酷的挖苦。

微妙、肮脏的权力斗争就这么开始了，人们的不安全感变得更加强烈，因为每个人都觉得自己地位不稳。

如果环境鼓励每个人相互竞争，那么我们的杏仁核几乎可以永久地被激活，因此每个人的反应取决于他们的倾向是战斗、逃跑、僵住或讨好。舞台准备好了，序幕已经拉开。从那时起，就进入了狗咬狗的世界，每个人要么成为问题的一部分，要么成为解决方案的一部分：有些人成为领导者，有些人成为同伙，他们无情地挑选着霸凌的目标；出于一些原因，旁观者也开始在权力游戏中结盟。

如果你的孩子正在被霸凌，或者处于一种紧张的关系中，那么检查初始的环境是很重要的。无论是在学校还是在网上，你越了解这个环境，就越容易帮助你的孩子适应环境、改变环境或离开环境。不仅如此，家长还需要了解推动霸凌事件发展的动力机制。环境中有人渴望权力吗？他们对权力的需求能否以一种更积极的方式得到引导？另一些人是否很享受自己作为同伙的重要地位？旁观者是否在享受这场戏剧性的恐怖？这些都是很难即刻回答的问题，但当你审视霸凌、孤立和困难关系的错综复杂时，你很快就会明白，你越了解这种情况，就越容易控制它。

从斯蒂芬·金（Stephen King）对多迪的悲惨描述中，我们可以学到的是：如果一个人生活在被霸凌的环境中，那么他们需要了解周围的社会规范。父母不应该盲目地把孩子置于竞争的氛围中，期望他们“变得勇敢一些”。这样做无法真正使孩子成长，只会让他们成为一个没有安全感、情绪不稳定的人。

尽管常见的说法是，我们应该告诉孩子“做自己”以及“只要你对霸凌者视而不见，他们就不会关注你了”，但在竞争激烈的学校里，对于那些总是对霸凌视而不见的潜在被霸凌者来说，这是危险的建议。相反，在特定的环境中，应当鼓励孩子们去注意群体的社会规范，这样孩子就能适应身边的环境，不会在无意中激怒他人。

让你的孩子成为社会弊病的牺牲者是没有意义的。如果你想让你的孩子拥有“做自己”的自由，就要确保别让他们置身于一个霸凌的环境中。如果出于现实原因，你必须把他们送到一个经常发生霸凌行为的学校，那么父母可以做的，就是想办法让他们适应这种困难的环境。这并不意味着孩子们需要成为霸凌者的一员，而是说他们可能需要学会适应他们的环境。

在一个潜在的霸凌环境中，一些父母可能需要帮助他们的孩子分辨什么是必要的，什么是不必要的。如果学校里的每个人都追捧某些特定的服装品牌，看不起那些穿廉价品牌衣服的孩子，那么家长可能需要引导他们不善社交的孩子穿这些品牌的衣服。当然，有些父母负担不起青少年喜欢的昂贵款式；然而，根据具体情况，父母放弃其他奢侈品，每年买一件到两件东西，这样孩子和挑剔的同龄人在一起时，就能摆脱困境。我知道许多父母会认为强迫孩子适应环境是在违背他们的内心，但如果环境真的那么恶劣，这么做可能也是值得的。如果环境是友好的，那么你的孩子便可以安全地穿任何他们自主选择的衣服。虽然保持个性很重要，但如果孩子们被霸凌，最后他们也会丧失个性，所以需要权衡：究竟是在恶劣的环境中保持个性，还是在恶劣的环境中被霸凌。当然，最理想的解决方案是首先把孩子放在一个更包容的环境中！

我的酗酒可以追溯到我在中学一年级被人霸凌的时候。我永远不会忘记那节英语课，老师让约翰·奥康纳朗读他的故事。故事读到一半时，我惊恐地意识到，整个故事其实是关于我的。教室里的每个人都在窃笑，我真的很想死。这个故事讲的是一个男孩是同性恋，但他假装自己不是。大家都看穿了他，可他自己不知道。我永远不会忘记我意识到这个故事是关于我的那一刻。我先是感到热，然后周身发冷。我趴在桌子上，一动不动。姑娘们都在咯咯地笑。我感觉自己完全暴露在同学们的视线中，是如此的脆弱。那时老师也不知道该如何处理这件事——事后看来，他应该在意识到发生了什么事的时候就让对方停止讲述，但他专注于阻止其他孩子朝我扔东西、咯咯笑、用手肘推我——这对我来说更加羞耻。

28岁的凯文

在某些情况下，父母能够更好地解读社会动向。如果是这样的话，父母需要教他们的孩子这些社会准则。有时，父母可能还需要教孩子其他社交技巧，比如不要自夸，识别“停止信号”，如果没有人笑就不要一直重复同一个笑话，以及注意身上那些不利于自己的小缺陷。如果父母能教他们的孩子在真实的层面与自己建立联结，孩子就能学会做自己，而不会成为一个虚伪的人，这也是有帮助的，因为没有人比青少年对虚伪更加敏感。

父母可以帮助孩子聪明地进行反击：孩子可以在家里保持自己的个性，他们可以用创造性的写作或音乐来表达自己，但与此同时，他们不必因为激怒潜在的霸凌者而让自己受到虐待。维克多·弗兰克尔（Viktor Frankl）在他的开创性著作《活出生命的意义》（*Man's Search for Meaning*）

明智的准备

如果父母希望自己的孩子能够适应我们的文化，他们需要从家庭中退后一大步，冷静而客观地评估以下问题。父母需要培养孩子的情感洞察力，这样他们就能更有自知之明，更好地处理文化中那些困难的部分。

你的孩子拥有哪些特质？友好？挑剔？风趣？渴望取悦？慢热？

他们所拥有的哪些特质会对他们有所帮助？他们的敏感是否能让他们有机会迅速了解霸凌行为的动向？他们能利用自己的幽默感吗？

在他们所处的环境（例如学校、社交媒体、男生）中，他们觉得困难的是什么？社交是最困难的方面吗？他们比同龄的孩子更不成熟吗？对体育缺乏兴趣是否对他们不利？

你的孩子如何应对攻击？他们是选择战斗、逃跑、僵住还是讨好？这对他们有用吗？他们能做些什么（给他们提一些根本做不到的建议是毫无意义的）来帮助自己呢？

中描述了他如何通过确定一个积极的生活目标，然后想象那个结果，以此对自己残酷的处境保持某种表面上的控制。例如，如果你的孩子能想象有一天他们上大学后过着更快乐的生活，获得朋友与他人的接纳，那么他们就更容易接受他们目前的处境。

学校环境

真正解决社会困境的方法往往是关注环境而不是霸凌者，因为在适当的环境中，潜在的霸凌者不会变成霸凌者（他们可能会成为强大而积极的领导者，或者他们的破坏倾向可能会以其他更有创造性的方式被引导）。校长和老师的部分职责是创造一个抵制霸凌的环境，不让这种行为泛滥。唯一的问题是，预防霸凌并不是任何学校的主要职责。此外，教育系统本身是一个典型的支持霸凌的环境，因为它有竞争和等级制度。为了进入更好的大学，学生最终会相互竞争。学校和大学就建立在这样的规则之上：每个人都需要证明自己的能力。目前的教育体系培养了不断取得成就的文化，因此也造成了无休止的压力和不安全感。

老师的主要工作是教授学生知识，而不是防止霸凌的发生，尽管他们可能会宣扬霸凌的罪恶，他们可能会支持反霸凌的倡议，但如果我们要消除霸凌，就需要学校、家庭和整个社区更持久的努力和关注。

一些积极主动的老师发现，利用课堂环境来关注性格和领导特质，而不是用规则来指导孩子的选择，是很有帮助的。他们可以通过使用惩罚性的写作作业来做到这一点，比如忠诚、同情、善良或道德勇气等主题，当孩子表现不好时，他们必须进行某一个主题的写作，迫使他们思考自己在这个主题下的行为。

教师可以根据民权运动等关键历史时刻开展艺术和历史活动，创造一个良好的环境。如果老师选择历史的某些内容来展示少数人是如何发挥作用的，那么这些课程就会对课堂上关键的潜在积极分子产生深远的影响——而一个教室只需要几个有效的积极分子就能改变“旁观者”的文化。

老师为了让学生取得更好的成绩而让他们相互竞争，这会令学生感到紧张，并导致霸凌的氛围。学校环境可以帮助培养学生的集体凝聚力，让学生有一种“我们并肩作战去考大学”的氛围。英国德里的圣科伦布学院（著名校友包括谢默斯·希尼、布莱恩·弗雷尔、约翰·休谟、保罗·布雷迪和菲尔·库尔特）培养了这种精神——每当有学生获得著名大学奖学金时，他们就给整个学校放一天假。老师也可以通过注意他们在课堂上的语气来创造一个反霸凌的环境。如果课堂的氛围是不安全的、竞争激烈的、等级森严的，那么课堂文化就很容易走向霸凌，而教师的角色就是创造一个安全、鼓舞人心的环境，让孩子们茁壮成长——尽管我们的教育体系很糟糕！

处理差异

如果一个孩子因为某个与众不同的人进入他们的社交领域而感到威胁，他们可能会霸凌或排斥这个人，这不仅因为他们希望保护群体的纯洁性，还因为潜在的霸凌者也不理解他们对新人的复杂、情绪化的反应：例如，当一个强大但道德缺失的孩子面对着一个处境艰难的人，比如拥有特殊需求或困难的家庭背景时。孩子们可能会被恐惧、内疚和宽慰的感觉所淹没，因为他们没有面临这些困难。这些潜在霸凌者的动机通常是出于回避负面情绪的本能欲望，以及试图控制失控的情绪。他们可能会无意识地排斥一个与他们不同的人，因为这种差异令他们感到不适。虽然这都是可以理解的，但对于新人来说，仅仅因为他们的不同就被霸凌或排斥是一种相当可怕的经历。我们需要一种教育性、宽容、同情和共情的文化，以确保新事物和差异得到恰当的处理。教师只要专注于学生阅读的文学作品和名人故事、唱的歌和学过的历史，就可以在课堂上创造这种文化。

接纳的重要性

自我接纳和接纳他人也许是你能给孩子的最好的礼物之一。家长和老师可以带头，定期讨论差异是多么重要，以及接纳差异是多么困难但值得承担的责任——例如，Lady Gaga和斯蒂芬·霍金与他们的同龄人相比非常不同，但他们仍然获得了卓越的成就。

狭隘或偏执的态度是不值得鼓励的，但不幸的是，这种态度是非常普遍的。你的孩子对不同个体的态度了解得越多，你的孩子就越能建立和发展他们的情商，并提高他们的自我接纳和对他人的接纳。

如果你的孩子在某些方面是与众不同的，那么你就应该让你的孩子知道人们对差异的无知态度。孩子可能需要一段时间才能学会爱他们的与众不同，但与此同时，父母可以和年幼的孩子一起阅读相关的儿童书籍，和年长的孩子一起看电影，以提高孩子的情感洞察力。父母还可以教育孩子，社会还没有发展到足以让与众不同的人快乐地生活在我们中间——无知的人经常会攻击差异，可悲的是，这是一种他们既应该预料到，又应该学会如何处理的经历。

与众不同是一种力量，通过一些精心的鼓励和培养，孩子的与众不同可能是帮助他们成为一个富有同情心、体贴和强大的成年人的关键因素。

凝聚力和竞争意识

群体的凝聚力是影响霸凌行为是否被允许继续下去的重要因素。正如我们在前一章中看到的丹麦，丹麦犹太人被认为是丹麦社区的一部分，群体越团结，旁观者就越有可能出于道义感伸出援手。一个有凝聚力的群体拥有强大的力量和群体的支持，不会每天担忧被亦敌亦友的人在背后捅刀子。这就是学校环境真正重要的地方——如果环境是有凝聚力的，并且有一种认可和支持正直的文化，那么人们就更有可能站出来保护弱势群体。然而，当一个群体缺乏安全感或缺乏凝聚力时，想要变得强大到可以站出来保护他人，就要困难得多。一个没有凝聚力的群体，其成员更有可能积极地试图建立一个等级秩序，因此他们可以变得非常专注于驱逐群体中任何可疑的成员。兽群中较弱的成员如此专注于加强他们的群体（从而加强自己），他们可能会无情地攻击其他成员。

成年人常常忘记孩子们是多么渴望融入人群。即使是那些因为非凡成就而脱颖而出的孩子，也往往会因为脱颖而出而感到尴尬——大多数孩子时刻都在确保自己是人群的一部分，如果不是的话，他们就拼命地想融入人群。当你是一个生活在人群外围的青少年时，你总能意识到，一个错误的举动就会使你沦为孤独的人，这是一个令人局促不安的局面。

大人们摇摇头，告诉他们的孩子要为任何被霸凌的人挺身而出，但实际情况要复杂得多，我们中没有多少人愿意去冒这个风险。青少年生活在一个虚拟世界里——“朋友”被过分重视，更换头像是一个重大的生活事件。当今青少年所处的社会世界是复杂、无情、微妙的，并且对社会地位极度重视。成年人插嘴提出乏味、不敏感的建议，否认情况的复杂性，这对孩子是一种伤害。

即使青少年不再恐惧，他们也可能缺乏帮助他人的勇气——他们告诉自己，他们不知道如何让这种情况停止。就像周六晚上在薯条店外面看到一场车祸或一场可怕的打斗一样，许多人在面对可怕场景时都被吓呆了。对于那些不知道如何适当处理这种行为的青少年和儿童来说更是如此。任何复杂的霸凌情况都是模棱两可的，这抑制了孩子们助人的愿望——他们常常弄不清楚是哪一方有过错，他们又应该帮助哪一方。如果群体缺乏安全感，整个情况会让他们感到痛苦，因此，出于沮丧和无助，他们会直接转身离开。

群体认同

狂热的足球迷通常特别享受他们的球队提供的归属感——你所要做的就是参加任何一场足球比赛，观察球迷行为中的群体认同。但为什么有些人乐意在比赛结束后去吃个汉堡然后回家，而另一些人则陷入了某种暴徒心态呢？为什么球迷会在输了一场足球比赛后，甚至在赢了比赛后，放火焚烧汽车呢？

就我个人而言，这些人在通常情况下很友好，甚至很贴心，但在群体中，他们可能会变成暴力的野蛮人。正如我们在上一章中所看到的，对暴徒行为的科学研究表明，当一个人处于群体中时，他会失去自己的道德感。这个群体可以创造一个霸凌的环境，而这个环境很容易改变。

当我们回顾在法国举办的第16届世界杯时，我们很快就能看到每个团体是如何形成自己的认同感的。爱尔兰球迷为自己拥有“世界上最好的球迷”这一称号而感到自豪。因此，为了进一步证明这一称号，他们开始在世界杯期间在法国各地做各种善举，比如给一对法国老夫妇换轮胎，在喧闹的酒醉之夜后整理房间，甚至唱歌哄婴儿入睡！

与此同时，英国和俄罗斯的球迷自称是世界上最强硬的球迷，俄罗斯球迷被描述为野蛮和有组织的，他们伪装成英国球迷，配备护齿和伸缩警棍。这种军事化的方式意味着他们的群体认同是好战的，不论是球迷还是球队都秉持同一个信念——要么赢，要么输。从前，英国球迷因骚乱和打斗在全世界臭名昭著，显然俄罗斯球迷决心通过“击败”他们来窃取这个不光彩的头衔。

但值得庆幸的是，暴徒的心态可以改变（在学校环境里也可以）。当爱尔兰球迷在蒙马特与英国球迷相遇时，英国球迷的表现与他们遇到俄罗斯球迷时非常不同。爱尔兰球迷并没有试图用暴力击败英国球迷，而是立即维护起他们友好球迷的身份，开始朝英国球迷高呼“请不要挑起骚乱”的口号。英国球迷则回应道：“我们简直像同一个球队的球迷。”这一切都是善意的，当爱尔兰球队开玩笑说“应该把俄罗斯球队也叫来”时，没有人为此感到愤怒。因为其中一个群体对暴力毫无兴趣，另一个群体则加入了新的竞争——比比看哪队的球迷是最有趣的，就像一个充满竞争的学校可以成为一个比拼善良和包容的学校。

作为群体的一部分，我们大多数人的情绪都会变得更加高涨。这就是为什么很多人喜欢去听音乐会——很少是为了音质，而是为了与其他欣赏同一音乐的人产生巨大的情感联系。这些情绪状态可能是积极的，也可能是消极的。愤怒、恐惧、幸福、兴奋——这些情绪状态可以影响整个群体。只要情绪状态是积极的，它就是无害的；但如果情绪状态是消极的，它就会变得更加危险。因此，如果学校环境充满竞争，最有效的措施是将竞争转向慈善和善举。同样，如果一所学校的环境很无聊、没有挑战性，学生就会把霸凌作为一种娱乐方式。因此，学校应当将懒散的氛围转变为更令人满意的环境。

潜在完美的霸凌环境

当我们审视一所老式寄宿学校严酷和教条的环境时，我们很快就会看到学校环境是如何产生深远影响的。老式的私立寄宿学校常常是制造霸凌的温床。许多学校会定期进行集体惩罚，作为纪律措施。这种惩罚全班而不是一两个犯错学生的专制做法，滋生了愤怒和孤立。在过去，人们很少强调温和、善良或同情，相反，力量和权力却常常被赞美。因此，某些人在这些环境中茁壮成长，而其他温和的人——例如查尔斯王子——则遭受了巨大的痛苦。直到今天，某些私立学校仍然过分强调成就、社会地位和权力，这可能会滋生一种霸凌的氛围。私立学校经常积极鼓励竞争，因为这些学校需要向付费的家长证明，上私立学校是一项值得花钱的投资，因此他们喜欢展示成绩和表现。值得庆幸的是，如今许多私立学校把竞争力转向了更利他的方面。

欺辱是一种仪式，以接纳新成员进入学校文化，这在寄宿学校很常见，在今天的一些学校仍然很普遍。欺辱主要是为了确保每个人都知道自己的位置，这就创造了一个严格的等级制度，依靠霸凌来确保维持等级秩序。被霸凌的对象可以安慰自己，有一天他们会成为学校的上层，反过来，他们将有机会对那些比自己年轻和弱小的人进行严厉的惩罚。通常他们在未来也的确会这样做。

尽管这种行为在学校里是不被公开容忍的，然而，许多成年人错误地认为这种行为是童年粗野和混乱的一部分，它使我们更加坚强。但事实并非如此，也永远不会如此。

> 我时常在想哪件事更糟糕：是被霸凌本身，还是被从前的朋友、老师、父母所孤立呢？他们袖手旁观，任由霸凌者毁掉了我的生活。这件事改变了我的整个世界观。或许我的话听起来像个疯子，但我真的能理解为什么一些受霸凌的孩子会暴跳如雷，向整个学校开枪。有关部门需要设置合理的投诉程序，不让被霸凌者受伤害，并根据情况提供不同的解决方案。除非孩子们有机会诉说痛苦，且不让自己受到进一步的伤害，否则霸凌将继续下去。
>
> 42岁的约翰

成为孩子的维护者

作为一名心理治疗师，我注意到有很多来访者告诉我，他们只需要坚强起来，学会忍受任何导致他们痛苦的事情。我通常会向他们指出，他们多年来一直在对自己说这句话，有时长达50年、60年甚至70年，但他们仍然没有学会坚强起来。因此或许更有效、更勇敢的措施是尝试另一种方法。事实上，承认自己的方法不起作用往往更勇敢；而有时候温和才是更勇敢的选择。同理，父母不应该要求孩子变得更坚强，而应该帮助他们学会自助。

作为一名新手治疗师，我的朋友兼老师菲奥娜·霍本给了我这首诗，我相信这首诗有力地提醒了我们如何在不打击孩子的情况下帮助他们：

如果你要帮我……

请耐心等待，让我决定是否可以信任你。

让我来讲述我的故事，用我自己的方式，讲述整个故事。

请接受，无论我过去做过什么，将来会做什么，都是我的选择，在当时看来都是正确的。

我不只是“一个人”而已，我是“这个人”；独一无二，和你或你认识的任何人都不一样。

不要用好坏来评判我。我就是我，仅此而已。

不要以为你对我的了解比我自己更准确。

你只知道我告诉你的，那只是我的一部分。

不要以为你知道我该做什么——你根本不知道。

我可能很困惑，但我仍然是最了解自己的人。

不要让我去满足你的期望。我的麻烦已经够多了。

倾听我的感受——而不仅仅是我的言语。接受它们；不要试图去修正我。

不要试图拯救我。

我自己可以做到。

我知道应该寻求帮助。

请帮助我自助。

——无名氏

家长们将面临来自学校的众多挑战。首先，学校往往会尽量减少并否认校园霸凌的存在；其次，学校的预算严格，不愿把钱花在反霸凌项目等学业之外的活动上；最后，学校更注重的是知识教育，许多教师不知道该如何对孩子进行心理健康教育。然而，会哭的孩子才有奶吃，作为孩子的维护者，如果你想要确保学校充分照顾和保护你的孩子，你也许有必要去发声，并且要持续发声。

许多受到霸凌的孩子，他们的父母都后悔当初太过尊重学校的权威。事后看来，他们发现学校将被霸凌归为孩子自身的错，因此学校拒绝解决这个问题。当学校对家长不屑一顾时，家长应该采取适当的行动——请参阅第8章，了解如何应对不提供帮助的学校。

当我的孩子在中学一年级被霸凌时，我恐怕什么都做错了。我们家是一个安静的家庭，所以当劳拉从学校回到家，说着臭名昭著的艾丽和她粗鲁的伙伴们霸凌她的故事时，我一直敦促劳拉远离他们，这是我的第一个错误：我天真地认为我13岁的孩子有能力避开这些霸凌者。这些霸凌者在她的班上——她怎么能避开他们呢？劳拉安静得像只小老鼠，性情温和，而且由于她从一所乡村小学校转到这所规模很大的中学，她没有结交到足够多的朋友，也没有得到任何支持——回过头来看，她很容易被霸凌。

事后看来，我认为应该集中精力帮助劳拉找到一个让她感到舒服的社交圈。在刚上中学的那几周甚至几个月里，她在社交上遇到了困难，我应该在事情失控之前给予她更多支持。

我认为劳拉之所以成为被攻击的目标，是因为她高于常人的身高——这是很愚蠢的理由，但在那个年龄，容貌就是一切。还有，她的安静、被动也是原因之一。当霸凌者们开始叫她“独来独往的劳拉”时，我让她一笑置之，无视他们——这是我的第二个错误。我现在知道我应该在那个时候直接去学校，然后大闹一场，坚持要采取反霸凌的措施，这样旁观者的良心就会被刺痛。我还应该坚持跟每个霸凌者说话，警告他们离开。

我不知道的是，这些霸凌者们后来开始变本加厉，甚至在课余时间通过社交媒体和劳拉的手机跟踪她。劳拉变得孤僻，总是抱怨自己不舒服。在我的内心深处，我知道她在学校遇到了问题，但我讨厌冲突，我希望这些只是她进入新学校后的暂时性问题。我在社交方面缺乏自信，这个弱点在这个关键时刻影响了劳拉的生活。

劳拉遇到的问题是，到了第一年的12月，与孤僻的人友好相处简直是社交自杀。有一些女孩放学后会来看她，但劳拉说，她们在上学时间都保持着距离。有一天，劳拉又请了一次病假，她告诉我，她每天都在不同的厕所隔间吃午饭。在短暂的休息时间里，她只能在储物柜前消磨时间。她尽量安静地吃饭，生怕被同学发现和嘲笑；她不得不经常更换隔间，因为她害怕被人发现。在我得知这些后，我崩溃了。我自己总是很难交到朋友，我曾热切地希望我的女儿能够拥有我自己错过的快乐的青少年时期。

我丈夫是个没用的家伙，他总是说女孩子都是婊子，却想不出任何解决办法。劳拉感到很羞愧——她觉得自己是个失败者，是个不受欢迎的人。我完全离开了我的舒适区。我是天生的讨好型人格，我不喜欢惹是生非。事实上，在劳拉被霸凌之前，我从来没有抱怨过什么。因此，当我第一次试图解决学校的情况时，我表现得太过礼貌和胆小。学校的反应专业又圆滑——霸凌在学校是不被允许的，所以别担心，我们会马上处理的。

但他们并没有处理。

这些霸凌者继续在学校里跟踪劳拉，在公交车上，在她的手机上，在社交媒体上。更多宝贵的时间被浪费了，事情却几乎没有任何转机。她变得越来越痛苦，讨厌上学，成绩不断下滑。

我又联系了学校，这次我哭了。他们安排我去学校——现在我知道我应该在第一次就坚持面对面对谈。我走进房间，校长和副校长见了我，向我保证他们会把这些霸凌者一个接一个地揪出来，并有效地整顿他们。

几周后，当我看到劳拉的社交账号，意识到霸凌还在继续时，无助和无力感几乎要将我击倒。当我在劳拉的主页上看到那些关于“独来独往的劳拉”的恶毒图片时，剧烈的愤怒席卷了我的全身，那种剧烈的情感至今仍让我震惊不已。如果当天晚上我遇到那些霸凌者们，我大概会忍不住掐死他们。

霸凌仍然在继续，学校仍然告诉我们他们正在处理这件事，劳拉仍然在厕所里吃午饭。

学校没用，我丈夫也没用——劳拉承受了一切后果。最后，在经历了非常非常糟糕的一年之后，我们把劳拉送到了另一所学校。她现在的状态还好，但她已经失去了对这个世界的信任感。她遮遮掩掩，满腹怨恨，不再真正信任任何人。那个曾经很爱笑的快乐小女孩消失了，取而代之的是一个悲伤的、没有安全感的、痛苦的女孩。

47岁的艾琳

可悲的是，艾琳对女儿处境的反应和学校对她的无效回应都太熟悉了。我遇到的许多来访者在很长一段时间内都经历过霸凌，学校不断向家长保证他们正在处理这个问题，但实际上并不是这样。然而，我们可以从这个常见的故事中学到一些经验。

如果你有一个安静、被动的孩子，他即将进入一个新的环境。你的孩子可能需要额外的照顾，这样他就会比平时得到更多的支持，特别是如果他们身上有任何“不同寻常”的特点——青少年总是排斥那些“不同寻常”的事物！你可以帮助你的孩子参加某些活动，使他更容易社交，或重新点燃旧的友谊，或是为你和你的孩子创造一个单独聊天的空间——比如每周五去喝一杯热巧克力之类的，以便你的孩子可以及时发泄和处理各种担忧。

我们从这个故事中得到的另一个教训是，让一个安静被动的孩子对侮辱“一笑置之”是不恰当的。如果孩子能够轻松地用笑来驱散他们的担忧，他们就会直接行动了，而不需要在你的提示之下再去行动；同样，建议你的孩子“站出来面对霸凌者”也不现实，因为重点在于他们觉得自己没有能力做到！

家长还需要学习如何有效地与学校当局打交道，而不是一味地被搪塞敷衍。如果你不能很好地与学校相处，你可能需要找别人来当孩子的维护者。父母也需要面对自己的弱点，这样他们才能精准地帮助他们的孩子。必要时，也可以为孩子寻求咨询或进一步的支持。

菲比·普林斯（Phoebe Prince）于1994年出生在英国，她2岁的时候全家搬到了爱尔兰的克莱尔郡。2009年，菲比与母亲及四个兄弟姐妹搬到美国，但在6个月后，菲比自杀身亡。她的父母选择把她葬在爱尔兰。

在搬到美国之前，菲比在克莱尔郡上学时曾卷入霸凌事件中。菲比在这个阶段已经很困扰了，她有自残的倾向。菲比曾是一场网络霸凌运动的发起人之一，这场网络霸凌是针对一名巴基斯坦女孩的。菲比最初和这名女孩是好朋友，但她们为了一个男孩闹掰了，后来菲比开始叫对方“巴基斯坦妓女”和其他难听的名字。受霸凌的直接结果是，那个女孩的父母安排自己的孩子转学了。菲比随后写了一封道歉信，这一举动得到了受害者母亲的表扬。

菲比刚搬到美国时，同学们都很喜欢她。她是一个有魅力和风度的女孩，但她有一个习惯，就是追求那些已经有女朋友的男孩。

菲比似乎是个复杂而不快乐的女孩。她来自单亲家庭，在她和母亲搬到美国后，她深爱的父亲仍然住在克莱尔郡。菲比有自残的历史，她的姑姑曾警告美国学校当局菲比容易受到霸凌等问题的影响。

在菲比住在美国的这段短暂时光里，她向不同的男孩承认了她自残的事实。这些男孩都很有同情心，但他们没有足够的情商和成熟度来应对这种情况。

菲比的忧郁是美国学校管理部门所熟知的，但他们没有采取有效的行动。在菲比去世之前，她的母亲至少和学校两名工作人员谈过，菲比也和学校了解她自残行为的社会工作者谈过。

在她自杀的那天，菲比告诉一个男孩，她可能会吸毒成瘾。男孩很善良，但他不知道该怎么办。那天菲比被另一个女孩嘲笑为爱尔兰妓女（这让人想起她在克莱尔郡时对那个巴基斯坦女孩的称呼），对方还朝她身上扔易拉罐。菲比回家后上吊自杀了。她只有15岁，而她的尸体被她12岁的妹妹发现了。菲比死后，被指控霸凌菲比的6名青少年也受到了霸凌和死亡威胁。菲比的父亲对公众对待他们的方式表示担忧。

菲比·普林斯一生中一连串错失的机会，向我们展示了许多人在青春期处理问题时是多么可悲。在菲比就读的第一所中学，她的霸凌行为似乎没有得到很好的处理，因为被霸凌者被迫离开了学校。在美国的学校里，菲比经常参与的“女生间的斗争”是学校生活的常见现象，所以经常被忽视。在菲比坎坷的生活中，霸凌文化如此猖獗，几乎被视为典型的“女孩剧”，但她的悲剧告诉我们，如果处理不当，“易拉罐”有时也是致命的。最重要的是，菲比显然是一个需要额外情感支持的女孩，尽管她的家庭和学校知道她的问题，但由于某种原因不能为她提供足够的支持。遗憾的是，菲比在她的学校里主要向男孩寻求情感支持，而不是关心她的成年人，而这些男孩在情感上还没有准备好应对这种情况。如果菲比能得到更恰当的支持，也许她就不会以这种悲剧的方式结束自己的生命。

父母为孩子的童年定下基调。如果父母能想办法设定一种基调，在父母感觉受到攻击时表现出力量，他们的孩子就能学会模仿这种行为。这种自信对家庭中的一些孩子来说可能很容易，而对另一些孩子来说可能不那么容易，这时父母就需要为孩子提供支持。比如当你的孩子有阅读障碍或数学障碍时，你可以通过提供额外的支持来帮助他们克服缺乏自信的问题。

家长也可以通过他们的行动告诉孩子如何在学校环境中做出适当的反应。例如，如果你的孩子告诉你有其他孩子被霸凌了，你可以联系学校，如果合适的话，然后让你的孩子知道你已经对这些令人反感的行为采取了行动。

如果校方没有任何改变，你可以一次又一次地对霸凌进行投诉。即使学校不屑一顾，不理会你的投诉，你也可以联系受霸凌孩子的父母，与他们团结在一起，成为一股积极的力量。反过来，你的孩子也可以学会与被霸凌者站在一起，善待和照顾他们。

你可以做什么

霸凌环境是任何霸凌情况下都可以被彻底解决的要素之一。家长可以积极参与到学校的反霸凌环境建设中，但一些家长需要离开他们的舒适区来实现这一目标。我们大多数人都说，我们愿意为自己的孩子挡子弹；但在这种情况下，被动的、害羞的、顺从的父母可能不得不说出自己的想法，而不只是替孩子挨枪子儿。

被霸凌孩子的父母会发现，加入家长委员会是有益的，随后说服该委员会开展具体的反霸凌项目也是可行的。如果学校以资金短缺为借口，那么你可能需要发起一项筹款活动，为反霸凌项目提供资金。你可以从自己做起，慷慨捐赠，开启反霸凌项目的筹款活动。家长还可以组织其他活动，帮助杜绝校园霸凌，并确保进一步的反霸凌措施得以实施；还可以邀请演讲者在不同的时间与家长和孩子交谈。友谊长椅、霸凌箱、反霸凌大使、友善文化和其他可行的举措也可以整合到学校系统中（见第8章）。

当然，很多家长因为孩子被霸凌的经历而感到不知所措，他们将无法参加家长委员会，因为他们会把学校机构视为敌人。如果这是真的，那么也许是时候让你的孩子转学了。然而，如果你还有精力为你的孩子而战，那么你应该从出现在校长办公室、年级组长办公室和家长委员会开始，并强有力地坚持将具体的反霸凌措施引入学校。正如作家和人类学家玛格丽特·米德（Margaret Mead）所说，“永远不要怀疑一小群有思想、有奉献精神的公民可以改变世界；事实上，这是唯一的途径”。

第7章

网络霸凌

喷子，仇恨邮件和性勒索

* * *

不要躲在屏幕后面
对人刻薄。
|
Facebook
反霸凌页面

7

霸凌已经发生了黑暗的转变，而最重要的是，网络霸凌似乎让父母们感到恐惧。大多数父母在童年时都经历过霸凌，他们曾经是被霸凌者、旁观者或是霸凌者，尽管我们厌恶霸凌，但在某种程度上，我们可以理解这种情况。但残酷、怪异、无情的网络霸凌更让父母不安，因为许多人无法想象在社交媒体上被排斥、侮辱或公开羞辱的感觉。除此之外，永远不能删除这些帖子的想法往往会让家长完全不知所措。

我们告诉我们的孩子永远不要在网上发布自己的照片，但发布照片已经变得如此普遍，这就像要求孩子不要使用谷歌或不要使用社交媒体一样。无论如何，许多父母不断地让他们的孩子摆姿势，给他们拍可爱的照片，所以通常是父母开始养成这个习惯。这些可爱的孩子慢慢变成了青少年，父母却突然要求他们停止摆姿势和发照片，这的确有点过分。青少年不太可能会听从不要上传照片的建议——相反，他们只会认为这些建议已经过时了。值得重申的是：青少年肯定会上传自己的照片。这种现象太普遍了，以至于无法阻止——更重要的是确保他们有足够的社会常识来区分安全照片和可能令人尴尬的照片。

现在的孩子们用图像交流。他们不会发布文字“我在电影院”——他们上传的是电影院的照片；他们不会发布文字说他们正在和朋友们一起享受热巧克力——他们上传的是大家的笑脸照片，中间放着热巧克力。如今，第一次尝试调情是通过社交媒体——对于一个十几岁的青少年来说，通过五个朋友精心设计的暗示性信息调情比自发地在现实生活中调情更容易。问题是，最新的研究表明，青少年在社交网络上花费的时间越多，他们在社交方面就越紧张。

值得庆幸的是，凭借许多进步的举措，现在解决校园霸凌问题是完全可能的。不幸的是，霸凌往往从学校转移到更难以控制的网络上。某些科技公司正试图以自己的方式控制社交媒体中更消极的方面，但正如Facebook的“仇恨和骚扰团队”前负责人戴夫·维尔纳（Dave Willner）所说：“霸凌很难界定，当霸凌是书面的而不是口头的时候就更难界定了，那些有关语气的信息消失了。”普遍的看法是，在线内容审核系统是不健全的，依赖一个不健全的系统来保护你的孩子免受虐待是错误和鲁莽的。社交媒体上有一些程序可以阻止别人访问你的账户，投诉某个页面，删除某个帖子或页面，但这些程序通常都很慢，且无论如何都不是万无一失的，有很多很多人的信息都被遗漏了。

键盘侠

值得注意的是，大多数网络霸凌的主要动机似乎是“击垮某人”。成功人士、俊男靓女和名人被那些痛苦的键盘侠所折磨——他们通过让别人感觉更糟来让自己感觉更好。同样，在学校环境中，往往是年轻漂亮的女孩容易成为网络霸凌的目标。尽管她们的美貌可能会引发嫉妒和报复心理，但这只是原因之一。如果她们是美丽、温和、被动、脆弱或挑逗的，这种结合会使霸凌更容易发生。

有些男孩因为“无法拥有她”而感到愤怒，有些女孩因为“永远不可能像她那样迷人”而感到嫉妒，漂亮女孩的生活就这样被他们毁掉了。正如法国作家安德烈·布勒东（André Breton）在描写塞勒姆女巫审判时所写的那样：“一提到女巫，我们就会联想到《麦克白》中可怕的老太婆。但女巫们遭受的残酷审判告诉我们，情况恰恰相反。许多人正是因为年轻美丽而死去。”

如果我们看看塞勒姆女巫审判、三K党（Ku Klux Klan）[①]和第二次世界大战的恐怖，我们很快就会看到，一向和善的普通人是如何被其他人的残忍所感染的。我们需要警惕人性的阴暗面，即为了优越感而毁坏他人的生活。在网络上，思想相似的人更容易相遇，在这里人们的情绪和冲动都很高，群体性癔症[②]的发生似乎更普遍（十几岁女孩的父母或许应该注意到，集体性癔症在长期共享公共空间的女性群体中最常见）。

15岁时，我疯狂地爱上了斯蒂芬。他是我们这一年级最酷的人。所有的女孩喜欢他，但他好像并没有因此被冲昏头脑——他对待女孩的方式似乎很真诚。一天，斯蒂芬在我的储物柜前拦住我，让我放学后去见他。我欣喜若狂，我觉得这是一生中最美好的一天。

我们成了男女朋友，没有比这更美好的了。我们在晚上常做的最后一件事就是视频通话，然后跟对方说晚安，当然我总是确保我在视频通话里看起来很漂亮。斯蒂芬也总是对我赞不绝口。为了在视频通话中给对方留下好的印象，渐渐地，我在打扮上花费的精力越来越多。我欣然接受了对方所有的赞美，我们的视频通话也变得更加亲密。

斯蒂芬常常恳求我给他发一些照片，他总是说我看起

① 三K党是美国历史上一个奉行白人至上主义的团体，是一个充满暴力和种族主义的组织。——译者注

② 群体性癔症是指某种精神紧张相关因素在许多人之间相互影响而引起的一种心理或精神障碍。——译者注

来很漂亮。在斯蒂芬之前，没有人说过我好看，更不用说漂亮了。每一天他都会让我给他发一张照片，我也经常这样做——给他发一些有趣或愚蠢的照片。但最终，对方变本加厉的要求让我筋疲力尽。我发的照片也越来越有暗示意味：一开始我只是穿着吊带衫，神情挑逗，最后甚至根本没有穿上衣。

大约一年后，我们分手了，因为斯蒂芬变得心怀嫉妒，且占有欲强。我以为整件事已经结束了，直到我在社交媒体上看到我的照片，我才意识到我可能是“色情复仇”[①]的受害者。

斯蒂芬装作是我给他发裸照来挽留他——这是因为我和他分手了，他觉得很丢脸。我照片下面的评论至今仍深深地印在我的脑海里：那些人将我描述成“绝望的荡妇”和“会让你长疣的臭婊子”。这些话语出自比我低一年级的男孩口中，而他们甚至可能从未被亲吻过。但当我认识和在乎的朋友对我做出恶毒的评论时，我崩溃了。

我不能告诉我的父母——你要怎么告诉你的父母，社交媒体上到处都是你袒胸露乳的照片，每个人都认为你是一个肮脏的“荡妇”？我确实告诉父母我被霸凌了，但是当他们向学校投诉时，老师们显然一无所知。

我说服妈妈让我转学，但那些被霸凌的画面一直萦绕在

① 色情复仇是指以报复对方为目的、将前任交往对象的私密照片或视频等上传至网络。——译者注

我的脑海。我开始自残。我恨自己如此愚蠢，我恨自己，和其他人一样恨我自己。

愤怒和羞辱交织在一起，促使我喝下一瓶伏特加，然后割腕自杀。直到今天，我都不确定我是想自杀，还是只想伤害自己，让每个人都为他们可怕的言论付出代价。在我试图自杀后，我母亲给我找了一个很好的治疗师，虽然我们刚开始咨询进展并不顺利，但现在我们相处得很好，我对我的未来有了一丝希望。我并没有被我在网上的照片所困扰——对我而言，任何搜索这些照片并据此评价我的人，可能都不是值得我尊敬的人。

18岁的艾米

社交媒体建立在一个金字塔式的共识上——你“喜欢”我的照片，然后我更有可能“喜欢”你的照片。这种“相互认可的机制”意味着我们周围都是认同我们思维方式的人。如果有人打破了这种舒适的共识，我们往往会把他们屏蔽掉。许多键盘侠为自己的政治正义感到自豪，他们也会竭尽全力去说服别人；事实上，社交媒体上的大多数喷子似乎都来自高度敏感的自由主义阶层。

正如《当你被当众羞辱》(*So You've Been Publicly Shamed*)一书的作者乔恩·朗森(Jon Ronson)在TED演讲中所说：

在推特(源于美国的微博客及社交网络服务平台)的早期，它就像是一个彻底“去羞耻”的地方。人们会承认自己不光彩的秘密，而其他人会说：“哦，天哪，我也一样。”无声的人们意识到他们有自己的声音，而且是强有力的、有说服力的。如果一家报纸刊登了一些种族主义的专栏，我们意识到我们的确可以做些什么。我们可以惩治他们，我们可以用一种我们懂但他们不懂的武器打击他们——社交媒体羞辱。广告商将撤回他们的广告。当有权势的人滥用他们的特权时，我们要惩治他们。这就像是司法的民主化。等级制度被打破了，因此我们可以把事情做得更好。

这就是社交媒体的伟大之处——那些无法发声的人突然有了自己的声音。2010年，当一只名叫洛拉的猫被扔进垃圾箱又重新获救时，社交媒体欢呼雀跃。人民有了权力！我们可以用我们的道德正义让世界变得更美好！

那些是令人兴奋的日子，但不幸的是，事情并没有一直持续下去。键盘侠被权力腐蚀了，现在人们有了强有力的声音，他们经常表现得像东德的史塔西[①]：时刻保持警惕，随时准备迫害和折磨任何发表不当言论的人，哪怕只是略微不恰当的评论。

在他的TED演讲和他的书中，乔恩·朗森讲述了贾斯汀·萨科不寻常的故事。贾斯汀·萨科是一名来自纽约的普通职业女性，她在推特上发了一个考虑不周的笑话，而当时她只有区区170名粉丝。这不是一个好笑话，而且似乎有点不合时宜。尽管事实证明，她是在笨拙地试图说明美国人炫耀特权的方式。这个如今已经臭名昭著的笑话是这样的：“我要去非洲了，希望我不会得艾滋病。开玩笑的，我可是白人！”

她按了发送键后便上了飞机，关掉了手机。11个小时后，当飞机在开普敦的跑道上滑行时，她打开手机，发现自己的推文成了推特上全球第一的热门话题。这个模糊的、欠考虑的笑话即将毁掉她的生活，博爱主义者们批评她的话语，称这是一条令人作呕的种族主义推文。事情愈演愈烈，

① 史塔西（Stasi）指德意志民主共和国国家安全部，是德语“国家安全”（Staatssicherheit）的缩写，被认作当时世界上最有效率的情报和秘密警察机构。——译者注

越来越多的人开始发推文攻击她，比如“大家都去曝光这个婊子”“祝你在新的一年被解雇”和“这将是你职业生涯的最后一条推文”。出于某种道德责任，突然间，世界各地成千上万的人都参与到了这场让这位女士被解雇的运动中。当然，喷子们也加入进来了：“我其实有点希望贾斯汀·萨科会得艾滋病？”“HIV阳性的人应该强奸这个婊子，然后我们就能知道她的肤色能否保护她不感染艾滋病。”所以，那天晚上，政治正确的博爱主义者们和那些建议“强奸这个婊子”的疯子们只是躺在床上动动手指，就挑起了一场巨大的声讨运动。

就像乔恩·朗森所说：

那天晚上很多公司都赚了不少钱。贾斯汀的名字通常一个月被谷歌（Google）搜索40次。那个月，从12月20日到12月底，她的名字在谷歌上被搜索了122万次。一位互联网经济学家告诉我，这意味着谷歌从贾斯汀的毁灭中最少赚了大约12万美元，最多赚了大约46.8万美元。而我们这些真正羞辱她的人什么都没得到，我们就像丢人的谷歌无薪实习生。

有人知道了她坐的是哪架飞机，于是，所有的推特用户都屏住呼吸等待着，等待贾斯汀下飞机。在贾斯汀打开手机后，有人拍到了她在机场看手机的照片。社交媒体上一片欢腾，因为他们毁掉了一个讲冷笑话的普通女人的生活。

社交媒体上随处可见的残忍行径令人震惊。那些在现实生活中很受欢迎的键盘侠在网络上可能是狡猾、反动的偏执狂。可悲的是，每当一个人被公众攻击时，一场“比比谁更机智”的线上比赛就开始了。无论评论多么残酷或毫不相关——最有趣的评论总能获胜。这是一种无情而令人讨厌的现象，并且带有明显的歧视女性的色彩。

《卫报》（*The Guardian*）调查了自己的撰稿人在网上受到的骚扰，发现在网上受到辱骂最多的撰稿人中，80%是女性，其中50%是白人，30%

是非白人，另外20%是黑人男性。报道强奸和女权主义的《卫报》女作家受到的辱骂最多。不仅如此，对女性的辱骂更恶毒、更个人化——正如朗森指出的那样：当我们羞辱一个男性时，通常会说，“我要让你丢掉工作”；而当我们羞辱一个女性时，通常会说，“我要强奸你，并让你丢掉工作”。

来自美国西弗吉尼亚州的卡拉·科瓦尔斯基在学校里很受欢迎。她被称为“魅力女王”，是啦啦队的一员。卡拉17岁那年，在一个晴朗的日子里，她决定在社交媒体上创建一个名为“S.A.S.H”的页面，后来人们发现，这个页面的意思是“讨厌夏伊疱疹的学生们”。夏伊是卡拉学校一个女孩的名字。主页的副标题是“不，不要疱疹，我们不想要疱疹”。在邀请了大约100人加入这个页面后，大约有24名青少年接受了卡拉的邀请。一位名叫雷的同学上传了一张他和另一个男孩捏着鼻子的照片，旁边写着夏伊得了疱疹。卡拉评论说：“你太有趣了。”雷还附上了夏伊的照片。在其中一张照片中，他在夏伊的脸上画了红点，并在她的骨盆前写了一个牌子，上面写着：“警告：请自担风险。”而另一张照片的标题则是“妓女的肖像”。

我们可以试着想象一下，当夏伊和她的家人谈论这件事时，她会有什么感受。但我们大多数人根本无法做到这种想象：这与我们自己的经历相去甚远。夏伊的父亲打电话给雷表达了他的愤怒，接着雷打电话给卡拉让她删除那个页面。卡拉也想把那个页面删除，但不知道该怎么做。

第二天早上，夏伊和她的父母拜访了校长，并给对方看了“S.A.S.H”页面。可以理解的是，夏伊那天逃课了。校长让卡拉停课十天，但由于卡拉父母的抗议，停课时间减半。后来卡拉被踢出了啦啦队，也被剥夺了“魅力女王”的称号。

卡拉的父母认为这是不合适的，他们以一种令人震惊的傲慢和自以为是的态度起诉了学校，他们认为停课侵犯了卡拉的言论自由权。败诉后，卡拉的父母又向最高法院上诉。然而，最终上诉被驳回了。

仇恨邮件

仇恨邮件并不是什么新鲜的事物。我们都听说过匿名诽谤信和色情电话，但现在，由于我们的电脑提供了便捷的访问方式和匿名性，仇恨邮件可能已经失去控制了。给一个让你讨厌的人发一篇疯狂的、充满仇恨的邮件，比写一封信、伪装身份和笔迹、然后把信寄出去要容易得多。更糟糕的是，人们很容易在网络上互相恭维彼此的“俏皮话”，只要你在网上很有趣，没有人在乎你的话有多残忍。

尽管司法系统正在慢慢地解决这一问题，但是，当有人在网上对你的孩子发表恶毒言论时，依靠学校、司法系统或社交媒体审核机制来捍卫你孩子的名声，就是在放弃你的权力。

是的，你应该联系霸凌发生的网络平台；你应该联系老师；你应该联系网络霸凌者的父母。但是，你不应该依赖这些方法来解决问题。说真的，在此之前，解决这件事最好最快的方法，就是请双方家庭礼貌地进行一个面对面会谈，并要求违规者删除帖子（见第8章）。

匿名应用程序

一旦一款匿名应用程序名声不好（通常是因为与之相关的自杀事件太多），另一款匿名应用程序就会取而代之，其受欢迎程度也会相应上升。社交媒体平台和应用程序可能很快就会过时，所以你要确保跟上孩子们的潮流。目前，我认识的很多青少年都在使用Whisper和Yik Yak，但我毫不怀疑，这些匿名应用程序很快就会失去吸引力，而另一款略有不同的匿名应用程序将取代它们的位置。

Whisper是一款匿名社交网络应用，用户可以通过在图片上叠加文字来表白，无论真假。Whisper的独特卖点是完全匿名的：用户没有身份，也没有关注者、朋友或个人资料——主要的交流方式是回应别人的“Whisper”（耳语）。该应用允许用户添加学校或小组，也可以使用用户的位置。2014年，Whisper的估值超过2亿美元。

Yik Yak的口号是“Yik Yak帮你找到志同道合的群体”，它也是一个基于用户位置的社交网络，可以将用户与附近的人联系起来。尽管我不擅长使用科技产品，但我发现用假名字、假电子邮件地址和假出生日期注册Yik Yak很容易——如果我能做到，任何人都能做到。许多用户在Yik Yak上传播八卦和谣言，这些八卦和谣言还可以登上当地社区的虚拟公告板。

米歇尔·博尔巴（Michele Borba）博士在《不要过度自恋：为什么有同理心的孩子能在这个以自我为中心的世界里成功》一书中指出，青少年的同理心下降了40%，而自恋率上升了58%。博尔巴博士的书提醒我们，我们都可以去培养同理心，而一个有同理心和同情心的人不太可能在网络上做出不恰当的行为。

在这些网站上“屏蔽”某人相对容易，但很少有青少年愿意屏蔽别人——他们想知道别人对他们的评价，他们知道拥有大量的粉丝或朋友对社交有益。无论如何，除非该服务使用了强大的防御措施，比如禁止违规用户的整个IP地址，否则屏蔽用户是完全无效的。我认识的一个女孩有5个脸书（Facebook）主页，因为她的账号总是被封禁，所以她用名字的变体建立了新的主页。

在一些网站上使用“家长控制”也很容易，但这些服务往往无关紧要——孩子们会无视“家长控制”。有一句老生常谈的话——要想确保你的孩子不受伤害，最好的方法就是保持开放的沟通渠道。大多数青少年不会告知父母自己受到了网络霸凌，因为他们不信任父母的处理方式，他们害怕父母会让事情变得更糟。他们还担心父母会开始控制他们的网络生活。青少年选择不告诉父母，最常见的原因是他们担心父母会限制他们的手机使用。

预防胜于治疗

网络霸凌的后果是如此极端，因此父母需要教孩子如何使用网络，这样他们才能识破假身份，足够精明，不发布可能令人尴尬的照片，并且懂得永远不和喷子纠缠。网络霸凌最具破坏性的后果是：羞耻、恐惧和耻辱感往往使孩子们不敢告诉任何人——无论是父母还是朋友。正因为如此，在处理网络暴力时，预防比治疗要好得多。

检查社交媒体

“精通电子产品”和“判断力差”组合在一起是很危险的，但这正是许多青少年如今的处境。只有当青少年的判断力与他们的科技知识相匹配时，他们才能真正在没有监督的情况下上网。青少年的冲动控制能力较差，他们更喜欢冒险（不要为此责怪你的孩子，这是生物学的原因，要怪就怪大自然的力量吧），所以，即使他们知道不应该接受陌生的好友请求，他们仍然接受了——就像我们十几岁的时候，明明知道不应该喝酒、吸烟或进行无保护措施的性行为，却不以为然。在社交媒体上拥有更多朋友是有很多好处的：无论是在网络还是现实生活中，你都能拥有更多的喜欢、更强的吸引力和更强的存在感（相当于更受欢迎）。

这就是为什么家长和学校需要经常举办“删除日”，让青少年有机会重新思考他们过去的帖子。在他们更加成熟时，去修正他们不恰当的网络行为。起初，加入“我讨厌卡戴珊家族”（The Kardashians）①或“我讨厌任何人”的脸书页面，在青少年眼中可能很有趣，但六个月后，他们可能会发现这是一件令人讨厌的、危险的事情。

删除日

玛丽·路易斯学院是纽约皇后区一所天主教女子学校，该校的女生们发现“删除日”对她们很有帮助，她们甚至为此许下承诺：

删除在公共场合有危险的个人信息。

删除不适当的评论和图片。

删除匿名页面。

删除伤害性或攻击性的群组。

为即将上大学的年轻女性创建一个电子邮件地址（避免她们接触到包含色情内容的邮箱）。

鼓励我的朋友们一起来删除！

真是鼓舞人心！这种方法的美妙之处在于，它不仅能在不同年级的孩子之间引发讨论和思考，还能让不同年级的青少年针对“适当的网络行为”这一问题展开交流。（详见第8章“删除日”的相关内容。）

① 卡戴珊家族是纽约知名的名媛家族，在美国体育圈和娱乐圈享有很高的声望和地位。——译者注

性勒索与诈骗者

如今，网络跟踪变得越来越普遍，海外犯罪分子在网上寻找可以与之建立融洽关系的人，然后欺骗他们在视频中进行性行为。这些“网络骗子”会利用这些视频来勒索受害者。

长着雀斑脸的罗南·休斯，是来自蒂龙郡的一个不成熟的、老实的17岁男孩，他是一个罗马尼亚网络犯罪团伙的受害者。那时罗南误以为自己在和一个女人交往，于是他向对方发送了自己的私密照片。该团伙要求罗南向他们支付3300英镑，否则就将他的裸照发给他的朋友。

罗南向他的父母吐露了这个秘密，他们就去报警了。遗憾的是，警察没能帮上什么忙。罗南的父亲杰拉德·休斯说：“我知道罗南在寻求帮助，我告诉那位警官，我儿子想要的就是不把这些照片发布出去。那位警官告诉我们他不能保证。对罗南来说，这完全是一种蔑视。如果警方向罗南保证说‘我们会联系IT专家，我们会关闭这个，我们会阻止那个’，或许罗南就不会自杀了。这就是罗南来找我们（罗南的父母）的原因，他需要帮助。”

报警后的第二天，这对夫妇又去了警察局。但在接下来的几天里，他们没有听到任何相关的消息。事实证明，这种紧迫感的缺乏是致命的。

秘密最终还是被揭开了。罗南的一个朋友联系他说，她收到了一个包含图片的链接，但她还没有打开它。罗南打电话给母亲，告诉她摄像头对面的勒索者已经把照片发给了他的朋友。罗南的父亲出于对儿子的担忧，立即离开了工作岗位，但为时已晚。巨大的打击让罗南难以承受，他自杀了，他的父亲在他们家后面的田野里发现了儿子的尸体。

罗南·休斯的父母勇敢而慷慨地站出来帮助其他父母。正如罗南的母亲特蕾莎·休斯所说：“我们决定大声说出来，因为这是可以避免的事情。

我们也许无法阻止一个患有精神疾病的孩子结束自己的生命。但想想罗南本来过着充实的生活，突然之间，这样的事情一下子出现，夺走了他的生命……这就是为什么我们必须采取行动。我们希望情况发生改变，如果一个孩子在网上受到霸凌，他的监护人可以向警察或其他官方机构求助。我们不希望另一个家庭经历我们所经历的事情。”

数字信息分享

如果最坏的情况发生了，你的孩子被匿名者发布了侮辱性的照片，父母千万不能失去理智。青少年可能已经感到脆弱和羞耻了——尽管他们可能会对此轻描淡写。

大多数父母的第一反应是把工作或家务丢到一边，试图把照片删掉。然而，如果发布者是匿名的，这通常是一个复杂且相当漫长的过程。事件发生后，你可以联系某些机构，让他们删除违规帖子，但你可能无法抹去所有痕迹。一旦危机来临，比起在电脑上花费时间试图删除照片，你更应该花大量时间和孩子一起处理事件。对于青少年来说，危机爆发后的48小时是非常危险的。

你可以在未来几周内再删除这些照片。但当危机来临时，请多花些时间陪伴你的孩子，类似的青少年自杀案例实在是太多了。

好的一面是，虽然这是一种社会乱象，但发布尴尬的照片并不一定会造成社会性死亡。这就像是已经翻篇的故事，它不一定会成为困扰你孩子一生的东西。许多父母认为这种事会毁掉他们孩子未来的工作前景，但未来的雇主不太可能搜索未来雇员在未成年时的淫秽照片，而且通过他们十几岁的性生活来判断未来雇员的行为是完全不合适的。

如今这些图片已经变得十分普遍，它们不一定会对社会造成破坏。

当我还是一个青少年时，最糟糕的事情可能就是在我的家乡被人们称作“荡妇”，最终还怀孕了。显然，一旦一个女孩失去了她的声誉，将永远无法恢复（不，我并不是生活在简·奥斯汀的小说中——这是20世纪80年代和90年代的都柏林）。在我长大后，我才发现这些议论毫无意义。在我的家乡，有许多女人曾经被称为“肮脏的荡妇”，她们的事迹传遍了大街小巷。后来她们变成了拥有平凡生活的十分平凡的女人。没有人真正关心她们曾经是“放荡的女人”，或者她们在十几岁时有过一个孩子。

同样，与许多父母的看法不同，随着时间的推移，来自遥远过去的性爱录像带或露骨照片并不意味着社会性死亡。毕竟，这只是性而已。

保护措施

社交媒体上的匿名性使人们释放了内心的野兽，几乎每天都有许多怪诞的网络霸凌故事被曝光。向谷歌、Facebook和其他搜索引擎和社交媒体平台投诉是相当容易的，但可能需要很长时间才能得到回复。**据说，要删除一个页面，最简单、最快的方法就是从不同的、唯一的IP地址发出许多投诉。**然而，与此同时，在等待回应的过程中，你的孩子可能会受到更多的伤害。因此，如果你的孩子成了匿名用户的目标，花钱请技术专家来减少这种伤害是值得的。

如何从谷歌中删除图像

谷歌可能会删除包含敏感个人信息的图像。敏感个人识别信息（PII）的定义是："如果丢失或泄露，可能会对个人造成重大伤害、尴尬、不便或不公平的信息。"如果违规图像是谷歌的"删除政策"所涵盖的，那么投诉人可以要求谷歌相关负责人从搜索结果中删除该图像。如果出于法律原因需要删除违规图像，投诉人需要访问谷歌的"合法删除"页面。

否则，如果该图像不在上述任何一项删除政策的范围内，投诉人需要联系网站管理员，要求他们删除该图像。尽管这是最麻烦的方式，但这通常是最好的选择。坚持不懈是有回报的，所以请持续、友好地提出请求，但要用强有力的理由说明为什么应该删除这张照片，并请求对方尽快处理——学会做一个"有礼貌的讨厌鬼"。尽量确保你与负责管理特定网站并有权删除内容的人取得联系。

请确保你的电子邮件包含以下内容：

简单介绍你是谁以及你来这里的目的："我叫约翰·史密斯，我是简的父亲。我给您发邮件是希望您能从您的网站上删除我14岁女儿的敏感图片。由于她未满18岁，这张照片是非法的。"

验证他们是否是你要找的人——"请问您负责处理删除请求吗？"

提供一个简短的事件背景——"我的女儿曾经有一个她信任的男朋友，他们现在分手了。"

最重要的部分是为什么它应该被删除——"这给我的女儿和我的家庭带来了巨大的创伤。我们非常担心简的精神健康。"

让他们尽快联系你并给出回复。

如果他们出于一些规定无法删除图片，询问他们是否会考虑使用robots.txt文件来阻止内容被编入索引，或者从图片名称中删除女儿的名字。

态度要谦和、真挚。如果有人拒绝了你，那就问问同一公司的其他人。如果这还不起作用，那么你可以采取的最佳方案就是通过发布大量的积极帖子来覆盖那些冒犯性的帖子，这样人们必须非常努力地搜索才能找到负面帖子。

你可以付钱给中介，让他们高效地帮你处理。数字声誉管理是一个新兴的发展领域——公司收了钱，去“对抗”谷歌的搜索机制。这样负面的故事和图像就可以被正面的故事和图像所覆盖，网络上的身份信息便被淹没了。

桑德拉是14岁男孩布莱恩的母亲，当温柔诚实的小男孩突然变得喜怒无常、遮遮掩掩时，她本以为这是青春期荷尔蒙在作祟。然而，事情远比她想象的更糟糕——有一天布莱恩崩溃了，把一切都告诉了他的母亲。

一个年长的男人潜入了布莱恩的在线游戏网络，他计划在当天晚些时候与布莱恩和他的朋友见面。据布莱恩说，按照计划当天晚上他们本应去当地的迪斯科舞厅，而实际上他们是要去男人的公寓喝酒，看一些色情片。布莱恩并不是真的想去，但其他男孩都很期待，所以他非常担心桑德拉会揭发他是“叛徒”。

桑德拉的处境十分艰难，因为她不想让布莱恩在朋友中失去信任，但她又不能让这些小男孩去这个男人的公寓。桑德拉通过隐秘的方式联系了男孩们的家长，并获得了热情的帮助，最终控制住了局面。其他家长则假装通过检查孩子的电子产品发现了秘密。

事情的真相是，这位年长的男子似乎把自己标榜为史蒂夫·乔布斯（Steve Jobs）[①]式的人物，在一家顶级科技公司担任着令人瞩目的首席执行官。他假装对男孩们的游戏技能印象深刻，并郑重表示，如果他们还能给他留下深刻的印象，未来他就能为这些男孩在某些科技公司找到好工作。这些14岁的男孩都很容易上当受骗，他们对男子的话信以为真，因为他们相信自己的“游戏技能”是无人能及的。当男孩们的父母向警方报案时，警方几乎无能为力，因为这名男子的资料是假的，而且他掩盖了自己的行踪。

处理网络霸凌的注意事项：

√ **先照顾你的孩子。**随后再处理屏幕上的内容。许多父母只关注如何删除敏感信息，忘记了这是孩子最需要安慰和关爱的时候。

√ **记得截图。**如果你打算投诉，记得保留证据。如果你不打算投诉，就立即删除帖子。

√ **不要与喷子纠缠。**教你的孩子不要与报复心强的人发生争吵——即使他们已经想出了完美的反驳方法。尽管喷子们发布的恶意的社交媒体帖子可能会让任何人都很难过，但对青少年来说更糟糕。

√ **问问你的孩子在网络上担心什么。**问问你的孩子如果在网上受到攻击，他们会怎么做。探索不同的可能性，不要将任何事件视为不可能。提醒你的孩子，无论发生了多么可怕的事情，永远不需要自杀。一切都会过去，这一切也会过去。

---

① 史蒂夫·乔布斯，美国发明家、企业家，苹果公司联合创始人，曾任苹果公司首席执行官。——译者注

√　**监督孩子的网络活动。**2015年，国家反霸凌中心的一项研究发现，只有不到20%的父母监督孩子的网络活动。把社交媒体想象成一场正在隔壁房间举行的派对。你认识他们的“朋友”吗？掠夺者的资料通常是虚假的，他们的目标是青少年。只需要一个容易上当的青少年以“朋友”的身份接受虚假资料，然后他们就可以以“朋友的朋友”的身份进入这个群体。

√　**激活设备上的家长控制。**家长应该检查对平板电脑和手机的“限制”，因为你可以在设备设置中对下载和应用程序进行年龄分级。家长也可以使用“谷歌安全搜索”过滤谷歌搜索中的成人内容。你的宽带或电话供应商也能够提供安全功能。

√　**让你的孩子注意他们的网瘾程度。**让他们数一下他们查看手机的频率（有一个叫Moment[①]的应用程序可以帮你做这件事），如果次数太多，看看他们是否可以对其设置一些限制。作为家庭成员，父母可以和孩子一起做这件事，因为大多数父母和他们的青少年一样糟糕。

√　**教你的孩子如何在网络上成为一个正直的人。**向他们解释为什么他们不应该点“赞”或“分享”任何会给别人带来痛苦的事情。他们不需要加入战斗，也不需要支持任何一方。相反，他们可以说一些让被霸凌者冷静的话，或者向被霸凌者发送一条同情的私人信息，询问他是否有什么可以帮忙的。

√　**考虑羞耻会如何影响你的孩子。**羞耻是一种破坏性的情绪，它会使孩子的内心分崩离析，阻止他们对可怕的情况做出反应。父母需要和他们的孩子进行沟通——他们可以不谈论任何细节，但他们需要进行沟通，以缓解孩子所遭受的痛苦。

√　**不要禁止你的孩子上网。**如果你这么做了，他们大概率会违反禁令偷

① Moment是一款国外的时间管理软件，能够记录你拿起手机的次数与在不同手机应用上花费的时间。——译者注

偷上网，而当他们在网上受到进一步的网络霸凌时，更会感到走投无路。向我咨询过的几乎每一个经历过网络霸凌的青少年都说，他们宁愿知道别人在说什么，也不愿不知道。我无法想象走进一个有30个人的教室——他们中的大多数人都在网上看到过关于我的可怕评论，而我却不知道这些评论是什么。我认为让任何一个青少年经历这些都是不公平的。

√ **让你的孩子向你展示他们的隐私设置。**询问他们如何举报或阻止让他们感到不舒服或不安的人。询问他们哪些信息是可以分享的，哪些是不合适的。

√ **保管好Wi-Fi密码和社交媒体密码。**我知道这很难，但不是不可能。一些家长认为“信任但核实”的方法很有用，而另一些家长则更愿意保管孩子的网络密码，直到他们证明自己在情感上足够成熟，且能够处理发生在他们身上的任何事情。一开始家长要严格保管密码，在信任孩子后可以慢慢放开控制。

√ **讨论网上发生的社会丑闻。**由于网络行为而陷入麻烦的个体，对父母来说往往是绝佳的教育素材。这是少数几个可以让青少年和家长都参与进来的领域之一，因此多去讨论每个案例的是非对错可能会很有帮助。

√ **不要远离网络世界。**这是你孩子的世界，忽视它仅仅意味着当问题出现时，你将很难理解情况的微妙之处。如果你对社交媒体完全没有兴趣，可以给一个青少年付几英镑，让他每年教你一些社交媒体的基本知识。对社交媒体不感兴趣就像对当地迪斯科或青年俱乐部的青少年生活不感兴趣一样——这是很愚蠢的。

√ **让你的孩子为他们精通社交媒体而自豪。**告诉他们不安全的网络行为，鼓励你的孩子为他们精通社交媒体感到自豪。父母煞费苦心地教导他们的孩子如何安全过马路，不要和陌生人一起走。同样，父母需要从孩子很小的时候就给他们科普网络安全。父母可以从讨论他们不喜欢的一张照片是如何被分享到脸书（Facebook）上，以及这件事是多么令人沮丧和厌恶作为开始；也可以继续讨论网上发生的其他令人不安的事件。网络行为应该是任何家庭的共同话题。

如何在Facebook上投诉

投诉人需要在适当的类别中报告该网页/帖子/照片/分享，以便将其删除。有时，被报告的内容不会被删除，因为它被认为没有违反Facebook的条款。如果发生这种情况，投诉人应该提供反馈，解释他们为什么认为它违反了条约，Facebook可能会重新考虑这一决定。要报告冒犯性行为，投诉人需要进入“社群守则”页面，并点击相关链接。Facebook的守则显示了Facebook上允许和不允许的内容，诸如威胁行为、自残、霸凌行为和剥削等问题都是不允许的。

阅后即焚[①]

据说“自动删除是Snapchat的默认设置”，但这并不一定是真的，因为在这个平台上有很多保存照片、聊天记录和故事的方法。当然，Snapchat上的大多数信息都是自动过期的，但人们无法确保它已经消失，因为截图等图像捕捉技术一直在开发中。和大多数社交媒体一样，Snapchat也有删除内容的指南，家长们应该花时间研究一下。

① Snapchat是由斯坦福大学两位学生开发的一款“阅后即焚”照片分享应用。——译者注

爱尔兰网络安全组织

爱尔兰网络安全组织旨在使儿童和家长能够“以安全和负责任的方式浏览网络世界”。他们为孩子提供互动性的安全课程，还为家长和老师举办讲座。爱尔兰网络安全组织的协议（见下文）很实用，能够确保孩子们意识到网络所涉及的固有危险。

孩子：

● 我会在网上保护我的个人信息，我不会向他人分享我的密码（除了父母/照顾者）。在网上分享照片之前，我会停下来想一想。

● 我不会接受任何我不认识的人的好友请求。

● 我会和我的父母/照顾者坐下来，一起制定我所有应用程序和游戏的隐私设置。

● 我会善待他人，如果我对于我的朋友在网上做的事情或其他事情感到担心，我会告诉我的父母/照顾者。

● 我同意晚上把设备放在楼下，我将遵守约定的玩游戏/上网时间限制。

● 我会让我的父母/照顾者关注我在网上做的事情，如果我看到的或者被要求做的任何事情让我感到不安或不舒服，我会告诉他们。

父母/养育者：

● 我将酌情使用家长控制（限制或监控内容/功能的设置），并且我会在未来重新检查这些设置的合理性。

● 我会研究孩子想要使用的新应用程序的安全性。如果我同意他们使用某个应用程序，我们就会商定规则，并弄清楚如何应用隐私设置。我也会把这些应用安装到我自己的账户上。

● 我在网上分享孩子的照片之前会三思，并确保只与现实生活中的朋友和家人分享。

● 我会花时间和我的孩子一起熟悉他们正在玩的应用程序和游戏。

● 如果我的孩子和我谈论已经发生的事情，我会保持冷静，倾听，尽量不反应过度。如果我觉得我的孩子或其他孩子处于危险之中，我会接受建议或采取适当的行动。

____

签署这份协议，即代表我们同意上述的一切。

第 8 章

如何停止霸凌

实用技巧

* * *

当我年轻的时候，不被他人接纳让我很愤怒，
而现在，我并不打算抛弃那段过去。
如果你驱逐了恶龙，同时也驱逐了英雄
——而我们无法放下生命中英雄的那一部分。

|

安德鲁·所罗门
（Andrew Solomon）

人们选择这本书主要是为了更好地理解霸凌行为，并试图找到解决方案。尽管霸凌现象非常普遍，但作为一个严肃的话题，它可能并没有得到学者或心理学家应有的重视，直到现在，给被霸凌者的许多建议往往都是简单而没有帮助的。每个人的问题都是独特的，因此在阅读此类书籍时，人们需要评估本书中的所有策略，以及每个策略是否适用于他们特定的环境。匿名戒酒协会有句名言："拿走你需要的，其余的留下。"这个建议几乎适用于任何治疗方法。制止霸凌行为没有"一刀切"的解决办法。

不幸的是，缺乏情商的人很难确定任何特定建议的可行性，他们可能会天真地听从无益的指示。如果你的生活经验表明你经常误读别人的动机和行为，那么你可能需要一个值得信赖的参谋，来确定在你的特定情况下/生活环境中，什么是可行的，什么是行不通的。误导性的、天真的建议只是火上浇油。重要的是，被霸凌者及其家人应该用他们的批判性思维来思考如何因地制宜处理他们自己的问题。如果被霸凌者只是天真而热情地冲进霸凌者的群体，说着一些从善意的父母或自助书籍中背下来的话，那么他们很快就会发现自己成了嘲笑的对象。

很多时候，人们建议青少年像成年人处理职场问题一样处理霸凌问题：青少年应当与那些刻薄的霸凌者私下见面，向霸凌者解释那些评论伤害了他们的感情，因此他们希望停止这种行为。

呃，好吧。

如今，在地球上，任何经历过霸凌的人都知道，霸凌者是不会私下与被霸凌者见面的——除非是他们精心设计的恶作剧。霸凌者往往会当面嘲笑被霸凌者，并无情地在其他人面前嘲笑他们。霸凌者会毫不留情地嘲笑和模仿被霸凌者伪装出的"成人语言"，他们会立即看出对方采纳了成年人的建议，然后就会用这段经历来打击被霸凌者。这样的建议对于被霸凌者来说只会加剧问题，让他们遭受更多的嘲笑和羞辱。

另一个常见的建议是“忽视他们”。然而，在霸凌者的世界里，忽视的行为可能会激怒他们，所以霸凌者会不断刺激对方，以获得反应。当被霸凌者最终做出反应时，通常是情绪爆发，所以这也是非常危险的建议。

许多家长不理解霸凌的复杂性，只是让孩子用一些简单的话语来回应霸凌者，比如“你自己也不怎么样”“你太不成熟”或“让我们看看校长会怎么说”。但霸凌者往往有一个复杂的等级体系，由头目、社交女王、协助者、崇拜者和信使组成，他们为了维护自己在集团中的地位而斗争，他们不会让被霸凌者如此轻易地占据上风。这些刻薄的孩子往往会识破对方伪装出的“自信”，就像第4章中霸凌者对多迪尝试新风格的反应一样，他们会立即维护自己的权威，以惩罚那些敢于挑战自己地位的被霸凌者。

被霸凌者通常不习惯充分表达自己，而霸凌者本能地意识到这一点，并利用了对方的紧张。事实证明，要勇敢地面对霸凌者，被霸凌者需要连续坚持8秒钟。但对于一个以前不自信的孩子来说，在面对轻蔑的霸凌者时保持自信，8秒的时间实在是太长了。通常情况下，被霸凌的人会先眨眼，然后霸凌者们就会下手。在我的工作过程中，我遇到的大多数被霸凌者都没有能力突然表现得很自信——他们不能执行建议，因为他们不习惯在家人或朋友之外表现得很自信。当他们试图口头反驳时，他们的声音会变高，他们的肢体语言表明他们没有勇气坚持自己的信念。这就是为什么告诉你的孩子“表现得自信”或“反击”是毫无帮助的——这通常不是他们性格的一部分，他们做不到。父母不断地建议孩子做一些他们做不到的事情，只会使孩子缺乏“胜任感”，导致他们感到自责和自我厌恶。父母不应该给出这样的建议。

如果你的孩子已经尝试过遵循你（或其他人）的建议，但没有奏效，那么孩子就会变得愤世嫉俗、遮遮掩掩。孩子们不愿再向父母寻求建议，因为这些建议只会导致更严重的羞辱和蔑视。孤独感随之而来，他们不敢向父母吐露心声，因为他们担心问题会进一步恶化。

感觉你的问题无法克服，没有人理解你——这是一种难以置信的孤独。被霸凌者可能很快就会开始认为什么都没用，除了忍受痛苦，别无他法。被霸凌者还可能对父母抱有极其矛盾的情感——他们因为父母不能帮助自己而感到愤怒，却又不忍心告诉父母他们善意的建议到底有多糟糕。因此忧心忡忡的成年人需要弄清楚他们提出的建议是否被正确执行，以及他们的建议是否有用。

当父母面对孩子的困难时，他们的第一反应就是尽他们所能消除困难。然而，当孩子从童年中期进入青少年阶段时，消除困难往往是一种不恰当的反应。更频繁的联结往往比解决方案更有价值——作家和励志演说家布琳·布朗强调了这一点，她说："回应很少能让事情变得更好；让事情变得更好的是一种联结。"因此，父母要确保，当他们的十几岁的孩子带着问题来找他们时，首先记得花时间与孩子们进行更深层次的联结。可悲的是，一旦孩子们告别儿童中期，事情就变得复杂起来。新的黎明即将到来，孩子们进入了一个全新的阶段，此时更深层次的关系比简单的解决方案要重要得多。

本章概述了父母应该如何引导孩子与每个人建立更好的关系。这一过程需要以批判性的眼光来看待，因为父母和孩子要考虑：在他们独特的处境下，什么行为可能会起作用，什么行为可能会失败。盲目地采纳任何解决方案都是不合适的，每个人都需要进行深入的思考，最终找到击败霸凌者的最佳方案。

如何独自处理问题

拳击运动已经有3000多年的历史了。拳击不仅是一种身体上的较量，也是一种智慧上的较量，因为拳击手需要将自己的局限转化为优势，同时试图利用对手的弱点。强者和弱者都清楚地知道，强者的一记右勾拳会把弱者打倒在地，但“弱者”往往会打败强者。原因是，任何实力较弱的拳击手都会试图“智取”，从而击败对手。同样，被霸凌者的父母需要确保他们的孩子学会如何“智取”。

父母需要引导他们的孩子，让他们知道“智取”是正确的。然而，父母通常会对自己的处境感到非常愤怒和无助，这可能会削弱他们“智取”的能力。为了度过这段艰难的时期，父母需要很多的支持。有些父母会对这种情况感到困惑，以至于无法忍受。他们否认被霸凌的事实，或者对霸凌轻描淡写，只是因为他们无法面对真相。另外，当父母第一次听说他们的孩子被霸凌时，可以将他们的愤怒转化为优势。父母要克制自己的愤怒和眼泪，你可以到自己的卧室、朋友家或咨询室去宣泄。为了帮助孩子，你需要克制自己，确保你能利用自己的愤怒，把愤怒转化为一股不可忽视的强大力量，来更好地应对这种情况。

许多父母倾向于低估霸凌，因为他们无法正视这样一个事实：他们一向快乐的孩子正在被摧毁。他们不敢面对孩子的痛苦。父母也可能低估了霸凌者复杂的处事风格——成年人倾向于相信孩子的性格很简单，尽管有大量的证据表明事实恰恰相反。父母也经常欺骗自己（通常是因为他们自己的情感包袱），相信他们的孩子比他们更受欢迎。有时，父母缺乏必要的情商来了解孩子的生活到底发生了什么。如果父母想要真正帮助他们的孩子解决霸凌问题，那么他们需要对自己诚实，提升自我觉察，尽管这可能会让他们感到不舒服。

我们大多数人都不喜欢这样做，因为这容易情绪化。但如果父母能花点时间闭上眼睛，回想一下他们的青少年时期，他们也许就能够理解孩子们复杂的思维了。当一个青少年在课堂上听课时，他的大脑中会冒出一系列不同的社会和情感问题："我能举手回答这个问题吗？天啊，每个人都会注意到我的。如果我错了，看起来很蠢怎么办？如果我的回答正确，我可能看起来就像个书呆子，什么都不做可能更好。"想想你的孩子，你会意识到，每周有5天，每天有7个小时的时间，他们都在试图根据大约30个同龄人的评判来改变自己的行为。当他们试图弄清楚什么是合适的，什么是不合适的时候，他们的情绪会变得过度紧张。而这一切都是在老师的管理下，在一个美好、简单、无聊的课堂上进行的。所以，到了午餐时间，他们的担忧会成倍地增长。

家长应该在什么时候介入？

在一个理想的世界里，父母不应该介入孩子的争斗，或者至少应该在孩子寻求帮助之前置身事外。可悲的是，我们并不是生活在一个理想的世界里，很多时候父母不得不把孩子送到有霸凌文化的学校，所以如果孩子明显无法自己应付，父母应该及时介入。

父母的帮助应该主要集中在为自己的孩子提供经过深思熟虑的建议、情感支持和身体保护上，而不需要直接与施害者斗争。这并不意味着一个温和被动的孩子需要彻底改变自己的性格——更重要的是被霸凌的孩子需要接受自己，发展他们的个性，以避免受霸凌。例如，如果你的孩子是一个友好忠诚的朋友，或是性格很有趣，那他们就可以在适当的时候逗别人笑；如果你的孩子很敏感，就可以比别人更早发觉事态的变化。父母也可以提醒他们的孩子，躲避霸凌这类策略是多么无效，因为这些策略以前不起作用，将来可能也不会起作用。

当父母决定介入并采取行动时，这是十分关键的时刻。干预必须是有效的，因为一旦干预失败，孩子会丧失所有的安全感。所以父母需要集中力量，尽最大的努力去帮助孩子。

对每个人来说，不论是父母还是孩子，都要从每一次经验中学习，牢记每一次成功和失败。在未来，父母可以提醒他们的孩子，他们是如何用自己的智慧，干扰对方的注意力，通过果断、持续地请求帮助和支持，从而发现那些可能挺身而出的人，来对付校园里的霸凌者。

当父母的建议和支持不起作用时，他们需要承认这一点。许多父母自信地认为，他们的孩子一定没有正确地遵循他们的建议，否则就会奏效，但父母知道的也许并不是事情的全貌——出于某种原因，孩子可能只讲了其中的一部分。父母需要对这一点保持敏感，并意识到有时他们的建议并不适合孩子，因此家庭成员可能需要重新整理和评估现状。

当我们的孩子从婴儿到幼儿，从童年中期到青少年时期，我们的父母从照料者变成了提供辅导和指导的角色。因此，尽管我们可以帮助、支持、引导和鼓励我们的孩子，但当我们的孩子已经成为青少年时，让父母去解决青少年的问题，往往既不合适，也没有帮助。玛德琳·莱文（Madeleine Levine）在她的著作《特权的代价》（*The Price of Privilege*）中描述了如果父母想要孩子成长和发展的话，就需要允许孩子经历一定程度的情感痛苦："允许（孩子）在童年时期偶尔受伤，就能在一定程度上确保他们不在青春期受伤。要允许孩子经历青春期的失败，这是为了成年后的成功奠定基础。”青少年需要学会如何应对霸凌。如果家长介入，将霸凌者都打倒，那么将来不可避免地会有更多的霸凌事件发生。尽管对于12岁以下的孩子来说，寄希望于成年人来解决所有问题是很正常的，但在某种程度上，青少年需要避免总是将希望寄托于成年人来拯救他们，自孩子进入青少年时期开始，他们就应该学习如何独自处理问题。

正如埃莉诺·罗斯福（Eleanor Roosevelt）[①]所建议的那样："用脑管理自己，用心善待他人。”因此，如果青少年能了解到导致霸凌的问题所在，那将是有益的。这可能是社会的问题、学校环境的问题、霸凌者的问题或被霸凌者的问题。知识就是力量，如果孩子对情况有所了解，他们就能更好地用知识武装自己，而不是像在冥王星着陆一样困难。他们就不会手足无措，只是一味向当局或父母求助，让大人们把“恶魔”从身边带走。

青少年需要学会如何独立思考，这样如果有一天他们被卷入一个复杂的同龄人群体，就可以找出最好的解决方案。不管我们给孩子提供多少保护，都不可能面面俱到。或许他们在14岁、16岁或者18岁时，可能会被提供毒品，或是坐上一辆醉酒朋友的车，或是打开了一个不恰当的网页——那时你的孩子将不得不自己做决定。如果青少年要学会独自处理问题，他们需要学会如何依靠自己的力量。父母可以提出有用的想法和不同的选择，但青少年可能需要自己去尝试。父母可以帮助孩子打开门，但他们必须自己走进去。

要让你的孩子对未来可能发生的事情做好准备，让他们有能力面对生活抛给他们的困难。著名作家安德鲁·所罗门（Andrew Solomon）在TED上做了一个鼓舞人心的演讲，主题是“我们生命中最糟糕的时刻是如何成

① 埃莉诺·罗斯福是美国第32任总统富兰克林·罗斯福的妻子，曾为美国第一夫人。——译者注

就我们的”。在演讲中，所罗门这样说道：“压迫会孕育出抵抗压迫的力量。”如果父母能告诉孩子问题会导致困难，但这些困难很少是无法克服的，那么父母就为孩子定下了人生的基调，让他们觉得自己有能力应对生活中的挑战。除非你认为你的孩子处于真正的危险中，有时你需要相信你的孩子可以处理这种情况，你能提供给他们最好的帮助就是抱最好的希望，做最坏的打算，并在一旁为他们加油。

如何与孩子展开对话

当面对霸凌时，父母需要做的第一件事是收集尽可能多的信息。家长需要和孩子、孩子的朋友、孩子朋友的父母及相关老师进行全面细致的交谈，以了解事件全貌。和一个阿姨或认识孩子很久的人聊天也会很有帮助，这样就可以增加一个客观的视角。

将霸凌者视作“纯粹的恶霸”并不会有帮助，将其视作种族主义或嫉妒等简单的案例也没有帮助。尽管这种明确的解释时常带给人们短暂的满足感，但对于正在发生的事情来说，这样的分析通常过于简单了。尝试理解攻击背后的复杂性会更有帮助。虽然狭隘、种族主义或恐同可能是问题的根源，但通常还需要解决其他问题，比如学校环境、霸凌者的个性、旁观者效应和霸凌文化。

有时，由于隐私问题，不可能听到每个人的描述，但父母有必要和孩子讨论事情的细节，父母要以开放的、不带偏见的态度来对待这些对话，这是至关重要的。虽然事情的细节很重要，但如果你的孩子不想透露他们真实的绰号，就没有必要强迫他们说出这些。其他的一切都比绰号更重要。

当听到孩子所遭受的残酷行为时，许多父母立刻大发雷霆。然而，如果父母想要取得有效的成果，他们需要做得更好。为了鼓励孩子敞开心扉，父母需要控制自己的愤怒和情绪化。下面这些问题可能有助于家长在谈话中更好地保持专注：

- 第一次霸凌发生在什么时候？
- 为什么会发生这种情况？
- 第一次霸凌事故之后发生了什么？
- 为什么霸凌/戏弄/敌意等行为在第一次事件之后还在继续？
- 它是如何继续的？
- 什么是无用的？是什么让事情变得更糟？
- 什么是有用的？是什么让事情变得更好？
- 谁是旁观者？
- 谁是富有同情心的旁观者？
- 旁观者中，谁有足够的勇气去帮助他们？
- 是什么阻止了旁观者成为挺身而出的人？
- 当局（教师）的立场是什么？
- 有没有哪位老师可能比其他人更有帮助？

这将帮助你打开眼界，更好地共情你的孩子。虽然你的孩子可能认为他们被霸凌了，但实际的霸凌可能并不像你担心的那样严重。你的孩子可能不习惯冲突，或者还没有学会在某些社交场合中运用适当的社交技巧，因此正在从同伴那里得到负面的强化。虽然这不是霸凌，但仍然会让孩子感到难过，所以家长仍然应该努力改善这种情况。也许你可以给你的孩子一些以前没有考虑过的新选择。在这种情况下，真正要问的是："什么是有用的，什么是无用的？"

当孩子从童年中期进入青少年时期时，孩子和父母之间的交流可能会慢慢减少。这种疏远是成熟的标志，是自然且必要的。尽管父母时常会感到受伤和冒犯——因为他们一向开放、直率的小女孩/小男孩向他们关上了心门。这是一条微妙的界线，既要确保沟通渠道保持开放，又要允许孩子拥有私人生活——但这是父母必须努力达到的平衡。

如果家长怀疑霸凌正在发生，最紧要的事情就是开放沟通渠道。你可以创建一个定期的、每周的活动，允许双方进行不受限制的对话。也许你可以载他去某个地方（作为交换，不能让他看手机屏幕），或者你可以带孩子去他最喜欢的餐厅吃午餐或喝奶昔（再次强调，不能看手机屏幕）。这是父母和孩子一对一见面的机会，所以在这个特殊的时间，让其他孩子在身边是不合适的。对于许多家庭来说，创造这样的空间是很困难的，但它的重要性不可低估。有时，如果父母通过向他们的孩子吐露一些符合他们年龄的事情来设定基调，这可能是有效的——比如在你工作的办公室里有一些尖刻的言论，你觉得你应该大声指出来，成为一个正直的人，但你却选择了一种更保守的做法——保持沉默。父母坦诚地承认自己的弱点，能够让孩子更快地从挫折中恢复。这样孩子就会意识到没有人是完美的，不完美也没关系。

孩子的大部分社交活动都是在学校或网上进行的，所以家长必须对孩子的学校环境和网络生活都很敏感。

如果你的孩子在网上受到霸凌，那么你就要像分析校园环境一样对网络环境进行彻底的分析。这意味着你的孩子需要开放他们的在线网络活动，这样你就可以帮助他们分析霸凌的事态发展。这不是对你的孩子进行说教的时刻，相反，这是一个至关重要的时刻——在孩子需要的时候和他们并肩站在一起。如果你对孩子的社交媒体活动一无所知，现在是时候改变了。征求孩子的同意，让你访问他们的社交媒体——尽管拥有完全的访问权限可能不合适，但没有访问权限也是不合适的。父母掌握着能否上网的“钥匙”，因为他们通常会为Wi-Fi付费（见上文的协议）。

与严肃对待此类霸凌事件的学校不同，如果你的孩子所在的学校是一个忽视霸凌的环境，你需要采取截然不同的方法。许多孩子，尤其是十几岁出头的孩子，会根据自己在同龄人中受欢迎的程度来判断自己。这个年龄段的受欢迎程度通常取决于儿童履行性别角色的能力：比如受欢迎的男孩是运动型的、英俊的、自信的，而最优秀的女孩是漂亮的、擅长社交的。如果你的孩子不适应这些特定的环境，他就更可能被排斥，因此父母需要对这些盛行的风向保持敏感。

当然，许多人会说，这在道德上是错误的。你可能想要对抗这种心态，但你可以私下做这件事，同时帮助你的孩子解决他们的危机。让你的孩子成为“殉道者”并不是一条明智的道路。即使有的父母选择与社会不公作斗争，他们通常也需要接受：他们的孩子已经成为这些社会规则的牺牲品。和你的孩子争论为什么他们不应该关心霸凌者的意见，这可能是一个有趣的道德观点，但随着霸凌行为的持续，父母被他们的“道德斗争”分散了注意力，孩子可能会受到更多的情感创伤。

如果学校环境是竞争激烈的、不安全的、好斗的，霸凌就很可能发生。改变校园霸凌的氛围需要家长花费时间，因此，在此期间，家长应该努力聚焦于学校内的特定班级或区域。例如，也许你的孩子经常在午餐时间被排斥在外——因此，或许你可以成为坚持在午餐时间将某些活动带进学校的家长？

如何与学校沟通

许多家长错误地认为没有消息就是好消息，并避免与学校沟通，因为他们不想让自己看起来像麻烦制造者。然而，令人惊讶的是，我们期望学校理解孩子同伴关系的复杂性，但我们却很少与他们沟通，来帮助老师更好地理解这些细微的差异。

重要的是，家长从一开始就要与老师进行简单的沟通，这样，如果出现问题，每个人都已经彼此熟悉，家长可以来学校参观，以便他们从内到外了解学校文化；他们可以提出为某些霸凌项目筹集资金，使学校成为一个更好的地方；他们可以与某些老师进行一个简短的会面，打消自己的顾虑。

把老师视为敌人是无益的，家长需要迎难而上，以非正式的方式让老师了解自己。在偌大的学校里，老师不可能了解每一位家长；然而，凭借一些敏锐的判断力，家长很快就能找出他们需要认识的老师或年级组长。

有时候霸凌者是老师甚至是校长。这时你需要运用聪明的才智——仅仅因为“当局”有权力并不意味着你、父母们或你的孩子在这种情况下没有任何权力。人们建议孩子们与霸凌他人的老师保持距离。在各行各业中，我们都会遇到不友好的人，环境迫使我们与之相处——这可能是你的孩子学习如何与不友好的人相处的机会。然而，如果情况十分糟糕，令人难以忍受，父母要持续进行书面投诉，并在每次事件后坚持见面，这样可以确保当局的霸凌者克制自己不去霸凌你的孩子——因为他们知道如果继续霸凌，将会有一系列措辞强烈的投诉和谈话等待着他们。

大多数中学的老师都不是霸凌者，他们大多专注于即将到来的考试。他们希望帮助学生解决社会和行为问题，但往往认为，学术问题优先于社会问题。这个问题的答案并不重要，重要的是，受霸凌孩子的家长需要意识到，学校在多大程度上被学业问题分散了注意力，最终才对霸凌的指控轻描淡写。（想象一下，当你在工作中面临巨大的压力时，有人向你抱怨一些稀奇古怪的事情，通常我们的第一反应是不予理会、推卸责任、轻描淡写，因为我们觉得处理它不是我们的职责。）

校长、老师和我们一样都是人，疯狂的指责只会让学校当局认为你们全家都歇斯底里。相反，父母需要表现出他们是严肃认真的人，不能被轻易忽视。

如果家长们想把这种不良行为扼杀在萌芽状态里，那么他们应该这么说："我们希望把这种在教室里滋生的不良行为扼杀在萌芽状态。"不要提到"霸凌"，除非你确定它可以被描述为霸凌——父母仍然可以要求立即采取行动，以确保不良行为得到处理，但不要声称霸凌正在发生。

当一个孩子刚到学校的时候，需要持续地监控他初期的问题，这样小问题就不会变得更严重。可以尝试不同的策略——例如识别那些可能挺身而出的人，学着去理解是什么进一步点燃了霸凌者，对行为的后果有更多的自我觉察，并搞清楚如何成为一个更难被霸凌的人——但父母每次都需要检查这些策略是否有效。如果父母建议孩子忽视他人的嘲笑，但要对辱骂做出强烈反应，并在被辱骂时私下与某个老师交谈，那么，从理论上讲，孩子会做好准备，知道当嘲笑变成辱骂时该怎么做。家长应该帮助孩子预先确定好可以与之交谈的老师，家长或许也应该私下与这位老师交谈，让他了解事情的真相。

最初，家长可以找班主任解释情况。如果情况没有什么改善，那么家长需要升级他们的投诉，并要求与班主任、年级组长、学校辅导员或任何合适的人会面。这次会面的目的是表明你坚定的立场，让校方不敢再轻易忽视你。在这次会面中，家长可以坚持自己的诉求，让学校邀请一些反霸凌演讲者或引入反霸凌方案，并对攻击者进行一些直接和适当的制裁。

在与老师的会面中，家长可以直接问他们这些问题：

- 你们将采取什么措施确保我的孩子在学校不受威胁？
- 什么时候采取这些措施？
- 我怎么知道这些措施已经采取了？

家长可以通过这些问题，把制定明确计划的责任推给学校，并要求他们与你及时沟通计划的实施情况。家长们的表达要清楚有力，因为许多学校往往轻描淡写，用冷静温和的保证来打发忧心忡忡的家长。家长们需要对这种反应做好准备，他们应该随身携带一份学校的反霸凌政策（通常很容易在网上找到），做好突出标记，并做好引用相关内容的准备。

与此同时，家长应该和孩子一起深入分析情况，让孩子明白哪种方法更有效。**孩子需要像家长和学校一样参与到解决方案中**——这是一个复杂的过程，需要每个人都付出很多努力。如果孩子错误地相信父母会照顾他，那么当事实并非如此时，他们会受到双重的伤害。当你的孩子绝望地试图说服你（和他们自己）霸凌已经消失时，可能会出现一抹虚假的曙光，但霸凌不可能轻易消失。尽管父母需要做好准备，给这些策略一些时间来发挥作用，然而速度也是至关重要的，因为每一天的流逝都会对你的孩子造成情感伤害。不仅如此，不幸的是，尽管当你和你的孩子一起努力对抗霸凌时，霸凌可能会消失，但当你们放松警惕时，霸凌往往会死灰复燃。当问题再次出现时，家长们需要准备好重新解决这个问题，正如古老的日本谚语告诉我们的那样："摔倒七次，站起来八次，那你就是胜利者。"

如何将新措施引入学校

可悲的是，我在办公室遇到许多受霸凌孩子的父母，他们常常因为学校的轻视态度而感到无能为力。因此，父母需要勇敢面对那些针对他们的讽刺言论。他们可能需要在几个月的时间里走出自己的舒适区，确保某些霸凌相关的措施能够落实。这并不容易，但家长们也需要确保学校为孩子们提供机会，让他们可以大声说出那些不友好的霸凌行为，而不是认为发声就意味着世界末日。家长们也可以坚持自己的立场，以冷静、有控制的方式开展反霸凌行动。这样当"霸凌"被提起时，事态就不会失去控制。

人们不会失去理智转而指责其他人。

大多数学校都愿意在某种程度上与家长合作，以最大限度地减少霸凌。如果一位忧心忡忡的家长希望减少学校里的霸凌和权力游戏，最简单、最有效的方法就是培养善良的品质。可以说，亨利·詹姆斯（Henry James）掌握了宇宙的奥秘，他说："人的生命中有三件事是重要的。第一是善良。第二是善良。第三还是善良。"如果学校环境能培养善良的品质，那么人们就不会再关注人性中卑鄙的方面。大多数人都希望成为一个善良的人；我们喜欢善行带给我们的感觉，研究表明，如果我们做了一件好事，我们更有可能寻找另一件好事去做，以证明我们内心的善良。

如果一个老师能在课堂上创造友好、宽容的氛围，那么就像漫过海面的波纹一样，整个教室里的孩子们都会被这种友好的氛围所感染。以下是一些具体的建议，你可以向你的学校提出建议，帮助青少年培养这种善良、友好的氛围。

√ **社会关系网图。**班主任通过询问一系列问题探究同学之间的关系，构建一张社会关系网图。虽然这一过程需要一定的敏锐性，但班主任可以使用该图来确定小团体之间的友谊关系。

√ **友谊长椅。**这对于发扬友好和理解的文化是非常有效的。长椅被孩子们刷上油漆。当一个孩子没有玩伴时，他可以坐在长椅上，发出交友的信号。学校需要确保"友谊长椅"的实施方式是友好、恰当的。

爱尔兰友谊长椅组织

我采访了来自"爱尔兰友谊长椅组织"的萨姆·辛诺特（Sam Synnott），她解释了该组织是如何运作的。萨姆指出，最重要的是，

“友谊长椅”为孩子们提供了建立情商所需的工具——从很多方面来说，这条长椅是善良的象征。爱尔兰友谊长椅组织在学校开展工作坊，包括角色扮演、行为演练等内容。这是一种非常有效的方法，可以用较低的成本，在一所充斥着霸凌事件的学校里创造积极的氛围。爱尔兰友谊长椅组织将他们的工作坊分为不同的年龄组：

低年级（7岁以下）：这些孩子完全接受了友谊长椅，这个活动培养了他们的同情心和责任感，让他们愿意做挺身而出的人。

中年级（7—9岁）：对于这个年龄段的孩子，友谊长椅的项目会更深入一些。工作人员会向孩子们解释如何以积极的方式处理他们的情绪，以及有时你的身体可能会向你发送情绪信号，比如当你感到紧张时，你的肚子会感觉反胃。这些孩子即将步入青少年期，他们喜欢照顾年幼的孩子，但友谊长椅的方法并不适用于同龄人之间。

高年级（9—12岁）：为这个年龄段的人举办工作坊，是为了发扬友善的文化。“友谊长椅”只是作为一个视觉工具，提醒孩子们“抬头，环顾四周，互相照顾”（“Look up, look around and look out for each other.”）这句格言的含义。孩子们通过正念、思维导图和其他策略来提高自我觉察力。“成为英雄”的项目对这个年龄段的孩子特别有效，它让孩子们自我感觉良好，从而发扬友善的文化。

√ **情商工作坊。**在工作坊开展之前，家长应该事先确定预期的费用、合适的演讲者等。让一个有效的演讲者来做一系列演讲，可以对孩子们产生非常显著的影响。家委会可以给讲座起个标题，这样讲座就能聚焦于某些棘手的问题，比如“霸凌和艰难的友谊”“善良的重要性”或“网络安全”。

√ **烦恼箱。**每个教室都应该放一个烦恼箱，邀请孩子们写下他们的烦恼并把它们放到箱子里。这些烦恼可以是匿名的，也可以不是——这种做法的意义在于，学校有机会将任何令人不安的情况扼杀在萌芽状态。当然，有些孩子可能会写一些“恶作剧”的纸条，但它们也可以提醒老师注意学校的总体氛围、孩子们是否感到威胁，以及哪些黑暗势力正在塑造学校环境。

√ **反霸凌大使。**反霸凌大使是从每个班级中挑选出来的，来陪伴那些迷茫或孤独的孩子。反霸凌大使可以轮流和特定的孩子聊天，这样他就不会总是照顾同一个孩子。随着时间的推移，这些大使可以更换（也可以不更换），以确保任何权力游戏都被扼杀在萌芽状态。可以鼓励反霸凌大使以温和的态度面对同龄人的霸凌行为。这些罪行——比如孤立其他孩子、刻薄、伤害别人的感情和嘲讽，可以由孩子们列举出来，写在学校墙上的反霸凌海报上。

反霸凌大使

如果需要的话，反霸凌大使项目可以以更正规的形式开展。“戴安娜奖”的反霸凌项目就是这类项目的先锋。该项目在校内为30名学生提供个性化培训日，为学生提供解决霸凌问题所需的知识和技能，并提高他们对孤立、嘲弄和青少年闹剧等问题的认识。他们为每所学校提供个性化方案，包括集会、工作坊以及与家长谈话等，以确保学校环境能够发生真正的改变。每个反霸凌大使都会收到一些相关的装备，还有给家长的证书和指南。

√ **随意的善举。**可以鼓励孩子们做一些随意的善举。这在学校里培养了一种友善的文化，可以产生比许多家长预期中更大的影响。友善的行为应该在学校得到奖励和承认。慈善活动、探访无家可归者等大型活动可以促进孩子的善举，让他们变得更慷慨；然而，更小、更亲密的举动，如邀请其他孩子一起吃午饭，也应该被认真对待和赞赏。作为家长，如果你觉得手头宽裕，你可以捐赠一些钱来开启这个活动。是的，这个活动会让你付出金钱，也有些麻烦，但它可能会让事情发生改变——所以它是值得的。

√ **恢复性司法。**恢复性司法正越来越广泛地被用作打击反社会行为的手段。一些人认为这是人性更好的一面，但另一些人则认为这更现实。与其仅仅惩罚人们，不如教育他们如何表现得更好。恢复性司法之所以有效，是因为它不允许攻击者轻易放弃他们的道德承诺，而且不是特别具有惩罚性。被霸凌者需要识别已经造成的伤害，而霸凌者则需要修复他们所造成的伤害。这个过程并不是简单或容易的，它需要老师敏锐和谨慎处理。霸凌者经常会陷入深深的痛苦之中，而被霸凌者则很难信任对方。然而，恢复性司法如果做得好，对所有人是非常有益的。

√ **冥想和正念。**冥想和正念课程可以非常有效地减少课堂上无意识的攻击和紧张。

√ **网络安全工作坊。**有许多不同的组织（比如爱尔兰网络安全组织）和演讲者，他们可以举办各种工作坊，在儿童中推广网络安全，为教师和家长在网络世界中导航。

√ **与教学主管或学校辅导员的季节性一对一会谈。**这可以有效地将麻烦的情况扼杀在萌芽状态。

√ **朋辈调解。**如果方法正确，组织合理，调解可以成为学校解决问题的有力策略。

√ **删除日。**在计算机课上教授良好的网络礼仪。举办“删除日”活动，由高年级学生指导低年级学生，让他们探索网上行为，并提出他们不愿与成年人探讨的问题。如果这是在学校公开举行的，而且主要是由高年级学生举办，那么它也给了年纪较小的青少年（这些孩子通常会在一些匿名网站或应用程序上发表攻击学校的言论）一个机会，与更年长的孩子们聊天，谈论相关的经历，以及这些网站是如何导致负面行为的。

反霸凌项目

最近有许多关于学校反霸凌项目的研究，结果表明，要想让反霸凌项目有效，需要有趣的活动。而许多学生发现这些活动无聊且重复。“不要做一个霸凌者”和“霸凌者很可恶”这样乏味和负面的信息很容易被忽视，我们需要的是比这些更吸引人、更鼓舞人心的活动。

通常情况下，当一个霸凌者被发现时，他会受到的唯一真正的惩罚是被停学；或者在非常严重的情况下，他会被开除（这种情况很少发生）。许多被霸凌者最害怕的是因“告密”而遭到报复。这就是为什么解决霸凌问题需要多管齐下——仅仅惩罚霸凌者还不够有效。如果学生们感觉到，当霸凌者回到学校时，负责此事的成年人无法阻止霸凌行为，那么他们就会避免暴露自己，让自己免受伤害。这是可以理解的。匿名举报是一种必要的工具，需要引入每个学校，以保护被霸凌者不被报复。

通常情况下，此类项目的有效性很大程度上取决于学校对反霸凌准则的实施。霸凌的实质通常是种族主义、恐同或性别歧视，因此，专注于接纳差异性、善良、同情和觉察的项目可能比直接的反霸凌项目更有效。有效的反霸凌措施针对的是整个学校，而不是特定的问题班级。教授情绪幸福感、自信技巧、应对机制、社交技巧和愤怒管理的工作坊也可以成功地创造一种接纳、宽容和正直的文化。同样，以课堂为基础的教学、季节性活动和其他以学校为基础的活动也可以取得成果，其中具有吸引力和启发性的活动尤为见效。

值得庆幸的是，我们有一个越来越进步的教育体系。爱尔兰的中学已经将“幸福”作为一门学科，这样做的直接结果是，现在我们将有更多合格的教师来教授心理健康领域的课程。

如何应对不提供帮助的学校

当飞机遇到气流时，会建议家长先戴上氧气面罩。出于同样的原因，父母应该始终确保他们在情感上做好准备，以面对处理霸凌情况时情感上的恐惧。重要的是，父母在这个情绪紧张的时期应当寻求获得额外的支持，无论是专业的咨询还是其他的结构性支持。你的家庭成员正在遭受攻击，如果你假装可以处理这件事，就埋下了危险的种子，由于你的骄傲自大，你对孩子的帮助会更少。

正如前文所描述的那样，一些学校尽可能地淡化和忽视霸凌行为，假装自己在严格管理学校。老师和校长可能对被霸凌者的父母非常友善和同情，但在处理学校里的霸凌者时，他们可能仍然会敷衍了事。家长必须对学校环境变得敏感，并记录下发生的一切。例如，如果你觉得自己在投诉时受到了阻碍，那么在你的记录中阐明这一点是很重要的。我知道这很令人厌烦，但当我们考虑到孩子正在经历的事情，以及作为父母的我们所面临的问题时，这是我们至少应该做的事。

每次与学校会面后，家长都应该写一封信给对方。如果写作不是你的强项，你可以找一个人帮助你；或者大胆承认这一点，去展示你内在的力量——你可以在信中提到写作不是你的强项，但这并不会削弱论点的有效性，这只是意味着你可能需要更多的时间和精力来把话说清楚。

由于霸凌行为可能是隐秘的——通常体现在他人的评论、神情、“偶然”的推搡和排斥中，学校很容易对其轻描淡写。不仅如此，霸凌者在人际交往方面可能比被霸凌者更聪明，他们可以团结在一起撒谎，这样看起来就像是被霸凌者胡编乱造或误解了情况。这让老师更容易淡化霸凌的事实。但同样，家长可以通过写信来确定和强调霸凌者的行为方式，并要求学校给予全面回应。

参与其中的父母确实拥有一些权力，但如果想要发挥作用，他们需要适当地使用这些权力。他们需要查看孩子对霸凌的记录——父母有权看到这些；他们需要学习如何在问题解决之前成为一个“礼貌的讨厌鬼”。家长应该非常熟悉学校的投诉程序和霸凌政策，他们需要远离收效甚微的口头讨论，而是选择书信、录音和正式会面。原因是，尽管口头讨论可以在短期内让个人满意，但从长期来看，它们可能是无效的。而正式安排的会面往往比课前或课后的简短交谈更有效。下面是一封家长来信的样本。当他们觉得老师没有给予足够的回应时，便会将这封信寄给校长或年级组长。

亲爱的______________：

随信附上我与一年级组长林奇小姐的信件副本，信中描述了我的女儿劳拉如何持续地被艾丽·格林和她的朋友们霸凌。您能告诉我学校打算采取什么措施来处理正在发生的霸凌事件吗？到目前为止，学校的回应并不令人满意，因为（霸凌事件还没有停止/学校还没有告知我正在对此问题采取什么措施）。

我要求学校对我的投诉进行正式调查，我需要（每天/每周/每月）了解学校采取的措施，以确保我的孩子在学校不受威胁。我从劳拉的记录中注意到（霸凌事件已经被记录/霸凌事件没有被记录），并且（文件没有显示采取了什么行动/文件显示采取了行动，但没有成功）。您能告诉我您是如何处理学校内其他霸凌投诉的吗？以便我知道您会采取什么样的策略。

根据我阅读的相关反霸凌政策和投诉程序（此处引用），您能否与我沟通一下学校工作人员将给予劳拉什么样的帮助和支持，以确保她在这所学校的安全？另外，为了解决这个问题，您能把学校打算遵循的具体程序发给我吗？由于这种情况对我的孩子造成了巨大的情感伤害，我需要在5个工作日内收到详细的回复。

你真诚的，

____

当然，很多学校会以非常高效的方式打消家长的顾虑，并在他们认为“事情已经解决”时通知家长。但是，不管校长怎么说，如果你对情况不满意，这个事情就没有解决，如果你对所谓的解决方案不满意，那么你需要冷静而清晰地表明：从你的角度来看，这个事情根本就没有解决。事实上，这时你应当向校长指出：如果你没有得到合理的解决方案，你将不得不向其他部门反映这个问题；如果校长没有充分参与到问题解决中，你将向管理委员会、教育部和警察求助。

重要的是，情绪激动的父母不要失去理智，因为霸凌者的粗暴行为转而不加思考地责备学校。这时家长的举动要严肃有力，但最重要的是，要有效——人们往往为了不那么重要的事情发脾气；而面对像霸凌这样严重的事情时，你需要保持头脑清醒。

许多家长为了“是否应该让孩子换学校”而苦恼，当然，他们苦恼是正确的：这是一个重大的决定，不能轻易做出，而最大的风险就是霸凌行为可能会在新学校继续下去。那么，你是应该奋起抗争，还是应该离开，去更好的地方？

如果你强烈同意以下观点，那么也许你能为孩子做的最好的事情就是转学：

√　当前的学校具有典型霸凌环境的特征。

√　学校当局在处理霸凌问题上无能为力。

√　你的孩子拥有某种性格特点，会使他成为进一步被霸凌的目标。

√　这种霸凌行为持续了很长时间，以至于让孩子无法重新融入学校的社会环境里。

如果你的孩子是因为受到霸凌而转学，那么你需要清楚地告诉新学校你孩子以前的经历。向他们充分描述孩子的性格，并请求他们帮助你的孩子适应新学校。与此同时，如果你能帮助你的孩子重新激活旧的友谊，或者培养几个令人愉悦的爱好，这将帮助你的孩子更好地适应新学校——在这个困难的时期，他需要尽可能多的支持。

在转学时，你需要用批判的眼光审视新学校。有些人认为规模较小的学校意味着较少的霸凌，但根据我的经验，学校的规模并不重要，学校环境和学校当局对霸凌的态度才是最重要的。

环境对于有些孩子来说更重要。有些孩子的确需要一个良好的养育环境；而对于另一些孩子来说，这并不重要。不仅如此，有些孩子在进入一个新环境时需要很多支持，而另一些孩子并不需要。父母需要接纳和适应他们的孩子，搞清楚在这些过渡时期他们可以给孩子什么样的支持。

在父母决定让孩子转学之前，他们应该询问未来学校对待霸凌的方式，向他们解释转学的原因，并询问他们将为你的孩子提供什么支持，以确保孩子能适应新的环境。如果你的话被校方认真对待，这是一个好迹象。如果学校定期为家长和学生举办反霸凌讲座和工作坊（邀请来自该领域的访问专家，而不是教师），提出新的倡议，这也表明学校认真对待霸凌；另外，如果学校只是自豪地介绍他们的反霸凌政策、反霸凌海报和教师在学期期间举办的反霸凌周，这表明学校对霸凌的态度有点懈怠，还有进一步提升的空间。一些学校有结成小团体的倾向，而另一些学校则非常热情友好。家长可以看看当地的在线论坛，找出新学校的优点和缺点，不要害怕问问题——事实上，此时你可能也需要成为一个“礼貌的讨厌鬼”。

一般情况下，在任何持久的伤害发生之前，迅速将孩子转移到新的环境里是明智的。但有时候，伤害已经造成，因此家长可能会花时间来帮助他们的孩子选择正确的新学校。如果孩子的学年只剩下几个月了，许多父母会选择不转学，但我接触过的大多数父母和孩子都非常后悔这一决定，因为在这期间孩子受到了严重的伤害。

如何应对霸凌者的父母

这是一个非常棘手的问题，如何应对霸凌者的父母，取决于他们是怎样的人。如果霸凌者的父母很难相处，那么他们不太可能突然良心发现：

“你是对的！我的孩子是霸凌者，我最好阻止他！”如果霸凌者的父母本身就是霸凌者，那么别理会他们，自己去其他地方寻找解决办法——比如向学校当局和关心此事的旁观者求助，或是挖掘孩子自身的力量，会更有帮助。在我的工作过程中，我遇到过许多令人震惊的情况，霸凌者被他们的父母盲目支持。“当井已经干涸的时候，到井边打水是没有意义的。”自己送上门，让霸凌者的父母侮辱你或你的孩子也是没有意义的，所以在某些情况下，一定程度的自我保护可能是必要的。然而，如果霸凌者的父母看起来是相当正派的人，那么你应该尽最大努力让孩子们和解。

处理这种情况时，最重要的是考虑你需要从霸凌者的父母那里得到什么。当他们的孩子被指控有霸凌行为时，父母本能地具有难以置信的防御性——无论控告方是多么友好或通情达理。因此，比起对霸凌行为发表意见，要求一个非常具体的解决方案会更容易。如果你需要和霸凌者父母合作，得到他们的支持，以防止你的孩子受到更多的伤害，那么你要在每次会面中牢牢记住这一点。霸凌者父母的防御性愤怒不可低估。他们往往会努力证明这只是孩子的胡闹，或者他们的孩子是被你孩子的行为驱使的，或者是其他人的责任等。在这个阶段，把你的整个观点说清楚是没有用的——相反，你应该坚持完成自己的任务。如果你想让事情翻篇，你需要不断重复你的请求。教导这些父母如何养育他们的孩子不是你的工作——要明智地选择你的“战场”。他们的孩子是一个怀恨在心的小顽童，这一点可以延伸到另一个话题。家长们很难不被孩子们普遍的不良行为所影响，并讨论到底是谁的责任，但这几乎没有帮助。最有效的策略是不断重复你十分具体的要求，保持冷静和专注。

当父母彼此友好相处，而一方的孩子攻击另一方的孩子时，情况会变得非常困难。在这一点上，父母需要考虑他们的友谊是否重要：是否需要将父母之间的友谊从孩子们的斗争中分离出来；还是说这种友谊仅仅是一种泛泛之交。在这件事上，自我觉察是至关重要的，这样父母就不会因为对“朋友”的期望而过度紧张。

这是一场需要顺利进行的会面。如果你想要发泄你的愤怒，去见霸凌者的家人是毫无意义的；你需要在别的地方发泄你的愤怒，并在这次会议上保持冷静。对于发生在网络上的霸凌事件来说，进行一场和解性的、专注的面对面会谈，并要求霸凌者删除帖子，比进行一场漫无目的、情绪化的会面，并将愤怒指向霸凌者更有效。如果父母中有一方不能控制自己，那么他就不应该参加会面；如果父母双方都不能保持冷静，也许他们应该让朋友、亲戚或顾问代表他们提出要求。

你需要想清楚你想要的结果是什么——你是想阻止冒犯性的行为，还是想删除某个网络帖子或页面？你想让霸凌者再也不理你的孩子吗？或者你认为孩子们能够不计前嫌，重新成为朋友？在会面前，你应该在脑海中制定好A计划和B计划。

这场会面应该以受害者的父母为主。对于霸凌者的父母来说，父母双方谁更自律、更冷静、更愿意和解，谁就应该与受害者的父母联系，在对方时间方便时要求见面。如果双方的父母都非常痛苦，需要一个像顾问或调解员这样安抚性的角色，那么父母就可以要求调解员在场，以确保会面的双方都能保持理智。

如果他们同意你的具体要求，那么你需要确切地问他们什么时候会这样做，最重要的是，你的孩子怎么知道事情已经改变了。从现在开始，霸凌者会对被霸凌者微笑吗？还是你更希望他们互不搭理？或者你可以要求霸凌者不要和你的孩子说话或谈论你的孩子？明确孩子需要什么。也许家长可以当场要求霸凌者删除网上的攻击性帖子；或者，家长也可以要求对方在帖子或页面被撤下后通知他们。

如果有必要，可以在下周再安排一次会面（如果问题很紧急，甚至可以安排在第二天）来检查进展情况——你可以打电话，但不建议这样做。当问题仍然存在时，你应当要求进行第二次会面，比如帖子或页面没有被删除，这次会面或许应该在学校或警察局举行。大多数文明型国家都有关于“仇恨言论[①]”的法律，正是出于这个原因，当你的孩子受到网络霸凌时，你可以要求在上述地方会面。在爱尔兰，投诉通常是在爱尔兰公民自由委员会的支持下提出的，1989年的《禁止煽动仇恨法》就是保护公民免受这种恶劣行为的法律，持有、拍摄、制作、传播或展示未满18岁者的不雅照片都是犯罪行为。

如果霸凌者的家人在删除帖子/页面方面遇到困难，那么被霸凌者的家人就必须在技术实践方面帮助他们。正是出于这个原因，被霸凌者的父母应该在会面之前研究明白如何删除有问题的帖子或页面，这样就不会对此有任何疑问。被霸凌者的家人应该在会面之前找到一位愿意帮助你解决任何技术问题的计算机专家。你可以向专家支付这项服务的费用，只要霸凌者将密码提供给技术专家，就可以远程完成这项服务。是的，对被霸凌者的家庭来说，花钱买这项服务可能会非常令人沮丧，但是，考虑到对孩子造成的伤害，这是值得的。

现在还不是彻底解决问题的时候——学校系统内的恢复性司法程序可能有一天能做到这一点，但这需要很长一段时间。如果一个冒犯性的帖子需要删除，速度是最重要的。相互的批评和指责都可以在以后的阶段进行。父母的愤怒是完全可以理解的，当然父母也可以将愤怒转化为一种能量，采取某些策略和举措来帮助孩子恢复。然而，家长之间的会面需要更有针对性、更明确，千万不要跑题！

面对霸凌者的父母时，真诚而富有同情心的方法可能是最有效的，因

① 仇恨言论是一个人或群体在性别、种族、宗教、残疾或性取向等特性的基础上，攻击另外一个人或群体的言论。——译者注

为真诚会让你流露出你所感受到的痛苦，而同情心将有助于建立沟通的桥梁。不要指责，要解释。当你控诉对方的孩子时，应该多使用“我”语句——“我希望我们可以共渡难关”“看到女儿那么难过，我感到非常忧虑”“我想以积极的方式解决这个问题”……因为一旦被霸凌者的父母频繁使用“你”语句，他们可能很快就会开始指责对方。表达你的感受，而不是指责对方是麻木不仁的坏蛋，也许会更有帮助。这需要练习，不是一朝一夕就能学会的。但当你非常愤怒时，这是一个保持友好关系的好方法。

如何识别霸凌者的动机

米歇尔·奥巴马（Michelle Obama）[①]曾说过这样一句话：“当别人低劣攻击时，我们要高尚回应。”这句话确实非常鼓舞人心，同时也很适合用来教导你的孩子。如果你能找出霸凌者的作案手法，如果你能用适合孩子的语言向他解释正在发生的事情，那么你就可以告诉你的孩子如何做到堂堂正正、光明磊落。

在某些情况下，特别是当你的孩子还很小时，你可以给你的孩子设置一个挑战：每当潜在的霸凌者发表令人讨厌的评论时，让你的孩子尝试用友善的态度来阻止这种情况。不过有时采取这种方法并不合适，因此父母需要确定具体情况究竟是怎样的。但如果你的孩子用友善的态度缓解了这种情况，这就是一次很有意义的人生课。父母可以承诺，只要孩子们能采取友善的态度，就会给他们一些奖励，希望过一段时间后，孩子们会意识到友善的好处。

弄清楚霸凌者行为背后的动机是很重要的。也许霸凌者很势利或肤

① 米歇尔·奥巴马是美国前总统奥巴马的夫人，是美国第一位非洲裔总统夫人。——译者注

浅，或者他们的需求长期得不到满足，甚至自己也被霸凌？父母需要不断地分析和探索，因为确定一个错误的动机可能会让每个人都走上错误的道路。警惕过于简单的解释，因为它们很少能概括全貌。

霸凌者是嫉妒的，但他们也可能是愤怒的、好胜的，一心想要打败被霸凌者。在这种情况下，准确地识别他们嫉妒的东西（例如被霸凌者的美貌）、激怒他们的东西（例如被霸凌者过于自信）以及他们如何打败被霸凌者（例如试图通过发布丑陋的照片来削弱被霸凌者的气势）将会很有帮助。

霸凌者的弱点可能是他们的虚荣心，而被霸凌者可以通过发布一些对方的漂亮照片，或者赞美对方穿的一件夹克来满足他们的虚荣心。当然，有付出才有回报，几句赞美很难阻止一场蓄谋已久的霸凌行动——然而，它可能会把日益增长的敌意扼杀在萌芽状态，特别是如果被霸凌者学会“智取”的话。

如何培养情商

如果你想让你的孩子幸福，那么培养他们的情商是最有益的方法。然而，这通常需要等待一段时间才能看到回报；正如这首歌告诉我们的，你需要“盯住目标，坚持不懈”（Keep your eyes on the prize. Hold on.）[①]。情商可以被描述为理解、管理和有效表达情感的能力，以及能够成功地与他人互动和沟通的能力。情商在这个世界上是非常有益的。例如，根据《今日心理学》（*Psychology Today*）的数据，工作场所90%的高效员工拥有高情商，而80%的低效员工则情商较低。与智商不同，智商很少会随着时间的推移而发生显著变化，情商可以随着我们发展的愿望而发展和提高。

① 这句歌词出自《矢志不移》（*Eyes On The Prize*），是Bruce Springsteen演唱的歌曲。——译者注

培养孩子的情商：

√ **教孩子如何管理负面情绪。**为了帮助他们更好地管理情绪，孩子们需要学习如何减少消极的“个性化解读”，从而减少对拒绝的恐惧。如果你的孩子被排除在一个有趣的社交活动之外，在做出反应之前，通常有多种方式来看待这种情况。如果你或你的孩子倾向于消极地解读事物，你会自动假设这是因为你的孩子被明确地拒绝了。然而，如果你从另一个角度来看，也许所谓的拒绝还有另一个原因——例如，也许这个家长欠另一个家长一个人情，所以带了对方的孩子（而不是你的孩子）去看电影。人们做事更多是出于自身的原因，而不是因为我们。父母可以教育孩子在任何情况下都要开阔自己的视野。孩子们可以在重要场合准备多种方案，来缓解他们对负面情绪的恐惧，这样无论发生什么，他们都能应对自如。例如，如果你的孩子计划和一个“社交女王”一起去当地的迪斯科舞厅，而这个“社交女王”曾经在最后一刻突然爽约，那就要确保你的孩子有一个可行的备用计划，以防意外发生。

√ **解释自我调节的概念。**父母需要培养孩子的自我觉察能力，这样他们才能善于识别自己的情绪。而当孩子们善于识别和理解他人的情绪时，他们就能预测他人的行为并做出相应的反应。越早让孩子们意识到我们都有积极和消极的感觉，他们就能越早地接受：他们可能对一个人有消极的感觉，但不必攻击对方。学会调节情绪是情绪健康的一个重要方面，因此这也是父母可以送给孩子的礼物。你可以从共情你的孩子开始，告诉他们“我看到你很沮丧”，然后引导孩子考虑你所提供的选择——“如果你在卧室里独处一段时间/洗个澡/听点音乐会不会对你有所帮助？”

√ **教导孩子如何忍受痛苦。**著名作家安德鲁·所罗门告诉我们：“我们不能忍受毫无意义的折磨，但如果我们相信痛苦是有意义的，我们就可以忍受它。如果你能帮助孩子在痛苦中找到一些意义或目的，你的孩子就会更容易学会忍受痛苦——甚至是‘某人很难相处’的教训，也能帮助一个人从痛苦中找到意义。”重要的一点是，父母可以帮助他们的孩子在任何情况下“创造意义”——这个教训可能不明显，但如果加上一些深刻的见解，它就可以帮助我们成为更好的人。我们在生活中都经历过一些痛苦，所以父母需要教导他们的孩子主动和被动的区别。如果孩子们感到有压力，你可以让他们在脸上洒一些冷水，并把他们带到室外呼吸新鲜空气，这是有帮助的，因为凉爽的温度有助于降低我们的焦虑水平。俗话说，“运动影响情绪”，散步或爬山等有氧运动可以减少恐惧和抑郁。要想培养孩子忍受痛苦的能力，关键是要认可孩子的情绪，而不是让你自己变得激动。这可能意味着你需要说一些看似平淡但发自内心的话，比如“我看得出你很失望”“这对你来说一定很难”等。虽然父母很难眼看着自己的孩子处于痛苦之中，但你无法将痛苦带走。如果孩子想要成长和发展，这些情绪是他们必须经历的。对于青少年来说，在这个时候，比起父母用一些陈词滥调向他们保证会“解决问题”，真诚的联结往往更有价值。

√　**引导孩子在逆境中学会变通。**灵活的思维是适应良好的基石，孩子的思维越僵化，就越难找到复杂问题的解决方案。生活没有唯一的解决方案；要仔细考虑每一个问题。适应性强的思维会比僵化的、非黑即白的思维更快地解决问题。达到目的的方法不止一种，所以每当期望的解决方案失败时，就应该探索其他解决方案。

√　**提高孩子的心理弹性。**生活往往是艰难的，如果孩子们能学会从逆境中振作起来，他们就能更好地承受命运的打击。每一次遭遇困难时，父母可以问他们的孩子：“你能从这次经历中学到什么？”“这件事优先考虑的是什么？”以及“如果你能跳出思维定式，还有其他选择吗？”问题的质量越高，答案的质量可能就越高。建设性的、深刻的问题可以帮助孩子获得一个正确的视角，这样他们就能学会从困难的情况中恢复过来。

√ **激发孩子的思考。**“苏格拉底式问题”是开放式的问题，能够改变孩子机械简单的思维模式，激发进一步的思考。家长一开始可能会问：“我想知道发生了什么事，（攻击者）才决定这么做？”或者“我想知道他们下次见到你时会做什么？”这是一个缓慢、深思熟虑的过程，问题可以在许多不同的场合以不同的方式提出。

√ **告诉你的孩子如何保持主动而不是被动。**就像让-保罗·萨特（Jean-Paul Sartre）告诉我们的那样：“他人即地狱。”无论在家里、在工作场所还是学校，无理取闹的人无处不在。花点时间，深呼吸，慢慢数到十，可以减缓我们的即时反应，思考出更有帮助的对策。当被霸凌者意识到问题主要出在霸凌者身上时，往往会感到更轻松。

√ **猜测陌生人的感受。**当你带着孩子外出时，猜测他人的感受是培养同情心和情商的最简单的方法。当你在商店或咖啡馆看到有人行为怪异或不合时宜时，鼓励你的孩子猜测发生了什么事情。向他们展示你如何设身处地为别人着想，如何通过肢体语言、语调和面部表情来解读陌生人的行为。如果你有一个难相处的亲戚，你可以告诉孩子怎样更好地理解他们行为背后的动机。如果你不具备很强的同情心，可以委托孩子身边的人——比如某个姨妈、表兄或顾问，来帮助你的孩子。

√ **试着去了解名人。**父母可以通过和孩子一起观看电视上的《英国达人秀》等节目，畅想自己参加这个真人秀会是什么样子，以此培养孩子的社交技能。孩子也可以通过分析金·卡戴珊（Kim Kardashian）[①]或艾德·希

① 金·卡戴珊，卡戴珊家族成员，美国娱乐界名媛、服装设计师、演员、企业家。——译者注

兰（Ed Sheeran）[①]等名人来更好地理解人性。你的孩子分析谁并不重要，关键是他们试图对人性建立更深刻的理解。如果你能找到孩子感兴趣的人，比如一些体育明星、名人或演员，那就更容易激发孩子的兴趣了。如果他们对此完全不感兴趣或不理解，这种迹象表明父母需要花更多的精力来培养孩子对人性的理解。

√　**教你的孩子如何以适当的方式表达亲密的情感。**这对于维持和建立亲密的人际关系至关重要。有数百万种沟通方式能够表达“我关心你”，这些沟通对维持幸福的关系至关重要。而如果你的孩子和最好的朋友过分亲密，他很容易变得妒忌、占有欲强。父母应该温柔地引导他们的孩子，找到一种更好的方式来表达爱和友谊。

√　**讨论电视节目。**讨论肥皂剧或喜剧中的人物在现实生活中是否真的会这样做；每个角色的行为有什么破坏性；他们本来可以做什么以及他们有什么选择。确保你的孩子理解“停止信号”。有些孩子的行为远远超出了良好行为的界限。人们需要教导这些孩子如何更好地解读信号。

√　**尝试角色扮演。**富有想象力的角色扮演是培养社交技能的一种非常有效的方法——小孩子早就已经这么做了。喜欢戏剧的孩子们可以利用这个爱好，通过业余戏剧增加他们对人性的认识。“空椅子技巧”是一种很受欢迎的策略，许多心理治疗师使用它来理解来访者的感受、思想和行为，因为来访者可以向坐在椅子上的假想人物讲述自己的想法，而不用担心受到影响。如果被霸凌者正在接受咨询，他们可能会发现这种技巧既令人满意又具有启发性。

√　**考虑你的说话方式。**我们所使用的语言对于教会孩子如何有效地沟通是至关重要的。你如何描述别人？你是挑剔的还是宽容的？如果你选择用

① 艾德·希兰，英国流行音乐男歌手、音乐创作人、演员，被誉为“英国创作才子”。——译者注

类似于“他是一头猪”“她很自私”这样的话来评价他人的行为，那么你就没有使用有效的沟通方式，因为你在给这个人贴上标签，而不是试图认识到行为背后的情绪。更有效的方法是试着更深入地探究眼下的情况，比如，你可以这样说：“我想知道那个人怎么表现得这么刻薄？”“你认为那个正在哭的孩子可能是饿了还是累了？”“我想知道，如果她自我感觉更好，她的行为会不会有所不同？”我们的孩子会模仿父母的行为——通常会选择完全复制父母的行为，或者做出相反的反应。如果你总是对他人评头论足，对人们为什么会有某种行为表现出很少的理解或兴趣，那么你（或你的孩子）不太可能发展出很多同情心或社交技能。

√ **讨论新闻中的故事。**父母可以引导孩子们探索新闻故事，并分析故事中人物的不同情绪——例如，希拉里·克林顿（Hillary Clinton）竞选总统就是一个涉及大量复杂情绪的好故事。如果我们谈论人们在公共生活中经历的高潮和低谷，就是在教育孩子：如果我们想在任何事情上取得成功，都需要有心理弹性。

√ **教授“外交自信”的艺术。**教你的孩子如何变得自信而不咄咄逼人，是需要时间的。学会设定适当的界限是人生中重要的一课，这样我们的孩子才能成长为适应良好的成年人。这包括学习如何表达不同意见而不令人不快，说“不”而不感到内疚，保护自己不受任何人的利用。就像成年人一样，孩子们需要学习避免使用以“你”开头的句子，专注于以“我”开头的句子，因为用“你”开头听起来很有攻击性，而用“我”开头则更谦和。父母要教导孩子们有效地、有礼貌地说“不”，不需要任何其他的道歉或借口。父母可以帮助他们的孩子找到那种强有力的声音，以便坚决地反对霸凌。父母可以教孩子看着别人的眼睛，用有力而低沉的声音说“不”。父母还可以向孩子展示如何训练体态和肢体语言，这样他们就能激发自己的内在力量。对一些人来说，这是终身的课程，他们必须不断地学习。然而，只要孩子意识到他们有说“不”的能力，就不会成为受气包。

√ **培养同情心。**有些人天生就有同情心。其他人则不然。但是同情心是可以后天培养的。培养孩子的同情心能够让他们有更深刻的理解和更多的同情，教会他们处理霸凌，避免成为霸凌者。同情和宽恕在同一个神经通路上起作用，而它能促进更多的信任、合作和更好的关系。培养孩子的同情心有助于他们理解行为背后的感受。设身处地去理解那些难以相处的人，表现出同情心，也可以减缓直接反应，有利于抚平不安的心灵。尽管同情心不能为糟糕的行为开脱，但它确实让我们更好地意识到，行为往往更多地反映了实施行为的人本身，而不是行为的接受者。

√ **善待自己，善待他人。**正念减压的创始人乔·卡巴金（Jon Kabat-Zinn）建议我们在状态不佳时学会自我同情。如果我们能承认并同情自己的错误，那么我们就不再是单纯的“受害者”，因为我们会充分舔舐我们的伤口，并在我们需要温柔悉心的照顾时给予自己足够的关注。

如何帮助孩子适应环境

你和你的孩子都不能控制别人的行为，但孩子们可以学习如何适应他们的环境，以及如何对环境做出反应。事实上，在某些掠夺性的环境中，让你的孩子学会适应他们当前的状况是至关重要的。

在孩子成长的早期阶段，父母应该训练他们了解不同的社交信号，以及如何回应这些信号。这可能从教你的孩子如何好好玩耍，如何分享，以及为什么我们不能打别人的头开始。随着孩子年龄的增长，这些社交线索变得更加细微，孩子也开始依靠朋友和同龄人来习得社交技能。

这并不是说，孩子一定要学会左右逢源。有些孩子（和成年人）普遍受欢迎，有些则不受欢迎。我们中的一些人，有自己的优点，只是没有那些受欢迎的传统品质；我们可能是激情、热情、诚实和忠诚的，我们身上可能有很多有价值的性格特点，可以为社会做贡献——但我们仍然可能不受欢迎。我知道我自己的热切、热情和诚实让一些人非常讨厌，他们想尽办法避开我——但我已经42岁了，我已经接受了这些人和我不是一类人。而在我14岁的时候，接受这一点要困难得多。

仅仅因为一个人没有使他们变得受欢迎的特质，并不意味着他们做出的贡献就少——通常他们做出的贡献可能更多，但这确实意味着他们可能不擅长处理学校的问题，然后在社交强度极高的青少年时期陷入消极的人际关系。

也许你的孩子不善社交，天真得无可救药，或者非常笨拙？也许你的孩子不理解同龄人传达的信号？也许这种霸凌已经存在很长一段时间了，你一直希望它会消失？你应该细心观察孩子身上的与众不同之处。霸凌者盯上你的孩子是因为，出于一些原因，他们在你的孩子身上发现了某种他们认为软弱或低人一等的特质，他们通过强调这种弱点来享受权力带来的快感。

也许你的孩子不应该改变他们的性格，或者他们需要对环境更加敏感。这些都是重要的问题，最终要由孩子和父母来决定。然而，如果你最终决定维护孩子的“与众不同”，在某些环境中，孩子可能会有一些负面反应。

但你和你的孩子可能不得不咽下苦果。在某些情况下，适应环境可能对你的孩子更有益。而要求霸凌者改变他们的行为简直就是天上掉馅饼——这根本不会发生。与此同时，你一个不小心，孩子的自尊心可能就会被摧毁。如果你的孩子能够接受这里有一种恶性的力量在发挥作用，并且懂得聪明地“智取”比被击倒要好得多，那么你就可以帮助你的孩子确定最合适的行动。

这听起来可能很老套，但实际上非常重要：有时父母需要帮助孩子找到属于他们的群体。如果一个孩子在学校里觉得自己是个怪胎，但在校外有很好的朋友，那么他们更有可能处理好霸凌问题。父母如果拥有灵活的思维，愿意为此投入精力，就可以帮助孩子解决这个问题。

也许你十几岁的孩子喜欢动漫，那就找一个他们能参加的动漫展。如果他们喜欢音乐，那就给他们买音乐会的门票，让他们上音乐课或学习音乐制作。不要让你的孩子生活在真空中，让他们感觉自己像一个被社会抛弃的人。给你的孩子一个机会，让他们在有同情心的人群中成长——不是那些充满敌意的霸凌者或旁观者，而是一群有相似兴趣的人。重要的是，这些活动要包括面对面的社交——在线电子游戏并不适合（不管你的孩子怎么说，都不能同意）。

有时候，孩子在他们的社交圈里几乎没有选择。我知道，在我成长的过程中，我几乎被迫与所有周围的孩子成为朋友——要么成为朋友，要么成为被社会抛弃的人，没有中间的选择。如果你十几岁的孩子陷入类似的情况，也许你可以让他们与社区以外的老朋友保持联系，或者让他们有机会在不同的环境中结交新朋友。作为一个情商更高的成年人，帮助孩子维持这些友谊是很重要的，因为当他们遇到挫折，在同龄人中感到不适应和不安全时，他们可能需要这些友谊。

如何应对暴力霸凌

家长可以和孩子一起探索“武力使用等级”。武力使用等级是平民和执法人员使用的标准，用于指导人们，在受到攻击时使用什么等级的武力是被允许的。作为一名心理治疗师，我宁愿用对话解决问题，但如果我在一条冷清的街道上遭到抢劫，并且没有任何可能让攻击者平静下来或是吸引路人的注意，那么我愿意使用武力来确保自己活着。

著名临床心理学家大卫·科尔曼（David Coleman）也质疑过，为什么会要求一个孩子接受另一个孩子的支配地位。

根据我的经验，以及我接触过的许多年轻人的经验，如果最初的身体攻击没有得到某种程度的身体反应，那么它往往会再次发生。如果一个孩子发现他们可以霸凌别人，他们通常会继续这样做。在大多数情况下，肢体攻击会导致肢体反应，比如攻击者的推搡或重击，可能会导致双方激烈的打斗。但随后这种攻击往往就会结束，很少有“第二次尝试”。攻击者在选择反击的孩子时会三思，因为这需要更多的努力，而转移到另一个更容易攻击的孩子身上显然是更好的选择。如果一个孩子接受了最初的攻击，无论是推、踢还是捶，那么他们第二天再受到攻击的风险就会大得多。这种忍耐的行为传达了一个非常明确的信息，即他们不会反抗；这种行为也同样清楚地传达了另一个信息，那就是他们接受了另一个孩子的主导地位。

正如科尔曼指出的，孩子和成年人一样，有权利保护自己。如果一个潜在的攻击者正在暴力地霸凌你的孩子，你的孩子可以采取灵活的反应，并根据攻击的严重程度做出不同的回应。

被霸凌者还需要学会选择他们的战斗——最好忽略一场潜在的战斗，这样才有足够的精力来应对不可避免的真正的战斗。

下面是一个简单的行为等级：

1. 无视霸凌者。

2. 让霸凌者停下来。

3. 向有责任心的成年人告知情况。

而更复杂的行为等级可能是：

1. 抵抗霸凌者的身体攻击。

2. 使用一定程度的力量对抗以逃离霸凌者的攻击。

3. 尽快向有责任心的成年人告知情况。

有些霸凌者很狡猾，他们会非常小心地选择攻击的时间。他们可能会将被霸凌者与其他人隔离开，不让任何人有机会前来救援。你的孩子需要考虑自己会在何时何地被隔离或被霸凌，并为自己的行动做好准备。他们可能需要确保自己在某些地方不是独自一人，同时还要做好长期霸凌防护措施。

霸凌者不喜欢以牙还牙，他们专门霸凌弱者，这样他们就会觉得自己很强大。如果被霸凌者能够威胁到霸凌者的力量而又不表现出软弱，大多数霸凌者就会转向更容易欺负的猎物。

虽然我不提倡暴力，但我提倡自卫。一个可能面临暴力袭击的孩子需要知道如何避免暴力，如何说服别人，如何分散注意力——但如果有必要，他们还需要知道应该在什么时候进行自卫，以更好地保护自己。如果你承认并理解这一点，你就会比那些假装永远不会使用武力，但在自己被抢劫时突然反击的人更好地参与到这个问题中。也许父母可以和他们的孩子讨论什么时候反击是合适的，以及当他们不再需要继续反击时，如何确保自己有足够的自制力能够及时停止。

对于一些人来说，“武力使用标准”是完全没有用的，因为他们的身体比霸凌者弱得多。前爱尔兰足球运动员保罗·麦格拉斯（Paul McGrath）儿时曾在都柏林一家孤儿院遭受霸凌，他对此有一些有趣的见解。在爱尔兰广播电台第一频道（RTÉ Radio 1）的米丽娅姆·奥卡拉汉谈话秀节目（Miriam O’Callaghan Show）上，保罗·麦格拉斯指出，那些霸凌者很快就意识到，不管他们有多强大，在霸凌他时总会自食恶果。“……（霸凌者）也许能够打败我，但我总会奋力还击。他们通常会把我丢在地上，说欺负我是个坏主意……”所以麦格拉斯的策略是对霸凌者施加足够的伤害，这样霸凌者就不会再轻易攻击他。

许多家长让孩子参加武术课程，虽然这对孩子未来的生活有很大的帮助，但对于目前发生的霸凌行为来说，它不会很快起作用。因此，与此同时，孩子还需要学习如何“智取”：他们需要学会吸引那些可能挺身而出的人，寻找有责任心的成年人，学会利用自己的内在力量和情商。然而，有趣的是，比起那些与霸凌者体型不相上下的人，体型瘦弱的被霸凌者往往能唤起人更多的保护欲。因此，与那些霸凌者相比，体型瘦弱的优势是，学校当局和其他更强壮的同龄人更有可能介入帮助（例如，比起中等身材的被霸凌者，小个子的被霸凌者更有可能获得帮助）。

绝对的和平主义者认为，所有暴力行为是错误的，永远不应该使用暴力，即使是出于自卫。然而，尽管这些愿望是高尚的，但许多人都拥有十分敏锐的生存本能，以至于我们会自动对攻击做出反应。“相对和平主义者”也许更顺应我们的本性，他们认为暴力虽然是不受欢迎的，但可以成为最后的选择。我们的自尊是脆弱的，但它很重要。在生活中，我们要学着尊重自己的界限。不仅如此，我们不能允许霸凌者为所欲为。某种意义上这也是一种利他行为，可以帮助霸凌者建立清晰的边界！

这件事还没有定论。是的，如果我们都能保持自己内心的高贵，像耶稣基督那样邀请霸凌者打我们的另一边脸颊，把我们的斗篷也拿走，然后从我们身上踩过去，那样也许会更好——但如果我们允许霸凌者践踏我们的话，对霸凌者和整个社会可能都不是很好。

重要的不是发生了什么，而是你如何应对。斯多葛学派的哲学家爱比克泰德（Epictetus）于公元35年出生，他是奴隶出身，随后被驱逐出罗马，生活非常艰难。另外，他不仅是个奴隶，还是个残疾人。然而爱比克泰德是一位哲学家，他将斯多葛哲学运用到了生活中。在爱比克泰德看来，尽管事情可能超出我们的控制，但我们应该沉着、冷静地接受发生在我们身上的任何事情。根据爱比克泰德的说法，我们要对自己的行为负责，我们可以选择如何应对各种事件。

被霸凌者对恶劣事件的反应会产生深远的影响。如果孩子能够预先识别出什么反应是最有效的，他们就会为下一次攻击做好准备。然而，所有的计划中应该有一个应急计划，需要保留一个“离开”的选择，这样他们就可以等到另一个合适的时机再继续战斗。以下内容可以帮助你的孩子了解面对霸凌时不同的反应及其可能产生的后果：

● 如果被霸凌者站起来反抗并在对抗中获胜，那么霸凌者可能会转向更容易欺负的目标（但是，根据具体情况，霸凌者也可能会在某一天密谋报复）。

● 如果被霸凌者从有责任心的成年人那里获得了强有力的长期支持，以此对霸凌做出回应，就能以更积极妥当的方式改变周围的环境。

● 如果被霸凌者通过求助和接受帮助的方式来应对霸凌行为，那么潜在的霸凌者可能会转向更容易欺负的猎物，或者他们可能通过其他方式来发泄他们的破坏性冲动。

● 如果被霸凌者在与霸凌者的对抗中失败了，霸凌者就会重新振作起来，变得更加危险。

● 如果被霸凌者向外求助，但没有得到帮助，那么霸凌者也会重新振作起来，还可能在短时间内把霸凌行为提高几个等级。

● 如果被霸凌者表现出强烈的情绪化和戏剧性的行为，那么霸凌者可能会从中获得极大的愉悦感，并继续一次又一次地寻找更多的快乐。

● 如果被霸凌者安静地忍受霸凌，那么霸凌者可能会继续无意识地霸凌下去，但随着时间的推移，霸凌者开始感到厌倦，他们可能会时不时地升级霸凌行为。

如何在孩子遭受霸凌时给予支持

你需要用行动和语言来给予孩子支持。你可能需要面对霸凌者或学校，以此来表明你和孩子的团结一致；或者你只需要为他们提供一些值得期待的东西——例如，也许你最终可以允许他们拥有一只渴望已久的宠物。你可能还需要和孩子认真讨论转学的可能性，以表明你愿意与他们并肩作战的态度。对于被霸凌者来说，被抛弃和孤身一人的感受是非常强烈的，父母需要对这些感受保持敏感。最重要的是让你的孩子明白：你会永远站在他们的身后，你已经准备好采取任何可能有用的行动。

在情况允许时，要非常小心地保护孩子的隐私或秘密。但有时情况不允许你这样做，如果你不得不侵犯孩子的隐私，一定要非常小心——记得提前告诉你的孩子，你被迫侵犯他们的隐私是因为一些特殊原因。这一点可能很重要。

父母可以让孩子的家或者家里的某些房间成为其躲避霸凌的“避风港”。花些时间和精力，让家庭生活变得温暖亲切，创造一种放松的氛围，向孩子传达你与他并肩作战的决心。你还可以帮助孩子选择一个出去玩的好地方；或者你可以帮助孩子重新布置他的房间，给他买一些舒适的靠垫或特殊的灯具，让他更好地放松。

家里的一些房间可以被指定为“无电子产品”的房间，这样你的孩子就不会每时每刻都受到网络霸凌的影响。同样，一天中的某些时间，比如下午4点到6点之间，可以被设定为“无电子产品”的时间，这样你的孩子就有机会在受到网络霸凌后好好冷静一下。

虽然有些孩子需要通过咨询获得额外的支持；但另一些孩子则更愿意与老朋友见面，或是沉浸于自己的爱好来忘掉烦恼；还有一些人从书籍或电影中学习某些社交技能并获得自信。有些孩子希望善良的老师能够介入，在午餐时间给他们布置一些任务[①]；而另一些孩子则不然，如果有老师介入的话，他们会崩溃的。在一个人的生活中，“重要的他人”会产生巨大的影响，所以如果你能找到一位富有同情心的老师或管理者，请求他们在学校为你的孩子提供额外的支持，这对你的孩子可能会有帮助。当然，每个孩子都有自己独特的需求，只要父母能满足孩子特定的情感需求，孩子就不会有事。

对于父母来说，重要的是要意识到，许多被霸凌的青少年根本无法与辅导员或其他人谈论这种羞耻和屈辱的事情。不仅如此，对于许多来找我咨询的中年男女来说，即使事情已经过去了二三十年，他们仍然很难暴露自己脆弱的一面。作为一名心理治疗师，我通常认为“谈论霸凌事件是个好方法”，但有时谈论霸凌的具体细节会导致更多的痛苦。这种时候，父母应该对孩子的感受更加敏感，不要讨论那些羞辱性的细节，让孩子集中精力度过这段时间的困难，保持完整的自我意识，或许还可以在这个过程中提高情商。

支持可以有很多种形式。比如，父母可以给青少年推荐合适的书籍，向他们展示当孩子们在等级秩序中争夺一席之地时，是多么令人讨厌。父母还可以向青少年介绍一些合适的论坛，让你的孩子与其他同样受到霸凌的青少年一起获得支持；而另一些孩子则可以通过写日记从中受益。

“自我接纳”能帮助你的孩子在遭受霸凌时保持自己的立场，它可能比任何特质都更有用。如果父母能通过榜样来展示如何接纳自己，如何接纳自己的身体和个性，以及如何接纳别人的缺点和一切，他们就能引导他们的孩子接纳自己，也接纳别人本来的样子，而不是只接纳他们希望的样子。父母可以帮助他们十几岁的孩子更好地意识到自己的优点和缺点，

---

① 有些孩子希望老师在午餐时间给他们布置一些任务，目的是躲避霸凌者。——译者注

这样他们就可以开始尝试接纳自己。接纳自己和他人并不是一件容易的事——事实上，我们大多数人在40岁时才学会了自我接纳，但如果父母能让他们的孩子走上自我接纳的道路，这就是一份很棒的礼物。

如果你想让孩子相信他们是有价值的，积极的强化同样必不可少。也许这个孩子很好学、很善良、很可爱，或者他们不记仇……孩子积极的品质需要被赞美，消极的品质需要被温和地接纳。好好考虑一下，找一句合适的话，比如“你是一个可爱、善良、温柔的人”，经常重复这句话，让它刻进孩子的骨髓。“不要对自己太苛刻，也不要对别人太苛刻”之类的话语也可以培养孩子幸福和宽容的天性。让你的孩子感受到你对他们的信心，确保你选择的话语适合他们。如果有人告诉他们一堆谎言，并不能让他们感觉很好——例如，告诉你的孩子，当他们没有朋友的时候也是受欢迎的，只会加重孩子的孤独感。你给了孩子虚假的力量，而忽视他们真正的力量，这是没有用的，而且往往是毁灭性的。

在霸凌结束后，必要的话，父母需要做好准备，及时将霸凌扼杀在萌芽状态。通常情况下，霸凌会消失——因为霸凌者意识到，如果他们不停止霸凌，会给自己带来麻烦。但他们可能会对结果感到愤怒，并决心在一段时间后继续实施霸凌。父母需要密切关注这种情况，以防在事态平息几周甚至几个月后，这种恶劣的行为再次重演。或许孩子会与他人产生一些轻微的摩擦——但他可能会夸大这种行为，因为过去受到了太多的伤害，他仍然抱着受害者的心态。所以父母需要运用自己的情商，弄清真相。如果霸凌确实卷土重来，父母和孩子应尽快采取行动，以便将其扼杀在萌芽状态。霸凌是一种创伤性的经历，你的孩子无法恢复到经历霸凌之前的状态，但是，正如下一章所说的，这并不意味着希望消失了，他们会比从前任何时候都更加强大。

第 9 章

走出霸凌的阴影

比过去更加强大

* * *

你要么变得痛苦，要么变得更好，就是这么简单。
你要么接受现实，让它把你变成一个更好的人，要么让它把你击垮。
这个选择不属于命运，它属于你自己。

|

乔希 · 西普
（ *Josh Shipp* ）

一旦你的孩子经历了严重的霸凌，一切都改变了。你的孩子不可能回到他们以前的样子——他们可能会伤痕累累，但更聪明、更坚强；或者他们可能伤痕累累，感到挫败，被现实所打倒——但是，无论如何，他们会被这些经历改变。父母的任务是支持和引导他们的孩子度过难熬的日子。我们不能代替我们的孩子承受打击，但可以做一些更有效、更有帮助的事情——可以向他们展示如何承受打击，这样他们就可以成为一个更聪明、更强大的人，更好地面对这个世界。

好好活着就是最好的报复

听到被霸凌者从痛苦的灰烬中爬出来并且名利双收的故事，会有一种难以置信的满足感。史蒂文·斯皮尔伯格（Steven Spielberg）[①]曾被称为“肮脏的犹太人”；麦莉·赛勒斯（Miley Cyrus）[②]学校的女孩们曾经成立了一个“反麦莉俱乐部”；蕾哈娜（Rihanna）[③]被嘲笑“不够黑”；埃米纳姆（Eminem）[④]被霸凌得很厉害，曾经因为脑震荡和暂时失明住进了医院；霍华德·斯特恩（Howard Stern）[⑤]曾为了抵御霸凌学习柔道。他们不仅从霸凌中走了出来，而且茁壮成长。

① 史蒂文·斯皮尔伯格，美籍犹太裔导演、编剧、制片人，主要导演的作品包括《侏罗纪公园》、《辛德勒的名单》和《拯救大兵瑞恩》等。——译者注

② 麦莉·赛勒斯，美国女演员、歌手、词曲创作人，代表作有电视系列剧《汉娜·蒙塔娜》、电影《最后一支歌》等。——译者注

③ 蕾哈娜，在美国发展的巴巴多斯籍女歌手、演员、模特，蝉联多座格莱美、全英音乐和MTV音乐大奖，曾入选《时代周刊》2018年全球最具影响力人物榜单。——译者注

④ 埃米纳姆，美国说唱男歌手、词曲作者、唱片制作人、演员，于2022年入驻美国摇滚名人堂。——译者注

⑤ 霍华德·斯特恩，美国编剧、制片、演员、导演，在2019年福布斯100名人榜排第12位。——译者注

事实上，有很多名人被霸凌的故事，可以说，是他们遭受的创伤培养了他们的心理弹性和专注力，促使这些名人走向成功。根据英国心理治疗师和儿科咨询师朱莉娅·塞缪尔（Julia Samuel）的说法，“研究表明，如果给予正确的支持，人们会获得创伤后的成长。如果你能找到一种挽回损失的方法，那么它确实会改变你对自己的看法，你会意识到你可以熬过任何事情”。

《广告狂人》（*The Mad Men*）的主演克里斯蒂娜·亨德里克斯（Christina Hendricks）从小就觉得自己丑、笨拙而差劲。她形容自己在学校的经历就像《蝇王》一样，据亨德里克斯说，她有比任何人都糟糕的高中经历。“我上的是一所很差的学校，经常被人霸凌。如果我能回到过去，对14岁的自己说任何话，我会说：‘别担心。20年后，你会做你想做的事，而那些混蛋仍然是混蛋。所以不必理会他们！’”有趣的是，亨德里克斯回忆说，“我没有崩溃和顺从，而是坚定地站在那里，这可能就是我不开心的原因”。薇诺娜·瑞德（Winona Ryder）[①]对霸凌者的态度也很强硬。尽管当时被霸凌的是她，她却被要求离开学校，而那些霸凌她的人留了下来。“多年以后，我走进一家咖啡店，遇到一个当时踢过我的女孩，她说：‘薇诺娜，薇诺娜，能给我签个名吗？’我问她：‘你还记得我吗？还记得七年级时你打的那个孩子吗？’她说：‘有一点印象。’我接着说道：‘那就是我。’”

奥运巨星迈克尔·菲尔普斯（Michael Phelps）小时候也被霸凌过，因为他小时候有大大的耳朵，还有些口齿不清。“这有点疯狂。当我回到我以前住的地方（在巴尔的摩市），仍然会看到那些霸凌我的人。他们还在附近，打扫桌子什么的，可能还在做同样的事。他们试图和我说话，我就

① 薇诺娜·瑞德，美国影视演员，代表作有《剪刀手爱德华》《纯真年代》《小妇人》等，曾获第51届金球奖最佳女配角。——译者注

在想：‘是啊，你为什么现在和我说话？从前你还在找我的麻烦。’”

被霸凌的名人数不胜数。像Lady Gaga[①]这样特立独行的人不太符合学校严格的传统，这一点也不奇怪。她在“艾伦秀”（Ellen DeGeneres Show）节目中说：“我在高中并不适应，我想让自己像乔治男孩（Boy George）[②]一样，但我觉得自己像个怪胎。我花了很长时间才对自己满意。”

成龙在学校也被霸凌过，直到有一天他为另一个男孩挺身而出。“小时候我在京剧学校时，经常被霸凌。那时我允许自己被霸凌，因为我很害怕，不知道如何保护自己。我一直被霸凌，直到我阻止了一个新生被霸凌。通过这件事，我也学会了为自己挺身而出。”

维多利亚·贝克汉姆（Victoria Beckham）[③]在学校也受到了严重的霸凌。“那些霸凌者从水坑里捡东西扔向我，而我只能一个人承受。没有人和我站在一起，我没有朋友。人们会把我推来推去，说放学后要打我、追我。我的整个学校生活都很悲惨，我试着和别人交朋友，但我对此很不适应，所以最终我还是一个人待着。”

就连可爱的贾斯汀·汀布莱克（Justin Timberlake）[④]也被霸凌过。汀布莱克还在“艾伦秀”上描述了这段经历：“如果你在田纳西州长大却不踢足球，你就是个娘娘腔。因为我是搞音乐和艺术的，所以总有人骂我。但实际上每件被嘲笑的事情，都会让你在成年后变得更性感、更与众不同。”也许对贾斯汀·汀布莱克来说，不同之处在于他有一个支持他的母亲，鼓

---

① Lady Gaga是美国女歌手、词曲作者、演员、慈善家，在音乐及时尚领域都有着独特的个人风格，曾两次入选《时代周刊》“全球最具影响力百人榜”。——译者注

② 乔治男孩，英国创作歌手，英国新浪潮乐队文化俱乐部主唱，以深情的嗓音和中性的打扮闻名于世。——译者注

③ 维多利亚·贝克汉姆，英国女歌手、演员、时尚设计师，是英格兰足球明星大卫·贝克汉姆的妻子。——译者注

④ 贾斯汀·汀布莱克，美国歌手、音乐制作人、演员、主持人，曾两次入选《时代周刊》“全球最具影响力百人榜”，于2019年获得伯克利音乐学院音乐博士学位。——译者注

励他为自己的“不同”而自豪。“在学校里，从来没有人叫我创新者，他们说我与众不同，他们说我古怪，他们还说了一些我不能在电视上说的话。所以，谢天谢地，我的母亲告诉我，与众不同是一件好事。与众不同意味着你可以有所作为。”

在孩子们成长的过程中，我们需要向他们灌输这样的故事，让他们知道，不论他们经历什么困难，都可以东山再起。如果父母（在任何霸凌行为发生之前）向他们的孩子灌输，在任何情况下，好好活着就是最好的报复，这也是有帮助的。在你的鼓励下，你的孩子会维护自己的幸福，而不会与玩世不恭的霸凌者共同沉沦。

诗人玛雅·安杰洛指出，“我们为蝴蝶的美丽而欣喜，却很少看到它为实现这种美丽所经历的蜕变”。但是受霸凌的孩子需要了解别人在成功之前经历的挫折，这样他们就能知道，自己也可以蜕变为一只美丽的蝴蝶。

卡尔是一个24岁的时尚男士，他经常跟人提起自己上学时的经历。卡尔从小就知道自己有女性化倾向，并且接受了自己女性化的倾向。刚开始的几年，一切都很好。然而，当他进入青春期时，班上的其他男孩开始叫他“奎妮”（Queenie）[①]，这并没有让卡尔感到特别困扰，所以他并未在意。当他升到中学时，温和的嘲笑变得更糟了，卡尔被指控在厕所里盯着另一个男孩看，之后还遭到了殴打。“说实话，我对那

① Queenie在英语口语中有柔弱的男人的含义。——译者注

个可怕的野兽没有兴趣，但他们都认为我是一个阴柔的男生。我从来没有那么绝望过。”

从那天起，霸凌者开始针对卡尔。卡尔经常在上学期间被攻击，放学后又在社交媒体上被嘲笑。幸运的是，卡尔的父母都很关心政治，在他的母亲给他看了一部关于马尔科姆·艾克斯（Malcolm X）的电影后，卡尔的生活突然改变了。卡尔决定在学校里成立一个LGTBQ团体，并邀请过去的学生来谈谈在学校里的感受。卡尔还发起了一项活动，在学校各处提供“烦恼箱”，并与各年级的年级组长定期开会，讨论一些令人烦恼的问题和学生，防患未然。

卡尔现在是一名青少年社会工作者和青少年权益倡导者。他觉得，在很多方面，他的霸凌经历带给他很多积极的影响，让他了解到许多人接受差异是多么困难，也让他走上了现在的道路。

在一个人经历过霸凌或是在复杂的关系中受伤后，很容易变得愤世嫉俗。那些从未学会如何应对霸凌的孩子往往会成为未来的被霸凌者，所以对于父母来说，引导孩子积极地处理这种情况是很重要的。可以通过咨询、阅读或其他方法来引导孩子，但最重要的是，被霸凌的孩子需要从这种经历中更好地理解人性。

被霸凌的经历可能会帮助你的孩子培养某些积极的特质（见下文），因此，作为父母，如果你目睹霸凌如何伤害了你的孩子，那正是帮助你的孩子培养这些特质的机会，这样他们的伤口就会开始愈合。

增强内在力量

也许父母能给孩子最好的礼物，就是培养他们挖掘内在力量的能力。对于一些孩子来说，他们很难挖掘自己的力量，所以父母必须谨慎地处理。不过，只是告诉一个被霸凌的孩子他们的力量在自己身上，然后就没下文了，这没有什么意义——事情远比这复杂得多。

当孩子被霸凌时，父母要抓住这个时机，教会他们的孩子如何挖掘内在力量。很多父母担心孩子的内在力量不够强大，但每种动物都有自我保护的本能，父母需要帮助孩子发现并利用这种本能。战胜霸凌者的方法多种多样，没有应对霸凌的“万能良方”。所以父母需要让孩子弄清楚自己的内在力量是什么，以及如何最好地利用它，这样才能以合适的方式战胜霸凌者。

你经常会在家里看到孩子的力量，尤其是当孩子面对兄弟姐妹或父母时——这时的孩子可能是刻薄的、机智的；或者他可能非常生气，而在他怒气冲冲的时候，他会果断地控制整个局面。孩子如何呈现力量并不重要，关键是父母需要注意到孩子什么时候是强大的（即使只是在他们的小妹妹面前），因为这就说明孩子的确拥有内在的力量。

从现在开始，父母和孩子要一起弄清楚如何利用这种力量走出困境。对一些人来说，在这个巨大而糟糕的世界中展示自己的力量是一项相当大的挑战，但父母越能发掘孩子的内在力量，孩子就越会相信自己拥有某种力量，在未来的某一天可以释放出来为自己所用。

父母可以给他们的孩子一个机会，让他迈出一小步，去接触他内心的力量。如果他在陌生人面前害羞，那么一开始你可以让他在餐馆里自己点餐，随着时间的推移，他可能会点菜单上没有的东西，或者跟服务生说再点一份土豆。最后，如果有机会的话，他可能会试着投诉某道菜品。罗马不是一天建成的，关键是父母必须意识到，如果孩子的某种倾向阻碍了他们的发展，那么帮助他们解决这个问题是很重要的，这样他们的孩子就能学会尊重自己内心的感受。

心理弹性

如果一个人具有较好的“心理弹性”，他们几乎可以面对任何事情。心理弹性的核心是相信你可以应对生活给你的任何困难。心理弹性既能增强人的力量，又能安慰人。如果父母能引导他们的孩子渡过霸凌，免受伤害，提高情感觉察的能力，那么孩子的适应能力就会提高。肯尼斯·金斯伯格（Kenneth Ginsburg）在《培养儿童和青少年的适应力》一书中告诉我们：

当孩子们开始对自己的决定和行为负责时，他们就学会了面对快乐和失望的结果。他们知道错误有时候是可以避免的，但下次他们会为此做更充分的准备。如果他们有很多机会能控制自己的生活，他们就不太可能把自己视为被动的受害者，也不太可能责怪别人。这是教育的核心——当面对逆境、失败或压力时，拥有控制感的孩子能够重新振作起来。最终他们会更快乐，更乐观，更好地面对下一个挑战。

提高情商

如果孩子在遭受霸凌时得到父母的适当支持，他们将学会如何更成功地适应特定的社会环境。这将让他们对这种社会文化习俗更加敏感，而他们长大后可能会拒绝或接受这种文化。当他们离开学校时，他们可能会被这段经历所激励，从而使世界变得更美好、更包容。然而，在那之前，他们会对自己所处的特定环境更加敏感，更加具有社会意识。

如果一个孩子有特殊需求，而缺乏社交技能就是问题的症结所在，那么也许可以教这个孩子提高他的社交技能——学会预测将来出现的问题，并在适当的时候向合适的人寻求帮助。这可能意味着，作为父母，你需要在某些情况下成为孩子的维护者。对于有些人来说，做这种事情比另一些人容易得多，但如果你学会了，它将永远有益于你和你的孩子。

提高社交技能

被霸凌或被孤立的孩子可能需要学会避开某些只能做“酒肉朋友”的人。父母可以给孩子一个机会，让他们在舒适的家中反思自己的友谊，这样孩子就可以更好地做出判断：在这段友谊中，痛苦是否已经超越了快乐（参见第2章）？孩子需要知道，“亦敌亦友的人”有时会和蔼可亲，但不可避免地会在某一天变得苛刻，所以他们需要识别这些人的情绪，并在某些情况下保持距离。

增强内心的自信

虽然孩子可能在很小的时候就被迫面对人性的阴暗面，但由于这些经历，他们也可能更有力量感和自信心。那些曾经被霸凌过的孩子，在被霸凌后学会了战胜霸凌者，这样就开始了一个“良性循环”。

当一个人意识到某些方法，如灵活的态度、努力和决心可以产生令人满意的结果时，一个良性循环就开始了。他会在其他问题上更好地运用灵活的思维，不断努力，坚定自己的决心，而这反过来又可以产生更令人满意的结果。（而当一个人非常努力，但由于某些原因没有成功时，也会发生相反的情况，这时一个恶性循环就开始了。）这就是为什么在黑暗时期支持我们的孩子是如此重要，这样他们就会知道，一定的努力和决心，加上灵活的心态，可以获得一个令人满意的结局。这种给予孩子的信心使他们意识到，他们能够处理生活抛给自己的难题。这样，良性循环就继续下去了。

提高同理心和理解力

正如阿提克斯·芬奇（Atticus Finch）在《杀死一只知更鸟》中说的那样，“你永远也不可能真正了解一个人，除非你站在他的角度考虑问题；除非你钻进他的皮肤里，像他一样走来走去”。共情包括进入另一个人的世界，暂时成为那个人。如果你有能力做到这一点，你就能更好地预测和满足别人的需求；你会成为一个更好的朋友和更好的人。同理心带给人的好处是无穷无尽的——它能让人们更深刻地理解他人，有了这种认识，他们就能更容易在生活中找到自己的定位。出于职业需求，培养同理心也是有必要的——优秀的销售人员往往有很强的同理心，他们知道别人想要什么，可以估计出别人愿意为此付出多少钱，因此他们就能更容易地把产品卖给别人。

我们中的大多数人都知道我们所说的“善”和“恶”是什么意思。“善”意味着善良、同情、无私、仁慈和利他主义——这些品质通常源于同理心。这些年来，我注意到我的同理心在我的心理治疗实践中发挥了很大的作用。我似乎天生就有同理心，我发现站在别人的角度思考问题相对容易。有趣的是，我丈夫是一个非常善良的好男人，但他似乎没有很强的同理心（幸运的是，他是一个建筑商，他的工作不太需要同理心）。他只是无法想象某些事件会如何影响其他人，所以他有时会因为做出自私的行为而感到内疚。然而，当他被质疑时（老天爷作证，他的确经常被人质疑），当别人向他解释这种情况时，他总是会采取积极的方式应对——尽管我的丈夫天生没有同理心，但他意识到了他可能没有照顾到他人的情绪，因此需要仔细分析当下的情况，不能操之过急。他还学会了在做决定之前考虑自己的行为或言论可能对他人产生的影响。

因此，仅凭这件小事就可以看出，我们不能把没有同理心的人视为“邪恶”——就像耶稣基督说的：“天父，请宽恕他们，因为他们不知道自己在做什么。”有些人无法想象别人的感受，所以他们可能会对别人为所欲为，而不知道自己造成了多少破坏。但是，通过一些教育，这些人可以表现得更好，更能理解他人。

作为一名霸凌工作坊的引导者，每当看到没有同理心的人开始学习如何理解他人时，我总是特别开心。我们都喜欢让霸凌变得简单——霸凌者是错的，受害者是对的。但就像所有涉及人性的问题一样，事实往往并非如此。霸凌是一个复杂的问题。许多霸凌者没有意识到他们对受害者造成的伤害，他们没有足够的同理心来理解这一点。反过来说，很多被霸凌的人也不明白为什么他们会成为霸凌者的目标，他们也没有足够的洞察力来避开霸凌者恶意的目光。通常情况下，霸凌者和被霸凌者都需要对自己的行为有更深刻的理解——当霸凌者意识到自己造成的伤害时，他们就不太可能继续霸凌他人；当被霸凌者知道如何有效地应对霸凌者时，他们就不太可能再次被霸凌。事实上，人们越懂得如何以一种尊重自己和他人的方式行事，彼此就越容易和谐相处——世界和平自然就会随之到来。

提高道德参与度

40年前，瑞典心理学家、研究霸凌问题的权威专家丹·奥维斯（Dan

Olweus）概述了霸凌的一个定义，这个定义在今天仍然被广泛使用：重复的言语或肢体攻击，通常涉及权力的不平衡。好消息是，有75%—90%的孩子不会霸凌他人，但坏消息是，这些孩子只有20%的概率挺身而出。奥维斯创造了这个短语“如果这是一种不善的行为，那就干预它”，如果我们能说服孩子们在看到霸凌时总是进行干预，我们就能立即降低霸凌的频率和强度。

在人类历史上，伴随着霸凌、仇恨犯罪、暴力和破坏，同时也盛开着希望之花，提醒着我们，我们有更好的一面，可以用它来对抗霸凌。一个曾经战胜过霸凌者的人，更容易发现人们内心深处的软弱，经历过这些事情，他们自然会对其他有类似经历的人产生同情。被霸凌和排挤的人可能会变得更成熟、更有同情心、更有自知之明，这是经历霸凌的结果。霸凌者，尤其是那些从“恢复性司法”中受益的人，也可能会比以前更善良、更有道德。

灵活的思维模式

20世纪50年代，美国心理学家阿尔伯特·埃利斯（Albert Ellis）认为僵化思维是一种会导致严重痛苦和功能障碍的思维模式。同样，埃利斯强调了灵活的思维模式更可能增加满足感。根据埃利斯的说法，僵化的信念会导致非理性信念和功能障碍，而要求较低、灵活的信念则会产生健康的情绪和行为。

如今，斯坦福大学的卡罗尔·德韦克（Carol Dweck）教授是全球动机领域的领先研究者。心理学教授德韦克认为，“成长型思维”是父母能给孩子的最有益的礼物之一。德韦克说：“如果父母想给孩子一份礼物，他们能做的最好的事情就是教会孩子爱上挑战，对错误充满兴趣，享受努力并不断学习。这样，他们的孩子就不会过分在乎他人的赞美。他们将有一生的时间来建立和修复自己的信心。”

从霸凌中成长为一个更成熟、更体贴的人，这种经历通常会赋予孩子一种宝贵的“成长型思维”——被霸凌的孩子会获得一种“从过去经历中学习和成长”的能力，这种能力将带给他们面对其他问题的信心。

阅读疗法和艺术

当父母意识到他们的孩子被霸凌者或难缠的朋友伤害时，他们几乎无法忍受这种痛苦。他们愿意做任何事来保护他们的孩子，但有些时候，特别是在青少年时期，孩子不愿意与父母深入沟通，因此父母可以采取的最好方法就是表示共情和理解，并利用这个机会让他们的孩子接触伟大的文学作品、音乐或电影。

青少年正处于远离父母影响的发展阶段，因此比起对话谈心，通过艺术与他们进行联结是一种更为合适的方式。有时，父母被青少年拒之门外，所以他们被迫无助地站在一旁，看着自己的孩子变得悲惨、不快乐。正如爱丽丝·门罗（Alice Munro）在《公开的秘密》（*Open Secrets*）中所说：“你真正受到的屈辱绝不能向父母透露一星半点。”因此，尽管一些青少年可能会把一切都告诉父母，但许多青少年仍会把他们最深、最黑暗的秘密留给自己。在这样的情况下，父母可以通过寻找合适的电影、书籍或音乐，鼓舞和安慰他们的孩子（相关书籍请参阅本书末尾的参考资料）。

当一个人在这个残酷的世界受到沉重的打击时，艺术所能带来的安慰是难以想象的。就我个人而言，如果没有鲍勃·迪伦（Bob Dylan）[①]一直

① 鲍勃·迪伦，美国男歌手、词曲创作人、作家、演员、画家，美国艺术文学院荣誉成员，于1991年获得格莱美终身成就奖。——译者注

给予我勇气，我不可能度过我自己的青少年时期。

随着孩子的成长，他们会开始自己寻找书籍、电影和音乐。但重要的是，父母要主动了解孩子的品味，这样就可以及时提出建议。当然，在孩子十几岁时，他们常常蔑视父母的品味。但即使是最愤世嫉俗的青少年，也可以被高雅的艺术所感化。

曾经我就是一个轻蔑、愤世嫉俗的少年，和自己的父亲有很多矛盾。但我仍然记得有一天我们一起坐在车里，他给我看了一首菲利普·拉金（Philip Larkin）的诗《这就是诗》（*This Be The Verse*）[①]。当时我没有发表任何意见，我的父亲（现在已经去世了）可能对我的无动于衷感到非常失望。但我读过它，理解它，我永远也不会忘记它。

有大量的诗歌和艺术可以打破青少年的偏见，帮助到那些需要支持的孩子。玛雅·安杰洛的诗《我依然崛起》（*Still I Rise*）是一首鼓舞人心的诗，它向我们展示了人们要如何在残酷的处境下坚持自己的立场。好的艺术表达超越一切，如果父母能在关键时刻给孩子介绍一些类似的艺术作品，就可能给孩子的生活带来改变。但或许父母应该选择一些对青少年友好的艺术作品，比如凯特·坦普斯特（Kate Tempest）[②]2015年在格拉斯顿伯里音乐节上激动人心的表演《坚持自我》（*Hold Your Own*），你可以在油管上找到它。

重建亲子关系

我不想让父母感到更加愧疚——事实上，我的第一本书《棉花娃娃》

①《这就是诗》是英国诗人菲利普·拉金于1971年创作的抒情诗，讲述了父母给孩子造成的情感伤害，而这种伤害又通过孩子的孩子一代又一代地传承下去。——译者注

② 凯特·坦普斯特，英国诗人、剧作家、唱片艺术家。——译者注

（*Cotton Wool Kids*）就是关于父母承受了多大的压力。但这并不意味着家长可以把所有的问题归咎于“政府”或“学校”。《棉花娃娃》向我们展示了父母和社会应该怎样培养那些有助于情感健康的特质，例如独立性、适应力和灵活的思维模式，以更好地提高孩子的心理健康水平。

出于某种原因（也许是因为家长发现这是一个极其难以处理的问题），当有人指责霸凌时，大多数家长都会很快将问题抛给学校当局，希望他们能解决这个问题。尽管一些学校有非常有效的反霸凌政策，但许多学校都没有。另外，即使有世界上最好的反霸凌政策，当他们的孩子被社会孤立时，家长仍然需要介入，考虑他们可以做些什么来帮助孩子。

当孩子受到霸凌时，父母需要做好充分的准备，在这件事上投入自己的精力。仅仅通知学校并希望他们制止是不够的。学校主要关注教育，虽然他们会关注孩子的健康，但没有人会比你更关心孩子的身体和心灵。

我几乎每天都能在网上看到关于霸凌的评论，说学校是怎样一无是处、应该采取什么措施……但霸凌是一个非常复杂的问题，人们往往各执一词。对霸凌的指控也很复杂，因为其中充满了相互冲突的描述、相互竞争的利益和各种复杂的情绪。教师们常常不知所措，如果他们找不到快速的解决办法，许多人就会开始逃避这个棘手的问题，转而专注于他们的本职工作——教学。

让我感到惊讶的是，我遇到的许多家长似乎都把大部分精力放在与学校当局去沟通霸凌问题上。你可以一直收集证据，但如果校方在处理霸凌问题上无能为力，那么他们很有可能在将来也不能发挥作用，而家长和孩子将需要自己找出应对这种困难局面的最佳方法。父母不能只寄希望于校方，而应当将大部分注意力放在孩子和旁观者身上。

如果你的孩子被霸凌、孤立或排挤，这是父母给予孩子爱与支持的好机会。尽管没有这种需求会更好，但如果孩子需要的话，这是一个与孩子重建关系的机会，因为在逆境中，我们可以与我们所爱的人建立更深的联系。

个性发展

如果我们要减少霸凌，我们需要善良、勇气、个性和同理心。如果父母确保他们的孩子在这方面得到了更好的教育，就能为这个世界尽一份力。然而，这还不是全部。在艾米丽·巴泽隆（Emily Bazelon）关于霸凌的开创性著作《棍棒和石头》（*Sticks and Stones*）中，引用了哈佛大学心理学家理查德·韦斯伯德（Richard Weissbourd）的话："父母总是强调幸福和成就的重要性，却轻视道德和性格的作用，这是一个严重的问题。"根据许多著名的儿童心理学家的说法，这种对幸福和成就的关注对儿童产生了不幸的负面影响。正如韦斯伯德所说："大多数父母着重培养孩子的自尊心，但或许我们的首要目标应该是让孩子们成为好人。只关注自身的幸福并不能让他们更快乐，而如果他们学会关心他人，与他人建立良好持久的关系，没有比这更好的幸福之路了。"

在帮助青少年时，父母需要平衡"引导"和"支持"二者，这与幼儿所需的帮助是非常不同的。但如果父母想要培养健康的成年人，他们需要尽力达到这种平衡。在我的书《棉花娃娃》中，有很多例子表明，父母高涨的情绪和超乎寻常的努力会直接导致孩子无助、不满和焦虑。有证据表明，孩子在现实生活中拥有的独立性和空间越大，他们就越不需要在网上社交。研究者丹娜·博伊德（Danah Boyd）指出："对孩子的行动限制越多……他们使用电话和网络的次数就越多。"因此，父母必须确保他们的孩子在社交生活中有独立的能力，而不是完全依赖科技。学会处理"浅水区"的问题，他们才能在成年后更好地面对"深水区"。

整体治疗

整体治疗是有效的，因为它注重在治疗中使整个人和谐发展。同样地，对于霸凌问题，我们也可以采取一种“整体治疗”的方法，以确保所有的身体、心理和社会因素都得到考虑，从而找到真正可行的解决办法。

我不得不写这本书的主要原因是，对于那些孩子成为被霸凌者的父母来说，能得到的实际帮助太少了，而这种帮助的缺乏给许多家庭造成了巨大的痛苦。媒体经常强调霸凌的“流行”，而不提供解决办法或更深入地了解情况。同样，好心的人让朋友们一起在社交媒体上评论“阿门”或其他陈词滥调，试图突出霸凌问题。然而，这些行为没有任何帮助，只是在没有制定解决策略的情况下制造了恐慌和紧张。

这些对霸凌行为的无效的、不集中的关注导致了负面的后果：许多人哭喊着受到了霸凌，而他们经历的根本不是霸凌。这可能只是一场争斗或两个人之间不断扩大的冲突，但称其为霸凌会把一个可控的问题变成一场势不两立的、痛苦的指责。让孩子认识到关系中的冲突是成长过程中的必由之路，也是父母的重要责任。

虽然我们可以在一旁指导、鼓励孩子，但我们不能掌控孩子的生活，我们不能，也不应该替他们做人生的决定。同样，虽然我们需要允许孩子犯错误，但我们也需要确保他们没有受到过度的伤害，并时刻准备好与他们站在一起。音乐家兼演员科林·海伊（Colin Hay）说过：“在塑造性格和摧毁灵魂之间有一条微妙的线。”父母的任务就是要让自己始终站在正确的一边。

作为父母，如果我们能够帮助孩子发展出更丰富的情感词汇，孩子就能更好地提升自己的自信和社交技能，在青少年的世界中保持完整的自我意识。情商可以被定义为一个人管理自己和他人情绪的能力。当人们面对复杂的社交情境时，高情商的人往往拥有更强的情绪调节能力和问题解决能力，能够因地制宜运用他们的能力。提升情商、自信、社交技巧和思考深度可能不是特别容易——但生活中大多数有价值的事情都不是容易的！

亚里士多德说过："每个人都会发怒，这很简单，但是对恰当的人，在恰当的时间，以恰当的动机，用恰当的方法，表达恰当程度的愤怒，并不是每个人都能做到的易事。"希望这本书能帮助父母和孩子培养这种能力，使他们拥有更强的情感洞察力，在社交上更熟练，并最终战胜霸凌。

致谢

当我的朋友、家人认为心理治疗师的工作是在某种程度上消耗或是削弱我时，我常常感到困惑并且不知道如何回应他们。因为事实恰恰相反，到目前为止，我的工作总是充满活力和鼓舞人心的，与我一起工作的来访者都会敏锐且大方地寻求帮助，并且愿意面对这一路上出现的各种阻碍。如果不是我有幸遇到了这些来访者，就不会有这本书，我想借此机会向他们表达衷心的感谢。

如果不是莎拉·林迪的卓识和参与，这本书就不会达到出版的标准，所以也谢谢她。我还要感谢希拉·阿姆斯特朗、特蕾莎·戴莉和吉尔图书公司的每一个人，感谢他们的睿智和辛勤工作。

感谢我亲爱的亨利和孩子们——罗伊辛和穆里斯，再次感谢你们对这本书的宽容和耐心。也感谢杰出的作家努阿拉·奥康纳，她如此善良地引导我走上出版的正确道路，感谢凯瑟琳·林奇的慷慨，感谢我的朋友、治疗师和知己菲奥娜·霍班的洞察力和真诚的鼓励。最后，对我的妈妈、我的家人和朋友们致以无尽的感谢。

浙江省教育厅大学生思想政治教育专项课题
“高校学生社区应对突发事件的韧性评估研究”（Y202250924）
国家社科基金重大项目
“边疆地区非传统安全法治体系研究”（20&ZD176）
国家社科基金一般项目
“美国科技巨头对全球安全治理的嵌入路径及其启示研究”（22BGJ004）

非传统安全能力建设丛书

余潇枫◎主编

非传统安全与非常态危机应对

A STUDY OF RESPONDING NON-TRADITIONAL SECURITY THREATS AND ABNORMAL CRISIS

潘临灵◎著

中国社会科学出版社

图书在版编目（CIP）数据

非传统安全与非常态危机应对／潘临灵著．—北京：中国社会科学出版社，2023. 1
（非传统安全能力建设丛书）
ISBN 978－7－5227－0680－1

Ⅰ. ①非…　Ⅱ. ①潘…　Ⅲ. ①国家安全—研究—中国　Ⅳ. ①D631

中国版本图书馆 CIP 数据核字（2022）第 144554 号

出 版 人　赵剑英
责任编辑　张　林
特约编辑　肖春华
责任校对　季　静
责任印制　戴　宽

出　　版　中国社会科学出版社
社　　址　北京鼓楼西大街甲 158 号
邮　　编　100720
网　　址　http://www. csspw. cn
发 行 部　010－84083685
门 市 部　010－84029450
经　　销　新华书店及其他书店

印　　刷　北京明恒达印务有限公司
装　　订　廊坊市广阳区广增装订厂
版　　次　2023 年 1 月第 1 版
印　　次　2023 年 1 月第 1 次印刷

开　　本　710×1000　1/16
印　　张　10. 25
插　　页　2
字　　数　163 千字
定　　价　56. 00 元

总　　序

“非传统安全能力建设丛书”在继“非传统安全与现实中国丛书”“非传统安全与平安中国丛书”“非传统安全与当代世界译书”出版以及“非传统安全研究”相继出刊后又与读者见面了，该丛书近十年来相继出版了近十部著作，这不能不说是我国非传统安全理论研究的又一标志性进步。

人类发展史说到底就是一部人类本于安全、基于安全、为了安全的“安全发展史”。安全从“传统”向“非传统”扩展，是20世纪后半叶以降全球安全形势的一大特征。如果说传统安全主要是关涉主权与政权的国土安全、军事安全与政治安全的话，那么非传统安全主要是关涉社会与民生的经济安全、文化安全、社会安全、科技安全以及新兴领域安全。随着全球化的推进，挑战人类的非传统安全问题、威胁、危机超乎意料地接踵而来，甚至以军事武力为标志的传统战争也开始向“不对称战争”“超限战争”“金融战争”“网络战争”“混合战争”等“非传统战争”形式扩展。从整个人类安全演化的历史走向、现实挑战与未来图景来看，安全问题是“广谱的”“交织的”“聚合的”。新时代更要求我们“建设更高水平的平安中国，以新的安全格局保障新的发展格局”。

现实中，传统安全与非传统安全是相互交织、相互转化、相互替代的，能否统筹好传统安全与非传统安全，标志着全球安全治理能力高低与可持续安全实现的程度。在全球化的语境下，安全是一个具有总体性、交织性、动态性与强弱性的社会场域，国家安全的不同领域不仅紧密关联而且不可分割。总体国家安全观涵盖传统安全和非传统安全，并创设了这样一个“安全之境”：安全是一种跨越边界的状态，因而既要重视外部安全，又要重视内部安全；安全是一种相互关联的结构，因而既要重视国土安全，又要重视国民安全；安全是一种整合关系的场域，因而既要重视传统安全，又要重视非传统安全；安全是一种不可或缺的条件，因而既要重视发展问题，又要重视安全问题；安全更是一种普世共享的价值，因而既要重视自身安全，又要重视共同安全。因此，在总体国家安全观中，离散的、局部的、本位的、传统的安全理解被超越和提升，安全不仅仅是一个个“事件”，还是“社会场域”中的一种“条件”、一种“结构”、一种“价值”，因而要维护国家总体安全就必须统筹好传统安全与非传统安全。

中国先哲的警示之言“危者使平，易者使倾”对我们启示意义重大，其出自《易经·系辞》，“危者”指感受到危险者，“易者”指大意轻敌者，含义可理解为：时时警惕危险的居安思危者能平安无事，无视或轻视生存环境隐藏风险者会倾覆无存。面对全球安全治理深陷“安全困境”的当下，是否有危机意识与应对危机的治理能力至为关键。安全能力建设的目的在于掌握安全与发展的主动权，有效解决影响党长期执政、国家长治久安、人民幸福安康的突出矛盾和问题，健全作为人民生活安全网的社会保障体系，推动建设一个持久和平与普遍安全的世界。

本书聚焦于安全治理的“能力建设”，应该说是在非传统安全理论研究的概念界定、问题排序、特点描述、专题探讨、对策思考基础上的积极推进，是对非传统安全能力建设的理论建构与实践探索。但这些努力尚是初步的，有待于学界同仁们的研判与指正，有待于政府领导们与社会有识之士的关注与批评，也有待于各类安全研究者及安全工作者的辨识与完善。但愿本丛书能为中国式现代化建设中的“平安中国”与“美丽中国”打造，为人类持久和平与世界普遍安全目标的推进奉献思想之光。

余潇枫
于浙江大学求是园
2023 年 1 月 1 日

目　　录

第一章

导　论

第一节　背景、目的与意义

一　选题背景

在全球风险社会与中国社会加速转型的双重语境下，我国面临的非传统安全威胁逐步加剧。在非传统安全威胁应对过程中，存在一种现有条件无法应对的，会产生复合性、系统性和异质性冲突结果的危机，即“非常态危机”。“国泰民安”历来是中国社会的最高追求，其中“国泰”主要来自政治安全与主权安全，“民安”主要是指生存安全与发展安全。本书旨在剖析应对“国泰民安”直接相关的非传统安全与非常态危机问题，即在非传统安全威胁日益严峻的背景下，如何识别由于非传统安全威胁所引发的危机，并从中区分出现有的“常态化管理”能够应对的“常态危机”与其无法应对的“非常态危机”，以及如何通过妥善应对该类危机以提高国家安全治理能力。

本书研究的课题具有深刻现实背景与理论背景。**首先，本研究的现实背景体现在以下三个方面。**

一是国内社会问题复杂化。当前非传统安全威胁严峻，危机的发展与演变呈现“非常态”特征，“治理失灵”时有发生，互联网广泛传播促进危机失控态势，对当前治理有效性产生重大考验。从党的十六大报告中第一次正式提出“非传统安全”至中央国家安全委员会第一次会议中强调非传统安全在“总体国家安全观”中的重要地位，又至党的十九大报告中提出“统筹应对传统和非传统安全威胁”，中国政府对非传统安全的重视逐渐提升。客观地说，在当今“和平与发展”为主题的时代背景下，我国遭受战争和军事入侵的可能性较小，但“恐怖主义、网络安全、重大传染性疾病、气候变化等非传统安全威胁持续蔓延，人类面临许多共同挑战”①，非传统安全威胁成为当前我国较为现实、极为重大的安全挑战。伴随社会转型的加速推进，国内社会问题复杂化表现在各个领域：社会突发群体性事件频率升高，如“甘肃陇南事件”等利益相关者通过扰乱社会秩序、非正常上访、聚众游行等方式直接表达意愿，如贵州“瓮安事件”等无直接利益性群体仅为“打抱不平”或“宣泄不满情绪”而引发群体事件；人为性灾难时有发生，“8·12 天津滨海新区爆炸事故”“2008 年中国奶制品污染事件”等突发事件在应对中由于信息传播不畅、无直接部门负责、相关负责人推诿等原因造成重大损失和极其恶劣的社会影响。危机呈现出更多源头、更易演变、更难消解的“非常态”特征，并由于“治理失灵”导致恶化。特别值得一提的是，上述现实中的危机事件的演变均以互联网的传播为媒介。与历史上任何时期相比，新闻报道，尤其是互联网上的新闻报道对社会的渗透力和影响力越来越大。随着互联网的发展与进步，一方面新闻媒体成为公众即时了解社会不确定性与感知非传统安全问题的直接途径，并以此作为处理社会事务的主要途径；另一方面公共舆论传播也成为一种危机制造的过程。由于非传统安全威胁“安全化不当”而引发的复合性、系统性和异质性冲突的危机，使得当前中国社会的“脆弱性”进一步凸显，社会系统恢复平衡状态能力的“社会韧性”受到极大考验。

二是国际安全态势高危化。当前愈加复杂与动态的国际形势威胁我国内部安全，“在危机中”已成为对当前全球安全态势的普遍共识。进入 21 世纪后，全球不确定性因素增多导致风险无处不在，全球范围非传统安全威胁日益增多。总的来说，金融危机对世界经济重大冲击的余震犹在，逆全球化浪潮不断抬头，霸权主义不断上升，各类恐怖

① 《习近平在中国共产党第十九次全国代表大会上的报告》，《人民日报》2017 年 10 月 28 日第 1 版。

主义威胁迭起，局部动荡，世界处于潜在战争威胁中：一方面，国际安全形势呈现出复杂化与综合化。如“9·11”事件及其后多起恐怖主义事件，呈现比较明显的军事化与准军事化结合、传统安全与非传统安全交织特征；突尼斯“阿拉伯之春”凸显了国民经济因素对当代国家安全的重要影响；2011年日本发生“3·14”大地震，其后导致福岛核电站发生泄漏事故造成巨大人员伤亡，暴露了自然与人为发展之间的冲突。另一方面，外部不安全因素直接或间接影响我国内部安全。随着全球化的深入，世界范围内的危机事件出现跨域性（Transboundary）特征[①]：美国实行贸易保护主义并试图将经济问题“政治化”给我国经济带来一定的负面影响，欧洲对中国海外投资限制影响我国海外利益，南亚地区“中巴经济走廊”建设持续受到恐怖主义威胁，影响“一带一路”的推进和我国企业海外利益的维护，中亚地区“三股势力”相互勾结带来极端恐怖，威胁我国地缘安全与边境稳定，非洲地区的持续动荡影响双方政治互信和海外劳工人身安全，澜沧江湄公河流域跨境毒品交易影响我国澜湄合作有效落实。随着“一带一路”倡议的深入实施，我国与周边国家的交往与交流日益紧密，外部风险与不安全因素直接或间接影响我国内部安全，以恐怖主义、地区冲突、跨国有组织犯罪，以及流行性疾病为主的非传统安全威胁给“一带一路”发展带来大量不确定性。复杂的安全形势给危机管理带来新的挑战，当前全球安全态势不容乐观。从极端意义上说，苏联解体、突尼斯政党垮台都是国家未妥善解决“非常态危机”致其恶化的结果，可以说在高危化国际形势下，是否能妥善应对“非常态危机”关系到国家存亡。

三是危机应对趋势综合化。我国在应对危机的理念、体制、机制和法制建设均有较大提升，但当前“生存性威胁”普遍存在，“非常态危机”仍有发生。随着我国社会主义市场经济的不断深入，阶段性的发展安全问题在经济转轨过程中不断暴露，我国自觉、综合的危机

① Boin A., Rhinard M., “Managing Transboundary Crises: What Role for the European Union?”, *International Studies Review*, Vol. 1, Nov 2008, pp. 1-26.

管理实践始于2003年“非典”事件。自此我国危机管理体系建设以“一案三制”为核心，以“应急管理”为主要任务，实现对重大危机事件的统筹管理。我国近年来在危机应对上呈现综合化趋势：在理念方面，“五大发展理念”的提出帮助重新审视发展不平衡、不均等、不充分而引发的危机；在体制方面，2003年后国家建立统一领导、综合协调、分类管理、分级负责、属地管理为主的应急管理体制。2018年3月17日组建应急管理部，将原分散的应急管理职能集中一体，实现应急管理由主要部门牵头，其他部门协同的综合应急管理模式；在机制方面，我国已形成一套相对完善的包括预警机制、决策机制、沟通机制、分级响应机制，以及资源调配机制在内的危机管理机制体系[①]；在法制方面，《突发事件应对法》作为非常态行政法律制度的基本法，对危机的预防与应急准备、监测与预警、应急处置与救援、事后恢复与重建等问题做了明确规定，在此基础上我国已形成以《突发公共卫生事件应急条例》为代表的应对自然灾害、事故灾难、公共卫生事件和社会安全事件的应急法律法规体系。尽管我国在危机应对理念、体制、机制和法制建设方面作了一系列重大探索，但是纵观当前社会现实，“生存性威胁”普遍存在，“非常态危机”仍有发生：如2014年国内互联网大面积瘫痪，危机应对中由于缺乏相应的法律与监管体制，大量关于“美国黑客攻击”“账号密码外泄”“世界网络大战”的不实言论引发政府信任危机；如2017—2018年连续爆发问题疫苗事件，政府以“应急管理”的理念应对，导致网络舆论危机爆发，公民政府公信力急剧下降；如2019年年末爆发“新冠肺炎疫情”，即属于一起典型的由公共卫生安全领域非传统安全威胁引发的危机，由于在短期内未得到有效控制，对我国经济和社会发展造成严重的影响。随着人口流动，疾病加速在世界范围内传播，截至2020年3月9日12时，已造成全球除中国外的104个国家和地区的28165例确诊病例，

---

① 钟开斌：《回顾与前瞻：中国应急管理体系建设》，《政治学研究》2009年第1期。

累计死亡 706 例。[①] 由此引发危机应对实践中的两个重要问题：其一，如何使得“常态危机”得以成功应对以避免其成为“非常态危机”；其二，如何应对已发生的“非常态危机”以免引发极端后果。

其次，本研究的理论背景体现在以下两方面。

一方面，危机理论研究在不断深化。危机研究是一个“现实需求驱动”[②] 的领域，只有当现实社会中的不确定性如风险、威胁和危险，被识别、认可与重视，才能引导研究的开展与政策的推进。客观世界中普遍存在风险、威胁和危险，由于人类认识的限制，人类对于过去的理解和对未来的预测总是模糊的，如何识别与抵消这些不确定性，关系到人类的未来的适应能力与当下的把控能力。但是，在变幻莫测的不确定性面前，人类与之抗衡的意识与能力明显虚弱。从 20 世纪初自然灾害研究到 20 世纪中期的国际政治危机研究，到目前针对非传统安全威胁的国内自然灾害与人为灾难研究，危机研究的对象随着社会变迁有了重大的改变，相应地，对于危机管理的认知也从注重危机应对到侧重危机预防，到目前被普遍接受的危机全过程管理。随着全过程管理被普遍认可，“风险”“威胁”与“危险”成为危机研究中的重要关键词，由此延伸出危机研究中的三大重要领域：风险感知、威胁识别与危机预警。目前较多研究者将关注点放在由“风险”引发的危机研究上，忽视了作为一种“半风险半现实”状态下的“威胁”直接引发的危机，忽视其作为“准危机”更易转化为“非常态危机”。与此同时，危机研究中一般将危机视为一个完整周期，以危机成功应对作为危机结果，未在其中分离出“初级危机”应对失败而引发的进一步危机。而危机管理本身的特殊之处在于，最成功的危机应对即是避免危机事件的发生，如此更进一步增加了判断危机应对效果的困难程度。

另一方面，非传统安全理论研究在近些年得到快速发展。我国官

---

① 《最新！中国以外累计确诊 28861 例》，https：//baijiahao. baidu. com/s? id = 1660670007243169879&wfr = spider&for = pc，2020 年 3 月 9 日。

② 吕孝礼、张海波、钟开斌：《公共管理视角下的中国危机管理研究——现状、趋势和未来方向》，《公共管理学报》2012 年第 3 期。

方和学术界已就非传统安全的概念、意义、现实等问题进行了全方位的探讨。非传统安全研究中的“中国学派”的建构，反映了中国学术界对西方非传统安全理论的接受、阐释和运用；反映了学者对中国古代优秀的文化典籍中相关安全思想的挖掘、分析和研究。其中较有代表性的有：“共享安全”范式、“清华路径”范式、“复旦模式”范式等，尤其是“共享安全”范式，以中国历史哲学为基础，以“和合主义”为具体内容[①]，较好地阐述了非传统安全研究“中国学派”的理论本质、价值维度和话语体系。研究中与“共享安全”理论范式相关联的理论有：“可持续安全”论、“国际共生”论、“创造性介入”论、“道义—实力”论、“系统—过程”论、“有效安全”论等。在范式基础上，学者们根据非传统安全威胁现实提出了几种代表性的识别方法，如时间识别、类别识别、过程识别和优先级识别。部分学者对非传统安全威胁下的危机管理进行了深入研究，提出了从非常态管理到常态管理的体系构建思路。非传统安全研究领域知名学者余潇枫、米红等，在研究中提出“非常态危机”概念，将其区分于“常态危机”。[②] 总的来说，非传统安全理论在中国已形成较大规模的研究，非传统安全研究与危机研究在融合中形成大量成果。但由于非传统安全威胁本身的模糊性和尤其引发危机识别的困难性，需要更为深入的理论研究。

二　研究目的

一是通过全面分析当前社会中面临的非传统安全威胁现实，提出非传统安全能力建设的战略意义。2003 年“非典”事件引起中国社会对非传统安全威胁的关注。随着社会不确定因素的增多，非传统安全威胁更加复杂多变，能否有效应对非传统安全威胁是政府能力强弱的

① 余潇枫、章雅荻：《和合主义：国际关系理论的中国范式》，《世界经济与政治》2019 年第 7 期。

② 余潇枫：《非传统安全治理能力建设的一种新思路——“检验检疫”的复合型安全职能分析》，《人民论坛·学术前沿》2014 年第 9 期；米红、冯广刚：《公共危机管理：理论、方法及案例分析》，北京大学出版社 2018 年版，第 29—31 页。

重要体现，由此凸显出非传统安全能力建设在国家安全能力建设中的必要性。

二是通过界定“非常态危机”的内涵，探究其生成机理、动态演化路径和影响因素。本书主要区分以下概念：“风险”“威胁”与“危机”，“非传统危机”“非传统安全危机”与“公共危机”，“常态危机”与“非常态危机”。根据危机产生源头将其区分为由“风险”引发的危机与由“威胁”引发的危机；根据其过程和结果表现区分“常态危机”与“非常态危机”。基于公共管理学中的“危机周期”理论、“公共治理”理论与非传统安全研究中的“人的安全”理论、“场域安全”理论、“安全化”理论，在理论上建立“非常态危机”的识别框架与影响因素，并通过实证分析厘清“非常态危机”演化中的具体成因。

三是通过研究并建构“非常态危机”应对体系，提升我国非传统安全治理能力。“非常态危机”的有效预判、预警与预防是提高社会韧性的重要途径。本研究以国家非传统安全能力建设为目标，从宏观视角对当前中国内源性“非常态危机”应对提出新思路，旨在通过研究“非常态危机”的应对路径，给建构“非常态危机”应对体系提供理论支撑。

三　研究意义

（一）理论意义

一是使非传统安全研究向更精细化发展。非传统安全研究涉及庞杂的研究对象，各类非传统安全威胁相互交织在复杂的社会系统中，相互影响、相互融合、相互制约、相互补充。本研究利用“场域安全”理论对当前中国社会面临的非传统安全威胁作统领性阐述，对当前面临的新特征和新形势作细致与微观的分析；利用“人的安全”理论对非传统安全威胁的涌现机理与动态演化作深入的剖析；利用“安全化”理论提出非传统安全威胁“安全化不当”的过程与恶劣结果；从“积极安全”角度构建非传统安全威胁和“非常态危机”的应对体系。总的来说，本研究将使非传统安全研究向更精细化发展。

二是使危机研究向更纵深化发展。本研究在现有危机的基础上，突破“危机周期”论，将“安全化”理论引入危机研究中，在研究中区分“常态危机”与“非常态危机”，着重研究“非常态危机”，对其内涵、特征、形成机理进行学理上的界定；从危机引发源区分由“风险”引发的危机与由“威胁”引发的危机，超越了传统危机研究中以“非现实”的“风险”为源头的传统路径；在理论上分析“非常态危机”的产生机理与演化机制，建构精确化的危机识别模型；利用Web数据挖掘技术对相关案例进行挖掘，建立相应案例数据库；利用清晰集定性比较分析法，分析“非常态危机”演变中的影响因素。总的来说，本研究使危机研究向更纵深化发展。

三是使非传统安全研究与危机研究更融合发展。非传统安全威胁的复杂性需要新的理论研究工具，危机研究的现实性需要新的研究视角。在目前的形势下，非传统安全研究已经远远超出了国际关系学的单一研究范畴，走向多元化和综合化。同时，非传统安全研究的对象日益庞杂，单一的视角和方法已经不足以对此进行深入的探讨，不同学科之间的交叉融合尤为重要。危机研究本身作为一门多学科融合的研究，在研究中引入非传统安全视角更是拓宽了其研究视野。

（二）现实意义

一是为政府解决当前非传统安全威胁问题提供了新路径。中国社会存在诸多复杂的非传统安全威胁，这一现实使得“国泰民安”最高愿望受到挑战。当前中国正处于社会转型期，受到国内外安全形势的影响，在特定的情境下国内外非传统安全威胁相互交织，社会安全不确定因素扩大，治理尺度相应变化。如何对非传统安全威胁准确把握？如何对由非传统安全威胁引发的危机的准确识别、预防与预警？如何在战略资源有限的情境下通过“精准治理”对“非传统安全危机”进行有效治理？是当前中国面临的重大而紧迫的系列问题。

二是为我国危机管理提供新思路与新路径。目前我国危机管理体系仍以“应急管理”为主导，“在纵向上呈现属地化管理，在横向上呈现综合化管理发展”[①]，在风险管理系统化和标准化、管理机构整体化和协调化、参与主体多元化和弹性化、后期反思制度化和长效化等方面存在欠缺[②]，如何构建具有有效预警机制、内部协调机制、合作机制、专业化组织、社会支持系统于一体的危机管理体系是危机研究中探讨的主要议题。在非传统安全威胁层出不穷的背景下，妥善应对由其引发的危机，并防止该类危机演化为“非常态危机”，为我国危机管理实践的重中之重。同时，本书从非传统安全能力建设角度重新审视我国危机管理的现状及未来趋势，比较符合当前现实。

三是为国家非传统安全能力建设提供智力支持与决策参考。我国目前的和平发展和国家安全前景很大程度上取决于对非传统安全威胁的把控。非传统安全已经上升为党中央的重大战略，研究非传统安全是服务国家战略需求。本书紧密围绕当前中国非传统安全威胁现状，关注其各子系统之间的相互影响和转化过程，有助于从总体上提升社会安全系数。同时，本研究将巩固中国特色非传统安全研究的话语体系，为非传统安全威胁应对能力提升和非传统安全能力建设提供理论支撑。

第二节　国内外相关研究述评

由于直接以“非常态危机”为主题的研究较少，根据本研究的意旨，本部分围绕以下主题进行述评：一是以“危机”为主题的研究；二是以“非传统安全”为主题的研究，尤其是以“非传统安全威胁”为主题的研究；三是围绕“应急”“灾害”“冲突”“风险”“突发事件”“不确定性”等与“危机”相似主题的研究，以及围绕“非军事安全”“非常规安全”“新威胁”等与“非传统安全”相似主题的研究。

---

① 钟开斌、林炜炜：《中国救灾体制的调整与变化：基于典型案例的比较研究》，《理论与改革》2018 年第 3 期。

② 容志：《风险防控型公共危机治理框架：模型及其应用》，《探索》2012 年第 4 期。

一 国外相关研究述评

（一）国外相关研究综述

国外相关研究主要包括四方面：危机研究的源起与发展；危机的内涵与内容；风险感知、威胁识别和危机预警；适应不确定性的韧性管理。

（1）危机研究的源起与发展

“危机”（Crisis）一词从希腊语“Krisis”演变而来，最早作为一个医学术语存在，指人濒临死亡、游离于生死之间的那种状态。[①]《朗文当代高级英语辞典》中对其解释是：“巨大的危险、困难或者情况不明的关键时刻”。[②] **危机研究源起于与灾害的抗争，经历了灾害研究、国际政治危机、国内自然灾害与人为灾难研究（以非传统安全威胁研究为主）、跨学科发展多元研究（非传统安全威胁研究深化）等几个发展阶段。**

第一阶段，灾害研究。人类与危机对抗最早、最朴素、最直接地反映在与灾难（Disaster）和自然灾害（Natural Hazard）抗争上，对危机的研究最早也体现在灾害防治研究中。1917 年塞缪尔·普林斯（Samuel Prince）以“哈利法克斯爆炸案”（Hailifax Explosion）为案例撰写博士论文，成为社会科学灾害研究的开山之作。[③] 1945 年吉尔伯特·怀特（Gilbert White）从自然灾害的生态适应角度撰写博士论文，拓展了倡导洪灾防治工程防御的传统自然灾害模式。[④] 此后，灾难和自然灾害从自然科学研究扩展到社会科学研究。政治科学和公共行政学研究的发展推动了灾害研究的发展，尤其是灾害研究中组织理论发

---

① Borodzicz E. Risk, Crisis and Security Management, Hoboken: Wiley, 2005.

② 朗文出版公司词典部编：《朗文当代高级英语辞典》，朱原等译，商务印书馆 1998 年版，第 353 页。

③ Prince S. H., “Catastrophe and Social Change: Based upon a Sociological Study of the Halifax Disaster”, *London P. s. king & Son Ltd*, 1920.

④ White G. F., *Human adjustment to floods*, Chicago: University of Chicago, 1945.

展。[①] 该阶段灾害研究得到迅速发展，灾害研究理论逐渐从传统的对抗灾害和控制灾害逐步向风险消减的转变，[②] 如恩里克·克兰特利（Enrico Quaranteli）从集体行动的研究出发，将灾难响应的实质定义为有组织的集体行动（Organized Collective Behavior），尤其是其对突生组织（Emergent Organization）的研究是对组织理论的重要补充。[③]

第二阶段，国际政治危机。1962 年古巴导弹危机将危机研究的热点从自然灾害研究转向了国际政治危机研究，危机管理发展成为国际政治研究的传统课题。格拉哈姆·艾利森（Graham Alison）从决策角度描绘古巴导弹危机应对过程与互动，并提出国际政治危机应对的三个研究对象，即国家等理性行为体、组织接收信息和采取行动的过程、领导者等个人决策者，论述危机决策的三种类型，包括理性行动视角、组织行为视角和官僚政治视角，为解决国际政治危机提供了良好的借鉴模式。但其视角仅能用来解读古巴导弹危机，而非用于广泛的危机决策。[④] 如查尔斯·赫尔曼（Charles F. Hermann）从行为研究角度研究国际政治中的危机；[⑤] 如迈克尔·布雷彻（Michael Brecher）运用“压力—应对—决策模型”（Stress-Coping-Choice Model）来分析国际危机中的国家行为[⑥]。此阶段的危机研究多以决策者角度出发，危机应对成为决策者在短时间、高强度、高不确定性情况下作出决策的一种情景应对，决策者个人的能力判断与决策行为预测成为此阶段危机研究的重点。在危机情景下，决策者的个性、性格、心理活动过程对于危机管理有重要意义，由此生理学和心理学等学科引入到危机研究中来。如格雷戈里·哈里克（Gregory Herek）等从决策者心理角度分析，

---

① Thomas Drabek, *Disaster in Aisle* 13 *Revisited*, *in Dynes R. R.* , *Tierney K. J. Disasters*, *Collective Behavior*, *and Social Organization* , University of Delaware Press, 1994.

② Wiener J. D. , “Research Opportunities in Search of Federal Flood Policy”, *Policy Sciences*, Vol. 29, No. 4, 1996, pp. 321 – 344.

③ Quaranteli E. L. , *Organization under Stress*, the Ohio State University, 1966.

④ Graham Allison. , *Essence of decision*: *Explaining the Cuban Missile Crisis*, Little, Brown and Company, 1971.

⑤ Hermann C. F. , *International Crises*: *Insights From Behavioral Research*, Free Press, 1972.

⑥ Brecher, M. , “State Behavior in International Crisis: A Model”, *Journal of Conflict Resolution*, Vol. 23, No. 3, 1979, pp. 446 – 480.

认为人在复杂形势下的判断能力是有限的，危机对于决策者造成心理与生理压力是存在的，这种压力的存在是危机决策与一般决策的不同之处。[①] 在此类研究中，危机成为引起变化的变量，决策者成为观察的对象，决策成为决策者在受到刺激即在危机情景下做出的反应。

第三阶段，国内自然灾害与人为灾难研究，此阶段危机研究的对象大多数与非传统安全威胁有关。20 世纪 90 年代左右，全球安全形势最大的变化是逐渐摆脱冷战阴影，安全研究的主要内容随之发生变化。理查德·乌尔曼（Richard Ullman）在《重新定义安全》中把贫困、疾病、自然灾害和环境退化等纳入了安全概念范畴之中。[②] 西方学者提出“非传统安全”（Non-traditional Security）、“非军事安全”（Non-military Security）、“全球安全”（Global Security）、“综合安全”（Comprehensive Security）、“共同安全”（Common Security）、“人类安全”（Human Security）等概念，希望能从概念层面上回答安全形势变化的问题，其中最有代表性，也得到最多认可的即为“非传统安全”概念。泰瑞·特里夫（Terry Terriff）在《当代安全研究》中对安全内涵重新分类，并通过非传统安全视角对环境、移民、犯罪、经济等问题进行论述。[③] 史蒂夫·斯密斯（Steve Smith）对非传统安全内涵进行重新分类，认为非传统安全涉及军事安全以外的政治、经济、社会、文化、环境等诸多领域中的问题，其目标是对国家及人类生存和发展的利益给予维护，其威胁可能来自国内或国外，可能来自相互作用，也可能是人为破坏或是自然灾害的结果。[④] 在此背景之下，气候变化、能源短缺、粮食问题等非传统安全威胁成为研究的重点，与此相应地，非传统安全威胁成为危机研究的主要内容。随着技术的进步和应对条件的成熟，学者逐步利用技术手段开展自然灾难和人为灾害的研究，

---

① Herek G. M., Janis I. L., Huth P., “Decision Making during International Crises: Is Quality of Process Related to Outcome?” *Journal of Conflict Resolution*, Vol. 31, No. 2, 1987, pp. 203－226.

② Ullman R. H., “Redefining Security”, *International Security*, Vol. 8, No. 1, 1983, pp. 129－153.

③ Terry T., *Security Studies Today*, Cambridge: Policy Press, 1999.

④ Steve S., “The end of the Unipolar Moment ? September 11 and the Future of World Order”, *International Relations*, Vol. 16, No. 2, 2002.

如利用灾害事件概率分布（Event Probability Distributions）与损害可能概率函数（Damage Probability Functions），评估洪水、风暴、地震和工业风险等灾害①；如“压力 - 释放”模型（Pressure And Release Model，PAR）在自然灾害研究中的运用，认为灾难在政治和经济原因上，主要是受到自然的危险源与社会的“脆弱性”（Vulnerability）共同作用，即权力与资源的可得性差别造成社会群体处于不安全的状态，该状态与灾害事件的结合是造成灾害结果的原因。② 同期，由于政治经济全球化进程的加快，海湾战争、亚洲金融风暴、电脑病毒传播等人为灾难爆发，人为灾难呈现高可能性、高消耗、世界性、可预防、可降低的特点③，“人为灾害模型”（Man-made Disasters model）等概念被提出④，技术与组织失灵之间的相互作用成为问题的关键⑤。

第四阶段，跨国家跨学科发展多元研究。进入 21 世纪，随着经济全球化的深入，国外危机研究呈现出跨国界的研究趋势，多学科交融的研究方法在研究中广泛使用，非传统安全威胁作为研究对象在研究中进一步深化。跨国家和地区问题的兴起深化了非传统安全研究的重要性，如撒赫尔·哈美立（Shahar Hameiri）等在研究中认为非传统安全并非一种新的威胁，而是根深蒂固在国家制度与国家行为中，跨国活动加深加速了非传统安全问题的传递，已对国家治理尺度产生挑战。⑥ 此阶段，由自然灾害、公共卫生事件、公共安全事件、事故灾难等作为触发点所引发的复合型危机使得对危机应对能力的考验加大，如卡特里娜飓风显露出政府应急能力和舆论应对的考验、SARS 事件

---

① Tiedemann H.，“Disaster Prevention and Mitigation：Some Prerequisites”，*Disaster Prevention & Management*，Vol. 1，No. 1，1992.

② Wisner B.，*At Risk：Natural Hazards，People's Vulnerability and Disasters*，De Gruyter，2004.

③ Tansel B.，“Natural and Manmade Disasters：Accepting and Managing Risks”，*Safety Science*，Vol. 20，No. 1，1995，pp. 91 – 99.

④ Barry A. Turner，*Man-Made Disasters*，London：Wykeham，1978.

⑤ Pidgeon N.，O'Leary M.，“Man-made Disasters：Why Technology and Organizations（sometimes）Fail”，*Safety Science*，Vol. 34，No. 1，2000，pp. 15 – 30.

⑥ Hameiri S.，Jones L.，“The Politics and Governance of Non-Traditional Security”，*International Studies Quarterly*，Vol. 57，No. 3，2013，pp. 462 – 473.

显露出对政府大众媒体运用能力的考验、日本核泄漏科技伦理的考验、"9·11"事件引发对恐怖主义治理和人类认同维护的考验，进一步促进危机研究的跨学科发展。大数据、复杂性理论、运筹学等理论在危机管理中得到充分的运用，如对大数据使用内容分析①、趋势分析②等方法追求其间相关关系；研究运筹学与管理科学（OR/MS）在恐怖主义应急响应系统中的作用；③ 利用运筹学模型（Operations Research Models，ORM）来提高准备和应对重大突发事件的能力，利用数据挖掘和统计推断为信息收集提供更准确的途径；④ 灾害管理理论和组织网络理论（Organize Network Theory）在自然灾害事件研究中的应用；⑤ 问题网络类型学（Issue Network Typology）在跨国公共卫生危机决策中的应用；⑥ 灾害控制管理（Disaster Operation Management，DOM）研究、多主体研究（Multi-agent Research）、数据包络分析（Data Envelopment Analysis，DEA）、模糊系统（Fuzzy System）、系统动力学（System Dynamics）等方法的运用；⑦ 此阶段其他代表性的理论有路易丝·康富（Louise K. Comfort）的"系统适应系统"（Complex Adaptive System）、威廉·沃（William L. Waugh）的"合作应急管理"（Cooperative Emergency Management）、唐纳德·莫尼汉（Donald Moynihan）

---

① Cynthia Chew G. E.，"Pandemics in the Age of Twitter：Content Analysis of Tweets during the 2009 H1N1 Outbreak"，*Plos One*，Vol. 5，No. 11，2010，p. 14118；Pohl D，Bouchachia A，Hellwagner H. Automatic sub-event detection in emergency management using social media［C］. International Conference on World Wide Web. ACM，2012：683－686.

② Mike Thelwall，Kevan Buckley，Georgios Paltoglou.，"Sentiment in Twitter Events"，*Journal of the American Society for Information Science and Technology*，Vol. 2，2011，pp. 406－418.

③ Green L. V.，Kolesar P. J.，"Improving Emergency Responsiveness with Management Science"，*Management Science*，Vol. 50，No. 8，2004，pp. 1001－1014.

④ Larson R. C.，Metzger M. D.，Cahn M. F.，"Responding to Emergencies：Lessons Learned and the Need for Analysis"，*Interfaces*，Vol. 36，No. 6，2006，pp. 486－501.

⑤ Benini A. A.，"Network Without Centre? A Case Study of an Organizational Network Responding to an Earthquake"，*Journal of Contingencies & Crisis Management*，Vol. 7，No. 1，2010，pp. 38－47.

⑥ "Beyond Policy Networks：Policy Framing and the Politics of Expertise in the 2001 Foot and Mouth Disease Crisis."，*Public Administration*，Vol. 88，No. 2，2010，pp. 331－345.

⑦ Altay N.，Iii W. G. G.，"OR/MS Research in Disaster Operations Management"，*European Journal of Operational Research*，Vol. 175，No. 1，2006，pp. 475－493.

的“危机网络治理”（Crisis Network Government）理论等。

相应地，危机管理研究经历了三个发展阶段，从注重危机结果应对到侧重于危机预防，到目前普遍接受的全过程管理。第一阶段的典型观点认为危机管理的任务在于把危机事件控制在一定的范围内①。**第二阶段**，如史蒂文·芬克（Steven Fink）在《危机管理》一书中提出了危机生命周期的“F 模型”，将危机分为四个时期，即潜伏（Prodromal）、爆发（Breakout）、蔓延（Chronic）和解决（Resolution），预防危机发生的手段与措施从此也纳入危机管理中；② 同样地，罗伯特·希斯（Robert Heath）总结了危机管理的“4R 模型”，即减少（Reduetion）、预备（Readiness）、应对（Response）、恢复（Recovery）；③ 美国联邦危机管理委员会（Federal Emergency Management Agency）提出将危机管理分为 MPRR 四阶段，即舒缓（Mitigation）、准备（Preparedness）、应对（Response）和复原（Recovery）。以上四阶段论将危机研究从侧重于危机应对拓展到重视对危机的预防。**第三阶段**，在“F 模型”“4R 模型”的基础上，伊恩·米特若夫（Mitroff Ian）和克里斯提娜·帕森（Pearson Christine）提出第五阶段即“学习”阶段，将危机周期扩展到五阶段论；④ 诺曼·奥古斯丁（Norman Augustine）总结出危机管理的六阶段模型，即危机避免（Avoiding the Crisis）、应对准备（Preparing to Manage the Crisis）、危机确认（Recognizing the Crisis）、危机控制（Containing the Crisis）、危机解决（Resolving the Crisis）、危机中获利（Profiting from the Crisis）。⑤ 包含危机管理预防、应对与反思的全过程管理模式已成为国际社会普遍接受的危机管理模式。

---

① 罗伯特·希斯：《危机管理》，王成等译，中信出版社 2001 年版，第 18—19 页。

② Fink S.，“Crisis Management：Planning for the Inevitable”，*American Management Association*，1986.

③ 罗伯特·希斯：《危机管理》，王成等译，中信出版社 2001 年版，第 32 页。

④ Mitroff Ian I.，Pearson C. M.，*Crisis Management：A Diagnostic Guide for Improving Your Organization's Crisis-Preparedness*，San Francisco：Jossey Bass，1993.

⑤ Augustine N. R.，“Managing the Crisis you Tried to Prevent”，*Harvard Business Review*，Vol. 36，No. 6，1995.

表 1.1　　　　危机发展阶段、研究对象、应对方式及代表人物

时期	阶段	研究对象	应对方式	代表人物
20 世纪初期—20 世纪中期	灾害研究（Disaster, Natural Hazard）	自然灾害	侧重于危机应对	Samuel Prince, Gilbert White
20 世纪中期—20 世纪末期	国际政治危机（International Political Crisis）	传统安全威胁	侧重于决策与危机预防	Graham Alison, Charles Hermann, Gregory Herek
20 世纪末期—21 世纪初期	国内自然灾害与人为灾难研究（Natural and Man-made Disasters）	非传统安全威胁	重视危机预防与全过程管理的提出	Herbert Tiedemann, Ben Wisner, Berrin Tansel, Steven Fink, Robert Heath
21 世纪初期至今	跨学科发展多元研究（Interdisciplinary Research）	非传统安全威胁		Louise K. Comfort, William L. Waugh, Mitroff Ian, Pearson Christine, Norman Augustine

（2）危机研究的内涵与内容

危机研究领域实际上是一个“大杂烩”，对于危机内涵的认识直接影响危机研究内容。**国外学者一般从三个角度理解危机的内涵。**

一是从破坏性的角度定义危机。如查尔斯·赫尔曼（Charles F. Hermann）认为危机是“威胁决策制定首要目标，是制约决策改变之前可用的反应时间，使决策制定机构的成员对其发生感到震惊的一种事件”①；伦斯·巴顿（Laurence Barton）将危机定义为“引起潜在负面影响的、具有不确定性的大事件”②；查尔斯·斯特巴特（Charles I. Stubbart）认为危机是一个难以定义、高度不确定、复杂、情绪化的事件；③ 威廉·沃（William L. Waugh）等将社会危机研究归入人为灾

---

① Hermann C. F., *International Crises: Insights from Behavioral Research*, Free Press, 1972.

② 伦斯·巴顿：《组织危机管理》，符彩霞译，清华大学出版社 2002 年版。

③ Stubbart C. I., “Uncertainty, Complexity, Conflicts of Interest, Emotional Involvement and the Quality of Crisis Thinking”, *BEBR Faculty Working Paper*, 1986.

难（Manmade Hazards）进行讨论，直接将危机的性质判断为是一种灾难。[1]

二是从社会建构角度定义危机。如路易丝·康富（Louise K. Comfort）认为危机是一个复杂的、适应性的系统，需要调整其性能，以适应不断变化的环境需求，危机管理系统的形成与完善源于风险检测、风险识别与解释、风险多组织沟通、自组织动员和社会反映系统回应和建构；[2] 爱德华·摩尔斯（Edward Morse）从国家层面描述危机，认为其是“一种需要一国或多国在短时间内做出政策选择的情况，这种选择来自于一种彼此具有高度不兼容的价值目标的建构”[3]。

三是从社会系统的结构点角度定义危机。如乌里尔·罗森塔尔（Uriel Rosenthal）在《应对危机：灾难、暴乱和恐怖行为管理》中将“危机”定义为“一个社会制度的基本结构或者根本价值和制度范式所产生的严重威胁，在时间压力和高度不确定的情况下，这一威胁使得关键选择的做出成为迫切的需要”，认为危机是一种社会系统中存在的高度不确定性的过程，将危机议题从政治议题引向管理议题，推动危机管理研究的实质发展；[4] 理查德·基姆斯（Richard K. James）等认为危机是一种“持续性的状态”，危机当事人认为危机是某一个时间或者境遇是个人资源和应对机制所无法解决的困难，除非其及时缓解，否则会导致情感、认知和行为方面的功能失调，危机由此可以区分为发展性危机、情境性危机、生存性危机和环境性危机，并由此提出“危机干预策略”（Crisis Intervention Strategies）。[5] 从这个意义上危险同时具有普遍性与特殊性相结合特征，意味着危险与机遇并存

---

① William L. Waugh, Jr., Ronald John Hy. *Handbook of Emergency Management*, Greenwood, 1990.

② Comfort L. K., “Crisis Management in Hindsight: Cognition, Communication, Coordination, and Control”, *Public Administration Review*, No. 1, Vol. 67, 2010, pp. 189 – 197.

③ Morse E. L., “Crisis Diplomacy, Interdependence, and the Politics of International Economic Relations”, *World Politics*, Vol. 1, No. 1, 1972, pp. 123 – 150.

④ 乌里尔·罗森塔尔、迈克尔·查尔斯、保罗特·哈特：《应对危机：灾难、暴乱和恐怖行为管理》，赵凤萍译，河南人民出版社2014年版，第11页。

⑤ 理查德·基姆斯、波尔·吉利兰：《危机干预策略》，高申春等译，高等教育出版社2009年版。

内涵。

关于危机研究的内容主要集中在四方面：危机间学习、危机传播、危机应对和治理失灵。

一是危机间学习（Inter-crisis Learning 或 Learning from Crisis）。是指由一个或多个危机引发的经验吸取，并为准备下一次的危机做出改变的过程。[①] 学者们主要讨论如何开展危机间学习和影响危机间学习的因素两个问题。关于如何开展危机间学习，学者们主要致力于寻找其途径，如巴瑞·特纳（Barry Turner）等认为危机学习是基于对过去危机教训学习和对未来危机可能预测，现实中许多复杂系统的危机因其“高频度—低重复”的特点，导致教训的汲取难度很大，只有通过危机间学习寻找其共同特征，由此提出危机学习模型以减少因“社会—技术”失败而导致的危机，可以增强预防能力；[②] 詹姆斯·马尔希（James G. March）等认为在模糊、不确定的情境下，无法从明确的经验中建立一个简单的完整的学习周期模型，危机学习需要信息暴露、记忆检索、学习动机、信仰结构以及组织信念等要素；[③] 多米尼克·埃利奥特（Dominic Elliott）认为危机学习需要明确政策制定与实践、理论和行动的分离，并从儿童保护服务失败的案例中分析政策、规则、标准应用于危机学习过程；[④] 赫尔吉·丽娜（Helge Renå）等从制度渠道研究政府从如何危机事件中汲取教训，讨论了关于危机学习的关键机构网站，即调查委员会。[⑤] 关于影响危机间学习的因素，学者主要着力寻找阻碍与促进危机间学习的因素，如文化对危机间学习的阻碍

---

① Deverell E.，“Crises as Learning Triggers：Exploring a Conceptual Framework of Crisis-Induced Learning”，*Journal of Contingencies & Crisis Management*，Vol. 17，No. 3，2010，pp. 179 - 188.

② Berry T.，Brian T.，*Organizational Learning from Disasters：Crisis Management Systems and Structures for Prevention and Recovery*，Oxford，2006，pp. 191 - 204.

③ March J. G.，Olsen J. P.，“The Uncertainty of the Past：Organizational Learning Under Ambiguity”，*European Journal of Political Research*，Vol. 3，No. 2，1975，pp. 147 - 171.

④ Elliott D.，“The Failure of Organizational Learning from Crisis-A Matter of Life and Death?”，*Journal of Contingencies & Crisis Management*，Vol. 17，No. 3，2010，pp. 157 - 168.

⑤ Rena H.，Christensen J.，“Learning from Crisis：The Role of Enquiry Commissions”，*Journal of Contingencies and Crisis Management*，Vol. 1，2019，pp. 1 - 9.

作用[①]、沟通在组织学习中的促进作用[②]、政治因素影响危机间学习意义感知[③]等。

二是危机传播（Crisis Communication）。一般被定义为“在危机事件过程中介于组织和公众之间的传播”[④]，研究主要分为三个方面：①危机中信息沟通策略。一般以危机信息沟通原则和方式为主，如米迦勒·里杰斯特（Michael Regester）提出突发公共事件沟通中的“三T”原则，强调危机处理时把握信息发布的重要性：以我为主提供情况（Tell You Own Tale）、提供全部情况（Tell It All）、尽快提供情况（Tell It Fast）。[⑤] 在此基础上他提出危机管理的重点在于声誉管理，其目标在于与具有社会责任消费者、非政府世界秩序和企业社会责任的匹配与沟通。[⑥] 近期大量研究将政府部门作为研究主体，研究其使用社交媒体进行危机沟通的策略，如政府部门在危机传播中使用社交媒体[⑦]，在危机中使用新媒体与传统媒体的效果区别[⑧]等。②危机传播的过程及形式，主要从效果、媒介、受众等变量进行研究，如戴维·斯特奇斯（David L. Sturges）指出有效的危机传播是组织获得长期利益的工

---

① Cannon M. D., Edmondson A. C., “Failing to Learn and Learning to Fail (Intelligently): How Great Organizations Put Failure to Work to Innovate and Improve”, *Long Range Planning*, Vol. 38, No. 3, 2005, pp. 299–319.

② Smith D., Elliott D., “Exploring the Barriers to Learning from Crisis Organizational Learning and Crisis”, *Management Learning the Journal for Critical Reflexive Scholarship on Organization & Learning*, Vol. 38, No. 5, 2011, pp. 519–538.

③ 阿金·伯恩、保罗·特哈特等：《危机管理政治学：压力之下的公共领导能力》，赵凤萍等译，河南人民出版社2010年版，第30、162页。

④ Fearn-Banks K., *Crisis Communications: A Casebook Approach*, State of New Jersey: Lawrence Erlbaum Associates, 2002.

⑤ Regester M., *Crisis Management: How to Turn a Crisis into an Opportunity*, Hutchinson Business, 1987.

⑥ Regester M., Larkin J., *Risk Issues and Crisis Management: a Casebook of Best Practice*, Kogan Page, 2005.

⑦ Hughes A. L., St. Denis L. A. A., Palen L., et al., Online Public Communications by Police & Fire Services during the 2012 Hurricane Sandy [C], Conference on Human Factors in Computing Systems. ACM, 2014: 1505–1514.

⑧ Sora Kim, Brooke Fisher Liu., “Are All Crises Opportunities? A Comparison of How Corporate and Government Organizations Responded to the 2009 Flu Pandemic”, *Journal of Public Relations Research*, Vol. 24, No. 1, 2012, pp. 69–85.

具，满足公众在危机不同阶段的具体要求，危机每个阶段均有其主导传播内容；[①] 在当前社会媒体成为危机事件信息重要来源的背景之下，关于危机在媒体中传播和更新的研究逐渐增多，如使用社交媒体对危机事件信息追踪进行网络舆情监测与分析[②]，危机事件后社交网成员自发组织活动、传递信息、进行救援等[③]，社会运动者使用社交媒体表达意见、组织抗议、引发舆论等[④]。③特定危机事件中的传播，如针对公共卫生事件中的危机传播，学者通过分析其特性及沟通基本原则，提出以受众为中心、内外部沟通相结合、信息技术保障等解决途径。[⑤]

三是危机应对（Crisis Response）研究。危机应对研究聚焦在组织如何根据不同的危机类型选择不同应对方式，以最大限度挽救组织声誉。大部分研究关注在危机响应或应对的模式建构，如威廉·别诺特（William Benoit）提出形象修复理论（Image Repair Theory）将危机反应策略分为否认、推诿、降低行动、修正行动、后悔道歉五大类主

① Sturges D. L.，"Communicating through Crisis：A Strategy for Organizational Survival"，*Management Communication Quarterly*，Vol. 7，No. 3，1994，pp. 297 –316.

② Palen L.，Vieweg S.，Liu S. B.，et al.，"Crisis in a Networked World"，*Social Science Computer Review*，Vol. 27，No. 4，2009，pp. 467 –480；Acar A，Muraki Y.，*Twitter for crisis communication：lessons learned from Japan's tsunami disaster*，Inderscience Publishers，2011；Mike Thelwall，Kevan Buckley，Georgios Paltoglou.，"Sentiment in Twitter Events"，*Journal of the American Society for Information Science and Technology*，Vol. 2，2011，pp. 406 –418.

③ Tyshchuk Y.，Li H.，Ji H.，et al.，*The Emergence of Communities and Their Leaders on Twitter Following an Extreme Event*，Social Network Analysis-Community Detection and Evolution. Springer International Publishing，2014；Smirnov A，Levashova T，Shilov N，et al.，"Service-Coordinated Emergency Response Community"，Vol. 140，2012，pp. 220 –234.

④ González-Bailón S.，Borge-Holthoefer J.，Rivero A.，et al.，"The Dynamics of Protest Recruitment Through an Online Network"，*Scientific reports*，Vol. 1，2011，p. 197；Romero D M，Meeder B，Kleinberg J，. Differences in the Mechanics of Information Diffusion Across Topics：Idioms，Political Hashtags，and Complex Contagion on Twitter［C］，International Conference on World Wide Web，WWW 2011，Hyderabad，India，March 28 – April. DBLP，2011：695 –704.

⑤ Fischhoff B.，"Treating the Public with Risk Communications：A Public Health Perspective"，*Science Technology & Human Values*，Vol. 12，No. 3，1987，pp. 13 –19；Glik D C.，"Risk Communication for Public Health Emergencies"，*Annu Rev Public Health*，Vol. 28，No. 1，2007，pp. 33 –54.

策略;[①] 蒂莫西·库姆斯（Timothy Coombs）根据危机责任归因，将危机划分为受害型、意外型与内部可控型三类[②]，认为三类危机对应的组织责任归因与声誉影响程度均不同，危机类型决定危机框架（Crisis Frame）并影响危机管理行为（Crisis Management Behavior），由此情景危机沟通理论（Situational Crisis Communication Theory，SCCT）将危机应对策略分为否定型、淡化型、重塑型和支持型四类，强调不同情景要素的"适配性"，如受害型危机采取淡化型和否定型策略处理，意外型危机应采取重塑型和淡化型策略处理，内部可控型危机采取重塑型策略处理，适配性措施为预测利益相关者应对危机带来的声誉威胁提供一种精准机制;[③] 网络治理模式中的事件指挥系统（Incident Command Systems，ICS）旨在临时层次结构下的协调多个响应组织，在实践中得到充分广泛应用。[④] 其他研究关注声誉损失，并认为其是危机应对的直接后果[⑤]，主要关注如何对声誉损失作出评估，判断修复的实际效果并作出调整策略，如通过媒体报道分析其取向、范围、作用时间，用来评估声誉修复效果，调整应对策略。[⑥] 除此之外，针对特殊类别的危机，学者更专注于如何做到有效应对，如"跨域危机"

---

① Benoit W. L., *Image Repair Theory and Corporate Reputation*, Oxford: Blackwell Publishing Ltd, 2013.

② Coombs W. T., "Protecting Organization Reputations During a Crisis: The Development and Application of Situational Crisis Communication Theory", *Corporate Reputation Review*, Vol. 10, No. 3, 2007, pp. 163–176.

③ Coombs W. T., "An Analytic Framework for Crisis Situations: Better Responses From a Better Understanding of the Situation", *Journal of Public Relations Research*, Vol. 10, No. 3, 1998, pp. 177–191.

④ Moynihan D. P., "The Network Governance of Crisis Response: Case Studies of Incident Command Systems", *Journal of Public Administration Research & Theory*, Vol. 19, No. 4, 2009, pp. 895–915.

⑤ Schultz F., Utz S., Göritz A., "Is the Medium the Message? Perceptions of and Reactions to Crisis Communication via Twitter, Blogs and Traditional Media", *Journal of Medical Forum*, Vol. 37, No. 1, 2011, pp. 20–27.

⑥ Eccles R. G., Newquist S. C., Schatz R., "Reputation and its risks.", *Harvard Business Review*, Vol. 85, No. 2, 2007, p. 104.

(Trans-boundary Crisis)，主要特征是跨地域和跨功能边界[①]，由于其多主体协调的特点，决策者对于跨界威胁的重视程度影响决策过程的性质与危机应对方式。[②] 欧盟（European Union）作为最大的跨域组织，成为跨域危机研究中的主要对象。阿金·伯恩（Arjen Boin）提出欧盟在跨域危机治理中的问题主要表现为是否需要国家力量回应以及欧盟的性质与危机运作方式上，由此欧盟在跨域危机中主要承担的职责应包括指导政策领域、长期规划、常规职责、整合能力、传达专业知识。[③]

四是治理失灵（Governance Failure）。危机无法通过系统自适应来化解，因此妥善的危机应对方式对危机结果的影响尤为重要。治理理论是20世纪90年代被西方学者提出用于应对“市场失灵”与“政府失灵”的理论。如鲍勃·杰索普（Bob Jasper）所言，“对于治理机制的过分着迷可能会使我们忽视使用治理取代市场和等级制度过程中的危机，以及随之可能发生的治理失灵，因为不仅仅是市场和政令性协调会失灵，治理同样会失灵”。[④] 治理中各主体的行为从本质上说是一种集体行动。关于集体行动不少学者提供了不同的分析框架，如埃莉诺·奥斯特罗姆（Elinor Ostrom）从公共池塘资源困境入手，提出了长期续存的公共池塘资源自主治理的8条设计原则，包括从外部环境的界定、资源的提供者与占用者、监督制裁和冲突解决机制等方面对公共池塘资源的自主治理进行了设计。[⑤] 在此基础上，奥斯特罗姆提出制度分析和发展框架（IAD），倡导从行动的情境出发，综合考虑

---

① Boin A., Rhinard M., “Managing Transboundary Crises: What Role for the European Union?”, *International Studies Review*, Vol. 10, No. 1, 2008, pp. 1-26.

② Hermann M. G., Dayton B. W., “Transboundary Crises through the Eyes of Policymakers: Sense Making and Crisis Management”, *Journal of Contingencies & Crisis Management*, Vol. 17, No. 4, 2010, pp. 233-241.

③ Boin A., Rhinard M., “Managing Transboundary Crises: What Role for the European Union?”, *International Studies Review*, Vol. 10, No. 1, 2008, pp. 1-26.

④ 鲍勃·杰索普：《治理与元治理：必要的反思性、必要的多样性和必要的反讽性》，程浩译，《国外理论动态》2014年第5期。

⑤ 埃莉诺·奥斯特罗姆：《公共事务的治理之道——集体行动制度的演进》，余逊达、陈旭东译，上海三联书店2000年版。

“外部变量”的影响，如原有属性、社群属性、行动规则等，集体行动的行动者与行动情境之间的互动关系，影响最终结果。[①] 在 IAD 框架下，行动者的身份、边界、信息沟通、聚合规则、选择规则、范围规则和机理补偿规则都成为影响行动者情境最终结果的关键变量。危机治理的部分研究认为，政府使用传统的、单一的危机应对方式，导致危机未能及时消除，从而引发更深层次的危机。[②] 撒赫尔·哈美立（Shahar Hameiri）等在研究中直接指出，政府本身的行为就是一种“制造危机”的过程：其在研究印尼非法焚烧森林引起雾霾案例时发现由于政府与利益集团勾结利用焚烧森林资源来清理廉价土地，并阻挠环境保护等组织进入保护以获取政府利益最大化，所以从本质上说是政府纵容了森林焚烧与雾霾的产生，而这一行为导致该地区民众与政府关系紧张的局面。[③] 该案例从一个侧面说明，当前“治理尺度”改变，政府的寻租行为与不当的危机应对方式进一步促进危机的发生。同样地，其他危机治理主体也存在失灵行为，并不亚于政府部门。[④] 但总的来说，治理失灵研究侧重于研究由于治理失灵而引发的危机，而非由于危机治理失灵导致的更深层次的危机。

（3）风险感知、威胁识别与危机预警

“风险”“威胁”与“危险”可以说是危机研究中的重要关键词。《国际安全词典》中，将“风险”定义为“由特定事物引发的危害性后果，意味着预测后果出现的概率以及对于危害程度的评估”[⑤]将“威

---

① Ostrom E., *Understanding Institutional Diversity*, State of New Jersey: Princeton University Press, 2005.

② Chesterman S., Ignatieff M., Thakur R. C., et al. Making States Work [Electronic Resource]: State Failure and the Crisis of Governance. *Foreign Affairs*, 2007, 85 (1): 146; Bakker K, *Privatizing Water: Governance Failure and the World's Urban Water Crisis*, New York: Cornell University Press, 2010.

③ Hameiri S., Jones L., "The Politics and Governance of Non-Traditional Security", *International Studies Quarterly*, Vol. 57, No. 3, 2013, pp. 462 – 473.

④ Bakker K., Kooy M., Shofiani N. E., et al., "Governance Failure: Rethinking the Institutional Dimensions of Urban Water Supply to Poor Households", *World Development*, Vol. 36, Oct 2008, pp. 1891 – 1915.

⑤ Robinson P., *Dictionary of International Security*, Polity Press, 2008.

胁”定义为“可能对国家利益造成损害的某人或某物”[①]。从词义来说，“风险”是一种客观存在与主观认识的结合体，是一个“非现实”的概念，“非现实”意味着“风险”是潜在的、臆测的、在现实中无法明确测量的，由“风险”引发的危机多由经验判断和推理来预防。“危险”是一个“现实”概念，即一种“有形危机”，作为一种潜在状态存在，其引发后果将造成损害、破坏与危害。与“风险”与“危险”相比，“威胁”可以说是一种“半风险半现实”状态，同时，威胁是一个外部环境与内部感知相结合的概念，其测量来自于内部。风险感知、威胁识别与危机预警成为危机避免环节的重点研究内容。

风险感知（Risk Perception）研究最早由保罗·斯洛维奇（Paul Slovic）提出，他认为人们判断危险来自对风险的评估。从政策支持角度来看，风险感知研究具有两个旨意：①为理解与预测公众风险提供基础；②增进公众、技术专家和决策者之间的风险信息沟通。[②] 风险感知研究常与“不确定性”（Uncertainty）联系在一起，一般认为风险感知的动态收集与灵敏程度取决于对信息的评价和接受。[③] 目前关于风险感知的研究主要聚焦于三方面：其一，突发性灾害或危机的研究。研究方法多采取调查问卷获取公众对风险的感知与其影响因素，其突发性与破坏性的特征将直接反映在公众对信息的需求上，表现为公众过度的风险感知与应激反应，目前的相关研究结论一般认为风险感知会随着灾害事件的激化而上升。[④] 其二，风险感知的心理测量（Psychometric Paradigm）研究。一般运用心理学方法研究风险问题，关注点在于风险的主观属性及特征维度[⑤]、不同群体风险感知差异性及风

---

① Robinson P., *Dictionary of International Security*, Polity Press, 2008.

② Slovic P., “Perception of risk”, *Science*, Vol. 236, No. 4799, 1987, pp. 280 – 285.

③ Dowling G. R., Staelin R., “A Model of Perceived Risk and Intended Risk-handling Activity”, *Journal of Consumer Research*, Vol. 21, No. 1, 1994, pp. 119 – 134.

④ Burns W. J., Slovic P., “Risk Perception and Behaviors: Anticipating and Responding to Crises.”, *Risk Analysis*, 2012.

⑤ Fischhoff B., Furby L. *Psychological Dimensions of Climatic Change*. 1983; Linden S. V. D., “The Social-psychological Determinants of Climate Change Risk Perceptions, Attitudes, and Behaviours: a National Study”, *Social Science Electronic Publishing*, Vol. 14, No. 1, 2014, pp. 1 – 2.

险感知的群体性因素[①]、风险沟通中的社会因素与社会机制的作用[②]。其三，关于风险评估（Risk Assessment）研究。风险评估包括风险识别、脆弱性评估与风险判断。侯赛因·马哈茂德（Hossein Mahmoudi）等将风险结果分为低可能性与低影响（Low Probability，Low Impact）、低可能性与高影响（Low Probability，High Impact）、高可能性与低影响（High Probability，High Impact）、高可能性与高影响（High Probability，Low Impact）四种，提出将社会影响评估与风险评估相结合，构建风险与社会影响评估模型（Risk and Social Impact Assessment，RSIA）。[③]

威胁识别（Threat Identifying）研究源起于20世纪80年代，主要是为了在安全议题扩大背景下准确识别出安全"问题清单"以求将安全资源利用最大化。"威胁"历来是安全研究领域的重要概念，大卫·鲍德温（David Baldwin）将威胁描述为"只要用到'安全'这个术语，脑海中就会出现形形色色的威胁"[④]。威胁识别中的困难主要来自于对威胁认知的不同和威胁本身的模糊性两方面，由此现实主义学者和建构主义学者对威胁识别内容产生了不小分歧：现实主义强调"物质"因素的重要性，如汉斯·摩根索（Hans Morgenthau）与史蒂芬·沃尔特（Stephen Walt）等现实主义者均将"认知"作为他们理论中的重要内容，尤其是沃尔特直接将侵略意图认为是衡量威胁的要素之一。[⑤] 而肯尼思·华尔兹（Kenneth Waltz）等新现实主义者认为

---

① Byrnes J. P., Miller D. C., Schafer W. D., "Gender Differences in Risk Taking: A Meta-Analysis", *Psychological Bulletin*, Vol. 123, No. 31999, pp. 367 – 383; Sitkin S B, Weingart L R., "Determinants of Risky Decision-making behavior: A Test of the Mediating role of Risk Perceptions and Propensity.", *Academy of Management Journal*, Vol. 38, No. 6, 1995, pp. 1573 – 1592.

② Wildavsky A., Dake K., "Theories of Risk Perception: Who Fears What and Why?", *Daedalus*, Vol. 119, No. 4, 1990, pp. 41 – 60; Aven T, Renn O, "The Role of Quantitative Risk Assessments for Characterizing Risk and Uncertainty and Delineating Appropriate Risk Management Options, With Special Emphasis on terrorism Risk.", *Risk Analysis*, Vol. 29, No. 4, 2010, pp. 587 – 600.

③ Mahmoudi H., Renn O., Vanclay F., et al., "A Framework for Combining Social Impact Assessment and Risk Assessment", *Environmental Impact Assessment Review*, Vol. 4, 2013, pp. 1 – 8.

④ Baldwin D. A., "The Concept of Security", *Journal of Hubei Public Security College*, Vol. 23, No. 1, 1997, p. 16.

⑤ 史蒂芬·沃尔特：《联盟的起源》，周丕启译，北京大学出版社2007年版，第168页。

权力分配才是国际体系稳定的关键变量。[①] 同时，现实主义也将威胁作为对手进攻能力及其动机的结合，敌对国家的进攻性能力反映了权力及进攻与防御的平衡。[②] 与现实主义对威胁的认识不同，建构主义从“认知”因素角度关联安全与安全威胁；建构主义将威胁视作是一种社会互动的结果，认为施动者和结构是相互建构的，关注行为体如何塑造世界与世界如何塑造行为体意味着人类关系具有内在社会性。[③] 亚历山大·温特（Wendt Alexander）指出“无政府状态是由国家建构的”[④] 就表达了这个意思。而沃尔兹等提出权力分配，在建构主义者眼中，在很大程度上就是由观念建构的。哥本哈根学派（Copenhagen School）中对威胁的解读也延续建构主义的思路，认为其是一种“存在性威胁”的社会建构，这种建构主要是主体间“言语—行为”的结果，聚焦于“安全化”，即“在社会过程中的一些人群将某些事物建构成威胁”[⑤] 的研究。“安全化”中的威胁被认为是一种话语建构的主观认知，由此安全是一个“自我指涉的实践（Self-referential Practice）”[⑥]。对威胁认识的分歧，造成对威胁识别途径的分歧。如布赞所言，并非所有变量都是可以被测量或者评估的，因为这些变量之间常存在交织，使得评估存在困难。[⑦] 可见由于威胁本身空间布局、时空范围、历史维度是模糊不清的，增加了其识别的难度。

危机预警（Crisis Warning）研究起源于20世纪50年代，最早用

---

① David L. R. , *Dentifying Threats and Threatening Identities: The Social Construction of Realism and Liberalism*, Stanford University Press, 2006, p. 23.

② 阿兰·柯林斯主编：《当代安全研究》，高望来、王荣译，世界知识出版社2016年版，第32页。

③ 阿兰·柯林斯主编：《当代安全研究》，高望来、王荣译，世界知识出版社2016年版，第133页。

④ Wendt A. , *Social theory of international politics*, Cambridge: Cambridge University Press, 1999.

⑤ 巴里·布赞、琳娜·汉森：《国际安全研究的演化》，布赞、余潇枫译，浙江大学出版社2011年版，第39页。

⑥ Buzan B. , Waver O. , Wilde J. , *Security: A New Framework for Analysis*, Lynne Rienner, 1998, pp. 36 – 37.

⑦ 巴里·布赞：《人、国家与恐惧——后冷战时代的国际安全研究议程》，阎健、李剑译，中央编译出版社2009年版，第137页。

于国际危机预警，尤其是军事情报收集与分析中，目的是通过危机预警而减少国家可能受到的战争或损失。在危机研究中，主要是通过使用危机事件调查作为一种避免战争的途径（An Orientation to War-avoidance Through Crisis Management）。[①] **第一阶段**的危机预警研究从20世纪50年代至60年代，以“预防核战”为核心。1962年古巴导弹危机将全世界引入核战的恐慌中，危机预警成为监控局势发展与分析战争爆发可能的最佳途径。特别是对危机事件的研究，成为分析国际危机发展产生原因、发展规律、过程因素的热门研究。此阶段最著名的危机事件研究项目包括：美南加州大学麦克莱兰（Charles McClellan）于1966年启动的“世界事件交互测量项目”（World Events Interaction Survey，WEIS）[②]；夏威夷大学于1962—1975年实施的“国家维度项目”（The Dimensionality of Nations Project 1962—1975，DON）。危机数据库的探索与建立为危机预警提供了重要的基础数据。**第二阶段**的危机预警以“避免战争”为核心，从20世纪80年代至冷战结束。冷战背景下，危机研究的重点在于如何应对大国之间的对抗，缓解危机以避免实质战争爆发。此阶段较为著名的危机事件研究项目有：1975年开始实施的“国际危机行为”（International Crisis Behavior，ICB）研究；美国堪萨斯州立大学（Kansas State University）在1985年启动的“堪萨斯事件数据系统”（The Kansas Events Data System，KEDS）；美国哈佛大学（Harvard University）在1988年启动的“评估非暴力直接行动的协议”（Protocol for the Assessment of Nonviolent Direct Action，PANDA）[③] 等。当期较为著名的研究有迈克尔·布莱彻（Michael Brecher）的国际危机行为报告，其通过对1939—1975年危机事件的垂直分析（Vertical Research），提出危机的三种无边界类型（Boundary-

① Brecher M.，“Toward a Theory of International Crisis Behavior：A Preliminary Report”，*International Studies Quarterly*，Vol. 21，No. 1，1977，pp. 39 – 74.

② 关于WEIS的内容，见 https：//www. cs. rice. edu/ ~ devika/conflict/papers/05211 – Codebook. pdf.

③ “Communication PANDA（The Protocol for the Assessment of Nonviolent Direct Action）：A Project of the Program on Nonviolent Sanctions Centre for International Affairs，Harvard University，April 1994”，*Peace Research*，Vol. 26，No. 3，1994，pp. 94 – 98.

free Typologies），即危机维度（Dimensions of Crisis）、参与者属性（Attributes of Crisis Actor）和决策单元特征（Characteristics of Crisis Decisional Unit）。**第三阶段**危机预警以“避免冲突”为核心。冷战结束后，危机管理研究重点从应对危机转向预防危机。以危机预警为主要目的，此阶段国际危机预警研究机构相继成立，主要如1995年国际危机组织（International Crisis Group，ICG）成立，1996年“早期预警与回应论坛”（Forum of Early Warning and Early Response）成立，2002年美国马里兰大学国际发展与冲突管理中心（Center of International Development and Conflict Management，CIDCM）建立“社会冲突研究综合网络”（the Integrated Network for Societal Conflict Research，INSCR），2002年斯德哥尔摩国际和平研究所启动“预防政策的预警指标”（Early Warning Indicators for Preventive Policy）等。现代危机预警研究更为多元化，现代计算机技术被广泛融入预警中，如奥布莱恩的综合冲突早期预警系统（The Integrated Conflict Early Warning System）使用175个国家的650万条新闻数据编码建成；[①] 宾夕法尼亚大学“计算机数据系统项目”（The Computational Even Data System）采取网络冲突新闻转化成数据。[②]

（4）适应不确定性的韧性管理

危机之于组织，不再是小概率事件，而是根植于日常生活中。[③] 依赖于稳定环境与例外假设的危机管理理论在实践中逐渐被摒弃。危机管理的研究热点从20世纪70年代的注重“基于预案”与“基于反馈”的应急响应[④]，转向“自组织”研究[⑤]，再发展到现代的韧性

---

① O'Brien S. P.，“Crisis Early Warning and Decision Support：Contemporary Approaches and Thoughts on Future Research”，*International Studies Review*，Vol. 12，No. 1，2010，pp. 87－104.

② The Computational Even Data System，http：//eventdata. parusanalytics. com/index. html.

③ Mitroff I.，“Managing Crises Before They Happen：What Every Executive and Manager Needs to Know about Crisis Management”，*Future Survey*，Vol. 19，No. 1，2001，pp. 103－105.

④ Dynes R. R.，Aguirre B. E.，“Organizational Adaptation to Crises：Mechanisms of Coordination and Structural Change.”，*Disasters*，Vol. 3，No. 1，2010，pp. 71－74.

⑤ Comfort L. K.，“Self-Organization in Complex Systems”，*Journal of Public Administration Research and Theory*，Vol. 4，No. 3，1994，pp. 393－410.

(Resilience)研究。在复杂性、模糊性、相互关联、不可避免等特征成为危机新背景的情形下①,不确定性(Uncertainty)、脆弱性(Vulnerability)和韧性(Resilience)等概念成为现代危机研究的最新关键词。美国学者弗兰克·奈特(Frank Knight)提出"风险和不定性的二分法",认为"不确定性"与"风险"概念最大的区别在于"风险"可以用概率计算出,而"不确定性"则无法计算,"一般情况下,风险一词的使用极为广泛,它适用于指称从不利的偶然性角度看待的所有不确定性。"② 危机管理的本质即是应对危机不确定性的有组织行动。在不确定性下的危机管理研究主要在脆弱性研究、规避不确定性的决策模型和不确定性下的韧性管理。

一是脆弱性研究。社会脆弱性的影响因素包括城市人口密度、种族分布、社会经济地位等。③ 学者针对社会脆弱性提出各种解决方案,如路易丝·康富(Louise K. Comfort)等认为自然灾害作为触发事件揭示了城市的脆弱性,认为共享风险(Shared Risk)是社会脆弱性的集中表现,基于复杂条件下的自组织和自适应行为,运用组织协调网络分析将提高核心信息获取能力与危机响应行动效率;④ 苏珊·卡特(Susan Cutter)等分析灾害爆发的先决条件,认为混乱和含糊不清的指标影响了评估的结果,需结合脆弱性的各项指标评价脆弱性从而增强社区应对灾害的能力。⑤

二是不确定性下的决策模型探索。主要是各类方法在决策预测中

---

① Lagadec P., "Topper B. How Crises Model the Modern World", *Journal of Risk Analysis and Crisis Response*, Vol. 2, No. 1, 2012.

② 弗兰克·奈特:《风险、不确定性和利润》,安佳译,商务印书馆2007年版,第211页。

③ Cutter S. L., Finch C., "Temporal and Spatial Changes in Social Vulnerability to Natural Hazards", *Proceedings of the National Academy of Sciences of the United States of America*, Vol. 105, No. 7, 2008, pp. 2301 – 2306.

④ Louise K., "Cities at Risk", *Urban Affairs Review*, Vol. 41, No. 4 2006, pp. 501 – 516; Comfort L K, *Complex System in Seimic Response*, Oxford: Pergamon Press, 1999; Comfort L K, Ko K, Zagorecki A, "Coordination in Rapidly Evolving Disaster Response Systems: the Role of Information", *American Behavioral Scientist*, Vol. 48, Mar 2004, pp. 295 – 313.

⑤ Cutter S., Barnes K., "Evacuation Behavior and Three Mile Island", *Disasters*, Vol. 6, No. 2, 2010, pp. 116 – 124.

的使用，如风险地图（Risk Mapping）在灾害中用于估算危害可能的强度和影响区域以及用于城市恢复力的预测；[①] 仿真模型（Simulation Model）用于寻找危机中的最佳策略来制定稳健方案以规避不确定性带来的不必要损失；[②] 模糊集（Fuzzy Set）理论在不确定下决策中用于捕获利益相关者观点以提高多目标决策的准确性。[③]

三是不确定性下的韧性管理。以“韧性”或“适应性”为导向的危机管理研究融入多学科的研究中，如从生态学角度研究韧性城市（Resilient Cities），提出三种与人的适应性相关的因素：城市的“学习循环”生态系统功能、城市生态系统设计测量以及市民与设计者之间的有效对话程度；[④] 如从心理学角度提出社区韧性（Community Resilience）与经济发展能力、社会资本能力、信息与沟通能力和竞争力的相关性。[⑤]

国外相关研究主要围绕危机的源起与发展，内涵与内容，风险感知、威胁识别与危机预警，适应不确定性的韧性管理等主题，总的来说有五大现状：**其一，研究范围扩大。**国外危机研究从单一的自然灾害研究、政治危机研究扩展到社会各个领域，非传统安全威胁代替传统安全威胁成为危机研究的主要内容，危机研究与非传统安全研究在

---

① Thierry P., Stieltjes L., Kouokam E., et al., “Multi-hazard Risk Mapping and Assessment on an Active Volcano: the GRINP Project at Mount Cameroon”, *Natural Hazards*, Vol. 45, No. 3, 2008, pp. 429 - 456; Pelling M. “The Vulnerability of Cities: Natural Disasters and Social Resilience”, *Geography*, Vol. 15, No. 1, 2003, pp. 216 - 216.

② Lempert R. J., Collins M. T., “Managing the Risk of Uncertain Threshold Responses: Comparison of Robust, Optimum, and Precautionary Approaches”, *Risk Analysis*, Vol. 27, No. 42010, pp. 1009 - 1026.

③ Akter T., Simonovic S. P., “Aggregation of Fuzzy Views of a Large Number of Stakeholders for Multi-objective Flood Management Decision-making”, *Journal of Environmental Management*, Vol. 77, No. 2, Feb 2005, pp. 133 - 143.

④ Pickett S. T. A., Cadenasso M. L., Grove J. M., “Resilient Cities: Meaning, Models, and Metaphor for Integrating the Ecological, Socio-economic, and Planning Realms”, *Landscape & Urban Planning*, Vol. 69, No. 4, 2004, pp. 369 - 384.

⑤ Norris F. H., Stevens S. P., Pfefferbaum B., et al., “Community Resilience as a Metaphor, Theory, Set of Capacities, and Strategy for Disaster Readiness.”, *American Journal of Community Psychology*, Vol. 41, No. 1 - 2, 2008, pp. 127 - 150.

研究内容上有了初步结合。**其二，研究目的转变。**危机研究的目的从最早的政治需求扩展到维护社会安全与人的安全。在此意义上，危机研究不仅具有趋利避害以及谋求国家安全和主动外交服务的作用，还能有效缓和或抑制社会与政府矛盾以避免社会动荡。**其三，研究重点改变。**从以危机结果应对为主到重视危机全过程研究，尤其是重视风险识别、威胁识别与危机预警环节，体现了学界对危机完整性的认识。**其四，研究范式稳定。**"问题—结论"的研究步骤成为危机研究的典型框架与范式，危机周期模型等"过程范式"的提出并未撼动传统的"研究范式"，未能代替"学术范式"的构架。**其五，研究方法多元。**现有研究方法呈现比较明显的地域特点，如欧洲国家偏向于宏观叙事型研究，而美国则以微观实证研究为主。由于危机变量之间的关系难以精确地量化，规范性的案例研究框架①仍是主要的研究方法。同时，其他学科相关的研究方法也被大量带入危机研究中，危机研究呈现方法多元化态势。

然而，从本书的目的来看，国外危机研究存在不足：**其一，忽视威胁研究。**现有研究中普遍认为危机来源于"风险"，由此危机研究以"风险感知"或"风险识别"为研究起点，而忽视了"威胁"作为一个具有现实性的特殊状态及其引发危机的可能性。**其二，忽视动态研究。**研究者一般采取线性的研究思路，注重"危机事件"的结果范式，将危机管理的内涵转向"常态管理"上，而忽视从"危机事变"的演化过程对危机进行动态研究。**其三，忽视事后研究。**一方面，现有研究一般将危机当作是一个完整周期来研究，并未有过多的研究探讨如何处理危机应对失败的结果。虽然已有研究中提出"危机间学习"等适用于危机事后的理论，但总的来说并未对危机事后的研究有更深入探讨。另一方面，已有大量研究提及由于"治理失灵"引发的危机，但多侧重于描述"危机治理失灵"如何发生及如何避免，并未有研究深究危机治理失灵的内在机理及其应对方式。本书将尝试

---

① Eisenhardt K. M., Graebner M. E., "Theory Building from Cases: Opportunities and Challenges", *Academy of Management Journal*, Vol. 50, No. 1, 2007, pp. 25 – 32.

在以上不足方面作更深入的研究。

二 国内相关研究述评

（一）国内相关研究综述

国内研究主要集中在：危机基本理论与实践研究，非传统安全威胁识别与危机管理，危机管理机制构建与能力评价，中外比较或对国外经验的引介。

（1）危机基本理论与实践研究

主要包括概念辨析、基本理论、内在机理和管理体系研究。

一是相关概念辨析。在中文语义中，“危机”“应急”“突发”“安全”等词具有相似性，在实际使用中（如政策文件、公开报告和日常交流等）常被混淆，因此学者在相关概念辨析方面做了大量研究。如从词义角度，薛澜等认同罗森塔尔在1989年提出的界定，认为其是一种“事件”；[①] 胡百精则认为“危机是一种威胁性的形势、情境或状态”[②]；童星等认为“灾害”所指的是各种自然的与人为的重大不幸事件，“危机”是这些不幸事件对于广泛联系、相互链接、动态发展中的复杂世界的后果，“风险”则是造成灾害、引发危机的原因。[③] 从词性角度，部分学者认为“危机”等于“危难”与“机遇”的结合，意味着“转机”，张沱生则认为英语词汇中 Crisis 一词仅有“危难”的含义，不包含“转机”，在研究中不可妄加其义。[④] 从指涉对象角度，王郅强等认为“危机”一词指向管理层面，而“应急”一词指向执行层面。[⑤] 从相互间关系角度，童星等认为突发事件源于社会风

① 薛澜、张强、钟开斌：《危机管理：转型期中国面临的挑战》，《中国软科学》2003年第4期。

② 胡百精：《“非典”以来我国危机管理研究的总体回顾与评价——兼论危机管理的核心概念、研究路径和学术范式》，《国际新闻界》2008年第6期。

③ 童星、张海波：《基于中国问题的灾害管理分析框架》，《中国社会科学》2010年第1期。

④ 张沱生：《中国国际军事安全危机行为研究》，《世界经济与政治》2011年第4期。

⑤ 王郅强、王志成：《风险、危机、应急：整合风险治理话语分析》，《长白学刊》2013年第6期。

险，社会风险导致公共危机，突发事件使得社会风险与公共危机之间潜在的因果关系显性化；[①] 陈振明将“应急管理”与“危机管理”混合使用；[②] 薛澜等认为“突发事件”与“危机”概念各有侧重，但是在使用中交叉，“突发事件”最终将转向“危机”，因此主张使用“危机”一词替代“突发事件”和“紧急事件”进行统一描述；[③] 金太军认为“危机”是“风险”输出的结果，而“危机”治理过程则意味着“风险”的逐步消解，因此两者要区分使用。[④] 从学科发展角度，童星等通过区分“灾害”“危机”“风险”三个概念，认为“灾害”概念倾向于指自然与人为的重大不幸事件，“危机”倾向于表达不幸事件的后果，“风险”倾向于表达引发灾害与危机的原因，主张将灾害、危机、风险三个概念归入灾害研究，并提出“突发事件”概念更适合当前中国的政治和社会情境。[⑤] 从社会变迁角度，张海波等论述了突发事件、社会风险、突发事件之间的关系，即突发事件根源于社会风险，社会风险导致公共危机，突发事件使得两者之间潜在的因果关系显性化。[⑥] 从评价角度，肖群鹰等将公共危机管理绩效评价、政府危机应对能力评价、社会风险评价三者统称为公共安全评价，将公共危机、政府危机应对、社会风险三者统称为公共安全。[⑦] 除此之外，国内学者对“危机”的衍生词作了进一步讨论，如张沱生提出“非传统国际安全危机”，认为“国际军事安全危机”与“传统国际安全危

---

① 童星、张海波：《基于中国问题的灾害管理分析框架》，《中国社会科学》2010 年第 1 期；童星：《论风险灾害危机管理的跨学科研究》，《学海》2016 年第 2 期。

② 陈振明：《中国应急管理的兴起——理论与实践的进展》，《东南学术》2010 年第 1 期。

③ 薛澜、张强、钟开斌：《防范与重构：从 SARS 事件看转型期中国的危机管理》，《改革》2003 年第 3 期。

④ 金太军：《政府公共危机管理失灵：内在机理与消解路径——基于风险社会视域》，《学术月刊》2011 年第 9 期。

⑤ 童星、张海波：《基于中国问题的灾害管理分析框架》，《中国社会科学》2010 年第 1 期。

⑥ 张海波、童星：《中国应急管理结构变化及其理论概化》，《中国社会科学》2015 年第 3 期。

⑦ 肖群鹰、朱正威：《公共危机管理与社会风险评价》，社会科学文献出版社 2013 年版，第 1 页。

机”基本重合，非传统国际安全危机一般不存在直接引发军事冲突的可能，并提出“正在上升的非传统国际安全危机”是当前国际冲突的主要形式。①

二是危机基本理论研究。魏加宁于1996年发表的《危机与危机管理》是我国较早介绍现代危机与危机管理的核心内容的论文。② 薛澜的《危机管理：转型期中国面临的挑战》是我国第一本系统地阐述危机管理理论与思想的著作，将危机的本质特征、研究对象、体制体系、国际经验、中国实践做了详细阐述。③ 还有研究者对危机的源起发展、特点内涵、管理目标、价值选择、法律规制、体系构建、阻碍因素、有效途径等内容进行专门论述。④ 在学科建设上，王贵秀在《创建危机学刍议》中提出以危机为独立的研究对象发展一门边缘科学，⑤ 后续学者提出该学科研究的重点包括危机发生根源、生命周期及其演变规律、管理过程及其特点，组织体系构建、法律法规构建、信息管理和沟通、技术条件保障等方面。⑥ 在理论框架构建上，目前比较代表性的分析框架有“情景—冲击—脆弱性”分析框架⑦、“社会风险—突发事件—公共危机”的研究体系和理论框架⑧、“刚性稳定—韧性稳定”分析框架⑨、“利益相关者”危机理论框架⑩。从研究方法上看，

---

① 张沱生：《中国国际军事安全危机行为研究》，《世界经济与政治》2011年第4期。

② 魏加宁：《危机与危机管理》，《管理世界》1994年第6期。

③ 薛澜：《危机管理：转型期中国面临的挑战》，清华大学出版社2003年版。

④ 李程伟：《公共危机管理：理论与实践探索》，中国政法大学出版社2006年版；麻宝斌：《政府危机管理理论与对策研究》，吉林大学出版社2008年版；刘宇霞、康丽琴、苏红梅：《危机管理理论与案例精选精析》，清华大学出版社2016年版。

⑤ 王贵秀：《创建危机学刍议》，《理论前沿》1996年第10期。

⑥ 刘智勇：《创建公共危机管理学的必要性与内容体系的构建》，《理论与改革》2004年第5期。

⑦ 詹承豫：《中国应急管理体系完善的理论与方法研究——基于“情景—冲击—脆弱性”的分析框架》，《政治学研究》2009年第5期。

⑧ 童星、张海波：《基于中国问题的灾害管理分析框架》，《中国社会科学》2010年第1期。

⑨ 于建嵘：《从刚性稳定到韧性稳定——关于中国社会秩序的一个分析框架》，《学习与探索》2009年第5期。

⑩ 崔晓明、姚凯、胡君辰：《基于利益相关者的危机管理理论研究——来自2008—2012年危机管理成败案例的证据》，《中国工业经济》2013年第4期。

案例研究是学者研究中使用的主要研究方法，如申振东等使用国家减灾委员会和民政部公布的“中国十大自然灾害事件”、中华医学会公共卫生分会评选“十大公共卫生热点事件”以及各级政府网站、新闻网站和国家统计局公布案例作为研究案例，对我国公共危机的典型特征、管理体系、资金管理、公众参与等问题进行研究；[①] 汪峰等利用四川会理县“悬浮照”事件与海南三亚“载客与零投诉”事件研究组织危机应对模式与组织声誉修复之间的关联。[②] 近期学者们采取大量跨学科研究，政治学、政府管理学、公共关系学、社会心理学、法学、医学等学科的研究也被纳入危机研究中，多学科和多视角的分析将危机理论引入自然危机、政治危机、经济危机、社会危机和价值危机之中。在研究范式上，吕孝礼等将危机研究中使用的范式分类为应然性研究、描述性分析、理论检验与理论建构，其中应然性研究主要是文献评述与国外经验介绍，描述性分析是对于现状的分析，理论检验一般是对理论框架中某些具体研究假设进行验证，理论建构是从调研资料和数据中派生出概念和分析框架从而建构理论，其认为目前国内危机研究中应然性研究占比最高。[③]

三是危机内在机理研究。机理是事物发展遵循的逻辑和规律。学者一般根据危机本身内在特征将其划分为不同阶段或类型，便于研究。如林毓铭将非常规突发事件根据发生机理分为突发式和渐发式两类，根据发展机理分为空间扩展与强度增强两类，根据演化机理分为自发型与触发型两类；[④] 唐钧根据政府危机管理面向对象，将其分为社会生产危机、部门职能危机和公民生活危机等三类；[⑤] 薛澜等将危机根

---

① 申振东、郭勇、张罗娜：《关于我国公共危机管理的思考——基于近三年60起典型突发事件的分析》，《贵州社会科学》2016年第6期。

② 汪峰、魏玖长、赵定涛：《综合危机应对模式构建与组织声誉修复——基于两个案例的研究》，《公共管理学报》2013年第3期。

③ 吕孝礼、张海波、钟开斌：《公共管理视角下的中国危机管理研究——现状、趋势和未来方向》，《公共管理学报》2012年第3期。

④ 林毓铭：《常态与非常态风险视域的应急管理》，知识产权出版社2012年版，第62—72页。

⑤ 唐钧：《论政府风险管理——基于国内外政府风险管理实践的评述》，《中国行政管理》2015年第4期。

据动因性质划分为自然危机和人为危机，根据影响时空范围分为国际危机、国内危机与组织危机，根据主要成因和涉及范围将其分为政治危机、经济危机、社会危机和价值危机，根据采取手段分为和平方式的冲突方式和暴力性的流血冲突方式，根据特殊状态分为核危机与非核危机，而我国目前国内危机事件主要为利益失衡型危机、权力异化型危机、意识冲突型危机和国际关系型危机；[①] 米红等根据危机事件成因将其分为内生型危机、外生型危机和混合型危机，根据其发生顺序分为原发性危机和继发性危机，根据其发展速度分为龙卷风型危机、腹泻型危机、长投影型危机与文火型危机。[②]

四是危机管理体系研究。研究一般认为从中华人民共和国成立以来我国危机管理体系划分为三代：第一代为灾害管理，主要是中华人民共和国成立至2003年“非典”事件期间，此阶段的危机管理呈现出高度集权的特征；第二代为统筹管理，从2003年“非典”事件后至2008年，我国逐步形成以“一案三制”为核心的现代应急管理体系，实现对重大事件的统筹管理；第三代为危机管理体制变革，从2008年至今，一方面利用现有体制应对突发事件，另一方面更改现有体制结构性缺陷。[③] 尤其是2018年国家应急管理部门成立，将分散在国家安监总局、国务院办公厅、公安部、民政部、国土资源部、水利部、农业部、林业局、地政局、国家减灾委、抗灾救灾指挥部、森林防火指挥部等部门的应急管理职能集中到一个部门，是我国应急管理体制建设中的重大跨越。也有研究认为我国危机管理体系从管理技术运用上分为技术风险管理阶段、综合风险管理探索阶段、政府风险管理能力提升阶段三阶段。[④]

---

① 薛澜、张强、钟开斌：《危机管理：转型期中国面临的挑战》，《中国软科学》2003年第4期。

② 米红、冯广刚：《公共危机管理：理论、方法与案例分析》，北京大学出版社2018年版，第7—12页。

③ 钟开斌：《中国应急管理的演进与转换：从体系建构到能力提升》，《理论探讨》2014年第2期；刘霞、严晓：《我国应急管理“一案三制”建设：挑战与重构》，《政治学研究》2011年第1期。

④ 黄崇福：《从应急管理到风险管理若干问题的探讨》，《行政管理改革》2012年第5期。

（2）非传统安全威胁识别与危机管理

我国对于非传统安全威胁下的危机研究爆发于21世纪初期。2002年严重急性呼吸综合征（Severe Acute Respiratory Syndromes，SARS）在广东顺德首发后扩散至东南亚以及全球，SARS事件在中国和世界的流行将公共卫生事件升级为一场全球性危机，学者关于我国现代危机管理体系的探索多起源于对SARS事件的思考，该时期也成为危机相关论文数量的爆炸期。学者通过反思该事件的演变过程与关键变量，对我国危机管理中的政府功能、媒体力量、公众沟通、社会网络、法律框架、机制设计等问题进行反思。[①]

在我国官方界定中认为非传统安全威胁是"军事以外的安全威胁"[②]。国内学者关于非传统安全研究主要体现在对以下几个问题的讨论：①研究内容。一研究中认为非传统安全研究的是与"非军事""非武力"相关的安全问题[③]，安全领域较传统安全研究得到扩展，经济安全、文化安全、环境安全、社会安全等均被纳入安全研究范围，[④]日常生存性威胁如自然灾害、事故灾难、突发公共卫生事件和突发重大社会安全事件均被纳入非传统安全研究框架中。**②安全性质。**一般认为非传统安全是一种"行为体间的优态共存"，异于传统安全"危态对抗"的"广义安全"。[⑤] **③行为主体。**由于非传统安全主要指向跨国家的安全互动，因此主要研究"非国家行为体"所带来的安全挑

---

① 薛澜、张强：《SARS事件与中国危机管理体系建设》，《清华大学学报》（哲学社会科学版）2003年第4期；张国清：《公共危机管理和政府责任——以SARS疫情治理为例》，《管理世界》2003年第12期；张小明：《从SARS事件看公共部门危机管理机制设计》，《北京科技大学学报》（社会科学版）2003年第3期。

② 十六大报告辅导读本编写组：《十六大报告辅导读本》，人民出版社2002年版，第478页。

③ 余潇枫、米红、徐黎丽：《中国非传统安全研究报告（2011—2012）》，社会科学文献出版社2012年版，第1页。

④ 余潇枫、李佳：《非传统安全：中国的认知与应对（1978—2008年）》，《世界经济与政治》2008年第11期。

⑤ 余潇枫：《从危态对抗到优态共存——广义安全观与非传统安全战略的价值定位》，《世界经济与政治》2004年第2期。

战。[①] **④研究目标**。由于对共同体核心价值的强调，非传统安全研究不仅追求没有外来威胁、没有战争的可能和没有核武器威慑等“消极安全”状态，更追求人的是一种持续安全的条件与能力，同时全球安全、地区安全、共同体安全和公民安全均被纳入考虑范畴，实现人类整体的安全成为其终极目的。[②] **⑤基本特征**。我国官方认为其特征包括跨国性、不确定性、转化性、动态性和协作性等；[③] 王逸舟认为非传统安全具有三大特点，即杀伤性较强和突发性较强，发生的形态和蔓延层次复杂多样，根植于社会体制而发生于国家内部；[④] 余潇枫认为从问题特征看非传统安全具有以下特征：问题的始发性，即过去少见、未见过的安全问题，在复杂变化的形势下变得现实化与普遍化；成因的潜在性，即多数非传统安全问题由传统安全转化由来，进化为生存性威胁与跨国性威胁才得以备受关注；传递的扩散性，即非传统安全问题呈现出跨国性与全球性的特点；表现的多样性，即非传统安全来源多元和复杂，次国家性、无国家性、超国家性的问题成为非传统安全问题的主要表现形式；治理的综合性，即由于非传统安全问题的跨国性质，需要对其跨领域、跨国家的综合治理与维护。[⑤] **⑥研究思路演进**。刘跃进指出中国官方研究以“新安全观”的名义提出，后以“传统安全与非传统安全威胁相互交织”的提法表达非传统安全观，最终以“总体国家安全观”的顶层设计来厘清安全构成要素、安全影响因素和威胁因素，以推进安全保障机制的构建。[⑥] **余潇枫将我国非传统安全威胁的发展态势与动态特征概括为“非传统战争”不断凸显、“非常规灾难”明显增多、“非常态危机”频繁爆发三个方**

---

① 朱锋：《“非传统安全”解析》，《中国社会科学》2004 年第 4 期。

② 余潇枫、李佳：《非传统安全：中国的认知与应对（1978—2008 年）》，《世界经济与政治》2008 年第 11 期。

③ 十六大报告辅导读本编写组：《十六大报告辅导读本》，人民出版社 2002 年版，第 478 页。

④ 王逸舟：《重视非传统安全研究》，《人民日报》2003 年 5 月 21 日第 7 版；王逸舟：《论“非传统安全”——基于国家与社会关系的一种分析思路》，《学习与探索》2005 年第 3 期。

⑤ 余潇枫主编：《非传统安全概论第二版》，北京大学出版社 2015 年版，第 48—49 页。

⑥ 刘跃进：《中国官方非传统安全观的历史演进与逻辑构成》，《国际安全研究》2014 年第 2 期。

面——“非传统战争”方面表现为恐怖主义战争、经济战、生化战、资源战、信息战、文化战、毒品战等广泛发生于经济、生态、国防、能源与科技等领域；“非常规灾难”方面表现为外来生物入侵、贸易比壁垒、重大传染病疫情等具有多领域、易突发、传播广、扩散快的非常规破坏力，已经对经济社会持续健康发展构成较大威胁；“非常态危机”方面表现为因常态危机应对失当而引发的复合性、系统性和异质性冲突的危机。[①] 徐晓林等在研究中提出非传统安全研究正在成为各学科发展的重要命题，其发展思路有三个方向——①多学科多维度多层次的安全研究；②整合非传统安全研究下的其他学科研究；③构建非传统安全视角下的安全治理体系。[②]

在非传统安全威胁具体研究内容方面，部分学者在总体国家安全下做了翔实的研究：如在经济安全领域，董振辉等从国际游资方面研究其对我国金融安全的威胁；[③] 陈建青从国际金融危机角度研究我国经济全球化的风险；[④] 汪龙海从金融业开放角度研究我国金融安全面临威胁。[⑤] 在社会安全领域，谢贵平等指出我国本土恐怖主义威胁呈现上升态势，外部因素使得内部问题复杂化，加剧了应对困难程度；[⑥] 郑群认为在当代我国民族问题中，分裂主义的存在及其破坏活动是带给国家政权最直接、最强烈冲击的一种现实威胁，随着国际局势变化，境内外分裂破坏活动呈现上升趋势。[⑦] 在信息安全领域，范萤心指出随着信息全球化的到来，信息安全已成为非传统安全的一个

---

① 余潇枫：《非传统安全治理能力建设的一种新思路——“检验检疫”的复合型安全职能分析》，《人民论坛·学术前沿》2014 年第 9 期。

② 徐晓林、刘帅、毛子骏、周博雅：《公共管理研究的非传统安全命题》，《中国行政管理》2018 年第 10 期。

③ 董振辉：《我国“热钱”流入问题及监管对策研究》，《时代金融》2015 年第 12 期。

④ 陈建青：《多层次资本市场与国家金融安全研究》，《学习与探索》2013 年第 10 期。

⑤ 汪龙海：《我国外资银行发展现状分析》，《中国外资》2013 年第 24 期。

⑥ 谢贵平、杨东平：《如何应对本土恐怖主义——以“东突”暴恐活动为例》，《国际展望》2015 年第 7 卷第 1 期。

⑦ 郑群：《反恐背景下当代中国民族分裂问题透视》，《中国人民公安大学学报》（社会科学版）2009 年第 5 期。

重要方面，我国存在维护信息主权的挑战；[①] 王军认为“网络战”已从军事领域延伸到国家安全的各领域，这种高度复杂性的对抗，将对国家安全造成巨大挑战；[②] 沈逸从中美关系角度分析，认为美国在信息安全战略中将中国视作主要威胁来源，妥善处理来自美国的信息安全威胁关系到实质性利益与国家主权。[③] 在资源安全领域，中国科学院水资源中心从气候变化影响科学层面进行了综合分析，认为我国水系统十分脆弱，极易受到域外和全球多种因素影响；[④] 郭延军认为边疆地区敏感复杂的水资源威胁将会给国家安全带来威胁。[⑤] 在核安全领域，研究中一般认为核安全是一种非传统安全与传统安全交织形成的“交织安全”，如姜振飞回顾了我国核电发展历史与核安全现状，通过分析日本核危机的成因与演变，指出我国在核能监管体制、核电项目安全保证核安全原料资源等方面存在不足。[⑥] **在此基础上，部分学者从构建人类命运共同体高度提出了一些切实可行的建议：**如魏志江等认为在海域安全上，中日韩三国相互联系、相互依赖，构成海域安全复合体，现状由冲突形态向安全机制过渡；[⑦] 李开盛等认为非政府组织由于其特性，成为非传统安全的“天然促进者”，在当前安全局势下，要充分发挥非政府组织的作用，通过安全治理框架，协同发挥非政府组织与国家、政府间国际组织的作用，更好地维护非传统安全；[⑧] 郑先武以东盟的实践为例，提出了构建“安全共同体”的理论

---

① 范蛰心：《信息全球化时代下我国国家信息安全与国际关系研究》，《太平洋学报》2013年第9期。

② 王军：《多维视野下的网络战缘起、演进与应对》，《世界经济与政治》2012年第7期。

③ 沈逸：《网络安全与中美安全关系中的非传统因素》，《国际论坛》2010年第4期。

④ 中国科学院水资源研究中心：《中国科学院水资源重大战略问题系列研究：中国水问题观察第1卷·气候变化对我国北方典型区域水资源影响及适应对策》，中国科学出版社2011年版。

⑤ 郭延军：《大湄公河水资源安全：多层治理及中国的政策选择》，《外交评论：外交学院学报》2011年第2期。

⑥ 姜振飞：《中国核安全问题与趋势》，载余潇枫、米红、徐黎丽《中国非传统安全研究报告（2011—2012）》，社会科学文献出版社2012年版。

⑦ 魏志江、庞加欣、郑昀：《中日韩三国海域安全复合体与东海的“安全化”》，《现代国际关系》2015年第4期。

⑧ 李开盛、庞蕾：《国际非政府组织与非传统安全》，《阿拉伯世界研究》2012年第3期。

与现实。[①]

目前非传统安全威胁识别技术中比较得到认同的有时间识别、类别识别、阶段识别、优先级识别四种。

一是时间识别。该识别方法是以时间为维度来衡量非传统安全威胁，一般以重大事件作为划分点。如余潇枫等将改革开放30年的中国非传统安全威胁划分为三个时期，认为1978—1991年是初步挑战期，1992—2000年是应对新挑战期，2001—2008年是应对挑战与国家安全战略再定位期；[②] 翟坤以冷战结束、东南亚金融危机和“9·11”事件作为划分节点来识别中国在各个阶段所面临的非传统安全问题；[③] 廖丹子以非传统安全研究中的标志性事件如中国政府工作报告中出现“国家安全”一词、“非传统安全”概念首次出现、《中华人民共和国国家安全法》颁布实施等作为关键点。[④] 这种分析方法的优势在于简单易行，能够快速识别出各阶段的各种威胁，弊端是识别方式过于死板，操作上较难建立标准，识别范围过于宽泛，在识别结果上只能识别范围内威胁，对于新问题、新趋势缺乏有效的识别力。

二是类别识别。该方法是目前较为普遍使用识别方法，具体又可分为领域识别与区域识别。领域识别主要是根据非传统安全问题的具体问题领域进行划分，总体国家安全观中将安全类型划分为政治安全、国土安全、军事安全、经济安全、文化安全、社会安全、科技安全、信息安全、生态安全、资源安全、核安全十一大类，即是较为典型的领域识别。领域识别中较为代表的有：如周冉认为国际金融危机、国际能源危机、全球气候变化、网络黑客攻击、全球流行疾病和跨国有组织犯罪是比较有代表性的非传统安全威胁；[⑤] 如陆忠伟提出经济安全、金融安全、能源安全、环境安全、水资源安全、民族分裂问题、

---

① 郑先武：《“安全共同体”理论和东盟的实践》，《世界经济与政治》2004年第5期。

② 余潇枫、李佳：《非传统安全：中国的认知与应对（1978—2008年）》，《世界经济与政治》2008年第11期。

③ 翟坤：《关于非传统安全问题》，《党建研究》2003年第9期。

④ 廖丹子：《中国非传统安全研究40年（1978—2017）：脉络、意义与图景》，《国际安全研究》2018年第4期。

⑤ 周冉：《非传统安全威胁识别、评估与应对研究》，博士学位论文，浙江大学，2016年。

宗教极端主义问题、恐怖主义问题、文化安全问题、武器扩散问题、信息安全问题、流行疾病问题、人口安全问题、毒品走私问题、非法移民问题、海盗问题以及洗钱等十七类非传统安全问题[①]；查道炯列出经济安全、粮食安全、资源安全、生态安全、航行安全、跨境犯罪、公共健康等七类非传统安全问题。[②] 区域识别主张从问题发生空间与地域上对非传统安全威胁进行识别，如张蕴岭将非传统安全划分为全球、区域、地方三个层次，认为全球层次的主要威胁是气候变化、环境恶化、资源安全、金融危机和网络安全，区域层次的主要威胁是跨界冲突、跨国犯罪、跨国自然灾害和突发事件，地方层面的威胁主要是治理不当或政治不稳定造成的不安全；[③] 余潇枫等按照威胁发源地划分将非传统安全威胁划分为内源性威胁、外源性威胁、双源性威胁和多源性威胁。[④] 类别识别法可以有效区分不同种类的非传统安全威胁并快速寻找到其威胁特征，有利于根据威胁特征而有针对性地采取预警、防控、应对等有效措施。但局限在于无法判断威胁的危害性，尤其是对于衍生的、叠加的、复合的威胁，无法准确识别威胁等。

三是阶段识别。威胁识别普遍被认为是一个动态过程，阶段识别法中较为代表性的是根据危机生命周期识别威胁，如薛澜等将其分为前兆阶段、紧急阶段、持久阶段和解决阶段；[⑤] 张国清将其分为六阶段，即潜伏、萌芽、生成、爆发、相持、衰弱和消亡阶段；[⑥] 余潇枫将其分为危机事前、危机事发、危机事中、危机事末、危机事终、危机事后六阶段，特别强调危机过程中的“触发点”“临界点”与“转折点”的识别，其中“触发点”是导致突发事件的关键点，“临界点”是导致系统正常运行中断或失序的紧急状态的关键点，“转折点”是

---

① 陆忠伟：《非传统安全论》，时事出版社 2003 年版。

② 查道炯主编：《中国学者看世界：非传统安全卷》，新世界出版社 2007 年版。

③ 张蕴岭：《新安全观与新安全体系构建》，社会科学文献出版社 2015 年版。

④ 余潇枫：《非传统安全概论》，北京大学出版社 2015 年版，第 73—74 页。

⑤ 薛澜、张强：《SARS 事件与中国危机管理体系建设》，《清华大学学报》（哲学社会科学）2003 年第 4 期。

⑥ 张国清：《公共危机管理和政府责任——以 SARS 疫情治理为例》，《管理世界》2003 年第 12 期。

将危机转化为契机的关键点。[①] 除此之外，还有按演变阶段识别，如唐钧将风险分为新生、交叉与复发三阶段，针对各阶段的独有特点，提出社会公共安全的风险分析机制，针对各风险的独有特点，如新生阶段具有无先例、无参照物的特点，交叉阶段具有所有权缺位、叠加、脱节的特点，复发阶段具有根深蒂固的特点，分别采取"识别——分析——定级""确权——共担——追责""消除——干预——规避"的防控机制。[②] 阶段识别法的优点在于聚焦特定威胁，根据威胁的演变制定对应的解决机制，局限性在于一般只能处理单个案例，无法同时处理大量案例。

四是优先级识别。由于一个国家和地区的不同历史时期和发展阶段面临的非传统安全威胁的侧重点不同，所以在类别清单基础之上设立优先级识别将会为识别提供便捷，如在安全研究中大多数学者认为我国最重要的安全是政治安全，其代表了我国政治体系的连续性和有序性，更是最本质"人的安全"的核心；[③] 随着现代信息技术发展，信息污染、泄密、破坏和侵权等非传统安全威胁日益突出，与国家政治、经济、科技、文化等安全直接相关，学者们在研究中将信息安全问题排序靠前。[④] 作为一种比较科学与规范的识别方法，一方面保留了类别识别法的严谨与规范；另一方面能够较好把握危机程度，辅助科学决策。该方法的局限在于无法识别类别中新出现威胁。

非传统安全威胁下的危机管理包括两部分：一部分是危机未发生时的日常管理，包括预防准备和监测预警；另一部分是危机事件发生后的事件管理，包括处置救援和恢复重建。[⑤] **这种全过程的危机管理**

---

① 余潇枫：《非传统安全与公共危机治理》，浙江大学出版社 2007 年版，第 101—106 页。

② 唐钧：《社会公共安全风险防控机制：困境剖析和集成建议》，《中国行政管理》2018 年第 1 期。

③ 刘跃进：《国家安全学》，中国政法大学出版社 2004 年版；虞崇胜、舒刚：《近年来关于政治安全问题研究述评》，《探索》2012 年第 3 期。

④ 娄策群、范昊、王菲：《现代信息技术环境中的信息安全问题及其对策》，《中国图书馆学报》2000 年第 26 卷第 6 期；陈秀真、郑庆华、管晓宏等：《层次化网络安全威胁态势量化评估方法》，《软件学报》2006 年第 4 期。

⑤ 赖诗攀、何彬：《动员模式与普通官员行为：以公共危机管理为例》，《中国行政管理》2017 年第 8 期。

思想已经得到学者的共识，如薛澜等认为由于危机同时兼顾了“风险”与“事件”的特性，因此危机管理应当被贯穿到风险管理、威胁管理和应急管理并重的整个过程中，危机管理的对象是突发事件，危机管理的“关口”前移是围绕事件管理的进一步追本溯源，即针对风险进行管理；[①] 张成福等认为从隐性和常态的风险出发，能够排查出各种可能导致危机的风险源，并提前介入治理风险，将可能演化为危机的活动遏制在萌芽状态；[②] 钟开斌提出未来危机管理的趋势将是关口前移、重心下移、主体外移，常态与非常态有机结合，社会共同参与的模式，以实现全面整合的应急管理体系；[③] 唐钧认为危机管理需要全方位治理策略，针对危机的风险属性、公共属性和社会属性分别制定治理策略；[④] 唐庆鹏等提出危机治理中政策工具在横向上的应用包括管制性工具、经济性工具、社会性工具和信息性工具以贯穿危机发展的舒缓、准备、回应和恢复全阶段。[⑤] 学者们针对不同类型的非传统安全危机事件的危机管理进行了分门别类的研究，如对公共卫生安全[⑥]、社会安全[⑦]、自然灾害[⑧]等突发事件方面的危机管理问题进行了专门的研究，并对非传统安全危机的防治进行了深入的探讨。同时，

---

① 薛澜、周玲、朱琴：《风险治理：完善与提升国家公共安全管理的基石》，《江苏社会科学》2008 年第 6 期。

② 张成福：《公共危机管理：全面整合的模式与中国的战略选择》，《中国行政管理》2003 年第 7 期。

③ 钟开斌：《回顾与前瞻：中国应急管理体系建设》，《政治学研究》2009 年第 1 期。

④ 唐钧：《社会公共安全的治理研究》，《中国人民大学学报》2018 年第 1 期。

⑤ 唐庆鹏、钱再见：《公共危机治理中的政策工具：型构、选择及应用》，《中国行政管理》2013 年第 5 期。

⑥ 王乐夫、马骏、郭正林：《公共部门危机管理体制：以非典型肺炎事件为例》，《中国行政管理》2003 年第 7 期；王绍光：《中国公共卫生的危机与转机》，《经济管理文摘》2003 年第 19 期。

⑦ 冯冠强：《社会安全突发事件应对的经验与建议——以广州火车站地区 2008 年春运严重公共安全危机为视角》，《广州市公安管理干部学院学报》2008 年第 1 期；赵金萍、张馨予：《社会安全事件网络舆情管理策略》，《新闻研究导刊》2018 年第 9 期。

⑧ 张洁、勇素华：《应对自然灾害危机的舆论引导机制研究——基于“议程设置”理论》，《理论导刊》2014 年第 6 期；罗凌云：《试论我国自然灾害危机管理之完善路径——基于汶川地震以来我国特大自然灾害危机管理的分析》，《四川师范大学学报》（社会科学版）2011 年第 3 期。

部分学者根据社会面临新型安全背景，提炼出其非传统安全特质，并对其危机管理提出新的思路：如在社会转型背景下，面临自然灾害、生产事故、公共卫生、生态环境、经济运行、社会治安恶化、国际政治冲突和军事风险等危机，要在风险管理体系、社会保障制度、公众风险教育等方面做出相应调整；[①] 在新媒体视域下，学者对危机治理中的责任分配、危机治理中的新媒体运用、如何实现媒体与政府的良性互动等问题进行探讨，对政府话语权塑造、信息公开透明、多元主体参与机制构建等能力提出更高要求；[②] 大数据时代背景下，风险灾害危机管理研究具有全样本、关联性与系统化的研究思维，相应决策具有科学、客观的方法与技术支持[③]，如在城市共安全风险治理中，风险类别识别、风险系统元素刻画、风险状态识别、生命周期演化均与以往有所不同，需要在客体接入、演化机理、治理业务和治理政策等层面做出改变。[④] 总的来说，在面临大量非传统安全威胁的背景下，现代国家在治理尺度上发生重大变化。如黄晗概括出国家的功能在向上、向下、向外三个向度上被分散了：国家功能跨国家界限呈现地区性或国际性特征，“下移”是指“在地化”趋势以及参与主体多元化，“外移”是指国家治理过程向社会开放以及行政和管辖边界层面外移。[⑤] 随着国家治理尺度的改变，安全维度、危机种类和治理方式也相应有所改变。**除此之外，米红等学者在研究非传统安全威胁下的危机研究时特别区分了“常态危机”与“非常态危机”，**对非传统安全威胁下的“常态危机”过程进行仿真，凝练出 logit 模型，提出非传统安全特征指数，并指出仿真的核心在于相关制度参数设计、安排及影

---

① 李忠、张涤新：《转型期社会风险问题探析》，《贵州社会科学》2009 年第1 期。

② 李晶：《政府网络公关在公共危机治理中的效用分析》，《行政论坛》2017 年第 4 期；王国华、武国江：《新闻媒体在政府危机管理中的作用》，《云南行政学院学报》2004 年第3 期。

③ 童星、丁翔：《风险灾害危机管理与研究中的大数据分析》，《学海》2018 年第 2 期。

④ 曹策俊、李从东、王玉等：《大数据时代城市公共安全风险治理模式研究》，《城市发展研究》2017 年第 11 期。

⑤ 黄晗：《治理尺度的变迁及国家角色再认识——中国空气污染治理的政治学思考》，《武汉大学学报》（哲学社会科学版）2015 年第 3 期。

响因素的关联特征挖掘。[①]

（3）危机管理体系构建与能力评价

危机管理从非常态管理演变成常态管理成为社会现实。[②] 现代政府进行危机管理的主要动力来自两个维度：其一，内在需求，目的是为了规避显著问题；其二，外生需求，目的是为了提高民众满意度。[③]一般认为危机管理职责包括风险识别与评估、应急预案与政策、预测预警与预防规划、应急处置与救援、应急保障、灾后重建与复兴。[④]我国危机管理体系从零散的应对型转变为以“一案三制”为核心的预防应对相结合模式，是我国抗击“非典”胜利后在体系建设方面的重要突破。[⑤] 建立专门的危机管理体系，尤其是对机构与机制的建设已经成为学界共识，学者们的讨论主要围绕如何构建危机管理体系和如何进行危机管理能力评价上。

在体系构建方面，学者主要呈现出三种观念：①以制度构建为主。即认为主要依靠制度、体制和机制建设来完善危机管理体系。如徐华炳提出“以危机机制应对非传统安全威胁”[⑥]；钟开斌等提出“层级——部门”的救灾体制，从纵向政府间关系和横向部门间关系将救灾体系分为“纵向集权——横向综合”“纵向集权——横向分类”“纵向分权——横向综合”“纵向分权——横向分类”等四种，认为我国救灾体制将向纵向上属地化管理，横向上综合化管理发展；[⑦] 王乐夫等提出构建有效预警机制、内部协调机制、合作机制、专业化组织能

---

① 米红、冯广刚：《公共危机管理：理论、方法及案例分析》，北京大学出版社 2018 年版，第 29—31 页。

② 高恩新：《从非常态管理到常态管理——西方危机管理理论综述》，《复旦公共行政评论》2007 年第 1 期。

③ 唐钧：《论政府风险管理——基于国内外政府风险管理实践的评述》，《中国行政管理》2015 年第 4 期。

④ 滕五晓、夏剑霺：《基于危机管理模式的政府应急管理体制研究》，《北京行政学院学报》2010 年第 2 期。

⑤ 钟开斌：《回顾与前瞻：中国应急管理体系建设》，《政治学研究》2009 年第 1 期。

⑥ 徐华炳：《以危机机制应对中国的非传统安全问题》，《求索》2005 年第 2 期。

⑦ 钟开斌、林炜炜：《中国救灾体制的调整与变化：基于典型案例的比较研究》，《理论与改革》2018 年第 3 期。

力、社会支持系统的危机管理机制；[①] 容志认为目前应急管理体制存在风险管理系统化和标准化欠缺、管理机构整体化和协调化欠缺、参与主体多元化和弹性化欠缺、后期反思制度化和长效化欠缺等问题，重塑风险防控体系的重点在于强化监管体制和责任机制；[②] 胡象明等提出“准大部制应急管理机制”，其具有迅速果断决策的能力、综合协调的能力统一指挥和行动能力，来应对政府对公共突发事件的应急管理；[③] 莫于川提出我国危机管理体系缺少公共应急法制，需要将行政应急性原则纳入其中；[④] 刘宝霞等将先秦时期风险治理流程总结为“古代链式风险治理流程”，为今全灾种、全流程、全主体、全方位的链式风险治理提供思路。[⑤] ②**以全面整合为主**。即通过全面的制度、资源、过程的整合为实现危机管理体系高效运作。以张成福为典型代表，其提出“全面整合的危机管理体系”，包括政治支持、全危机管理、发展途径的危机管理、全过程的危机管理、全面风险的危机管理、整合的危机管理、资源支持、绩效管理等重要环节；如张立荣等提出危机的“协同治理”，即利用网络、信息技术等手段，将公共危机管理系统中无序的要素在一个规范统一结构中整合，使其呈现有序与协同的状态，更有效地预防、处置和消弭危机；[⑥⑦] 汪峰等提出构建集议题识别、应对决策、沟通策略和声誉修复评估为一体的综合危机应对模式（Comprehensive Crisis Response Model，OCRM）；[⑧] 王树文等提出

---

① 王乐夫、马骏、郭正林：《公共部门危机管理体制：以非典型肺炎事件为例》，《中国行政管理》2003 年第 7 期。

② 容志：《风险防控型公共危机治理框架：模型及其应用》，《探索》2012 年第 4 期。

③ 胡象明、魏庆友：《非常态治理：关于建立“准大部门制”应急管理体制的思考——来自烟台市的调研报告》，《北京行政学院学报》2010 年第 3 期。

④ 莫于川：《公共危机管理的行政法治现实课题》，《法学家》2003 年第 4 期。

⑤ 刘宝霞、彭宗超：《风险、危机、灾害的语义溯源——兼论中国古代链式风险治理流程思路》，《清华大学学报》（哲学社会科学版）2016 年第 2 期。

⑥ 张立荣、冷向明：《协同治理与我国公共危机管理模式创新——基于协同理论的视角》，《华中师范大学学报》（人文社会科学版）2008 年第 2 期。

⑦ 张成福：《公共危机管理：全面整合的模式与中国的战略选择》，《中国行政管理》2003 年第 7 期。

⑧ 汪峰、魏玖长、赵定涛：《综合危机应对模式构建与组织声誉修复——基于两个案例的研究》，《公共管理学报》2013 年第 3 期。

"政府协同治理双重整合机制"，将危机治理机制由政府间治理向政府和公民、公民间协同演变；[①] 汤敏轩提出从组织整合角度构建一套信息流程系统模型，构建危机沟通中的信息机制。[②] ③**以经验为主**。主要观点是通过借鉴与学习经验教训以提升体系建构能力。如薛澜等借鉴美国突发公共卫生事件应对体系，提出应对体系中横向与纵向的协调调动的同时加深国内与国际合作，以加强危机管理体系韧性；[③] 唐钧基于国外政府风险管理实践分析我国政府危机管理体系建设在风险评估、内部控制、外部公关等方面存在的问题与挑战；[④] 叶国文以"9·11"事件中美国政府危机管理体系作为借鉴，对我国危机管理的预警与救治体系提出操作上的建议；[⑤] 郭太生从美国公共安全危机事件应急管理处罚，对我国公共危机事件的规模与应急资源体系建构提出建议。[⑥]

学者一般认为建立科学、合理的危机管理能力评价体系，不仅能考察危机管理能力，而且能及时发现危机管理中存在的薄弱环节，用于完善管理流程与管理系统。**目前国内关于危机管理能力评价主要集中于三类研究：①评价体系上的研究**。有在评价体系构建中引入新方法，如使用层次分析法（Analytic Hierarchy Process，AHP）与构建突发事件应急能力综合评价指标体系；[⑦] 平衡计分卡方法（Balanced Score Card）在城市社区公共安全管理绩效评价体系中的

① 王树文、韩鑫红：《政府协同治理安全危机双重整合机制及政策建议》，《中国行政管理》2015 年第 12 期。

② 汤敏轩：《危机管理体制中的信息沟通机制——基于组织整合的流程分析》，《江海学刊》2004 年第 1 期。

③ 薛澜、朱琴：《危机管理的国际借鉴：以美国突发公共卫生事件应对体系为例》，《中国行政管理》2003 年第 8 期。

④ 唐钧：《论政府风险管理——基于国内外政府风险管理实践的评述》，《中国行政管理》2015 年第 4 期。

⑤ 叶国文：《预警和救治：从"9·11"事件看政府危机管理》，《国际论坛》2002 年第 3 期。

⑥ 郭太生：《美国公共安全危机事件应急管理研究》，《中国人民公安大学学报》（社会科学版）2003 年第 6 期。

⑦ 韩传峰、叶岑：《政府突发事件应急能力综合评价》，《自然灾害学报》2007 年第 4 期。

使用。[①] 有从不同理论角度构建评价体系，如从媒介意识和制度规范角度构建危机中地方政府表现评价体系；[②] 从“后发危机”角度研究其生成的逻辑框架和从路径走向角度研究治理角度评价预期管理能力；[③] 从信息预警角度构建政府公共危机信息预警能力初始评价指标体系；[④] 从知识管理角度构建食品安全危机应对能力评价指标体系。[⑤] **②评价方法上的研究。**如将问卷调查法运用于政府应急能力管理绩效研究中[⑥]、将德尔菲法运用于应急能力评价中[⑦]、将模糊多属性决策运用于城市应急管理信息化绩效测评中；[⑧] 探索问卷调查法、深度访谈法、舆情分析法在社会稳定风险评估机制中的运用；[⑨] 案例比较法在救灾体制效果评价中的使用；[⑩] 大数据技术在政府危机管理能力中的运用；[⑪] 大数据在政策工具及使用偏好分析中的研究；[⑫] 话语分析方法

---

① 朱正威、吕书鹏：《城市社区公共安全管理绩效评价研究》，《西安交通大学学报》（社会科学版）2011 年第 6 期。

② 钟伟军：《新媒介意识、制度规范与危机中的地方政府微博表现——基于 2016 年各地水灾的实证分析》，《江苏行政学院学报》2017 年第 5 期。

③ 张春颜、阎耀军：《重大灾害引发“后发危机”的生成机理与防控策略研究——基于典型案例的对比分析》，《上海行政学院学报》2016 年第 6 期。

④ 张玉亮：《政府公共危机信息预警能力评价指标体系研究》，《图书情报工作》2010 年第 54 卷第 23 期；罗力：《政府公共危机管理中信息预警能力评价指标体系研究》，《重庆大学学报》（社会科学版）2012 年第 5 期。

⑤ 许鑫、侯仕军、徐一方：《知识管理视角下食品安全危机应对能力评价体系的构建与应用——基于企业层面案例库的实证分析》，《公共管理学报》2014 年第 2 期。

⑥ 陈升、孟庆国：《胡鞍钢．政府应急能力及应急管理绩效实证研究——以汶川特大地震地方县市政府为例》，《中国软科学》2010 年第 2 期。

⑦ 张永领：《基于 Delphi 法和最小判别的应急能力逐级评价模式研究》，《中国安全科学学报》2010 年第 2 期。

⑧ 黄辉庆、邹凯、李丹丹：《基于模糊多属性决策的城市应急管理信息化绩效测评研究》，《中国管理科学》2013 年第 s1 期。

⑨ 黄杰、朱正威、王琼：《风险感知与我国社会稳定风险评估机制的健全》，《西安交通大学学报》（社会科学版）2015 年第 35 卷第 2 期。

⑩ 钟开斌、林炜炜：《中国救灾体制的调整与变化：基于典型案例的比较研究》，《理论与改革》2018 年第 3 期。

⑪ 杨元元：《以大数据提升政府公共危机管理能力》，《人民论坛》2018 年第 5 期。

⑫ 陶鹏、李欣欣：《突发事件风险管理的政策工具及使用偏好——以文本大数据为基础的扎根理论分析》，《北京行政学院学报》2019 年第 1 期。

在政府回应公众认知需求方面的运用。[①] **③评价模式上的研究。**如有研究从功能设定、层次确定、内容选择、方法运用等四个方面对我国目前应急管理整体能力进行评估；[②] 从建议从制度能力、组织能力和资源能力三方面进行公共危机治理能力评估；[③] 从政府应对公共危机事件的行为出发，探索从危机事件类型、事件严重程度、地方政府控制力和上级行为等角度构建危机管理能力评价。[④] 在能力评价的基础上，有部分学者对危机事后政府行为进行研究，如张小明在研究公共危机事后恢复重建中提出五项措施，包括应急处理措施改变，损失评估，制定重建计划，支援恢复，恢复正常社会秩序和公共设施，制定政策，开展救助、补偿、抚慰、抚恤、安置、心理干预等，事后调查与总结报告。[⑤] **也有部分学者提出了在当前非传统安全威胁兴起的背景下，危机治理本身就存在“失灵”的现象。**如金太军提出政府危机管理受到政府管理理念、管理体制和管理方式的制约，导致在突发事件上难以灵活应对、在危机扩散中难以区分个人利益与公共利益、在危机沟通中难以适应新媒体运用或言行失当带来负面影响、在危机治理中采取“运动化”的方式缺乏长期性和动态追踪、“有组织的不负责任”，均是导致政府危机管理失灵的直接导火索；[⑥] **余潇枫等在研究智慧城市中的非传统安全问题，将非传统安全危机分为“常态危机”与“非常态危机”，认为“非常态危机”，主要表现出“传统的危机应对方式并未能有效解决对应管理部门缺乏、专业救援队伍缺乏、相应**

---

① 刘一弘：《危机管理的意义建构——基于“甲流”事件的政府话语分析》，《公共管理学报》2017 年第 4 期。

② 张海波、童星：《应急能力评估的理论框架》，《中国行政管理》2009 年第 4 期。

③ 刘学民：《公共危机治理：一种能力建设的议程》，《中国行政管理》2010 年第 5 期。

④ 赖诗攀：《问责、惯性与公开：基于 97 个公共危机事件的地方政府行为研究》，《公共管理学报》2013 年第 2 期。

⑤ 张小明：《公共危机事后恢复重建的内容与措施研究》，《北京科技大学学报》（社会科学版）2013 年第 2 期。

⑥ 金太军：《政府公共危机管理失灵：内在机理与消解路径——基于风险社会视域》，《学术月刊》2011 年第 9 期。

法律保障缺乏、现实条件应对缺乏”等特点；[①] 肖唐镖在研究当前城乡基层治理时提出“复合性危机”概念，认为其是20世纪90年代“治理危机”的深化表现。[②] 由于危机治理失灵而引发的更深层次的危机，是对政府及社会危机应对能力更大的考验。

（4）中外比较或对国外经验的引介

我国危机研究起步较晚，总结与借鉴发达国家经验构成我国危机研究重要的组成部分。**在中外相关理论与实践的比较研究方面，**如徐家良从危机理念、成本意识、主体观念与过程观念四方面比较中美日三国危机管理体制，提出促进我国危机管理体制进步的做法，如将其纳入国民经济发展的重要组成部分并分阶段构筑起新型的政府危机管理体制；[③] 李民等比较中美在应急管理中跨界合作机制的区别与联系，认为两种合作机制各有其优劣，提出我国可以从促进跨界应急合作规范化、网络化和一体化等方面做改进，提高应急合作效能；[④] 彭宗超对比中美应急管理建设历程、应急背后政治制度影响进行比较，认为目前中国应急管理具有体系强大、相应及时、动员有力、救灾有效等四个特征，主要来源于“一案三制”体系的建设。[⑤] **在国外经验引介方面，研究者主要采取两类思路：①在早期研究中，以梳理国外危机研究为主。**学者多以梳理国外危机管理的发展与源起，对涉及危机管理的一般做法，包括法律法规、体制机制、媒体宣传等做了介绍，得出对我国危机管理的启示。如翟国方通过研究日本洪水风险管理的框架与内容、行为规范、防御体系、沟通方式，认为其管理成功在于重视工程措施与非工程措施的结合、重

---

① 余潇枫、潘临灵：《智慧城市建设中“非传统安全危机”识别与应对》，《中国行政管理》2018年第10期。

② 肖唐镖：《城乡基层治理“复合性危机”观察》，《人民论坛·学术前沿》2015年第3期。

③ 徐家良：《美日政府危机管理体制比较及启示》，《中国软科学》2004年第6期。

④ 李民、贾先文：《中美省州际间跨界应急管理机制比较研究》，《中国地质大学学报》（社会科学版）2016年第5期。

⑤ 彭宗超：《政治制度对应急管理体系及其运行绩效的影响——中美比较的视角》，《新视野》2014年第2期。

视信息技术在信息传递中的作用，重视风险沟通和洪灾保险等保障措施；[①] 王德迅通过分析日本政府危机管理体系以提升我国应对综合性危机的应变能力；[②] 闪淳昌等介绍美国应急管理体制体系演变与发展脉络，对其变化过程、特点、组成结构和核心内容进行分析，为我国应急管理机制建设提供经验；[③] 薛澜等介绍美国危机管理体系中的运作机制、机构设置、应对网络和社会适应能力为我国所用；[④] 朱正威等通过分析英国、加拿大、美国的国家风险治理模式，将其归纳为渐进整体风险治理模式、综合型风险治理模式、国家安全型风险治理模式，我国可从系统架构、方法工具、文化培育、社会力量等角度作一借鉴；[⑤] 滕五晓等介绍美国、欧洲、日本在危机应对中的区域应急联动模式，提出符合我国区域合作现状的网络状区域应急联动模式和“信息互通、资源共享、相互救援”的运行机制。[⑥] **②在近期研究中，学者基于国外现有理论和研究在本土场景下的实现产生质疑与反思。**如周葆华以“厦门 PX 事件”研究为例对西方突发公共事件的经典理论进行本土化研究，认为西方研究中对于传统媒体占据主流社会地位和将政治效能视为个体社会化产物的假设不符合中国社会现实；[⑦] 张海波对比国际应急管理与安全治理理论的发展与融合，认为在总体国家安全观下的安全治理与应急管理在实践上将以独有的方式走向整合。[⑧]

---

① 翟国方：《日本洪水风险管理研究新进展及对中国的启示》，《地理科学进展》2010 年第 29 卷第 1 期。

② 王德迅：《日本危机管理研究》，《世界经济与政治》2004 年第 3 期。

③ 闪淳昌、周玲、方曼：《美国应急管理机制建设的发展过程及对我国的启示》，《中国行政管理》2010 年第 8 期。

④ 薛澜、钟开斌、张强：《美国危机管理体系的结构》，《世界经济与政治论坛》2003 年第 5 期；薛澜、朱琴：《危机管理的国际借鉴：以美国突发公共卫生事件应对体系为例》，《中国行政管理》2003 年第 8 期。

⑤ 朱正威、刘泽照、张小明：《国际风险治理：理论、模态与趋势》，《中国行政管理》2014 年第 4 期。

⑥ 滕五晓、王清、夏剑霺：《危机应对的区域应急联动模式研究》，《社会科学》2010 年第 7 期。

⑦ 周葆华：《突发公共事件中的媒体接触、公众参与与政治效能——以“厦门 PX 事件”为例的经验研究》，《开放时代》2011 年第 5 期。

⑧ 张海波：《中国总体国家安全观下的安全治理与应急管理》，《社会科学文摘》2016 年第 5 期。

（二）国内研究评析

中国学界相关研究始于2003年“非典”事件之后，虽然发展时间不长，但是成长迅速。整体来看，上述研究围绕基本理论、内容阐释、危机应对、国外经验介绍等主题，对危机的主要研究内容、基本要义、建设重点、发展方向等进行了论述，尤其是对非传统安全威胁背景下的危机应对作了探索，对中国危机研究作了一种背景式的解读和分析。同时，以上研究较好地反映了社会发展现状，为本研究提供了基本观点与基本素材。

当前国内研究主要体现在三方面：①理论研究逐渐受重视。现实描述、经验表述与问题解决均是危机研究初期的主要内容。随着相关研究逐渐走向成熟，理论研究与学术价值逐渐被重视，有学者提出“情景——冲击——脆弱性”“社会风险——突发事件——公共危机”“刚性稳定——韧性稳定”“利益相关者”等理论和框架，较为符合我国国情。**②研究领域更显情景性。**危机研究一直是一个“现实驱动”的研究，当前研究更紧密结合当前国内外新形势与新动态。如在智慧城市建设的热潮下，如何识别与应对智慧城市建设中的危机成为近期研究的重点关注点。**③研究方法更趋于交叉。**在理论方法上，危机研究逐渐融入心理学（如危机的风险感知研究）、公共管理学（如政府应对危机的政策制定与实施）、国际关系学（如危机的跨域防御与应对）等诸多相关学科。在技术方法上，大数据方法（Big Data）、定性比较分析法（Qualitative Comparative Analysis，QCA）等在研究中广泛运用。

然而，国内研究仍存在不足：①理论建构不够完善。目前较多的“对策性”论文关注于对现象的解释、对经验的阐述以及危机事件下的政策观照，在“应急”层面有一定的合理性，但对于后续危机能力建设作用不足。**②案例研究不够深入。**由于危机研究的特殊性，学者们偏向于使用单一案例进行叙述性的剖析，或用几个案例进行比较。在研究中部分学者有意识地使用调查问卷、数据挖掘、内容分析等方式收集数据与案例，也将多学科的研究方法引入危机研究中，但由于研究思路的限制，并未做到突破学科限制或领域限制的案例和数据收集。对比之下，国外危机案例数据库为危机研究提供了坚实的基础资料。整体性与科学化的案例数据库对于深入剖析研究问题有重要的基础作用。③**研究视野不够开阔**。一方面，危机研究中局限于传统的危机周期模式。尚未有大量研究关注危机的动态过程，忽视对危机演变过程的研究，也尚未有大量研究关注由于危机应对失败引起的更深层次的危机。余潇枫、米红等学者在研究中初步提出“非常态危机”概念，将其区分于“常态危机”，以解释危机演变中的“复合型危机”，是研究中的一大突破。另一方面，危机研究与非传统安全研究的融合研究不够深入。在非传统安全威胁新态势下，危机研究与非传统安全研究在研究内容、研究方法上有了初步结合，大量学者投身于非传统安全威胁下的危机研究，提出了新的危机管理理念、危机管理体系、威胁识别方法。但是总体来说，学者并未在理论与视角对两个研究做深度融合，如现有危机应对研究中，一般强调政府的监管投入与资源投入或是组织的能力建设，并未落实到对安全能力的提升上来。本研究将尝试在以上不足方面作更深入的研究。

第三节　研究内容

本书共分六章。除第一章导论外，其余章节内容如下。

第二章是理论溯源、概念界定与现实语境。该章阐述危机理论与非传统安全理论的发展与结合，界定核心概念，阐述我国目前非传统安全威胁现状与危机现状。

第三章是“非常态危机”的生成机理。该章分析“非常态危机”的生成路径、特征与影响因素。

第四章是“非常态危机”识别框架的理论建构。该章构建“非常态危机”识别的理论路径，分为前置条件、过程条件和结果条件三步。

第五章是内源性“非常态危机”识别及成因归类。该章从实证上对内源性“非常态危机”进行识别，提出其四种成因。

第六章是内源性“非常态危机”的应对体系探索。该章以国家非传统安全能力建设为目标，从宏观视角对当前中国内源性“非常态危机”应对提出新思路。

第四节　研究方法、重难点、创新点

“社会的需要”与“研究性质和任务中凝结的价值目标”是选择研究方法的标准。[①] 乌里尔·罗森塔尔在较早的研究中就呼吁需要“从方法论角度考虑危机分析在学术上的重要性”[②]。本研究中主要运用了以下学科方法与具体研究方法。

一　研究方法

（一）学科方法

一是非传统安全视角与理论。本研究使用非传统安全研究的视角，对安全态势进行分析，对安全特征进行剖析，提出了安全问题的应对思路；使用非传统安全研究中的理论来建构“非常态危机”识别理论，如使用“场域安全”理论作为非传统安全威胁梳理的理论支撑，使用“人的安全”理论作为非传统安全威胁识别的理论支撑，使用“安全化”理论研究危机演变过程等。

二是公共管理学理论。本研究使用公共管理学理论，如“危机管理”理论、“公共治理”理论等，为“非常态危机”识别与应对提供理论支撑。

（二）具体研究方法

一是数据挖掘技术。本研究主要利用 Web 内容挖掘技术，即从 Web 文档和 Web 活动中抽取有用模式和隐藏信息，主要用于第五章。首先是使用 Python 语言利用关键词挖掘由“非传统安全威胁”引发的“非传统安全危机”相关的媒体报道文本，其次是使用命名实体识别

---

① 刘泽照、朱正威：《公共管理视域下风险及治理研究图谱与主题脉系——基于国际 SSCI 的计量分析（1965—2013）》，《公共管理学报》2014 年第 3 期。

② 乌里尔·罗森塔尔、迈克尔·查尔斯、保罗特·哈特：《应对危机：灾难、暴乱和恐怖行为管理》，赵凤萍译，河南人民出版社 2014 年版，第 4 页。

技术抽取实体对文本中的关键信息进行归类于分析，最后是危机案例数据库的建立。

二是文本分析法。本研究利用文本分析法中的编码方法（Coding）对危机案例文本内容进行分析，主要用于第五章。通过对危机案例数据库中各“非传统安全危机”案例文本中的“非传统安全威胁”特征（“威胁”“实践”“地域”特征）、“非传统安全危机”特征（“危机来源”“发展形式”“传递路径”“演化结果”特征）、“非常态危机”特征（“安全化过程”“安全化结果”特征）进行编码，对其是否属于“非常态危机”进行识别；通过对危机演变过程中的各环节的影响因素进行编码，用于分析其演变环节影响因素对其结果的影响。

三是采用定性比较分析法。本研究采用清晰集定性比较分析法（Crisp-Set Qualitative Comparative Analysis，csQCA），该方法主要用于小样本的跨案例定性分析，运用于在可比较的案例间的分析发现系统相似性和差异性，主要用于第五章。在文本分析的基础上，分析危机演变过程中的影响因素及其产生“异质性”结果即“非常态危机”的原因。

二 研究重难点

（一）研究重点

一是提出“非常态危机”，分析其主要特征与应对能力要求。辨析相似概念，提出“非常态危机”的生成、特征、影响因素，提出其应对能力要求。

二是从理论上构建“非常态危机”识别框架，从实证上对内源性“非常态危机”进行识别与成因分类。区分不同形态危机之间的共性与特性，从理论上构建识别框架，挖掘“非传统安全危机”案例，利用理论框架对各案例是否属于“非常态危机”进行识别，并对其进行成因分类。

三是提出“非常态危机”应对的整体思路与具体路径。从总体国家安全的高度，以非传统安全能力建设为目标，从宏观上对“非常态危机”应对体系建构提出建议。

（二）研究难点

一是对现实语境的理论化提升。①分析我国目前非传统安全威胁现状。非传统安全威胁表现形式多样，具有隐蔽性与和动态演变性，需要不拘泥于具体表现形式，利用“场域安全”理论从总体国家安全角度对其进行描述。②识别与界定“非常态危机”。需要从理论角度分析其生成机理，构建兼具理论性与操作性的识别方法。

二是案例研究的准确度。一方面是文本挖掘的准确度。Web 挖掘技术本身存在的困难在于：①Web 页面的复杂性高于任何传统的文本文档；②Web 是一个动态性极强的信息源，处于不断更新中；③面对的是一个广泛的用户群体；④Web 上只有极小部分信息是相关的或有用的。一般来说，Web 内容挖掘的主要策略是直接挖掘文档的内容，针对 Web 的查询语言 Web Log，Web OQL 等；主要是对搜索引擎的查询结果进行进一步的处理，得到更为精确和有用的信息及对搜索引擎的返回结果进行聚类的技术等。如何精准挖掘文本与归纳案例是本节的难点。另一方面是文本分析的准确度。本书在分析案例时需要对材料进行编码，利用编码构建内在维度。因此文本内容分析的准确程度将影响本研究结果，如何提高文本分析和编码过程的准确度，是本书难点。因此，在编码阶段，由 5 位非传统安全管理专业研究生在本人指导下共同完成，5 位研究生均具备良好的非传统安全管理专业知识，每人根据指标独立进行编码，而后进行对比，如对某一案例任意两人编码差异超过 50%，则重新编码，对差异未超过 50% 的差异编码进行反复探讨后确定该案例在对应指标下的数值，大大提高本研究中编码的准确性和可信度。

三 研究创新点

一是非传统安全威胁的识别研究。在非传统安全威胁研究中，大多采取一种较为模糊的描述方法来分析非传统安全威胁。本研究从非传统安全威胁本身的特性入手进行识别，并提出由其引发的危机，对现有冗长的非传统安全威胁“问题清单”做一优先级选择，是非传统安全理论进行规范化与精细化的一种创新。

二是“非常态危机”生成机理研究。本研究在危机研究中区分出由“风险”引起的危机与由“威胁”引起的危机，将“非常态危机”从传统的危机研究区分出来，将非传统安全研究中的“安全化”理论引入危机研究中，对于危机的生成机理和演化过程做了较为深入的剖析，是一种创新。

三是“非常态危机”识别框架的构建。目前关于危机的研究比较常见的是对特定类别的危机进行多案例研究，这种研究可以在较为宽泛的范围内对“非常态危机”识别提供借鉴，但却难以体现“非常态危机”的精准性。本研究构建的“非常态危机”识别框架体现了非传统安全研究话语的独特性，同时将以经验判断为主的识别方式转变为以指标为主的评估，以增强“非常态危机”识别的理论性与科学性，是一种创新。

第 二 章

理论溯源、概念界定与现实语境

本章旨在研究阐述三大问题：其一，阐述危机理论与非传统安全理论的发展与结合。其二，概念界定，包括本研究的核心概念“非常态危机”，危机研究中的相关概念“风险”“威胁”“危险”“灾害”“突发事件”，本研究的相关概念“非传统危机”“非传统安全危机”“公共危机”等，本研究中主要关注“非传统安全危机”范畴下的“非常态危机”。其三，阐述目前我国非传统安全威胁现状与危机现状，提出“非常态危机”是对变化世界的一种回应与探索。

第一节 理论溯源

20 世纪 90 年代，冷战结束后，全球化进程的加快给人类社会带来诸多新威胁：经济全球化增加了大规模金融风暴的可能性，造成大量经济移民的跨国流动，增加跨国犯罪有组织犯罪可能性；文化全球化使得部分国家借此对其他国家采取文化霸权、文化倾销与文化殖民；政治全球化使得国际政治与国内政治界限模糊，国家主权的绝对性受到冲击。在诸多始料未及的新威胁下，人类社会以一种前所未有的方式连接，“普遍性威胁”与“生存性焦虑”使得人类真正开始了“共生、共存、共创与共享的新时代”。[1] 由此安全研究的核心改变，安全

① 余潇枫主编：《非传统安全概论（第 2 版）》，北京大学出版社 2015 年版，第 2 页。

研究的议题相应转变，“在危机中”[①] 成为对当前全球安全态势的普遍共识，世界各国政府的危机应对能力受到考验。本节主要从理论层面对现有的危机理论与非传统安全理论进行溯源。

从国外危机学科研究的发展来看，20 世纪初学界对于灾害防治的研究将灾难和自然灾害研究从纯粹的自然科学研究扩展到社会科学研究，20 世纪中的古巴导弹危机爆发将危机研究的重点转向国际政治领域，20 世纪末全球逐渐摆脱冷战阴影，经济与环境领域安全问题所引发的危机逐渐替代战争问题成为全球危机研究的核心议题。21 世纪初爆发的人为性灾难、金融危机、恐怖主义事件等将危机研究的对象转向非传统安全威胁。在危机研究的发展过程中，政治学与公共行政学为其提供了重要的理论基础。

首先，国际政治危机对国家政治稳定造成重大冲击，在这方面，政治学对危机研究的起步贡献巨大。政治学家格拉哈姆·艾利森（Graham Alison）在 1971 年出版的《决策的实质：古巴导弹危机的解释》一书中批评了国际政治研究中单一的危机研究行为体，将危机的研究对象从单一的国家行为体扩展到国家行为体、组织行动的过程、个人决策者三者，相应地将危机决策的类型扩展到理性行动视角、组织行为视角和官僚政治视角。[②] 除此之外，政治学相关研究中将决策者在危机应对中的行为、表现、影响因素及结果预测作为研究重点。总的来说，政治学领域对危机研究的目标和方向相对明确：其一，将国际政治危机从国际冲突和国际安全研究中剥离出来，采用危机管理这一视角来处理国际对抗，从国际体系变化和国际利益博弈角度研究事件；其二，将危机研究赋予明显的政治属性，使得“国家安全”在危机研究中的地位提升，现有绝大部分国际危机监测系统和国际危机预警系统均基于此目的而建立。

其次，国内自然灾害与人为灾难的爆发对政府职能造成重大考验，

---

① 胡百精：《中国危机管理报告（2008—2009）》，中国人民大学出版社 2009 年版，第 11 页。

② Graham Allison.，*Essence of decision*：*Explaining the Cuban Missile Crisis*，Little，Brown and Company，1971.

在这方面，公共行政学对危机研究产生巨大推动作用。公共行政学发展的起点是强调对政治意志的实现，如伍德罗·威尔逊（Woodrow Wilson）所言，大家关注的是如何使“政府变得公正、温顺”，而非使之变得“简捷、有序和高效”[①]。政府基于民主共识与政治意志来解决公共问题，但制度设计与运行，尤其是在危急状态下的运行不尽如人意。由此政府角色和能力需要重新建构，现代公共行政的逻辑在此基础上偏重于科学化与技术化，区分国家意志的形成与执行，以面对复杂的公共意志与公共利益。[②] 荷兰危机研究专家乌里尔·罗森塔尔（Uriel Rosenthal）等对于危机和危机管理的预言，即危机将向跨国界化、媒体化、科技发展、政府权威消散四个方面演变[③]，已渐成事实，成为当前政府在危机状态下的角色塑造和能力建设的共同认知。

危机研究与非传统安全研究在近 40 年内产生了紧密联系。

一方面，非传统安全研究为危机研究的内容扩展提供了理论支撑。非传统安全是一个“迅速变化的全球环境下的时空产物”。[④] 非传统安全缘起的国际语境是全球化时代“和平”与“发展”都不能与“安全”画上等号的全新现实。自 20 世纪 80 年代起，安全议题在现实驱动下在研究中得到扩展，如理查德·乌尔曼（Richard Ullman）在《重新定义安全》一文中把贫困、疾病、自然灾害和环境退化等纳入安全概念范畴之中。[⑤] 史蒂夫·斯密斯（Steve Smith）在反思“9·11”事件后将非传统安全的内涵进行重新分类，将政治、经济、社会、文化、环境等诸多领域中的问题纳入其中，认为其威胁来源自国内、国外、两者互

---

① Wilson W.，“The Study of Administration”，*Political Science Quarterly*，Vol. 2，1887，pp. 197 - 222.

② 何艳玲：《公共行政学史》，中国人民大学出版社 2018 年版，第 2—10 页。

③ Uriel R.，Arjen B.，Louise K. C.，*Managing Crises. Threats*，*Dilemmas*，*Opportunities*，Charles C. Thomas Publisher，2001.

④ 梅里·卡巴莱诺 - 安东尼：《非传统安全研究导论》，余潇枫等译，浙江大学出版社 2019 年版，第 6—7 页。

⑤ Ullman R. H.，“Redefining Security”，*International Security*，Vol. 8，No. 1，1983，pp. 129 - 153.

动、人为破坏或自然灾害等多方面。[①] 巴里·布赞（Barry Buzan）在《人、国家与恐惧——后冷战时代的国际安全研究议程》中提出了军事安全以外的经济安全、环境安全、政治安全、社会安全的研究路径[②]，而后在《国际安全研究的演化》中提出了安全研究的二元语境，即安全建构的军事和非军事的、外部和内部的、国家的和个体的、传统的和非传统二元语境，在此基础上阐述了安全研究中的七大流派，即建构主义、哥本哈根学派、人的安全、批判安全研究、女性主义、后殖民主义和后结构主义。作为一种路径，非传统安全从一个综合性的、基于需求和权利而非单纯国家主义和军事理解的视角来评估诸多安全议题，将一些议题如大型流感为人和国家安全带来潜在威胁，并对此威胁与其他威胁，如气候变化、非法移民、水资源和粮食安全等威胁之间的关联保持警惕。[③] 布赞从深化和扩展安全研究视角的路径中揭示了安全研究中的四类问题，即国家是不是安全的优先指涉对象？内部威胁与外部威胁是否能同时纳入安全的考虑范围？是否应该将安全扩大至军事领域之外？安全与威胁、危险、紧急事件和危机是否必然相关？[④] 这四个问题的提出对非传统安全研究提供了理论支持和正当性解释，尤其是最后一个问题，由于“国家安全”发展于对外部威胁的认识，因此“国家安全”似乎与威胁、危险和紧急事态直接相关。但脱离国家安全、军事安全等高政治安全，仅就保障经济安全、社会安全等低政治安全的视角，安全与威胁、危险、紧急事态、危机等概念也存在关联与替代，如哥本哈根学派认为只要指涉对象、威胁和危险是在紧急事态中被建构的，安全的概念就能得到扩展。[⑤]“人的安全”理论在这方面也做了

---

① Steve S.，“The end of the Unipolar Moment？September 11 and the Future of World Order”，*International Relations*，Vol. 16，No. 2，2002.

② 巴里·布赞：《人、国家与恐惧——后冷战时代的国际安全研究议程》，阎健、李剑译，中央编译出版社 2009 年版，第 25 页。

③ 梅里·卡巴莱诺－安东尼：《非传统安全研究导论》，余潇枫等译，浙江大学出版社 2019 年版，第 15 页。

④ 巴里·布赞、琳娜·汉森、布赞：《国际安全研究的演化》，余潇枫译，浙江大学出版社 2011 年版，第 3—20 页。

⑤ Barry B.，Ole W.，& Jaap de W.，*Security*：*A New Framework for Analysis*，Lynne Rienner，1998.

较大贡献，摒弃了以“国家安全”为核心的安全价值，为人的生存与发展寻求到合理的理论解释。安全概念的扩展与之带来危机研究内容的扩展，如气候变化、能源短缺、粮食短缺、自然灾害、人为灾难等问题均随着安全议题的扩展纳入危机研究的内容之中。从这一方面看，非传统安全研究为危机研究的内容扩展提供了理论支撑。

另一方面，危机研究又为非传统安全研究的“问题清单”筛选提供了途径。罗森塔尔关于危机的著名言论是“危机是社会和政治生活的实验室”[①]，阿金·伯恩（Arjen Boin）关于灾害发生原因的分析认为其原因根植于社会结构和社会变迁之中[②]，路易丝·康富（Louise K. Comfort）提出危机是一个复杂的、适应性的系统，需要在适应环境中回应与建构。[③] 由此可见，危机研究是一门实践性的研究，通过提出困境、分析原因，从而提出应景式措施。非传统安全研究从兴起至今，一直存在“模糊性”争议，主要来自于安全概念本身的模糊性和研究边界的模糊性。如 Arnold Wolfers（阿诺德·沃尔弗）所言，“安全就是一个模糊的符号”[④]，模糊性直接导致非传统安全问题研究内容泛化、议题混杂，一些并不是严格属于非传统安全问题的议题也被纳入研究中，增加非传统安全研究规范化难度。非传统安全“问题清单”随着学术探索不断增长，而事实上，有限的资源并不能有效解决所有问题，“问题清单”与“解决清单”之间存在的缺口成为治理中的重大隐患。危机作为一种危险、紧急的状态，为非传统安全问题解决的“问题清单”提供了优先级标准，从而帮助准确把握非传统安全威胁，及其对由其引发的危机进行准确识别、预防与预警，为在战略资源有限的情境下的“精准治理”提供途径。

---

① 乌里尔·罗森塔尔、迈克尔·查尔斯、保罗特·哈特：《应对危机：灾难、暴乱和恐怖行为管理》，赵凤萍译，河南人民出版社 2014 年版，第 5 页。

② Boin A.，“Lessons from Crisis Research”，*International Studies Review*，Vol. 6，No. 1，2010，pp. 165 – 194.

③ Comfort L. K.，“Crisis Management in Hindsight：Cognition，Communication，Coordination，and Control”，*Public Administration Review*，No. 1，Vol. 67，2010，pp. 189 – 197.

④ Wolfers A.，“‘National Security’ as an Ambiguous Symbol”. *Political Science Quarterly*，Vol. 67，No. 4，1952，pp. 481 – 502.

纵观危机研究与非传统安全研究的结合和发展过程，两者发展路径虽不完全一致，但最终在研究议题和研究对象上产生了紧密联系。在危机研究的发展过程中，政治学与公共行政学理论的加入为其提供了发展目标与解决路径，最终在全球安全形势变化下转向了以非传统安全威胁为主要议题的研究。但是，两者结合和发展仍然在探索中，如何准确界定危机研究议题以免“安全泛化”现象蔓延到危机研究中，如何识别出处于动态变化中的危机，如何应对由“非传统安全威胁”引发的危机，如何通过危机治理提升政府安全治理能力等问题，将是危机研究与非传统安全研究继续结合中无法绕开的理论问题。

第二节　概念界定

“风险”“威胁”“危险”“灾害”“突发”“安全”等词是危机研究中的关键词。“非传统危机”“非传统安全危机”“公共危机”等词是与本研究主要概念“非常态危机”相关的概念。本节的主要目的是辨析相似概念与界定主要概念。

首先是关于“危机”概念的界定。“危机”（Crisis）一词从希腊语“Krisis”演变过来，最早作为一个医学术语存在，指人濒临死亡、游离于生死之间的那种状态。[①]《朗文当代高级英语辞典》中对其解释是“巨大的危险、困难或者情况不明的关键时刻”。《现代汉语词典》中对“危机”的解释是“潜伏的危险”“严重困难的关头”。[②] 对危机的理解方式决定危机的定义方式，现有研究中对“危机”的定义方式主要有“事件”“系统”“过程”“状态”“结果”等五个角度：①将其认为是一种“事件”，如查尔斯·赫尔曼（Charles F. Hermann）认为危机是“威胁决策制定首要目标，是制约决策改变之前可用的反应时间，使决策制定机构的成员对其发生感到震惊的一种事件”[③]；伦

① Borodzicz E. Risk, *Crisis and Security Management*, Hoboken: Wiley, 2005.

② 中国社会科学院语言研究所词典编辑室：《现代汉语词典》（第6版），商务印书馆2012年版，第1349页。

③ Hermann C. F., *International Crises: Insights from Behavioral Research*, Free Press, 1972.

斯·巴顿（Laurence Barton）将“危机”定义为“一种引起潜在负面影响的、具有不确定性的大事件”[①]；查尔斯·斯特巴特（Charles I. Stubbart）认为“危机是一个难以定义、高度不确定、复杂、情绪化的事件”[②]；薛澜等认为“危机是一个社会系统的基本价值和行为准则产生严重威胁，并且在时间压力和不确定性极高的情况下，必须对其作出关键决策的事件”。[③] ②将其认为是一种“系统”，如路易丝·康富（Louise K. Comfort）认为“危机是一个复杂的、适应性的系统，需要调整其性能，以适应不断变化的环境需求”[④]。③将其认为是一种“过程”，如乌里尔·罗森塔尔（Uriel Rosenthal）等认为“危机是一种社会系统中存在的高度不确定性的过程，将危机议题从政治议题引向管理议题，推动危机管理研究的实质发展”[⑤]。④将其认为是一种“状态”，如理查德·基姆斯（Richard K. James）等认为“危机是一种持续性的状态”[⑥]。⑤将其认为是一种“结果”，如童星等认为“危机是不幸事件对于广泛联系、相互链接、动态发展中的复杂世界的后果”[⑦]；金太军认为“危机是风险输出的结果”[⑧]。也有学者将以上几个角度相融合来定义“危机”，如张成福认为“危机是一种紧急事件或紧急状态”[⑨]。在现有大量危机研究中，危机被视为是一个“驯服问

---

① 伦斯·巴顿：《组织危机管理》，符彩霞译，清华大学出版社 2002 年版。

② Stubbart C. I.，“Uncertainty，Complexity，Conflicts of Interest，Emotional Involvement and the Quality of Crisis Thinking”，*BEBR Faculty Working Paper*，1986.

③ 薛澜、张强、钟开斌：《危机管理：转型期中国面临的挑战》，《中国软科学》2003 年第 4 期。

④ Comfort L. K.，“Crisis Management in Hindsight：Cognition，Communication，Coordination，and Control”，*Public Administration Review*，No. 1，Vol. 67，2010，pp. 189 – 197.

⑤ 乌里尔·罗森塔尔、迈克尔·查尔斯、保罗特·哈特：《应对危机：灾难、暴乱和恐怖行为管理》，河南人民出版社 2014 年版，第 11 页。

⑥ 理查德·基姆斯、波尔·吉利兰：《危机干预策略》，高申春等译，高等教育出版社 2009 年版。

⑦ 童星、张海波：《基于中国问题的灾害管理分析框架》，《中国社会科学》2010 年第 1 期。

⑧ 金太军：《政府公共危机管理失灵：内在机理与消解路径——基于风险社会视域》，《学术月刊》2011 年第 9 期。

⑨ 张成福：《公共危机管理：全面整合的模式与中国的战略选择》，《中国行政管理》2003 年第 7 期。

题”（Tame Problem），如危机研究中较为著名的“F模型”“4R模型”“MPRR四阶段”等均将危机发展周期简化为一个按规律发展的、固定的线性模型，由此衍生对危机定义、成因、演变阶段的研究，危机管理的处理方法跳转到了“常态管理”上，对危机内涵的简单处理使得对应的危机管理策略难以高效落实。实际上，危机“难以定义、高度不确定、复杂、情绪化”[①]，并非是一个线性事件，而是一种“事变”。**本研究在以上研究的基础上认为“危机”是一种“结果导向”，但是其本质上是一种“动态过程”，由此本研究将从“过程”与“结果”的统一上定义危机，认为其是“现存威胁严重化与可能危害现实化的过程”。**

其次是关于“风险”“威胁”“危险”“灾害”“突发”“安全”等词的辨析。在中文语义中，“风险”“威胁”“危险”“灾害”“突发事件”等词具有相似性，在政策文件、公开报告和日常交流中存在交叉使用的现象。从概念界定来看，关于“风险”的界定：在《国际安全词典》中将“风险”定义为“由特定事物引发的危害性后果，意味着预测后果出现的概率以及对于危害程度的评估”[②]；《现代汉语词典》中将“风险”定义为“可能发生的危险”[③]。国际标准化组织在《风险管理原则与指南》（ISO3100）中提出风险的多元后果和连锁反应。[④]关于“威胁”的界定：在《国际安全词典》中将“威胁”定义为“可能对国家利益造成损害的某人或某物”[⑤]；《现代汉语词典》中将“威胁”定义为“使遭遇危险”[⑥]。《现代汉语词典》中将“危险”定

---

① Stubbart C. I.，“Improving the Quality of Crisis Thinking”，*Columbia Journal of World Business*，Vol. 22，No. 1，1987，pp. 89－99.

② Robinson P.，*Dictionary of International Security*，Polity Press，2008.

③ 中国社会科学院语言研究所词典编辑室：《现代汉语词典》（第6版），商务印书馆2012年版，第390页。

④ 国际标准化组织：《风险管理原则与指南［EB］》，https：//www. iso. org/standard/43170. html。

⑤ Robinson P.，*Dictionary of International Security*，Polity Press，2008.

⑥ 中国社会科学院语言研究所词典编辑室：《现代汉语词典》（第6版），商务印书馆2012年版，第1349页。

义为“遭到损害或失败的可能性”[①]，将“灾害”定义为“自然现象和人类行为对任何动植物以及生存环境造成的一定规模的祸害”[②]，将“突发”定义为“突然发作或发生”[③]，将“安全”定义为“没有危险”[④]。研究中一般也认可几者之间意义相近导致交叉使用，如贾群林等认为“突发事件”大多具有危机的特征，或者说具有危机事件转化的潜质，因此在一定意义上也被称为“突发危机事件”[⑤]；如童星等认为“灾害”是“各种自然的与人为的重大不幸事件”，“危机”是“不幸事件对于广泛联系、相互链接、动态发展中的复杂世界的后果”，“风险”是“造成灾害、引发危机的原因”。在使用中，“灾害”概念倾向于指自然与人为的重大不幸事件，“危机”倾向于表达不幸事件的后果，“风险”倾向于表达引发灾害与危机的原因。[⑥] 张海波等认为突发事件根源于社会风险，社会风险导致危机，突发事件使得两者之间潜在的因果关系显性化。[⑦] 薛澜等认为“突发事件”与“危机”概念各有侧重，但是在使用中交叉使用。[⑧] 研究中将风险区分为“短期风险”与“长期风险”[⑨]，实质上就是“现实性”角度对于“风险”和“威胁”的一种表述。**本研究认同这些关键词在使用中存在一定的**

① 中国社会科学院语言研究所词典编辑室：《现代汉语词典》（第6版），商务印书馆2012年版，第1349页。

② 中国社会科学院语言研究所词典编辑室：《现代汉语词典》（第6版），商务印书馆2012年版，第1618页。

③ 中国社会科学院语言研究所词典编辑室：《现代汉语词典》（第6版），商务印书馆2012年版，第1316页。

④ 中国社会科学院语言研究所词典编辑室：《现代汉语词典》（第6版），商务印书馆2012年版，第7页。

⑤ 贾群林、刘鹏飞：《突发公共事件的应急指挥与协调》，当代世界出版社2010年版，第1页。

⑥ 童星、张海波：《基于中国问题的灾害管理分析框架》，《中国社会科学》2010年第1期。

⑦ 张海波、童星：《中国应急管理结构变化及其理论概化》，《中国社会科学》2015年第3期。

⑧ 薛澜、张强、钟开斌：《防范与重构：从SARS事件看转型期中国的危机管理》，《改革》2003年第3期。

⑨ Shwom R., Kopp R. E., “Long-term Risk Governance: When do Societies Act Before Crisis?”, *Journal of Risk Research*, Vol. 22, No. 11, 2019, pp. 1374 – 1390.

交叉这一观点，但认为其各有侧重。从存在的“现实性”角度来看，“安全”侧重于描述具有威胁的状态，“风险”侧重于对非现实事件的预测与预判，“威胁”侧重于对现实与非现实之间状态的描述，“危机”侧重于对现实事件过程与结果的描述，“危险”侧重于对现实的感知与表现，“灾害”侧重于描述自然引发的危险事件，“突发”侧重于描述紧急性和爆发性的现实（见表 2.1 和图 2.1）。从概念界定来看，由“风险”“威胁”二者引发的危机区别主要在于危机生成的路径不同，关于此，在危机演变路径分析部分（见 3.1 节）仔细说明。

表 2.1　　危机研究关键概念现实性与非现实性分析

性质	概念					
	安全	风险	威胁	危险	灾害	突发事件
现实性	具有	不具有	具有	具有	具有	具有
非现实性	不具有	具有	具有	不具有	不具有	不具有

图 2.1　危机研究关键概念现实性分布

然后是对本文涉及的其他相似概念包括“非传统危机”“非传统安全危机”“公共危机”进行辨析。本研究认为“非传统危机”“非传统安全危机”“公共危机”之间存在一定的联系，但在参照对象上存在差别：“非传统危机”的参照对象是“传统危机”，主要目的是为了区分是否由军事武力引发的危机，即“传统危机”与“军事危机”的概念基本重合，“非传统危机”一般不存在直接引发军事冲突的可能。“非传统安全危机”的参照对象是“非传统安全威胁”，研究中与政策中普遍使用“非传统安全威胁”一词表示特定非传统安全领域的威胁，“非传统安全危机”本质是由“非传统安全威胁所引发的危机”。在《实用现代汉语语法》中将词语的构成分为三类：单纯词、合成词和缩合词。[①] 由于“安全”与“危机”本身无法构成合成词，语言习惯中较少将“安全”与“危机”叠用，所以“安全危机”的表述在语法的层面上是不存在的。从界定来看“非传统安全危机”属于缩合词。对于“非传统安全危机”理解的歧义来自于对“由非传统安全威胁所引发的危机”与“非传统的安全危机”争辩，从上述解释来看，前者符合对“非传统安全危机”的解释；“公共危机”的参照对象是“公共安全”，公共安全属于公共产品范畴，是运用公共权力保障公共秩序。“公共危机”则在公共领域产生危机。以上概念中，有两组概念容易产生混淆：①“非传统危机”与“非传统安全危机”的混淆；②“非传统安全危机”与“公共危机”的混淆。其一，“非传统危机”与“非传统安全危机”混淆的主要原因在于对危机的源头、过程和结果区分不清（见表 2.2）。“非传统安全”概念的由来是用于解释“传统安全”无法触及的问题，即非军事武力所引发的安全问题。“非传统危机”强调危机的结果是非传统（非军事或非政治）的，但危机源头并非必须是“非传统安全威胁”，也可以用来解释由于“传统安全威胁”所引发的“非军事危机”，如美国在二战末向日本投掷原子弹造成大量人员伤亡，后续由于环境污染造成的重大环境污染危机。而“非传统安全危机”强调的是引发危机的源头是“非传统安全威胁”，结果可以是由此引发的“传统危机”或“非传统危机”，尤其是由“非传统安全威胁”引发的“传统危机”在研究中尤为重要，如里威·巴西利用苏联解密的经济、社会历史资料与重大事

---

① 刘月华、潘文娱、故韡：《实用现代汉语语法》，商务印书馆 2015 年版，第 10—17 页。

件分析认为民族人口结构失衡直接导致苏联解体的政治危机①。其二，"非传统安全危机"与"公共危机"混淆的主要原因在于未能区分"非传统安全"与"公共安全"两者之间的区别。"非传统安全"与"公共安全"两者之间有交集但也有区别，两者主要区别在以下三点：①安全类型不同，"非传统安全"用于描述由非军事武力引发的安全问题，"公共安全"用于描述公共领域引发的安全问题。②对应区域不同，"非传统安全"一般指向跨国、跨区域的安全问题，在某种意义上，"非传统安全危机"也属于一种"跨界危机"② 和"跨国危机"③。"公共安全"则多用于描述国内的安全问题。③应对主体不同，"非传统安全"的应对主体多为跨越部门包括涉及国际的联动机制，"公共危机"的应对主体多为按职能划分的公共部门。由此分析，"非传统安全危机"与"公共危机"在安全类型、对应区域和应对主体等方面也存在区别。

表 2.2　　非传统危机、非传统安全危机、公共危机辨析

过程	概念		
	非传统危机	非传统安全危机	公共危机
危机源	非传统安全威胁/传统安全威胁	非传统安全威胁	公共安全
危机性质	非传统	传统/非传统	传统/非传统

最后是定义本研究的主要概念"非常态危机"。本研究认为"非常态危机"的参照对象主要为"常态危机"，这是基于"危机管理常态化"的现实，是从非传统安全威胁应对过程中按"安全化"演化程度对危机的一种分类（危机生成过程具体请见 3.1 节）。"常态"在

① 米红、解孟源：《西方历史人口学前沿研究评述》，《国外社会科学》1997 年第 3 期。

② 王刚等在研究中将"跨界危机"分为区域型跨界危机、功能型跨界危机和功能型跨界危机。从这个角度看，"非传统安全危机"属于一种"区域性跨界危机"。王刚、姜维：《跨界危机及其治理结构创新》，《学术论坛》2014 年第 4 期。

③ 龙小农将"跨国危机"定义为"发生在两国或多国间的危机事件"。龙小农：《跨国危机管理：理论、方法及案例分析》，中国传媒大学出版社 2005 年版，第 15 页。

《现代汉语词典》中的解释是“正常的状态”[1]。“非常态”即是一种“不平常、不正常的状态”。危机作为一种社会“非常态”，对其管理从非常态管理演变成常态管理成为社会现实，如高恩新在对西方危机管理理论综述研究后认为危机已经“从非常态化管理到常态化管理”[2]，刘晓亮就在其博士论文中提出“公共危机常态化管理”的现状，[3] 童星提出建立“兼具常态与非常态的应急管理”[4]，以上研究均将“危机常态化管理”作为一个共识而探究政府通过自身机构改革、政策制定、行为调整来应对危机的变化形势。从我国危机应对现状来看，目前政府已具备基本的“常态危机”应对能力。但不能否认的是，由于理念错位、信息错乱、时机错失、资源错配等而使“非传统安全危机”应对不当或失败的现象经常出现。就此，危机研究专家钟开斌预言“常态与非常态有机结合”成为危机发展的趋势。[5] 从管理学角度来看，管理者客观标准的“有限理性”条件下寻求满意的处理方案，迅速地从正常情况转换到紧急情况，即从常态到非常态的能力是危机管理的核心内容。[6] 在公共管理中，不让同类型“非常态危机”重复出现是社会治理的重要目标，并且以“危机常态化管理”为目标，来进一步探究政府如何通过自身机构改革、政策制定、行为调整来有效应对危机。从这个角度看，“常态危机”具有常态化的管理部门、专业的救援队伍、相应的法律保障等足够的条件来应对。而“非常态危机”缺少这些应对条件。**本研究中对“非常态危机”的界定是“现有条件无法应对的现存威胁严重化与可能危害现实化的过程”**。从

---

① 中国社会科学院语言研究所词典编辑室：《现代汉语词典》（第6版），商务印书馆2012年版，第148页。

② 高恩新：《从非常态管理到常态管理——西方危机管理理论综述》，《复旦公共行政评论》，2007年。

③ 刘晓亮：《当前中国公共危机常态化管理研究》，博士学位论文，华东师范大学，2009年。

④ 童星：《兼具常态与非常态的应急管理》，《广州大学学报》（社会科学版）2020年第2期。

⑤ 钟开斌：《回顾与前瞻：中国应急管理体系建设》，《政治学研究》2009年第1期。

⑥ 薛澜、张强、钟开斌：《危机管理：转型期中国面临的挑战》，《中国软科学》2003年第4期。

逻辑上看，“传统安全危机”“非传统安全危机”都存在“非常态危机”，“非常态危机”从地域特征分为内源性“非常态危机”、外源性“非常态危机”与双源性“非常态危机”。**基于本研究的研究意旨，仅研究“非传统安全危机”范畴下的“非常态危机”。**

第三节 现实语境

前文从理论方面和概念界定方面为本研究提供了研究基础。本节从现实角度对我国非传统安全威胁现状与危机现状进行梳理，为研究找到坚实的现实支撑。

从现实角度看，我国目前面临的非传统安全威胁现状与危机现状主要有以下几方面。

首先，我国面临的非传统安全威胁逐步加剧。从非传统安全威胁的由来来看，呈现五种形态：第一种是由传统安全威胁转化而来的非传统安全威胁。非传统安全与传统安全之间往往是呈现交织的而非泾渭分明的，传统安全问题会直接导致非传统安全威胁，如战争中遗留的无害物质，将会造成严重的生态和环境危害。第二种是与传统安全直接相交织的非传统安全威胁。体现在两者相互组合和转化，如由于武装冲突而引发环境破坏、经济冲击、社会失衡等非传统安全威胁，由于能源短缺、网络信息等非传统安全因素也会引发局部冲突、地区暴力事件。第三种是与传统安全无直接联系的非传统安全威胁。主要是指未演变成为“高政治”安全威胁的“低政治”安全威胁。第四种是由因全球化而导致的非传统安全威胁。全球化使安全问题具有了普遍性与跨国性，传染性疾病、食品卫生问题等以全球化工具，威胁和破坏其他国家和地区的生存状态，乃至成为全球性危机；第五种是由不发展而导致的非传统安全威胁，不发展包括“未发展”“有待发展”和“发展不当”，疾病、贫困、性别严重不平等“未发展”问题是导致地区发生暴力冲突的重要因素，“有待发展”和“发展不当”因素会引发认同冲突、权力失控、公信力缺失、经济失衡等问题。从非传统安全的研究议题来看，从新中国初期的“妇女儿童安全”“财产安全”等方面不同于“传统军事”事项的问题，扩展到公共卫生、灾害灾难、信息泄露等国内外安全形势问题，深化到气候变化、能源短缺、粮食短缺、水污染等人类共同安全与发展问题。非传统安全威胁研究一般按照威胁源起分为内源性非传统安全威胁、外源性非传统安全威胁、双源性非传统安全威胁和多源性非传统安全威胁。[①]

按照场域类型划分，目前我国面临的非传统安全威胁有：内源性非传统安全威胁，包括公共卫生安全威胁、食品安全威胁、资源安全威胁、科技安全威胁、生态环境安全威胁、能源安全威胁、文化安全威胁等；外源性非传统安全威胁，包括金融安全威胁、生态安全威胁、气候安全威胁、流行性疾病等公共卫生安全威胁、人口安全威胁、能源安全威胁、资源安全威胁等；双源性非传统安全威胁，包括移民安全威胁、跨国有组织犯罪威胁、宗教极端主义威胁、国际恐怖主义威胁、跨国水资源安全威胁、民族分裂主义威胁、其他边疆（陆疆、海疆、空疆）安全威胁等；多源性非传统安全威胁，包括核安全威胁、生物安全威胁、网络安全威胁、恐怖主义威胁等。从非传统安全威胁影响损害来看，每年由此造成的伤亡和经济损失巨大，如2018年各类公共安全事件中仅各类生产安全事故共死亡34046人。[②]据亚洲开发银行统计，受“非典”影响，我国经济总损失额为179亿美元，占我国GDP的1.3%。[③] 从官方层面，中共十六大报告首次官方提出了“非传统安全威胁”，并提出了“传统安全威胁与非传统安全威胁的因素相互交织”的安全形势；2006年《中共中央关于构建社会主义和谐社会若干重大问题的决定》中提出“有效应对各种传统安全威胁和非传统安全威胁”；2015年《中华人民共和国国家安全法》中将统筹“传统安全和非传统安全”作为国家安全工作的四项内容之一；中共十九大报告中指出“恐怖主义、网络安全、重大传染性疾病、气候变化等非传统安全威胁持续蔓延，人类面临许多共同挑战”，要“统筹传统与

① 余潇枫主编：《非传统安全概论（第2版）》，北京大学出版社2015年版，第73页。

② 《2018年国民经济和社会发展统计公报［EB］》，http：//www. stats. gov. cn/tjsj/zxfb/201902/t20190228_ 1651265. html，2019年2月8日。

③ 孙宇挺：《我国因非典损失179亿美元》，《中国青年报》2003年11月11日。

非传统安全”。

其次，非传统安全威胁成为现有危机的主要成因。进入 21 世纪后，全球不确定性因素增多导致全球范围内非传统安全威胁日益增多，由此引发的跨边界性质的新型挑战和议题在世界不同区域凸显。**按照场域类型划分，由非传统安全威胁引发的危机有：**从内源性角度看，如近些年我国多地身陷雾霾天气的影响，大气污染具有跨国性危害性，导致雾霾问题从一个环境问题上升为安全问题，若应对不当，将会导致政府治理危机；从外源性角度看，如日本“3・14”大地震从自然灾害转化为人类核危机，对邻国的安全造成威胁。全球性流行疾病如埃博拉病毒、季节性流感疫情等对我国内部公共安全造成威胁，如未有效防控，将会导致国内重大公共卫生危机；从双源性角度看，边疆地区的暴恐活动、跨国犯罪活动仍有发生，若无有效应对措施，将会导致边疆地区认同危机与政治危机；从多源性角度看，如跨国犯罪问题，如跨境贩毒、人口拐卖等，边界利益纠纷问题，如陆地边疆领土主权纠纷、海疆岛屿主权纠纷、边界油气资源争夺等，跨国民族问题，如边民身份认同、民族认同等，涉及军事与非军事性因素相互交织，若无妥善应对，将直接引发国内政治危机。综观国际社会，从极端意义上说，苏联解体、突尼斯政党垮台都是国家未妥善解决由于非传统安全威胁，尤其是内源性非传统安全威胁所引发“非常态危机”最终造成的恶果。

第三，互联网广泛使用改变危机发展态势。在互联网背景下，网络背景对于危机的演化起到催化作用，“问题情境——危机处置”这种静态的危机应对模式的缺陷逐渐明显。[①] 互联网的广泛使用使信息传递加速。一方面，引导真实信息迅速传播，促进了危机良性发展。如在“7・23 甬温线特别重大铁路交通事故”中，“微博”发布的大量“原生态信息”，直接成为民众最直接最快速的信息来源、寻亲阵地和防骗高地。另一方面，互联网作为传播媒介，使得“公共舆情传

① 金太军、赵军锋：《风险社会的治理之道》，北京大学出版社 2018 年版，第 337 页。

播速度、广度和烈度均大幅提升”[①]，助力虚假信息散布，阻碍了危机解决的正常进度。网络舆情加大了公共危机治理的复杂性，对社会信任修复造成阻碍，[②] 极易导致危机恶化引发次生危机，加大“非常态危机”发生的可能。

综上所述，本节认为目前在研究中和现实中已形成两大共识，其一，对危机是一种社会的“非常态”达成共识，其二，对于“危机常态化管理”也达成共识。**那么，为何本研究在此基础上提出“非常态危机”这一看似叠加的概念呢？主要原因有三点：①由于危机本身的性质所决定的。**危机本身是一个非线性的动态过程，将危机转为“常态管理”有悖于危机的动态过程。“非常态危机”即为危机演变动态化过程的一个表现。由危机产生的“危机后危机”[③] “次生危机”[④] “涟漪效应”[⑤] “连带危机”[⑥]，等等，远远超越了“常态管理”的程序与范围，因而“非常态”才是危机的复杂性本质所在。**②由于理论发展不足决定的。**随着研究范围的扩大，危机研究中较为主流的理论如“F 模型”“4R 模型”“灾害事件概率分布”（Event Probability Distributions）、“损害可能概率函数”（Damage Probability Functions）等难以解释与说明现有的更多源头、更易演变、更难消解的危机。“非常态危机”的提出，有助于危机研究的精细化。**③由于理解缺陷或应对能力不足导致的。**研究者理解的深度和广度确定他们解读事件的方式，理解的局限与纷繁多变的现状之间的差距导致了部分危机难以识别。

---

① 于鹏、邱燕妮：《全媒体时代公共危机舆情传播路径与演化机理研究》，《中国行政管理》2019 年第 8 期。

② 李燕凌、丁莹：《网络舆情公共危机治理中社会信任修复研究——基于动物疫情危机演化博弈的实证分析》，《公共管理学报》2017 年第 4 期。

③ Boin A.，Mccnneelli A.，Governing after Crisis：The Politics of Investigation，Accountability and Learning. Cambridge University Press，2008.

④ 周庆安、赵文才：《新闻发布如何回应次生危机》，《新闻与写作》2017 年第 4 期。

⑤ 蔡志强：《警惕危机扩散的“涟漪效应”》，《人民论坛》2008 年第 19 期；辛方坤：《邻避风险社会放大过程中的政府信任：从流失到重构》，《中国行政管理》2018 年第 8 期；周利敏：《灾害管理：国际前沿及理论综述》，《云南社会科学》2018 年第 5 期。

⑥ 康伟、陈茜、陈波：《基于 SNA 的政府与非政府组织在公共危机应对中的合作网络研究——以“4·20”雅安地震为例》，《中国软科学》2014 年第 5 期。

“危机常态化管理”的关键是政府如何通过自身机构改革、政策制定、行为调整来有效应对危机。但由于存在政府危机应对错位或能力不足，“常态与非常态有机结合”成为多数危机演变的趋势。[①]

在现实中，急需要对现有冗长的非传统安全威胁“问题清单”做一优先级选择。由此提出的“非常态危机”，既是一种挑战，也是一种促进危机应对“能力升级”的机会：一方面，“非常态危机”会导致复合性、系统性和异质性的冲突状态，往往需要耗费大量资源全力予以应对，才会使得危机可控直至终结，进而形成对政府现代治理能力的重大挑战；另一方面，通过应对此类“非常态危机”，也会相应促进专门的管理部门、专业的救援队伍、相应的法律保障等条件的建立，提高国家危机应对能力。**对“非常态危机”的研究可以说是对变化世界的一种理论回应与探索。**

① 钟开斌：《回顾与前瞻：中国应急管理体系建设》，《政治学研究》2009 年第 1 期。

第 三 章

“非常态危机”的生成机理

本章旨在阐述“非常态危机”的生成机理。首先是“非常态危机”的生成路径分析。指出“危机”是“不安全”的深化过程，危机的生成过程是一种“安全化”过程，“危机应对”是一种“去安全化”的过程，危机按“安全化”演化程度可以分为“常态危机”与“非常态危机”两个层次。其次是“非常态危机”的主要特征分析。“非常态危机”在源起点、演变路径、演变结果、应对目标等方面与“常态危机”不同。然后是“非常态危机”影响因素分析。“非常态危机”的演变过程与危机治理的主体参与、信息传播、策略运用、群体响应等因素紧密相关。最后，通过智慧城市建设中的“非常态危机”和国际质量博弈中的“非常态危机”两个典型案例进一步阐述“非常态危机”的生成机理。

第一节 “非常态危机”的生成

通过判断风险、威胁和危险，建立某种形式的优先注意权，是危机研究的重要环节。本节主要从“风险”“威胁”“危险”“危机”之间的演变探究“非常态危机”的生成路径。

从“危机”生成路径来看，传统的危机研究中认为危机是由“风险”引发的。通过词义来看（见 2.1.2 节），“风险”是一个“非现实”概念，“非现实”意味着“风险”是潜在的、臆测的、在现实中无法明确测量的，由“风险”引发的危机多由经验判断和推理来预防。从主客观角度看，“风险”既可以用于描述客观存在，又可以用于表现主观建构。客观存在的风险主要是技术性风险，主观存在的风险主要由于复杂的社会或者政治争议所引发的社会性风险。[①] 根据风险的主客观性延伸出风险的两种解决范式，即“理性——工具范式”与“商谈——建构范式”。[②] 乌尔里希·贝克（Ulrich Beck）最早提出“风险社会”概念，在书中写道“在现代化的进程中，生产力的指数式增长，使危险和威胁的释放达到了一个我们前所未知的程度”，我们生活在“文明的火山上”。[③] “风险社会”的到来“超越了传统意义上的治理范畴和危机应对理念”[④]。在此背景下，关于风险的研究逐步开展。如保罗·斯洛维奇（Paul Slovic）提出的“风险感知”（Risk Perception）研究，即是为了理解与预测公众风险提供基础，并增进公众、技术专家和决策者之间的风险信息沟通。[⑤] 其他风险感知的研究，如在突发性灾害或危机的研究上，通过调查了解公众对风险的感知与其影响因素；[⑥] 如风险感知的心理测量研究，一般运用心理学方法研究风险问题，关注点在于风险的主观属性及特征维度[⑦]、不同群体风险感知差异性及风险感知的群体性因素[⑧]、风险沟通中的社会因素与社会机制的作用[⑨]。

---

① 戚建刚：《我国行政决策风险评估制度之反思》，《法学》2014 年第 10 期。

② 伊丽莎白·费雪：《风险规制与行政宪政主义》，沈岿译，法律出版社 2012 年版。

③ 乌尔里希·贝克：《风险社会：走向另一种现代性》，译林出版社 2004 年版，第 15 页。

④ 曹惠民：《风险社会视角下城市公共安全治理策略研究》，《学习与实践》2015 年第 3 期。

⑤ Slovic P. , “Perception of risk”, *Science*, Vol. 236, No. 4799, 1987, pp. 280 – 285.

⑥ Burns W. J. , Slovic P. , “Risk Perception and Behaviors: Anticipating and Responding to Crises. ”, *Risk Analysis*, 2012.

⑦ Fischhoff B. , Furby L. , “Psychological Dimensions of Climatic Change”, 1983; Linden S V D. , “The Social-psychological Determinants of Climate Change Risk Perceptions, Attitudes, and Behaviours: a National Study”, *Social Science Electronic Publishing*, Vol. 14, No. 1, 2014, pp. 1 – 2.

⑧ Byrnes J. P. , Miller D. C. , Schafer W. D. , “Gender Differences in Risk Taking: A Meta-Analysis”, *Psychological Bulletin*, Vol. 123, No. 31999, pp. 367 – 383; Sitkin S B, Weingart L R. , “Determinants of Risky Decision-making Behavior: A Test of the Mediating Role of Risk Perceptions and Propensity. ”, *Academy of Management Journal*, Vol. 38, No. 6, 1995, pp. 1573 – 1592.

⑨ Wildavsky A. , Dake K. , “Theories of Risk Perception: Who Fears What and Why?”, *Daedalus*, Vol. 119, No. 4, 1990, pp. 41 – 60; Aven T, Renn O, “The Role of Quantitative Risk Assessments for Characterizing Risk and Uncertainty and Delineating Appropriate Risk Management Options, With Special Emphasis on Terrorism Risk. ”, *Risk Analysis*, Vol. 29, No. 4, 2010, pp. 587 – 600.

但是，从“现实性”的角度来看，“威胁”也是“危机”生成的来源。“威胁”概念提出的意义在于帮助研究者更加直观地了解安全，“学者已经就安全研究的含义达成共识，即安全与威胁相关”[①]。从词义来看，“威胁”可以说是一种“半现实半非现实”状态，也是一种风险现实化的过程状态。“半现实半非现实”意味着部分“威胁”可以在现实中有表现、能被感知，而部分“威胁”则与“风险”一样在现实中无法明确测量，是一个外部环境与内部感知相结合的概念，其测量来自于内部。国际安全研究中关于“威胁”的研究主要来自现实主义与建构主义。现实主义中认为“威胁反映了对手进攻能力及其动机的结合”，认为威胁随着对手进攻能力的增加而增加，敌对国家的进攻性能力反映了其权力及进攻与防御的平衡：权力越大，进攻优势越大，进攻能力越强。[②] 建构主义主要关注安全威胁是如何被“社会建构”的，关注身份、信仰、集体观念、文化、规范和互动等，如亚历山大·温特（Alexander Wendt）所言“无政府状态是由国家建构的”，使争论转向“施动者”，认为观念和物质因素建构了我们周围的世界的意义[③]；如大卫·卢梭（David Rousseau）直接提出“威胁感知是一种社会建构”，物质因素是影响威胁评估的重要变量。[④] 基于对“威胁”的理解，“威胁识别”研究从20世纪80年代起在国际安全研究中逐步开展，关于国家安全的整体性威胁识别和具体领域的威胁识别研究层出不穷，部分国家和相关研究所基于对安全威胁的认识出台相关安全研究报告。除此之外，“危险”是一个“现实”概念，作为一种潜在状态存在，其引发后果将造成损害、破坏与危害，在一定程度上可以用于表示“准危机”。与“风险”“威胁”相比，“危险”研

---

① ［美］阿兰·柯林斯主编：《当代安全研究》，高望来、王荣译，世界知识出版社2016年版。

② ［美］阿兰·柯林斯主编：《当代安全研究》，高望来、王荣译，世界知识出版社2016年版。

③ ［美］阿兰·柯林斯主编：《当代安全研究》，高望来、王荣译，世界知识出版社2016年版。

④ David L. R., *Dentifying Threats and Threatening Identities: The Social Construction of Realism and Liberalism*, Stanford University Press, 2006, p. 4.

究中更具有可测量性和现实性。研究中主要是对生产过程中危险因素的分析、评估与整治。由于此概念不是本研究的重点，此处只作简略说明。

由此，可以得出现有危机研究分布在两个层次：第一个层次是风险与危机研究，主要是通过经验判断和推理来预防客观存在的技术性风险和主观存在的社会性风险及由此引发的危机；第二个层次是威胁与危机研究，主要是结合内部感知与外部环境测量来判断可能对国家利益造成损害的威胁及由此引发的危机。由于“威胁现实的模糊性”[①]，尤其是非传统安全在威胁成因与威胁形式表现出不确定性和不可知性，其威胁的中心、源头、空间布局、时间范围、历史维度等都可以是模糊不清的，其隐蔽、多样、复杂的现实影响人们对“非传统安全威胁”的预判与认知，从而加大对由“非传统安全威胁”引发的危机，即“非传统安全危机”的识别难度。**本研究认为，基于“危机常态化管理”的现实，在危机研究中，根据威胁应对过程中“安全化”演化程度可以分为“常态危机”与“非常态危机”两种。**

在安全研究中，“危机”是“不安全”的深化，危机的生成过程是一种“安全化”过程。“安全化”最早由哥本哈根学派的奥利·维夫（Ole Waver）提出，巴里·布赞等人对该理论作了全面的阐述，“安全化”概念的提出为理解安全的概念是如何被建构发挥了重要作用。在安全研究中，哥本哈根学派认为一般议题与安全议题不同，一般议题升级到安全议题有一个“安全化”过程。“安全化”是这样一个过程：公共事件或一般事件从国家没有参与处理的“非政治化”状态，通过政府决策、资源分配、采取监管等这一系列“政治化”过程，成为国家政策对象的一部分，最终被政府部门认为是一种紧急状态，需要超常规手段予以处理。[②]“安全化”在本质上是一种“安全议

① 周冉：《非传统安全威胁识别、评估与应对研究》，浙江大学出版社2016年版。

② Buzan B., Waver O., Wilde J., *Security: A New Framework for Analysis*, Lynne Rienner, 1998.

题化”① 的过程。“安全化”的分析具有三个分析单位：指涉对象、安全化行为体和功能行为体。② 安全化的完整过程包括动机、实施过程及结果和影响三个部分。③ 安全作为一个主体间过程，主要体现在社会与政治生活以及话语实践的过程中。“安全化”理论的目的是为了对下列问题获得更精确的理解：谁进行安全化？何种威胁？指涉对象是什么？为什么要安全化？产生了何种结果？尤其是在安全化是在什么条件下，即当安全化成功时所处的条件可以提供什么样的解释。一个成功安全化需要满足以下条件：通过言语行为的过程呈现某个问题对某一指涉对象构成了生存性威胁；具有权威地位的安全化行为体作出决策；安全言语行为的受众接受行为体的宣称；存在必须被安全化的生存性威胁。根据“安全化”全化理论，安全是一种社会和主体间的建构。④ 如“质量安全”这一概念的建构⑤，主要来自“社会化”“政治化”“网络化”和“国际化”四个层面的缘由：①社会化路径的民众认可。中国特色的“内向型”“保守型”“不透明型”的质量发展方式，中国公民特有的“不自觉”“不争取”“不反抗”的质量观念，导致质量问题与质量危机事件频发，进而引发出不同的社会矛盾。目前，中国经济发展从“速度时代”转向“质量时代”的趋势受到社会民众的普遍认可，作为“底线”和“红线”质量危机防控成为社会治理的重点和难点。②政治化路径话语建构。国家通过对一系列政治途径、法律手段将“质量”与“安全”相关联，国务院作为安全化的“启动行为体”颁布了《质量振兴纲要（1996—2010 年）》《国家突发公共事件总体应急预案》，有的人大代表提议政府制定出台

① Caballero-Anthony M. Emmers R. Acharya A. , *Non-Traditional Security in Asia: Dilemmas in Securitisation*, Ashgate, 2006.

② ［菲］梅里·卡巴莱诺－安东尼：《非传统安全研究导论》，余潇枫等译，浙江大学出版社 2019 年版。

③ Buzan B. , Waver O. , Wilde J. , *Security: A New Framework for Analysis*, *Lynne Rienner*, 1998.

④ Taureck R. , “Securitization Theory and Securitization Studies”, *Journal of International relations and Development*, Vol. 9, No. 1, 2006, pp. 53 –61.

⑤ 潘临灵、陈佳、邹海燕：《质量安全：语境扩展与能力建设》，载余潇枫《中国非传统安全研究报告（2016—2017）》，社会科学文献出版社 2017 年版。

《质量促进法》为我国质量发声，地方政府、相关企业、媒体和非政府组织等作为“实施行为体”进一步推动“质量”的“安全化”过程。③网络化路径的信息传播，质量事件作为网络舆情的敏感点，其受关注程度特别，在信息尚不透明与公民知情权尚不充分的条件下，网络化的信息传播大大加速了安全化的进程。④国际化路径的责任促进。以贸易博弈为例，许多国家不仅致力于制定新的国际贸易规则，而且还变相建立贸易技术壁垒，如认证检测壁垒以及各种“绿色壁垒”“动物福利壁垒”“劳动壁垒”，等等[①]，倒逼我们必须改变原有的数量与价格优势，向质量与效益优势转变。这一系列行为的组合将“质量问题”由一个一般议题上升到一个时代性的“安全议题”。

对于“安全化”，我们必须清醒看到：如果所有的领域和问题都安全化了，那么安全及安全化本身也就毫无意义了。[②] 这就涉及“过度安全化”（Over-securitization）问题。“过度安全化”不仅导致了理论和概念上的挑战，更重要的是带来政策实践领域上的混乱和挑战，为了达到特定的目的，安全化行为体可能会采取“过度安全化”，使得原本不该被安全化的议题被安全化了，导致国家权力滥用和资源浪费。[③] 如近期“新冠肺炎疫情”中，部分国家将“COVID—19”冠名为所谓的“中国病毒”或者“武汉病毒”，以此妄想损害中国的国际形象，这就是一种“过度安全化”的恶劣表现。**从这一角度看，“危机”识别即是在战略资源有限的情境下对于“安全化”过程与程度进行把控和精准治理的一个重要路径。**

“危机应对”实际上是一种“去安全化”的过程。“去安全化”即将安全议题降为一个一般议题的过程。与“安全化”相比较，“去安全化”通常被认为是比“安全化”更理想的过程或状态。[④] 如奥

---

① 刘国传：《质量提升推动中国经济发展迈向中高端水平》，《行政管理改革》2015 年第 3 期。

② 柳建平：《安全、人的安全和国家安全》，《世界经济与政治》2005 年第 2 期。

③ 余潇枫、谢贵平：《“选择性”再建构：安全化理论的新拓展》，《世界经济与政治》2015 年第 9 期。

④ 余潇枫、张伟鹏：《基于话语分析的广义“去安全化”理论建构》，《浙江大学学报》（人文社会科学版）2019 年第 4 期。

利·维夫认为“安全”基本上是一个消极的概念，他认为国家的安全化运作过程是权力控制的过程，为了达到此目的就需要支配某些事务的权力，将导致国家被小部分的国内力量统治，因此安全应该是作为应对常规政治处理问题失败而不得已采取的措施。[①]“去安全化”有利于国家的“本体安全”意识从排他性转向开放性与包容性，[②]减少对于“安全化”成本的担忧，恢复“将安全问题转化为政治问题的可能性”[③]，是应对危机状态下刻不容缓状况下的长时间范围内的最优选项。[④]“去安全化”过程中行为体的选择欠缺会造成“过度去安全化”[⑤]（Over-desecuritization）问题，即在安全决策和行动中，某类安全议题严重威胁人的生存但未得到应有重视被作为一般议题来处理，或是在处理安全议题时产生一定程度的轻视，如在应急状态下对于已到达“一级响应”条件的情境，却采取低等级的响应措施，导致造成灾难性结果。

危机按“安全化”演化程度可以分为“常态危机”与“非常态危机”两个层次。从“危机常态化管理”体系建构角度来看，从一般议题到危机终结（或回归为一般议题），共有四种路径：第一种是“一般议题——常态危机——危机终结”。即一般议题在常态化管理的条件下，“安全化”为一个安全议题（危机），并通过常态化应对机制，成功“去安全化”回归为一个一般议题。第二种是“一般议题——常态危机——非常态危机——危机终结”。即在成为一个常态化的安全议题（危机）后，由于“安全化不当”，演变为“非常态危机”，在

① Buzan B. , Waver O. , Wilde J. , *Security: A New Framework for Analysis*, Lynne Rienner, 1998.

② Christopher S. B. , Pertti J. , “Ontological Security, Self-articulation and the Securitization of Identity”, *Cooperation and Conflict*, Vol. 52, 2016, p. 46.

③ Ole W. The EU as a Security Actor: Reflections from a pessimistic Constructivist on Post-Sovereign Security Orders. In kelstrup M. , William M. C. . *International Relations Theory and Politics of European Intergration: Power, Security and Community.* Routledge, 2000: 250 - 294.

④ Buzan B. , Waver O. , Wilde J. , *Security: A New Framework for Analysis*, Lynne Rienner, 1998.

⑤ 余潇枫、谢贵平：《“选择性”再建构：安全化理论的新拓展》，《世界经济与政治》2015 年第 9 期。

达到“去安全化”条件后（此时一般需要耗费大量资源），回归为一个一般议题。第三种是“一般议题——非常态危机——危机终结”。由于缺少相应的常态化机制而导致一般议题“安全化不当”而成为“非常态危机”，在达到“去安全化”条件后（此时一般需要耗费大量资源），回归为一个一般议题。第四种是“一般议题——非常态危机——常态危机——危机终结”。由于缺少相应的常态化机制而导致一般议题“安全化不当”而成为“非常态危机”，在达到“去安全化”条件后，具有常态化应对机制（多为下一次同类危机爆发时），回归为一个一般议题。当“非常态危机”被有效治理，从一个安全议题降为一般议题后，即可宣布“去安全化”成功，并形成应对的常态化机制，在下一次同类危机出现时才有条件归入“常态危机”的类型。所以，在公共管理中，不让同类型“非常态危机”重复出现是危机应对的重要目标。目前的危机管理理论普遍认同对危机“从非常态化管理到常态化管理”这一规律，并且以“危机常态化管理”作为危机应对能力发展的目标，来进一步探究政府如何通过自身机构改革、政策制定、行为调整来有效应对危机。

从非传统安全研究角度来看，我国政府目前已基本具备由“非传统安全威胁”引发的“常态危机”应对能力。但不能否认的是，目前政府对于一般议题或常态危机的应对不当或失败的现象经常出现。**在理论上，这主要是由于对非传统安全威胁的“安全化不当”造成的：①“过度安全化”**。即对于某种非传统安全威胁过分认知，将其直接上升为安全议题，就会造成资源浪费、民众恐惧，也会导致政策实践领域的混乱和挑战。②**“过度去安全化”**。在实践中“过度去安全化”分为三种：第一种是程度把握不准确，指对某种非传统安全威胁的程度把握不准确，对于严重威胁人的生存但未得到应有重视。第二种是应对时机和策略选择不正确，指对某种非传统安全威胁或者常态危机的应对时机和策略选择不正确。第三种是安全化条件不足，指在安全化过程中的条件不足，即现有的常态化管理机制并不能适用于该种议题的“安全化”过程。由此，非传统安全视角下的“非常态危机”生成逻辑（见图3.1）。下文中若无特殊说明，均用“非常态危机”一词说明由于“非传统安全危机”范畴下的“非常态危机”。

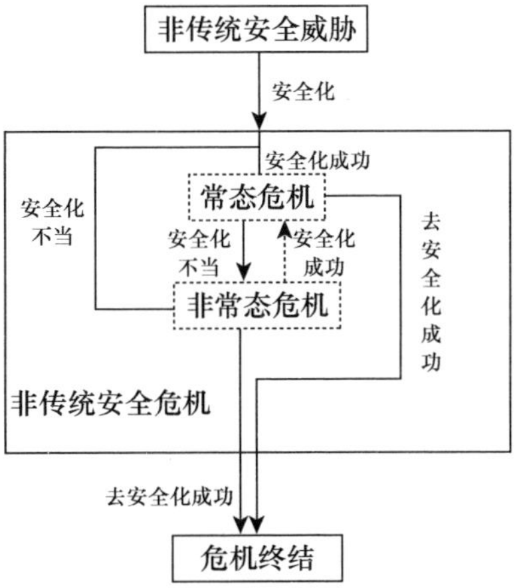

图 3.1 非传统安全视角下的“非常态危机”生成逻辑

第二节 “非常态危机”的主要特征

前文已经在危机演变过程中将“非常态危机”单独分离出来，本节将从危机的“表现特征”层面区分“非常态危机”与“常态危机”，以便更清楚论述“非常态危机”的生成机理。

本研究认为“非常态危机”与“常态危机”的区别主要有以下四方面。

一是源起点不同。“非常态危机”源起于无条件应对的“非传统安全威胁”及演变过程中失控的“常态危机”。“常态危机”的失控表明了在滞后的情境下再启动一般的程序与动用一般的力量失效，需要更高层次、更多部门、更多资源、更多主体的参与才能进行有效应对。

二是演变路径不同。“常态危机”由于具有应对的基本条件，在有效的应对方式下可以得到解决，但若在演变过程由于危机演化为无条件能应对时，即转变为一种“非常态危机”，则需要整体应对能力提升才能予以应对。“非常态危机”由于其“复合性”“超常性”“跨国性”，它的演变往往是爆发性、混沌性、异质性的，其危机的“触发”“临界”“转折”的节点甚至已经不是一个“点”而是一条“线”“面”或“场域”。没有超常规的非常措施不足以应对与治理。

三是演变结果不同。在传统的危机研究中，危机被视作为一个完整的周期，西方危机研究中普遍将危机的源起到结束视作是一个危机生命周期，并未过多考虑“危机应对失败”的结果。现已有部分研究对“危机周期”理论提出质疑，提出“后发危机”“危机事后”“次生危机”等重要概念。“非常态危机”的研究不仅以“初级危机”失控作为一个重要变量，而且同时需要考虑“非常态危机”可能导致的经济危机、政治危机、社会危机乃至国际危机等全面性危机爆发的可能，这远远超越了一般“危机周期”理论的限定。

四是应对目标不同。“常态危机”具有其固定的“常态化”治理模式，即涉及指定部门的以既定职责考量为主的危机应对机制，以危机成功终结为目标。但有学者提出这容易导致“过分强调结果应对而忽视过程应对能力的建设”①。“非常态危机”则不仅以危机本身的应对成功为目标，更以危机应对过程中能力提升，并通过一系列新的理念、法律、体制、队伍、条件建设以实现长久防控同类危机再现为目标。

第三节 “非常态危机”的影响因素

“非常态危机”从本质上说是一种“复合型危机”，其触发点、临界点和转折点均有着与“常态危机”不同之处。“非常态危机”从本质上说仍然是一种危机，符合危机发展的基本规律。影响危机应对的因素如政治因素，包括选举、公众舆论、压力政治、国际政治压力等②，有如不同安全概念间的相互作用、安全议题间的联系、行为主

---

① 刘淑华、潘丽婷、魏以宁：《地方政府危机治理政策传播与信息交互行为研究——基于大数据分析的视角》，《公共行政评论》2017 年第 1 期。

② McConnell, A., “Foot-and-Mouth 2001: The Politics of Crisis Management”, *Parliamentary Affairs*, Vol. 55, No. 4, 2002, pp. 664 -681.

体、国家政治系统与国际规范[①]等。从“危机应对”角度看，危机演变过程中的影响因素与危机中应对主体及其应对行为有关。“危机治理”已成为危机应对方式的基本共识。[②] **本研究采取“治理”这一角度，研究从“非传统安全威胁”到“非常态危机”的影响因素，即“安全化不当”的影响因素。**

“治理理论”基于全球化背景产生，人类政治生活发生重大变革，政治过程的重心“从统治走向治理，从善政走向善治，从政府统治走向没有政府的治理，从民族国家的政府统治走向全球治理”[③]。“治理”自2000年首次从西方语境中被引入我国学术界，在2013年十八届三中全会中第一次在政府文件中使用。2013年以来，治理理论在我国进入本土化与自身制度化阶段，与西方治理模式不同的是，我国治理模式从“单一主体出发实现自上而下的管理与控制，到统一领导下的多元参与自治的立体式治理模式转变”，体现出“非均衡型治理模式”[④]。郁建兴等学者已论述关于该理论的中国适用性问题，认为其具备一定的中国适用性，但在使用中要充分认识到中国的社会背景，即中国社会处于转型期，政府之外的主体对政府具有依附性，各主体之间关系具有复杂性，同时实践中要具有策略性、能动性和阶段性才能推进我国治理变革。[⑤] 总的来说，治理中各主体的行为从本质上说是一种集体行动。关于治理中的集体行动学者们提供了不同的分析框架，较具代表性的是埃莉诺·奥斯特罗姆（Elinor Ostrom）从公共池塘资源困境入手，对公共池塘资源的自主治理进行了设计。[⑥] 在此基础上，奥

---

① Caballero-Anthony M. Emmers R. Acharya A. , *Non-Traditional Security in Asia*: *Dilemmas in Securitisation*, Ashgate, 2006.

② 张海波、童星：《公共危机治理与问责制》，《政治学研究》2010年第2卷；刘学民：《公共危机治理：一种能力建设的议程》，《中国行政管理》2010年第5期；吴志敏：《城市公共危机治理下公众主动参与有效性研究——基于协同治理视角》，《学术界》2018年第2卷。

③ 俞可平：《全球治理引论》，《马克思主义与现实》2002年第1卷。

④ 刘鹏、刘嘉：《非均衡治理模式：治理理论的西方流变及中国语境的本土化》，《中国行政管理》2019年第1期。

⑤ 郁建兴、王诗宗：《治理理论的中国适用性》，《哲学研究》2010年第11期。

⑥ ［美］埃莉诺·奥斯特罗姆：《公共事务的治理之道——集体行动制度的演进》，余逊达、陈旭东译，上海三联书店2000年版。

斯特罗姆提出将行动舞台（Action Arena）作为分析焦点，行动舞台主要由行动情景（Action Situation）和行动者（Participants）构成，行动者在行动情景下互动，行动者根据评价标准对结果进行评价，而制度通过对行动舞台的型构（Frame）而对行动和结果产生影响，在此基础上奥斯特罗姆提出制度分析和发展框架（Institutional Analysis and Development Framework，IAD），倡导从行动的情境出发，综合考虑“外部变量”的影响，如原有属性、社群属性、行动规则等，集体行动的行动者与行动情境之间的互动关系，影响最终结果。① 在 IAD 框架下，行动者的数量、身份、行动选择数量、信息沟通、影响结果类型、聚合规则、选择规则、范围规则和机理补偿规则都成为影响行动者情境最终结果的关键变量。

本研究在以上研究的基础上，将“非传统安全威胁”到“非常态危机”过程中的影响因素分类为主体参与、信息传播、策略运用、群体响应四大类（见图 3.2）。首先，主体的组成与特质影响其在危机中决策行为，对危机演变过程有直接影响，危机演变过程中的主体包括政府、社会组织、企业、个人等。从安全化行为体角度看，政府是关

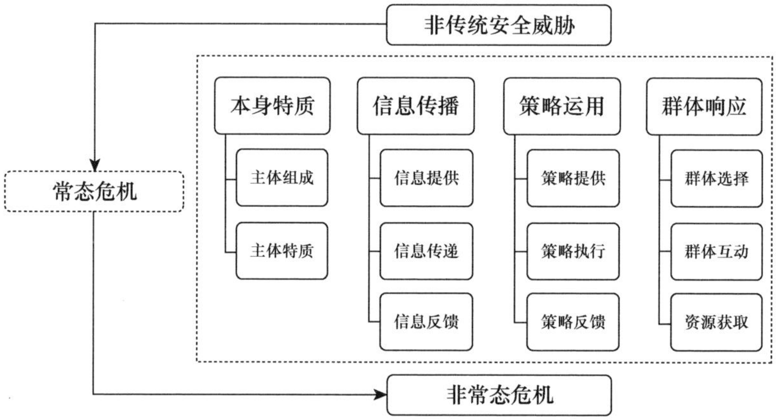

图 3.2 “非常态危机”的演变过程及影响因素

① Ostrom E.，*Understanding Institutional Diversity*，State of New Jersey：Princeton University Press，2005.

键决策者与安全化的“启动行为体”，地方政府是主要的“执行行为体”，其他的参与主体为多种形式的“响应行为体”。各参与主体的行为方式对危机演变过程产生直接影响，研究中普遍认为各主体行为对危机结果有直接影响，如刘淑华等在研究中认为政府与企业的合作意识促进公共危机的解决①，杨立华等在研究中认为外部专家学者的素质影响其在群体性事件中的参与②，多元主体共同参与危机应对是危机得以妥善解决的重要条件。其次，信息传播直接影响危机演变走向，进而影响危机结果。从信息传播来看，信息有效传播的缺失导致危机中的谣言兴起，最终导致社会信任结构解体而难以重建。危机中的谣言存在三种形式，包括肆意捏造、片面夸大、虚假误导（如“新冠肺炎疫情”中“发哨人”“吹哨人”等主体信息的否定或训诫），研究中发现危机谣言的生存轨迹同危机周期基本一致。③ 社会信任的结构在互联网背景下，增加论坛、微博、微信等“连接者”，原有的信任网络分裂并重新组合。由此完整的危机传播过程包括信息提供、信息传递和信息反馈三个要素。最后，从策略运用来看，各主体在危机中利用信息为自己的行动提供策略，如在网络舆情危机中政府、网络媒体、公众等各方参与策略分为政府参与或不参与、网络媒体推动或不推动、公众购买或不购买，从而形成“政府——网络媒体——公众”三方博弈策略组合模型。④ 从这个角度看，影响策略的内在机制是危机演变过程中是否具有理性的组织策略和行动策略，完整的策略运用体系包括策略提供、策略执行、策略反馈三个方向；从群体响应来看，富有凝聚力和黏性的结构有利于信息的传播，⑤ 结构间的联系使得信

① 沈荣华、周定财：《公共危机治理中政企协同研究》，《行政论坛》2017 年第 3 卷。

② 杨立华、李晨、陈一帆：《外部专家学者在群体性事件解决中的作用与机制研究》，《中国行政管理》2016 年第 2 卷。

③ 赵军锋、金太军：《论公共危机中谣言的生存逻辑——一个关于谣言的分析框架》，《江苏社会科学》2013 年第 1 期。

④ 李燕凌、丁莹：《网络舆情公共危机治理中社会信任修复研究——基于动物疫情危机演化博弈的实证分析》，《公共管理学报》2017 年第 4 期。

⑤ Mishori R., Singh L. O., Levy B., et al., “Mapping Physician Twitter Networks: Describing How They Work As a First Step in Understanding Connectivity, Information Flow, and Message Diffusion”, *Journal of Medical Internet Research*, Vol. 16, No. 4, 2014, pp. 157 – 167.

息传递从局部扩展到整体①，危机中的群体选择、群体互动、资源获取三个方面影响群体响应。

第四节 “非常态危机”生成机理的典型案例

上一节已经从“非常态危机”的生成路径、特征、影响因素等方面说明“非常态危机”的生成机理，本节将利用智慧城市建设中的“非常态危机”与国际质量博弈中的“非常态危机”两个案例进一步论述与证明前文中得到的“非常态危机”的生成机理。其中，选择智慧城市建设案例的原因主要有三点：①近几年国家高度重视智慧城市建设，出台相关制度与政策以作为促进；②智慧城市建设中信息使用与共享增加了“非常态危机”发生的可能性；③本书作者曾参与相关课题，经过走访与调研，对智慧城市建设中的“非常态危机”有深度理解。选择国际质量博弈案例的原因主要有三点：①国际合作与博弈中存在大量“非传统安全危机”；②现有部分国家将质量博弈政治化为国家间冲突而引发“非常态危机”；③本书作者曾参与原国家质检总局相关课题，通过调研和研究对国际质量博弈有深度理解。

一 智慧城市建设中的“非常态危机”生成机理

2006年国务院发布《国家中长期科学和技术发展规划纲要(2006—2020年)》为智慧城市建设奠定了基础。2012年11月住房和城乡建设部颁布《国家智慧城市试点暂行管理办法》，标志着我国在国家层面上开始智慧城市的试点建设。智慧城市建设中信息使用与共享，在提高城市治理效率的同时增大了非传统安全威胁产生的可能，致使某些由于非传统安全威胁演化而成的危机难以识别、难以掌控，并由此引发“非常态危机”，在较大范围内有可能对国家安全和发展

① Gibbons, Deborah E., “Interorganizational Network Structures and Diffusion of Information Through a Health System”, *American Journal of Public Health*, Vol. 97, No. 9, 2007, pp. 1684 - 1692.

造成损害。因而在智慧城市建设中准确分析“非常态危机”的生成机理对提升国家安全治理能力有重大影响。

智慧城市建设中的非传统安全威胁总体上可以分为两类：其一，由信息共享中安全性与保密性问题引发的威胁，其二，信息使用中安全性和合法性问题引发的威胁。由于信息共享与使用中出现的安全威胁的存在，会引发智慧城市发展中决策“非智慧”、参与“非智慧”、维护“非智慧”的三类危机。[①] 例如智慧城市建设中的重要指标为政府信息公开，政府信息在互联网的传播具有信息丰富、表达快捷、渠道多元、传播急速等特点，大数据采集过程的盲点与局限性导致虚假信息从而影响政策制定和措施执行，信息安全保障体系的结构脆弱性缺乏对信息共享与使用安全性的有效保护，管理的滞后性导致阻碍后续维护。

智慧城市建设中“非常态危机”主要是由信息共享与使用中的安全威胁应对不当所引发，其演变路径可划分为威胁源起、危机发展、危机传递、危机演化四个环节：智慧城市建设中的“非传统安全危机”的威胁来源多为突发来源，智慧城市的运营和建设得到了各种智能技术的支持，信息技术作为一把“双刃剑”，在创造便捷的同时也隐藏着各种难以预测与管理的风险与难题，问题的超前性、威胁的自发性、风险的难控性，对识别和判断风险造成极大困难；智慧城市中的危机发展形式多为空间扩展与程度扩展相结合，局部的危机能够突破时间和空间的界限，迅速带来城市整体的不安全，增加城市的“脆弱性”。如地震后局部地区的城市功能受损，将跨越地理空间限制，直接连带影响如通信、交通、能源、卫生等其他城市功能系统，在危害程度上造成指数增长，成为城市运行的整体性威胁；智慧城市中的危机传递路径多为自发与触发结合，内部与城市之间的互联互通，危机以“跨界”存在，跨越城市、跨越国家、跨越区域的威胁导致危机传播更具有破坏性；智慧城市建设核心的“制网权”已与“制陆权”

① 余潇枫、潘临灵：《智慧城市建设中“非传统安全危机”识别与应对》，《中国行政管理》2018 年第 10 期。

“制海权”“制空权”并列成为安全争夺的制高点，智慧城市中危机的演化结果已不仅是防范能力的体现，而且将会关系到城市的生存或毁灭。①

智慧城市建设中“非常态危机”的影响因素从涉及主体来看，包括政府部门使用不当、网络侵入者侵害、个人隐私泄露、服务供应商不可靠等方面（不完全举例，如图3.3所示）：其一，由于国家安全部门使用不当导致信息泄露。智慧城市建设中共享与使用的数据大量涉及国家绝密、机密和秘密，一旦数据遭受泄露，将严重威胁国家总体安全。“维基解密”“棱镜门”“朴槿惠闺蜜干政”等事件充分证明，国家绝密、机密和秘密数据在使用中具有重大泄露可能。如“维基解密”事件的直接原因就在于美国外交机构、大量国务院和军方机构链入“机密互连协议路由网络”（SIPRNet），具有访问权的人员达到300万，广泛的机密信息共享范围，最终导致泄密的结果。其二，由于网络恐怖分子和黑客攻击导致信息泄露。“伊斯兰国（ISIS）巴黎爆炸”“SWIFT系统黑客盗窃多国金融机构巨款”等智慧城市治理中的恶性攻击事件，对地区发展和全球稳定带来威胁，直接威胁执政安全。其三，由于个人隐私数据的非法使用。2015年重庆、上海、山西等地卫生和社保系统出现大量高危漏洞，数千万用户的社保信息可能因此被泄露，泄露的信息中包括居民身份证、社保、薪酬等敏感信息，这些信息的泄露还可能被犯罪分子用来复制身份证、盗办盗刷信用卡等一系列刑事犯罪和经济犯罪，极易引发社会的集体恐慌。② 其四，信息共享使用中庞杂的主体存在信任问题和授权问题。政府一般委托信息技术服务供应商来作为智慧城市“政府云计算中心”的支持者，与其共享信息平台与应用系统，但信息技术服务商是否能提供稳定的、持续的、安全的服务，服务商提供的应用接口（API）是否安全，服务商业务人员是否安全可靠，都关系到智慧城市建设中的政治安全。

---

① 余潇枫、潘临灵：《智慧城市建设中“非传统安全危机”识别与应对》，《中国行政管理》2018年第10期。

② 杨烨：《数千万社保用户信息或遭泄露，超30省市曝管理漏洞》，《经济参考报》2015年4月22日。

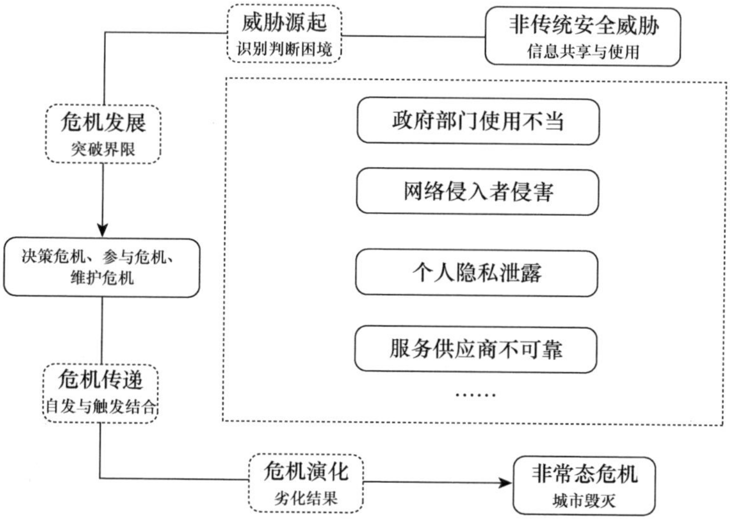

图 3.3 智慧城市建设中的"非常态危机"生成机理（不完全举例）

二 国际质量博弈中的"非常态危机"生成机理

在全球化时代，质量问题是一个全球性问题，或者说在"全球质量时代"，质量战略、质量竞争、质量提升的国际行动将是各国特别予以关注与投入的领域；质量治理、质量变革、质量安全的国际维护也将成为 21 世纪国际关系的重要内容。"全球质量时代"意味着全球共存、共依、共融、共享于共同的产品世界与质量世界中。质量范畴具有十分广泛的内涵与不同层次的界定，微观层次有产品质量、服务质量、工程质量、监管质量等，中观层次有产业质量、区域质量等，宏观层次有发展质量、社会质量、环境质量等，而在国内安全国际化、国际安全国内化的安全镶嵌与安全共享背景下，质量安全问题往往具有跨越国界的国际影响，甚至一国质量问题会"外溢"并威胁到他国或全球质量安全。①

在国际质量博弈中的非传统安全威胁总体上可以分为两类：一类是因"质量失衡""质量赤字""质量失信"等引起的"质量困境"影响国家形象。另一类是来自个别国家存在"质量霸权"行为，宣扬

① 余潇枫、潘临灵：《"质量安全"与新型国际关系构建》，《国际观察》2018 年第 2 期。

所谓的“伪劣产品中国造”等“标签党”行为，将中国质量问题政治化。全球层面由于质量不安全引发的贸易战争数不胜数，如2006年中韩关于出口泡菜质量问题引发“泡菜大战”，波及欧洲、美国、日本等市场[①]；新西兰和澳大利亚就苹果是否安全这个问题开展近百年“苹果贸易战”，严重影响两国正常外交与贸易[②]。

在国际质量博弈中“非常态危机”主要是由国际质量外交中的不对称威胁应对不当所引发，其演变路径可划分为威胁源起、危机发展、危机传递、危机演化四个环节：①在国际质量博弈大多数国家最初对于威胁的全球性没有深刻认识，多用“传统安全思维”应对，如美国特朗普政府处处凸显“美国优先”，使得国家之间不乏紧张、矛盾、冲突、争斗，甚至动用武力；②事实上对抗性行为和损害他国利益的行为不能最终解决国际质量博弈中的“资源性困境”，对抗只能带来两败俱伤或多方共损；③国际质量博弈中的危机传递路径多为自发与触发结合，危机跨国存在，跨越国家的威胁导致危机传播更具有破坏性；④当一国人民对自己国家的各类产品质量安全存有“不信任感”“不安全感”甚至存有“恐惧感”的时候，就会直接导致对经济发展质量、深化改革质量、总体社会质量的怀疑，进而引发不同程度的经济社会危机。

在国际质量博弈中“非常态危机”的影响因素，从主体角度分类，包括来自国家政策、政府部门行为、企业诚信等方面（不完全举例，如图3.4所示）：①国家出台本国保护主义政策。质量安全问题的凸显使得国际贸易中的“逆全球化”现象频现，发达国家包括越来越多的发展中国家，通过技术标准、技术法规和检验检疫等技术性贸易措施取代以往传统的关税、汇率等贸易壁垒，使得“技术篱笆”成为新的“游戏规则”，从单一产品蔓延至全产业链，为此，2016年国外技术性贸易措施给我国出口企业造成的损失竟达5300多亿元，较2013

① 《中韩爆发泡菜大战》，http://news.sina.com.cn/c/2005-11-14/17598295105.shtml，2005年11月14日。

② 罗汉伟：《跨世纪的大洋洲贸易战“苹果禁令”让“兄弟反目”》，《中国经济周刊》2010年第33期。

年增加近30%。[①] ②政府部门为保护本国利益采取制约他国措施。如2015年9月18日，美国监管机构披露德国大众汽车在所产车内安装作弊软件规避尾气排放规定，大众汽车“尾气门”事件不仅严重损害大众汽车品牌形象，给企业带来灭顶之灾，更使“德国制造”蒙羞，进而影响德国经济。③企业不诚信影响国家质量形象。如2016年三星Galaxy Note7手机发布一个多月在全球范围发生多起因电池缺陷造成的爆炸和起火事故，“三星电池门”事件对如日中天的韩国数码产业造成重大打击，特别是三星公司在事后表现出来的不诚信、傲慢等，给韩国国家形象抹了黑。

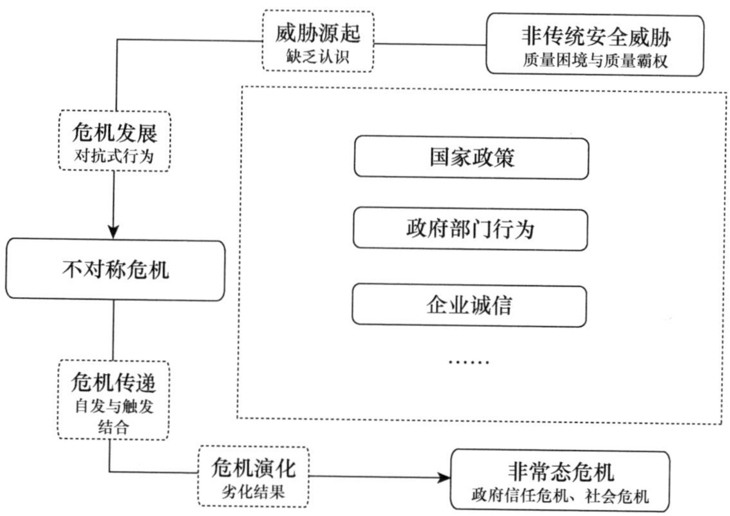

图3.4 国际质量博弈中的“非常态危机”生成机理（不完全举例）

① 赵宇飞等：《发展中国家竞扎国际贸易“技术篱笆”》，《经济参考报》2017年12月12日第5版。

第四章

“非常态危机”识别框架的理论建构

本章旨在构建“非常态危机”识别的理论路径。首先是威胁识别框架建构。本研究中以“人”作为安全指涉对象，对“非传统安全威胁”进行识别，主要是对“威胁”“实践”“地域”特征的识别。其次是危机演变框架建构，即对非传统安全威胁治理过程中引发的“非传统安全危机”的识别。本研究中提出一种“综合性识别”方法，主要是对“危机来源”“发展形式”“传递路径”“演化结果”的识别。最后是“非常态危机”识别框架建构。本研究主要对“安全化过程”中的“系统性”“异质性冲突”特点的识别和“安全化结果”的“军事武力手段”“社会失序表现”特点的识别。

第一节 “非传统安全威胁”识别框架建构

根据前三章的研究成果，“非常态危机”识别路径主要分为三个过程——“非传统安全威胁”的识别、由非传统安全威胁引发的危机即“非传统安全危机”的识别、“非传统安全”范畴下的“非常态危机”的识别。

危机应对中的核心是能否准确且及时地对问题的严重性和动态性进行诊断，[①] 即危机的识别能力。政府危机识别能力是政府危机应对能力中的一个重要考核指标，但在研究中较少涉及对识别能力的评估，

① Ali F. , Crisis and Emergency Management, Florida: CRC Press, 2014.

而是侧重于对危机防控能力的评估，在少有的研究中，较有代表性的有余潇枫等综合使用过程识别与类别识别方法识别出智慧城市建设中的危机包括决策、参与、维护中的"非智慧"①；谭春辉等基于"二评"机制提出包括警源收集、数据处理、数据评价和警度预报在内的网上信任危机识别过程；② 李燕凌等基于 DEMATEL 方法识别与区分动物疫情公共危机防控中影响防控能力的因素，得出 8 项原因型影响因素和 11 项结果型影响因素③。

本研究的理论建构主要体现在三个过程，即前置条件（"非传统安全威胁"识别框架）、过程条件（"非传统安全危机"识别框架）和结果条件（"非常态危机"识别框架）的理论建构（见图4.1）。需要特别说明的是，这是从理论和逻辑上对危机识别进行的一种建构，在现实危机演变中，并不严格按照此过程。本节是以"人"作为安全指涉对象对前置条件即威胁识别框架进行理论建构。

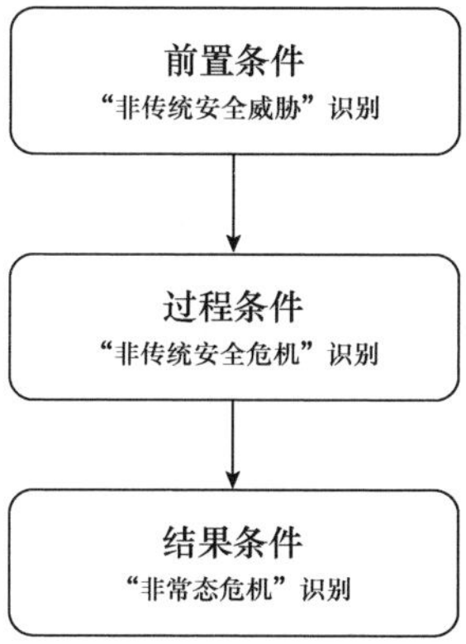

图4.1 "非常态危机"识别流程

---

① 余潇枫、潘临灵：《智慧城市建设中"非传统安全危机"识别与应对》，《中国行政管理》2018 年第 10 期。

② 谭春辉、曾奕棠：《基于"二评"机制的企业网上信任危机识别研究》，《情报科学》2011 年第 12 期。

③ 李燕凌、冯允怡、李楷：《重大动物疫病公共危机防控能力关键因素研究——基于 DEMATEL 方法》，《灾害学》2014 年第 4 期。

威胁识别研究源起于20世纪80年代，主要是为了在安全议题扩大背景下准确识别出安全“问题清单”以求将安全资源利用最大化。研究中威胁识别的困难主要来自于对威胁认知的不同和威胁本身的模糊性两方面，现实主义和建构主义两个学派就威胁识别的要素展开了激烈的讨论：现实主义普遍认为一国是另一国的潜在威胁，强调“物质”因素的重要性，如肯尼思·华尔兹（Kenneth Waltz）提出威胁感知的四个基础因素——综合实力、进攻能力、地理临近和侵略意图[①]；史蒂芬·沃尔特（Stephen Walt）直接将“侵略意图”认为是衡量威胁的要素之一[②]；弗朗西斯·福山（Francis Fukuyama）将军事能力作为影响威胁的变量[③]；查尔斯·格拉泽（Charles Glaser）将威胁作为一个反映对手进攻能力和动机指标。[④] 而建构主义从“认知”因素角度关联安全与安全威胁，将威胁视作是一种社会互动的结果，认为施动者和结构是相互建构的，关注行为体如何塑造世界与世界如何塑造行为体意味着人类关系具有内在社会性。[⑤] 哥本哈根学派中对威胁的解读也延续建构主义的思路，认为其是一种“存在性威胁”的社会建构，这种建构主要是主体间“言语—行为”的结果，聚焦于“安全化”，即“在社会过程中的一些人群将某些事物建构成威胁”[⑥] 的研究。对威胁认识的分歧，造成对威胁识别途径的分歧。

在已有威胁识别框架建构中，大卫·卢梭（David Rousseau）提出以“个人”为中心的，结合个人层面、国家层面和国际层面的威胁识

---

① David L. R. , *Dentifying Threats and Threatening Identities*: *The Social Construction of Realism and Liberalism*, Stanford University Press, 2006, p. 4.

② ［美］史蒂芬·沃尔特：《联盟的起源》，周丕启译，北京大学出版社2007年版。

③ ［美］弗朗西斯·福山：《历史的终结及最后之人》，黄胜强、许铭原译，中国社会科学出版社2003年版。

④ ［美］阿兰·柯林斯主编：《当代安全研究》，高望来、王荣译，世界知识出版社2016年版。

⑤ ［美］阿兰·柯林斯主编：《当代安全研究》，高望来、王荣译，世界知识出版社2016年版，第133页。

⑥ ［英］巴里·布赞、［丹］琳娜·汉森：《国际安全研究的演化》，余潇枫译，浙江大学出版社2011年版。

别框架；[①] 周冉在其博士论文《非传统安全威胁识别、评估与应对研究》中以“国家”作为安全的指涉对象对“非传统安全威胁”的识别路径进行探讨[②]。**本研究在两者研究基础上作了结合和改进，将“人”作为安全指涉对象，对“非传统安全威胁”进行识别，以便更贴近非传统安全研究的本质。**

将“人”作为安全指涉对象，并不是一个新的研究议题，在已有研究中最具代表性的是“人的安全”研究。纵观历史，关于“人的安全”的理解经历了漫长的变化：从古典时期到中世纪时期人的价值变化体现城邦凝聚共同文化使得探究人的价值的本质与本性成为可能，同时教会思想冲击了人与人之间等级秩序的合理性与自然性；[③] 随着威斯特伐利亚体系的建立，国家逐渐处于绝对中心地位，“人的安全”处于边缘，主要原因在于国家在内部与外部威胁的冲击下，催生国家集权观念；进入民族主义时代，个人利益与国家利益捆绑进一步提升国家合法性，“人的安全”在国家安全中得到进一步重视，人的价值主要体现在国家公民免受暴力侵害；在两次世界大战时期，庞大的伤亡人数引起对“唯国家安全论”的批判，战争与武装冲突使得“人的安全”重要性重新得以提升；冷战的结束极大地降低国家间战争的机会，但国家间冲突和地区间安全威胁并未随之减少，平民保护问题得到进一步审视；全球化时代下，非传统安全威胁的涌现对人类个体构成直接和现实的威胁，诸如环境恶化、经济危机、流行性疾病等非传统安全威胁超过传统的安全威胁成为国家治理中的主要难题，使得“人的安全”得到进一步重视；联合国开发计划署在《人类发展研究报告》中系统给出“人的安全”概念，对学界关于“人的安全”的研究给出回应：“人的安全”包括免于饥饿、疾病和压迫等问题的长期

---

① David L. R. , *Dentifying Threats and Threatening Identities*: *The Social Construction of Realism and Liberalism*, Stanford University Press, 2006, p. 4.

② 周冉：《非传统安全威胁识别、评估与应对研究》，浙江大学出版社 2016 年版。

③ 邢瑞利、刘艳峰：《“人的安全”理念的演变与再思辨》，《太平洋学报》2016 年第 1 期。

威胁和免受日常生活中突发性和伤害性的威胁，[①] 简而言之是使人获得“免于匮乏的自由”和“免于恐惧的自由”，“人的安全”包括经济安全、粮食安全、健康安全、环境安全、人身安全、共同体安全和政治安全七要素，在联合国的推动下，“人的安全”逐渐演化出新的安全模式；人的安全委员会在《人的安全现状》中对国家安全和人的安全作了区分，认为两者之间在中心、威胁、行为体、授权等方面存在差别，同时两者是互为强化和相辅相成的；[②] 勃兰特委员会、布伦特兰委员会和全球治理委员会在国际政策和制度倡议中将“人的安全”镶嵌其中，强调全球治理中人的价值；2030 年可持续发展议程中提出了包括社会、经济与环境可持续的十七大议题，均体现“以人为本”的理念；2014 年中央国家安全委员会会议提出总体国家安全观，确立了“以人民安全为宗旨”“一切为了人民”的国家安全核心价值观。综上可见，“人的安全”与“国家安全”的关系从独立到关联，从“人的安全”让位于“国家安全”，再到现在“人的安全”成为“国家安全”的内核，体现了对于“人”作为主体的重视。从这个角度看，国家安全的最终目的是为了人的安全，国家安全的目的，而非工具。基于“人的安全”在安全研究中的重要地位，本研究中以“人”作为安全指涉对象对“非传统安全威胁”识别框架进行理论建构，这一建构的关键在于识别非传统安全威胁的作为一种安全威胁的独特性，以便将其区分区于传统安全威胁或公共安全问题（见图 4.2）。

梅利·卡拉贝若－安东尼（Mely Caballero-Anthony）等提出非传统安全威胁具有六项特征：①具有跨国性，表现在威胁的起源、传播和影响地域上；②与低政治问题相关，表现为多源起于社会和经济原因，而非国家间竞争或权力转移；③后果严重性，表现为部分非传统安全威胁，如资源匮乏、非法移民等问题会导致政治不稳定、社会动荡，最终成为安全隐患；④难以逆转性，表现为这些威胁打破自然平

① *United Nation Development Programme*, *Human Development Report 1994*, Oxford: Oxford University Press, 1994.

② *Commission on Human Security*, *Human Security Now*, Washington D. C.: Communication Development Incorporated, 2003, p. 6.

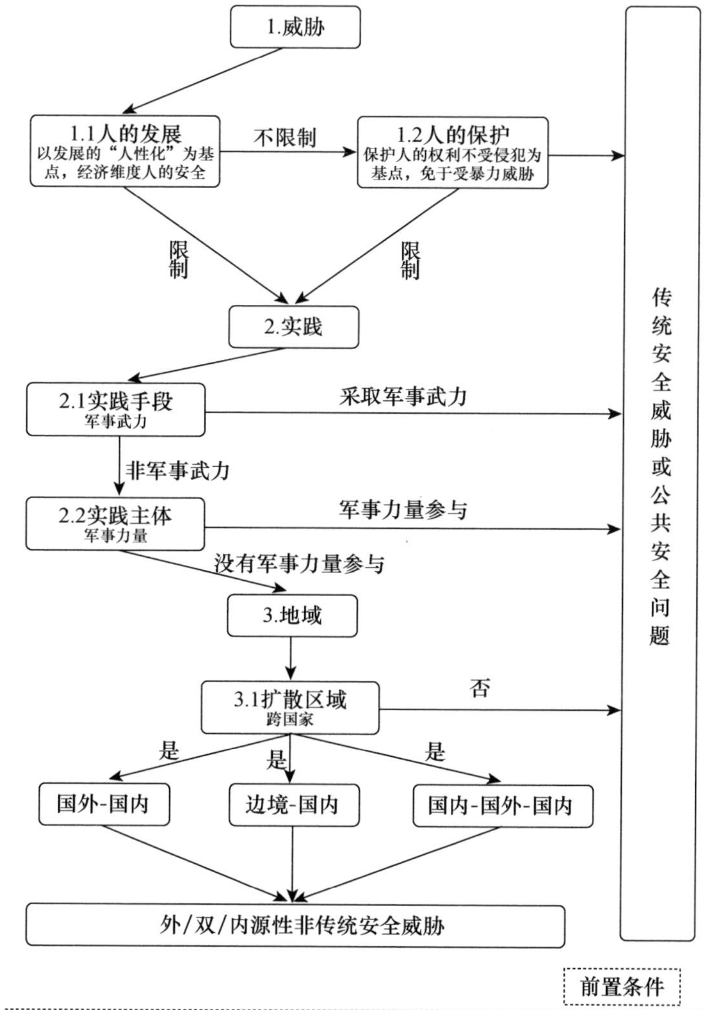

图 4.2 "非传统安全威胁"识别框架

衡和生活秩序，对国家和社会造成难以逆转或需要大成本修复的影响；⑤需要跨国合作，表现为仅凭一国的力量在此类威胁应对中常显不足，需要跨国、跨区域的多边合作予以解决；⑥安全指涉对象更广泛，表现为国家和个人均成为安全的指涉对象。[①] 本研究在此基础上，将

① Caballero-Anthony M. Emmers R. Acharya A. , *Non-Traditional Security in Asia*: *Dilemmas in Securitisation*, Ashgate, 2006.

"人"作为安全指涉对象，提出"非传统安全威胁"识别主要在于"威胁"特征识别、"实践"特征识别、"地域"特征识别三步。

一 "威胁"特征识别

对"威胁"特征的识别，其要害是"普遍威胁"特征的识别。该特征决定具体问题是否可以成为一个"安全"问题来讨论。以"非军事手段"为特征的问题由来已久，但在全球化时代之前，这类问题并没有带来普遍的威胁，或并未对传统的军事与政治安全构成威胁，因此不能成为一个"安全问题"。普遍性威胁意味着"安全指涉对象在物理和价值时空内所遭受的大跨度、无差别、多方面的深层次负面影响，并最终危及安全指涉对象的生存性自由"。[①] 从人类发展史来看，就是安全共同体的扩大史，安全共同体的扩大同时意味着安全威胁的普遍性的扩大。[②] 有别于两次世界大战时期对于"和平"的人类最高取向，"发展"成为全球化的时代人类社会的主导价值取向，成为人类新的普遍性威胁。对于"人"来说，"普遍威胁"意味着"人的安全"得不到保障，如联合国提出的人的"免于匮乏的自由"和"免于恐惧的自由"，即是对于人免于普遍性威胁的一种解释。奈尔·麦克法兰（Neil MacFarlane）等提出从"人的发展"和"人的保护"两个取向来关注"人的安全"，为识别"普遍威胁"下"人的安全"提供了路径[③]：从发展维度来看，主要是考虑经济因素对于人的安全的影响。20 世纪末期盛行人本主义发展观，以哥斯达黎加"和平经济学"高级别会谈为标志，全球安全的新理念得到重视，即注重社会暴力、经济压力和环境恶化下的个体的全面安全应该得到重视，而非再以军事安全为安全重点。在后续研究中，基本延续了"人的发展"和"人的保护"这两个维度。以阿玛蒂亚·森（Amartya Sen）为代表的发展经济学家为"人的安全"的提出与发展优势做出重要贡献，他们逐渐

---

① 周冉：《非传统安全威胁识别、评估与应对研究》，浙江大学出版社 2016 年版。

② 余潇枫：《非传统安全概论（第 2 版）》，北京大学出版社 2015 年版。

③ ［英］奈尔·麦克法兰、云丰空：《人的安全与联合国》，张彦译，浙江大学出版社 2011 年版。

减少使用经济增长来定义发展以及使用国家总量数据来衡量发展水平，而是更关注怎样衡量人的福利水平和如何提高生活水平，尤其是森将发展作为一个“开拓人民热爱的自由王国的过程”，关注基本的工具性自由即“保护性安全”（Protective Security），主要是从经济的角度指出现有安全威胁，包括饥饿、瘟疫、严重而突发的资源匮乏。[①] 1994年发布的《人类发展报告》对发展和安全话语进行了新结合，“人的安全可以说是涵盖了两个主要方面，一方面是能够避免诸如来自饥饿、疾病、心理压抑等长期性威胁，另一方面是在于保护人们在日常生活免于遭受突如其来的灾害”[②]，指出人的安全受到的威胁不仅来自国内的抢掠、不平等和不稳定，也由于全球化威胁而导致人的可持续发展和人的安全需要全球资源再分配。所以以发展的“人性化”为基点，从经济维度考察人的安全，主要是关注人口增长、经济增长、环境恶化、贫富分化、金融危机等境况对个体安全的影响；从保护维度看，人身安全有别于且优先于经济问题的解决。冷战后关于个体安全的国际规范框架迅速发展，但是由于殖民化进程与不干涉原则紧密相连，使得没有意愿或者没有能力遵守基本人权法则的国家难以采取行动。[③] 国家安全与个体安全之间的平衡一直是国际社会讨论的问题，如2000年加拿大政府成立干预和国家主权国际委员会（ICISS）提出国家有可能是“人的安全”的主要威胁，但同时也是保护问题最好的解决者。[④] 可见“人的安全”与“国家安全”之间的关系是互补的，而非相互竞争对立的、稳定的、反应迅速的国家机制为实现“人的安全”提供制度保障，反之“国家安全”的全面保证也有赖于“人的安全”的发展和维护。从这一方面看，实现“人的安全”主要包括三方面：①是遏制战争、维护社会稳定、预防和制止极端暴力事件；②致

---

① Amartya S., *Development as Freedom*, Oxford University Press, 1999.

② *United Nation Development Programme*, *Human Development Report 1994*, Oxford: Oxford University Press, 1994.

③ ［英］奈尔·麦克法兰、云丰空：《人的安全与联合国》，张彦译，浙江大学出版社2011年版。

④ Evans G. J., Sahnoun M., The responsibility to protect: report of the International Commission on Intervention and State Sovereignty, IDRC, 2001.

力于国家安全网建构和应对机制建设；③对弱势群体的保护。[①] 从这个角度看，对“普遍威胁”特征的识别是以保护人的权利不受侵犯为基点，从保护人们免受暴力威胁的路径考量人的安全。综上所述，对“威胁”特征的识别主要是“人的发展”和“人的保护”的识别：“人的发展”主要是以发展的“人性化”为基点，使人免于受经济维度的威胁；“人的保护”主要表现是以保护人的权利不受侵犯为基点，使人免于受暴力的威胁。

二 “实践”特征识别

建构主义认为观念产生的认知是构建威胁的先决变量，安全是一个“实践”的过程：亚历山大·温特认为：“离开了创造和支撑某一种身份和利益结构的实践活动，就不会存在无政府状态的‘逻辑’”；[②] 约翰·拉格认为，国际体系正是在“交换考虑”和“规范建构”之上运转，而且它们还通过反复“实践”不断地再建构；[③] 布赞等更是断言，安全是“一个自我指涉的实践（A Self-referential Practice）”。[④] 从“非传统安全威胁”的“实践”特征来看，可以从“实践手段”与“实践主体”两部分来识别其特征：首先是实践手段的识别。人类对非传统安全威胁的重视源于对“非军事问题”的关注。“非传统安全”研究最大的特点是其“非军事武力”性质的实践手段，这将“非传统安全”研究有别于“传统安全”研究。但由于“非军事武力”特性本身的模糊性，增加对其识别的困难性，如黑客通过使用计算机进行信息化战争、海盗使用军事装备进行海上掠夺、恐怖分子使用准军事化手段进行边境犯罪，这些模糊性的“军事武力特性”使得对其判断难度增加。同时，在某些事件中也存在非传统安全问题与传统安全问题相互转

① 余潇枫：《非传统安全概论（第2版）》，北京大学出版社2015年版。

② lexander W.，“Anarchy Is What States Make of It：The Social Construction of Power Politics”，International Organization，Vol. 46，1992，pp. 391 －395.

③ ［挪］托布约尔·克努成：《国际关系理论史导论》，余万里、何宗强译，天津人民出版社2005年版。

④ Barry B.，Ole W.，& Jaap de W.，Security：A New Framework for Analysis，Lynne Rienner，1998，p. 24.

换的现象，如使用军事武力手段应对非传统安全问题是之"传统化"。由此引发出对下一个特性，即"实践主体"特性的识别。传统安全的行为体一般为国家，全球化背景下，"非国家行为体"的安全参与，以及国家间"非对称"的安全挑战存在于次国家、国家、跨国家以及全球之中。安全威胁突破了传统的主权边界，安全维护方式突破了传统的军事武力方式。因此，非传统安全威胁的"实践主体"一般认为是国家和分散化、小群体化的"非国家行为体"，而非国家的军事力量。

三 "地域"特征识别

非传统安全威胁多处于地区、全球、人类层面，最明显的特征是源起于国家内部的低政治因素，通过全球化影响到世界各国的安全，从一国的安全难题发展成为全球的安全难题。由于"非传统安全威胁"的形成与发展与全球化密切相关，尤其是由全球化造成的"国内安全国际化，国际安全国内化"现象为"非传统安全威胁"的形成提供了充分条件。如"新冠肺炎疫情"短期内在全球范围传播，短短3个月内全球已有105个国家和地区均有确诊病例。[①] 由此可见非传统安全威胁在"地域"上具有"扩散区域"的特性，需要加以识别："跨国性"和"全球性"是非传统安全的突出特点，当前非传统安全问题大多在地域上有明显的蔓延和扩展特点，因此不能简单将其判断为是一个国家和地区的问题，对其"跨国家"性质的识别从空间层面使其与公共安全问题明显区分开来，从地理疆域来看，威胁的扩散方式主要有"国家外部——国家内部""边境地区——国家内部""国家内部——国家外部——国家内部"，在研究中对应外源性"非传统安全威胁"、双源性"非传统安全威胁"和内源性"非传统安全威胁"[②]。**其中**

---

① 《最新！中国以外累计确诊28861例》，https://baijiahao.baidu.com/s?id=1660670007243169879&wfr=spider&for=pc，2020年3月9日。

② 余潇枫：《非传统安全概论（第2版）》，北京大学出版社2015年版。非传统安全威胁按照威胁源起分为内源性非传统安全威胁、外源性非传统安全威胁、双源性非传统安全威胁和多源性非传统安全威胁。此处主要是从地理疆域来区分，所以仅涉及内源性非传统安全威胁、外源性非传统安全威胁、双源性非传统安全威胁三种。

特别值得一提的是，对于威胁源于国内的非传统安全威胁，即内源性“非传统安全威胁”是目前非传统安全威胁应对的重点（见图 4.3）。简单看来，该类威胁直接对国内相关治理领域乃至整个国家安全与发展产生影响，对于本国而言并不具有“跨国家”性质，但部分威胁经过扩散从国内外溢出国界，转而又对本国构成影响，在另一层面具备“跨国家”性质。这类非传统安全威胁往往是由于国内各类矛盾长期积累未能得到及时解决或是由于现行体制机制的缺失导致对矛盾应对不当而造成。这是当前中国非传统安全研究中极其重要但是极易被忽视的内容。本研究在实证分析部分将基于内源性“非传统安全威胁”展开（见第五章）。

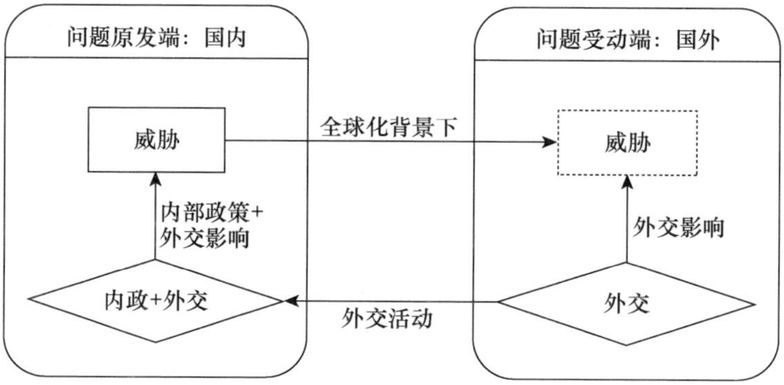

图 4.3　内源性非传统安全威胁发生

第二节　“非传统安全危机”演变框架建构

上节从“人的安全”角度对非传统安全威胁识别框架进行理论建构，将其分为“威胁”特征的识别、“实践”特征的识别、“地域”特征识别三步。本节将对非传统安全威胁治理过程中引发危机，即“非传统安全危机”的识别进行理论建构。

阿里·法拉兹曼得（Ali Farazmand）在《危机和应急管理：理论与实践》一文中将危机的性质概括为四点：①发生在所有层级，②包含威胁、不确定性、不确定产出、紧急状况，③存在不同危机形态，④部分危机归因于政府和集体行动。[①] 可见危机作为一个动态过程，危机演变中的层级、形态、归因成为影响危机结果的重要因素。撒赫尔·哈美立（Shahar Hameiri）等在《非传统安全的政治与治理》一文中对印尼非法焚烧森林引起雾霾案例进行研究时，认为非传统安全威胁治理不当会引发地区民众与政府关系紧张的局面，引发地区间冲突等各类危机。[②] 基于以上研究和本研究意旨，本部分着重分析“非传统安全威胁”治理过程中引发的危机，即“非传统安全危机”的演变框架。

现有研究中关于“非传统安全危机”的识别方式主要有时间识别、类别识别、过程识别、优先级识别四种[③]。其中，时间识别方法是以时间为维度来衡量非传统安全威胁，一般以重大事件作为划分点，如将冷战结束、东南亚金融危机和“9·11”事件国外重要事件作为时间节点[④]，如将改革开放、国安委成立、中共十九大召开等国内标志性事件作为划分节点[⑤]。使用时间识别方法的优势在于能够迅速厘清时间脉络，做到快速识别在一个长周期中发生的危机和分析危机演变过程。但弊端是识别方式过于死板，识别范围过于宽泛，对于新问题、新趋势缺乏有效的识别力；类别识别法是目前较为普遍使用的识别方法，主要是根据具体问题领域进行划分，如总体国家安全观中将安全类型划分为政治安全、国土安全、军事安全、经济安全、文化安全、社会安全、科技安全、信息安全、生态安全、资源安全、核安全等十一大类；如将国际非传统安全危机划分为国际金融危机、国际能源危机、全球气候变化、网络黑客攻击、全球流行疾病和跨国有组织

---

① Ali F. , *Crisis and Emergency Management*, Florida: CRC Press, 2014.

② Hameiri S. , Jones L. , “The Politics and Governance of Non-Traditional Security”, *International Studies Quarterly*, Vol. 57, No. 3, 2013, pp. 462 –473.

③ 余潇枫、潘临灵：《智慧城市建设中“非传统安全危机”识别与应对》，《中国行政管理》2018 年第 10 期。

④ 翟坤：《关于非传统安全问题》，《党建研究》2003 年第 9 期。

⑤ 廖丹子：《中国非传统安全研究 40 年（1978—2017）：脉络、意义与图景》，《国际安全研究》2018 年第 4 期。

犯罪;[①] 如根据层级划分为全球、区域、地方三个层次。[②] 使用类别识别法的优势在于能够迅速将各类危机分类整治。但是弊端是识别方式过于死板，识别范围过于宽泛，在识别结果上只能识别范围内威胁，对于新问题、新趋势缺乏有效的识别力；阶段识别法是将危机的动态过程分为各个阶段，根据每阶段的特征进行识别。如将危机分为前兆阶段、紧急阶段、持久阶段和解决阶段,[③] 分为危机事前、危机事发、危机事中、危机事末、危机事终、危机事后阶段。[④] 使用阶段识别法的优势在于能够针对特定的危机，制定对应的解决机制。但是弊端是只能处理单个案例，无法同时处理大量案例；优先级类别识别法是在危机清单基础上设立优先级识别，从中选择最为紧迫、最难以解决的危机先予以解决。如政治安全普遍被认为是最重要的,[⑤] 信息污染、泄密、破坏和侵权等非传统安全威胁引发的危机在近期日益得到重视。[⑥] 优先级识别法的优势在于比较科学与规范，能够比较好地做到规范，也能把握危机发展程度从而辅助科学决策。但是弊端是无法快速识别出现的新危机。

时机是危机治理不可逆取的机缘。余潇枫在《非传统安全与公共危机治理》一书中提出危机的“三点六阶段”模型，将危机划分为不同的阶段和时机，有助于提供对应的解决措施，决定性的重要点帮助认识和掌控危机。[⑦] “三点六阶段”模型提出危机发展过程中的三个重要点和六个阶段。“三点”即触发点（导致危机的关键点，一般是对正常秩序有破坏性的或者有冲击性的行动或者事件）、临界点（威胁和危机转化的点，达到这个点才导致系统正常运行中断或失序的紧急

---

① 周冉:《非传统安全威胁识别、评估与应对研究》，浙江大学出版社 2016 年版。

② 余潇枫:《非传统安全概论》，北京大学出版社 2015 年版。

③ 薛澜、张强:《SARS 事件与中国危机管理体系建设》，《清华大学学报》（哲学社会科学版）2003 年第 4 期。

④ 余潇枫:《非传统安全与公共危机治理》，浙江大学出版社 2007 年版。

⑤ 虞崇胜、舒刚:《近年来关于政治安全问题研究述评》，《探索》2012 年第 3 期。

⑥ 娄策群、范昊、王菲:《现代信息技术环境中的信息安全问题及其对策》，《中国图书馆学报》2000 年第 6 期。

⑦ 余潇枫:《非传统安全与公共危机治理》，浙江大学出版社 2007 年版。

状态）和转折点（危机转化为契机的关键点，处置得当事态变化的后果朝优化方向发展，处置不得当事态变化向劣化发展）；“六阶段”即危机事前、危机事发、危机事中、危机事末、危机事终和危机事后。[①]本研究综合以上时间识别、类别识别、过程识别、优先级识别等识别方法的优点、弊端和“三点六阶段”模型，及“安全化”过程，提出一种包含过程识别、类别识别的危机识别方法，即“综合识别法”，分为四步：对危机来源、发展形式、传递路径和演化结果的识别，参见图 4.4。

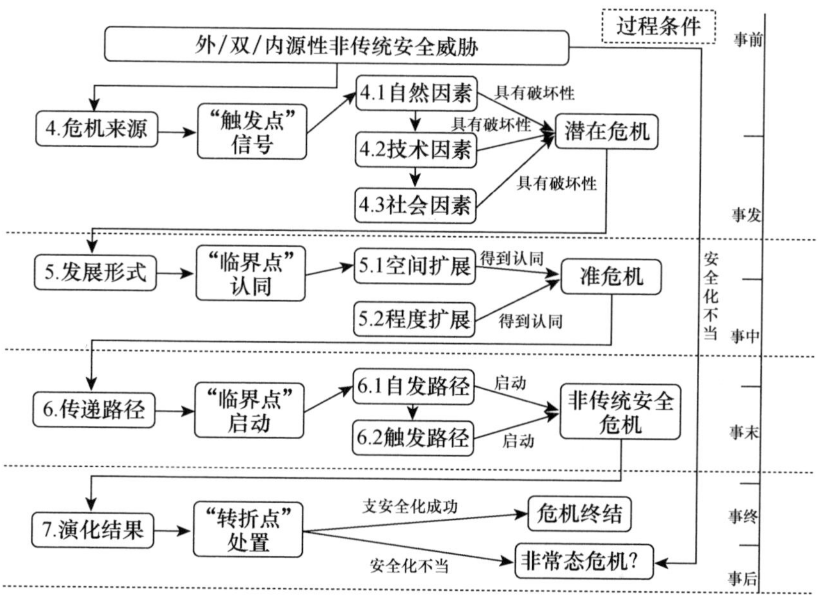

图 4.4 “非传统安全危机”演变框架

一 “危机来源”识别

“危机来源”识别，即“触发点”的“信号”识别，对应危机事前与危机事发阶段。该阶段的表现特征是存在将导致危机发生的实际威胁，在有“触发”信号后，将演变为一种“潜在危机”。主要有三

① 余潇枫：《非传统安全与公共危机治理》，浙江大学出版社 2007 年版。

大类：①自然诱发因素，如处于地震带、火山带等区域有较大可能遭受此类威胁引发的危机，或是已出现暴雨、干旱、雷电等自然现象存在转化为灾害的可能。②技术诱发因素，如核电厂周围存在核威胁，海上运输石油存在泄漏可能，信息技术的使用存在可能漏洞等，均有可能在某种条件下从威胁转化为实际的危机。③社会诱发因素，如人为性因素有宗教冲突、种族冲突、政治冲突、经济冲突等，体制性因素有法律框架脆弱、社会预警系统不完善等，以上因素均有可能因为某一“触发点”而爆发危机。所以本阶段主要识别自然因素信号、技术因素信号与社会因素信号。若存在相关破坏性的“信号”，即可认为是一种“潜在危机”。

二 “发展形式”识别

“发展形式”识别，即对“临界点”的“认同”识别，对应危机事发与危机事中阶段。该阶段的表现特征是威胁在受到“触发点”的影响后，正常秩序受到破坏或者冲击，威胁向“准危机”发展。威胁的发展形式主要有空间扩展或程度扩展，空间扩展指在威胁通过在空间上蔓延，如通过跨空间、跨地区、跨平台传播演变成为“准危机”，程度扩展指在烈度上增强，如影响人数增强、危害程度增强等。现有的威胁发展形式多为空间扩展与程度扩展结合，如地震后局部地区的城市功能受损，将跨过地理空间限制，直接连带影响如通信、交通、能源、卫生等其他城市功能系统，在危害程度上造成指数增长，成为城市运行的整体性威胁。[①] 所以对于“发展形式”的识别主要是识别其空间扩展认同或程度扩展认同。若存在空间扩展认同或程度扩展认同，即其在空间蔓延或烈度上增强得到某种形式的公布或认定，即可认为是一种“准危机”。

三 “传递路径”识别

“传递路径”识别，即对“临界点”的“启动”识别，对应危机

① 余潇枫、潘临灵：《智慧城市建设中“非传统安全危机”识别与应对》，《中国行政管理》2018 年第 10 期。

事中与危机事末阶段。该阶段的表现特征是“准危机”通过传递，成为一种实际存在的“危机”。传递路径分为自发路径和启动触发路径。自发路径指“准危机”并未触发其他变化，通过自身的演变引发不良后果，触发路径是指“准危机”触发其他变化从而引起不良后果。现有的危机传递路径多为自发与触发结合，如智慧城市内部与城市之间的互联互通，危机以“跨界”存在，跨越城市、跨越国家、跨越区域的威胁导致危机传播更具有破坏性。[①] 所以对于“传递路径”识别的识别主要是其传递路径中的启动自发路径或启动触发路径的识别。若存在启动自发路径或启动触发路径，即可认为其成为一种“危机”。

四 “演化结果”识别

“演化结果”识别，即对“转折点”的“处置”识别，对应危机事末、危机事终和危机事后阶段。该阶段的表现特征是危机发展中存在相应的条件，使得危机发展过程存在“契机”，即“去安全化”条件存在。从理论上来看：“非传统安全危机”在“去安全化”成功后降为一项“一般议题”，即“危机终结”；“非传统安全威胁”或“常态危机”在“安全化不当”的条件下，演变为“非常态危机”。由上文（见 3.1 节）可得“安全化不当”主要是由“过度安全化”“过度去安全化”造成，那么如何判断“安全化不当”？如何区别“安全化不当”引发的“非常态危机”与“应对失败”的“常态危机”？本研究提出需要对“非常态危机”进行进一步的识别。

第三节 “非常态危机”识别框架建构

上文已完成对“非常态危机”演变过程中的非传统安全威胁、非传统安全威胁治理过程中引发危机即“非传统安全危机”识别的理论

① 余潇枫、潘临灵：《智慧城市建设中“非传统安全危机”识别与应对》，《中国行政管理》2018 年第 10 期。

建构。本节将从“安全化过程”“安全化结果”两个角度对“非常态危机”识别进行理论建构。

基于前文研究结果，“非常态危机”的识别总的来说属于一种对于“危机演化结果”的识别。目前研究中与“危机结果”相关的研究主要集中在危机结果学习和危机结果应对上。一方面是危机结果学习研究，如巴瑞·特纳（Barry Turner）等在《灾害的组织学习》一书中认为危机学习是基于对过去危机教训和未来危机可能的相关性联系，对于增强危机预防能力有重要作用；[①] 詹姆斯·马尔希（James G. March）认为危机学习需要信息暴露、记忆检索、学习动机、信仰结构以及组织信念等要素；[②] 马奔等研究调查形式对于危机学习的影响，认为调查导向、调查主体、事故原因、调查时限均不同程度地影响了危机学习效果。[③] 另一方面是危机结果应对，如危机事后修复与重建，包括提出危机重建措施[④]、危机恢复管理[⑤]、组织形象修复[⑥]、组织声誉修复[⑦]、探究危机应对模式与形象修复之间的关联、[⑧] 危机恢复阶段的利益关系[⑨]、危机恢复管理中政策执行、政策依从问题与基

---

① Berry T., Brian T., *Organizational Learning from Disasters: Crisis Management Systems and Structures for Prevention and Recovery*, Oxford, 2006, pp. 191 - 204.

② March J. G., Olsen J. P., "The Uncertainty of the Past: Organizational Learning Under Ambiguity", *European Journal of Political Research*, Vol. 3, No. 2, 1975, pp. 147 - 171.

③ 马奔、程海漫：《危机学习的困境：基于特别重大事故调查报告的分析》，《公共行政评论》2017 年第 2 期。

④ 张小明：《公共危机事后恢复重建的内容与措施研究》，《北京科技大学学报》（社会科学版）2013 年第 2 期。

⑤ 董晓松、郭伟、赵星：《危机恢复管理中的执行模式与政策依从——以公民议事为解决方案的案例研究》，《中国行政管理》2011 年第 10 期。

⑥ Benoit W. L., *Image Repair Theory and Corporate Reputation*, Oxford: Blackwell Publishing Ltd, 2013.

⑦ Eccles R. G., Newquist S. C., Schatz R., "Reputation and its risks.", *Harvard Business Review*, Vol. 85, No. 2, 2007, p. 104.

⑧ 汪峰、魏玖长、赵定涛：《综合危机应对模式构建与组织声誉修复——基于两个案例的研究》，《公共管理学报》2013 年第 3 期。

⑨ 刘燕、赵景华：《中国政府战略性危机管理群体决策的影响机制研究——基于利益相关者模型》，《中国行政管理》2016 年第 2 期。

层民主治理之间的关系[①]等。研究中有学者提出“后发危机”“危机事后”“复合性危机”等概念与本节中研究内容相似，如张春颜等认为治理中易忽略“后发危机”在危机演化的作用，但“后发危机”的危害可能超过了危机事件本身，其将“后发危机”划分为破坏型和风险型两种：破坏型“后发危机”为社会领域已经发生了，由于应对效果不佳而导致群体性冲突等社会性事件的爆发；风险型“后发危机”是尚未发生但处于诱发边界的危机，“后发危机”生成的基点是公众的需求与政府供给之间匹配。[②] 如肖唐镖在研究农村治理危机时提出“复合性危机”，认为这是农村现有技术与体制的，生态、文明与文化的综合性危机，急需结构性和系统性的调整以解决。[③] 总的来说，现有研究中较少有对危机演化结果识别的研究，本研究将对此作一补充。

从安全化理论来看，一个完整的危机周期包括“安全化成功——去安全化成功”过程。由于危机应对能力、应对条件、外部因素等原因，导致“安全化不当”出现，需要耗费大量资源来达到“去安全化成功”。“安全化不当”包括“过度安全化”与“过度去安全化”，过分认知、程度把握不准确、应对时机和策略选择不正确、安全化条件不足都是造成“安全化不当”的原因。根据前文研究成果，本研究认为可以从“安全化”角度，从“安全化过程”“安全化结果”两个步骤来判断是否存在“安全化不当”，区别“安全化不当”引发的“非常态危机”与“应对失败”的“常态危机”（参见图4.5）。

---

① 董晓松、郭伟、赵星：《危机恢复管理中的执行模式与政策依从——以公民议事为解决方案的案例研究》，《中国行政管理》2011 年第 10 期。

② 张春颜、阎耀军：《重大灾害引发“后发危机”的生成机理与防控策略研究——基于典型案例的对比分析》，《上海行政学院学报》2016 年第 6 期。

③ 肖唐镖：《城乡基层治理“复合性危机”观察》，《人民论坛·学术前沿》2015 年第 3 期。

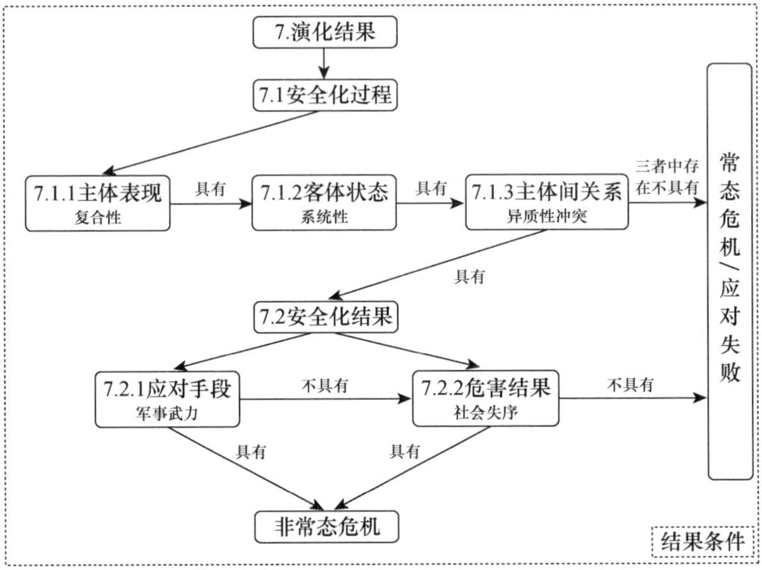

图4.5 “非常态危机”识别框架

一 “安全化过程”识别

现有研究中，有学者从社会建构角度，从主观性、客观性与主体间三个角度提出“安全”的过程识别：从主观性来看，对安全的主体感受体现了安全的内在现实与感受状态；从客观性角度看，安全是一种客观存在的外在处境与物质状态，皮埃尔·布迪厄（Pierre Bourdieu）在界定“场域”时认为其实一个“客观关系网络”，“根据是这些位置在不同类型的权力分配结构中实际的和潜在的处境，以及它们与其他位置之间的客观关系（支配关系、屈从关系、结构上的对应关系）”①；从主体间角度看，安全是一种主体间的社会建构，主体间对于安全内容的认知、判断、理解，影响了对安全的认同。由此统一起来，“安全”可以表述为“主观没有恐惧，客观没有威胁，主体间没有冲突”②，从“非传统安全威胁”演变而成“非常态危机”同样具

① ［法］皮埃尔·布迪厄、华康德：《实践与反思——反思社会学导引》，李猛、李康译，中央编译出版社1998年版。

② 余潇枫：《非传统安全概论》，北京大学出版社2015年版。

备此特征。根据安全化理论，安全是一种社会和主体间的建构，可以是被"宣称"为"安全"的任何东西。[①] 安全化研究中有三组重要的行为体：第一组是"催化行为体"，如国际机构、其他政府；第二组是启动行为体，如中央政府；第三组是实施行为体，如西方政府、非政府组织、宗教组织、媒体、企业、工会等。[②] 这三组行为体从主观性、客观性与主体间三个维度促进"安全化"过程的实现。

本研究借鉴对"安全"的认识方式和"安全化"理论，基于"危机是一种动态过程"的前提假设，从主体表现、客体状态和主体间关系三方面对"安全化过程"进行识别。特别需要说明的是，此处的主体表现、客体状态和主体间关系三者为并列状态，区分步骤仅是为了研究方便，在实际识别中可以打乱步骤进行，并不影响对其判断。

第一步，是对主体表现的识别。从"场域安全"视角看，非传统安全威胁具有"整体复合性"，表现在不同的安全观、安全状态、安全结构、安全制度、安全目标、安全心理、安全文化等。[③] 非传统安全威胁的主体包括社会中的各类行为体，如国家、企业、个人、非政府组织等，主体的"复合性"是非传统安全威胁的重要表征之一。研究中认为"复合性危机"是"治理危机"的深化表现，主要表现为一种"繁荣表象下的新危机"[④]。复合性主体之间形成纵横交错的复杂互动，从而形成复杂的安全威胁，从而导致复合性危机，如人与自然的互动产生空气污染、土壤侵蚀等威胁从而导致生存环境危机，群体之间互动产生了群体冲突、资源掠夺等威胁从而造成社会危机，种族之间互动产生恐怖活动、宗教冲突等问题从而导致民族危机。所以对主体表现的识别体现在对主体表现"复合性"上的识别，若主体表现具

---

① Taureck R. , "Securitization Theory and Securitization Studies", *Journal of International Relations and Development*, Vol. 9, No. 1, 2006, pp. 53 –61.

② Caballero-Anthony M. Emmers R. Acharya A. , *Non-Traditional Security in Asia*: *Dilemmas in Securitisation*, *Ashgate*, 2006.

③ 余潇枫：《非传统安全治理能力建设的一种新思路——"检验检疫"的复合型安全职能分析》，《人民论坛·学术前沿》2014 年第 9 期。

④ 肖唐镖：《城乡基层治理"复合性危机"观察》，《人民论坛·学术前沿》2015 年第 3 期。

有复合性，则其可能为“非常态危机”，若无则认为是一种危机应对失败。

第二步，是对客体状态的识别。安东尼奥·葛兰西（Antonio Gramsci）提出“系统性危机”，并认为其实一种“代表性危机以及主流意识形态与政治组织的衰败”[①]；斯蒂芬·吉尔（Stephen Gill）延续葛兰西的研究，提出“系统性危机”的本质是一种“相互交织并影响的危机”，在形式上超过了地缘政治、国家监管职能和现有法律手段。[②]“非常态危机”在客体状态上主要表现为“系统性”，即危机需要系统的重大重建得以解决，而非使用简单的管制措施来解决，如20世纪70年代中期的金融危机即属于“系统性危机”，直接导致资本主义的彻底重构。所以对客体状态的识别体现在对客体状态“系统性”上的识别，若客体状态具有系统性，则其可能为“非常态危机”，若无则认为是一种危机应对失败。

第三步，是对主体间表现的识别。哈贝马斯最早使用“主体间性”一词表明主体间的“商谈”对社会交往合法性和社会制度公正性的体现与建构。[③]巴里·布赞把“主体间性”引入安全分析，认为安全是存在于主体间的“主体间性”，而非只是主体或者只是客体。[④]人类安全共建共享的困难之处就在于“如何对待现存不同层次的异质性因素”，这其中包括文明、文化、宗教、民族、社会等“异质性的历史遗在”，也包括因历史、地缘、利益、资源、制度、方式甚至误解引起的冲突与对抗而转化成的“异质的现实性此在”，也包括因对未来走向持有不同图景与追求的“异质的可能性彼在”。[⑤]所以对主体间关系的识别体现在对主体间关系是否存在“异质性冲突”的识别，若

---

① Antonio G., *Selections from the Prison Notebooks*, New York: New York Progress, 1971, p. 276.

② 斯蒂芬·吉尔、何睿：《全球系统性危机与地缘政治学》，《南开学报》（哲学社会科学版）2015年第6期。

③ ［德］尤尔根·哈贝马斯：《交往行为理论》，曹卫东译，上海人民出版社2004年版。

④ Barry B., Ole W., & Jaap de W., *Security: A New Framework for Analysis*, Lynne Rienner, 1998, p. 24.

⑤ 余潇枫：《共享安全：非传统安全研究的中国视域》，《国际安全研究》2014年第1期。

主体间关系具有异质性冲突，则其可能为“非常态危机”，若无则认为是一种危机应对失败。

二 “安全化结果”识别

一个成功的“安全化”具有其最终目标，如对于“艾滋病”的“安全化”的最终目标就是“提高关于艾滋病的意识、改变普通人群的行为，并且提高那些已经受艾滋病影响的人的生活质量”。[①] 一项成功的安全化行为赋予了安全化行为体运用“非常态措施”的权利。[②] 这种“非常态措施”即是采取一种紧急回应。但是在安全化后，应采取什么非常措施有时却是不清楚的，这就意味着，安全化行为体在成功的“言语—行为”后，仍然决定通过常态的程序，而不是非常态举措来应对这一结果。[③] 这就需要对“安全化结果”进行进一步思考。本研究认为“安全化不当”的结果（即“非常态危机”的出现）可以从应对手段和危害结果两方面识别。从应对手段来看，主要是使用“军事武力”参与到应对中。这是“安全化”危险的主要表现，“安全化”过程一旦被滥用，会引发军队在民事行动中作用合法化，这尤其可能出现在新兴民主国家或者军事与民事权威模糊的国家，如“9·11”事件后，安全化导致军事力量在政治中的进一步合法化。[④] 从危害结果来看，《突发事件应对法》中指出危机事件的事后处理要求是防止次生、衍生事件或者重新引发社会安全事件，恢复社会秩序。“非常态危机”最明显的特征就是引发次生、衍生危机，重新引发社会安全事件，并在一定程度上影响政府公信力、造成社会失序（如造成政府信任危机、造成社会解组、造成社会骚乱、造成民族分裂等），

---

① Caballero-Anthony M. Emmers R. Acharya A. , *Non-Traditional Security in Asia*: *Dilemmas in Securitisation*, Ashgate, 2006.

② ［美］阿兰·柯林斯主编：《当代安全研究》，高望来、王荣译，世界知识出版社 2016 年版。

③ Collins A. , “Securitization, Frankenstein’s Monster and Malaysian Educatio”, *The Pacific Review*, Vol. 4, 2005, pp. 567 –588.

④ ［美］阿兰·柯林斯主编：《当代安全研究》，高望来、王荣译，世界知识出版社 2016 年版。

如“SARS 事件”由于政府的掩盖与隐瞒，导致政府公信力连续下降、民众惶恐和“万人空巷”现象。[①] 当以上危机结果出现其中一项，即使用“军事武力”手段或造成“社会失序”，即可判断为是一种“安全化不当”的结果，即引发“非常态危机”。

综上所述，本研究认为对“非常态危机”识别的关键在于“安全化过程”中的“复合性”“系统性”“异质性冲突”特点的识别，“安全化结果”的“军事武力手段”“社会失序表现”特点的识别。其中“安全化过程”的条件均需满足，“安全化结果”的条件满足其一，即可判断为属于“非常态危机”。

① 薛澜、张强、钟开斌：《防范与重构：从 SARS 事件看转型期中国的危机管理》，《改革》2003 年第 3 期。

第五章

内源性"非常态危机"识别及成因归类

本章旨在对内源性"非常态危机"进行识别并对其成因作一归类。首先利用Web数据挖掘技术，挖掘"非传统安全危机"案例，利用第四章中的理论建构对各案例是否属于"非常态危机"进行识别。其次利用文本分析方法，对各案例的演变路径进行分析与编码。然后利用定性比较分析法（QCA）将演变过程中的影响因素分为"理念错位型""信息错乱型""时机错失型""资源错配型"四类。最后选取2019年"新冠肺炎疫情"作为典型案例，对其作危机识别与成因分析。

本研究选择"内源性"这一角度的原因有三点：首先，非传统安全威胁具有"城市化转向"[①]，更多非传统安全威胁源于国内，若不能妥善应对，将会演变为"非常态危机"，严重影响我国内政；其次，内源性非传统安全威胁在全球化背景下，部分威胁外溢出国界，若不能妥善应对，将会演变成为"非常态危机"，从而严重影响我国外交；最后，内源性非传统安全威胁的外溢所引发的"非常态危机"，最终又会对本国构成影响，这是当前研究中极易被忽视的内容。

---

① 汤伟：《非传统安全的"城市化"》，《社会科学》2015年第4期。

第一节 研究设计

一 研究方法

研究中的实证分析部分主要使用两种研究方法：其一，Web 数据挖掘技术，主要用于危机新闻文本数据挖掘和危机案例数据库的建立；其二，是定性比较分析法，利用挖掘所得数据，分析危机演变中的影响因素和危机结果的复杂因果性。

一是 Web 数据挖掘技术。Web 数据挖掘方法是利用基于语义本体的网络爬虫技术，采用最佳优先搜索策略，利用关键词进行新闻数据的挖掘（所使用部分代码见图 5.1、图 5.2 与图 5.3）。使用 Python 语言，利用关键词进行新闻筛选，基于关键词集合和本体的概念集进行语义相关度计算抓取最优页面，根据字符向量矩阵筛除重复新闻。在此基础上，使用命名实体识别技术抽取实体，运用内容分析法对目标数据集中报道数量、主体、行为进行归类与分析，利用 Apache 旗下孵化的百度 Echarts 可视化的框架进行分析。最后通过新闻数量、各主体数量、各主体行为及其之间关系来分析各事件。本研究采取 Web 数据挖掘方法主要是基于以下两点考虑：其一，本研究是基于新闻文本，涉及大量文本的挖掘、抓取、提取与分析，利用 Web 数据挖掘方法可以较为高效完成；其二，本研究涉及关键节点选取和分类，关键节点是指对信息传递起到重要作用的信息，可以利用网络的结构属性对关键点进行识别。Web 数据挖掘方法能较好实现该技术。

二是定性比较分析法。本研究采用传统的清晰集定性比较分析法（Crisp-Set Qualitative Comparative Analysis，csQCA）。定性比较分析法（Qualitative Comparative Analysis，QCA）是一种研究方法，也是一套分析工具，早期运用于社会学科开展小样本的跨案例定性分析。在技术上，主要表现为厘清条件集合（Conditional Sets）与结果集合（Result Sets）之间的关系，尤其是多重推断的因果关系（Multiple Conjectural Causation）。主要运用于在可比较的案例间的分析发现系统相似性和差异性，主要功能是“将社会现象看作属性的复杂组合，并依照集

```
from news_spider.configs.base import Configs


LEAKAGE_CONFIGS = Configs(
    mongo_db_name='leakage',
    start_date=date(2015, 4, 1),
    end_date=date(2017, 4, 1),
    keywords=['社保系统 漏洞', '社保 数据安全', '社保 泄漏'],
    data_rel_dir='data/PLL/leakage',
    news_text_must_contain=['社保'],  # 社保 系统 漏洞 泄露
)

FISHING_CONFIGS = Configs(
    mongo_db_name='fishing',
    start_date=date(2016, 1, 1),
    end_date=date(2017, 12, 31),
    keywords=['远洋捕捞 阿根廷', '非法捕捞 南大西洋', '中国渔船 阿根廷'],
    data_rel_dir='data/PLL/fishing',
    news_text_must_contain=['渔'],  # 中国渔船 阿根廷 鲁烟远渔010号
)

TOY_CONFIGS = Configs(
    mongo_db_name='toy',
    start_date=date(2016, 1, 1),
    end_date=date(2017, 12, 31),
    keywords=['玩具 召回'],
    data_rel_dir='data/PLL/toy',
    news_text_must_contain=['玩具'],  # 玩具 召回 问题 质量安全
)
```

图 5.1　新闻数据挖掘－项目配置文件代码（部分）

合关系将他们概念化”[①]，通过找出“条件组态与结果间的因果关系”来寻求条件组态的方式得到期望结果出现[②]。在分析技术方面，QCA 目前具有三个具体方法：清晰集定性比较分析法（csQCA，文献中常简称为 QCA）、模糊集定性比较分析（fsQCA）、多值集定性比较分析（mvQCA），清晰集定性比较分析法在研究中广泛应用。[③] 清晰集定性比较分析法在操作中为探究案例的某一条件或结果是否属于某一集合，如果“是”，通常赋值为“1”，如果“否”，则赋值为“0”，由此构

① Rihoux B., Ragin C. C., *Applied Social Research Methods: Configurational Comparative Methods: Qualitative Comparative Analysis (QCA) and Related Techniques*, SAGE Publications, 2009.

② 杜运周、贾良定：《组态视角与定性比较分析（QCA）：管理学研究的一条新道路》，《管理世界》2017 年第 6 期。

③ Rihoux B., Ragin C. C., *Applied Social Research Methods: Configurational Comparative Methods: Qualitative Comparative Analysis (QCA) and Related Techniques*, SAGE Publications, 2009.

```
item_xpath = '//ol[@id="b_results"]/li[@class="b_algo"]'
title_xpath = './/h2/a//text()'
link_xpath = './/h2/a/@href'
date_xpath = './/div[@class="b_caption"]/p[1]//text()[1]'
content_xpath = './/div[@class="b_caption"]/p[1]//text()'
total_record_num_xpath = '//span[@class="sb_count"]/text()[1]'

def extract_date(self, root):
    try:
        text = root.xpath(self.date_xpath).extract()[0]
        date_text = text.split('·')[0]
        y, m, d = map(int, re.findall('(\d+)[\-/](\d+)[\-/](\d+)', da
        if d > 31:
            y, m, d = d, y, m
        return date(y, m, d)
    except Exception as e:
        self._log('Date error:', e)
        raise ParseError(e)

def extract_total_record_num(self, root):
    try:
        text = root.xpath(self.total_record_num_xpath).extract()[0]
        return int(re.search('([\d,]+) results?$', text, re.I).groups
    except Exception as e:
        raise ParseError(e)

def extract_title(self, root):
    texts = root.xpath(self.title_xpath).extract()
    return ''.join(texts).rstrip('…').strip()

def extract_link(self, root):
    text = root.xpath(self.link_xpath).extract()[0]
    return text

def extract_content(self, root):
    texts = root.xpath(self.content_xpath).extract()
    return ''.join(texts).split('\u2002')[2].rstrip('…').strip()

@staticmethod
def handle_page(url, page, dirty=True):
    if page == 1:
        return url
    clean = url if not dirty else re.sub('&first=\d+&FORM=PERE', '',
    return f'{clean}&first={(page-1) * 10 + 1}&FORM=PERE'
```

图 5.2　新闻数据挖掘－网页解析代码（部分）

真值表（Truth table），形成案例条件与结论的原始编码。本研究采用清晰集定性比较分析法主要是基于三点考虑：①在危机演变过程中的影响因素较为复杂，各因素相互交织与影响，采取清晰集定性比较分

```python
def text_to_vector(text_dict):
    kp = KeywordProcessor()
    kp.set_non_word_boundaries(set('_'))
    with open('data/stopwords', encoding='utf-8', errors='ignore') as stopfile:
        stopwords = set(stopfile.read().split('\n')[:-1])
        stopwords.update(['。', '，', '；', '（'])

    kp.add_keywords_from_dict({' ': list(stopwords)})
    c = Counter()
    for content in text_dict.values():
        content = re.sub('[。，；：‘’“”0-9、%\-a-zA-Z？\?（）【】、了的不一二三也]', '', content)
        c.update(list(re.sub('\s*?', '', kp.replace_keywords(content))))
    most_common = [x[0] for x in c.most_common(200)]
    # print(most_common)

    news_dict = {}

    for _id, content in text_dict.items():
        content = re.sub('[。，；：‘’“”0-9、%\-a-zA-Z？\?（）【】、了的不一二三也]', '', content)
        chr_count = Counter(list(re.sub('\s*?', '', kp.replace_keywords(content))))
        vector = tuple(chr_count.get(w, 0) for w in most_common)
        news_dict[_id] = vector

    # print(len(list(news_dict.values())))
    return news_dict


def is_cos_sim(a, b, threshold=0.9):
    from numpy import inf
    denominator = norm(a) * norm(b)
    if denominator == 0.:
        return inf
    return (dot(a, b) / denominator) > threshold


# This is so very SLOW!!!
def is_fuzz_sim(a, b, threshold=350):
    return (fuzz.partial_ratio(a, b) * 3 + fuzz.token_set_ratio(a, b)) >= threshold


def clustering(news_dict, sim_func=is_cos_sim):
    traversed = set()
    pack_id = 1
    pack_map = {}
```

图 5.3　新闻数据挖掘－新闻去重代码（部分）

析法能够分析自变量多因素共同作用对于结果的影响；[①] ②本研究中选取的 10 个案例，样本量属于小样本，无法通过统计的方式得出有效结果，而清晰集定性比较分析法的优势在于进行小样本的跨案例定性分析，对本研究较为合适；③清晰集定性比较分析法研究是“结果导

① 王凤彬、江鸿、王璁：《央企集团管控架构的演进：战略决定、制度引致还是路径依赖？——一项定性比较分析（QCA）尝试》，《管理世界》2014 年第 12 期。

向”，案例之间要具有结果的“同质性”和案例间“异质性”[①]。本研究选取的是“非传统安全威胁”通过演化是否产生“非常态危机”这一结果的案例具有结果“同质性”，但产生结果过程具有“异质性”，因此符合清晰集定性比较分析法研究的要求。本研究使用清晰集定性比较分析法的分析逻辑如下：①将解释变量和结果变量作两分处理，当情况存在或条件存在时取值为“1”，当情况不存在或条件不存在时取值为“0”；②假定因果关系之间的关系是非线性的，某个结果的产生的原因是多方面的，可能来自于不同原因的组合，原因之间互相影响；③以条件组合为分析单位，根据布尔代数简化条件的组合，基于必要条件和充分条件之间的推理逻辑，最终形成“非对称因果关系”。

二 数据来源

本研究从案例选择和新闻数据库建立两个层面完成数据选择。

一是案例选择。本研究选取2014年1月1日至2018年12月31日的“非传统安全危机”案例，选择案例的标准是根据本研究的理论建构部分（见第四章），首先是确定该危机是由“非传统安全威胁”引发，即威胁源具有“普遍威胁”“非军事武力”“跨国家”性质；其次在演化过程中具备危机来源的“触发点”信号、发展形式的“临界点”认同、传递路径的“临界点”启动与演化结果的“转折点”处置。选取2014—2018年的案例，主要有三方面考虑：①数据可得性高，这5年间互联网技术在我国迅速发展，信息公开程度提升，互联网新闻可得性较高；②借鉴性高，由于危机是随着制度水平、经济水平、技术水平、社会水平而不断变化的，选取近5年的案例对目前危机应对有较好的借鉴性；③研究实际情况，根据本研究的进度安排，收集案例截至2018年12月31日。以上案例和数据为本研究的新闻数据库运用提供了方向和参考。

---

① Rihoux B., Ragin C. C., Applied Social Research Methods: Configurational Comparative Methods: Qualitative Comparative Analysis (QCA) and Related Techniques, SAGE Publications, 2009.

本研究案例选择主要来自于四个途径：①社会科学文献出版社出版的《非传统安全研究报告》。该系列蓝皮书对当年发生的非传统安全事件作了梳理与描述。本研究中参考 2014—2018 年的年度报告，为本研究选取代表性的案例提供了参考。②中央编译出版社出版的《中国社会公共安全研究报告》。该书对当年发生的社会公共安全事件作了梳理与研究。本研究中参考该书 2014—2018 年的年度报告，为本研究选取代表性的案例提供了参考。③中国国家安全十大事件调查。国际关系学院于 2012 年起开展组织评选年度国家安全十大事件活动，在全国范围内调查与评选当年度的国家安全案例。国家安全十大事件涉及传统安全事件与非传统安全事件。本研究参考 2015—2018 年的年度十大事件，为本研究选取具有代表性的案例提供了参考。④应急管理部网站[①]、商务部网站[②]、市场监督管理总局网站[③]、海关总署网站[④]等相关政府网站。各网站中及时且细致地公布了社会上的重大事件新闻、调查结果、官方申明，为本研究选取具有代表性的案例提供了参考。

二是新闻数据库建立。与历史上任何时期相比，当前的新闻报道对社会渗透和影响更加深入。特别是随着互联网的发展，新闻报道已能较全面地表达社会现状、描述社会事件、体现社会价值，网络也随之成为公众了解社会状况、知晓社会事件、发表态度的主要渠道。网络媒体新闻报道的数量可以一定程度反映出事件的发展进度和社会对该事件的重视程度。同时，网络媒体作为事件的“催化者”，在政府“失语”时，网络舆情增加政府舆论压力，促使政府采取措施。在此背景下，新闻报道数据也已成为目前危机研究中最流行且最主要的数据来源，如董天策使用新闻报道研究汶川地震中的救援问题[⑤]；周洁

---

① 应急管理部网站，http：//www. chinasafety. gov. cn.

② 商务部网站，http：//www. mofcom. gov. cn.

③ 市场监督管理总局网站，http：//samr. saic. gov. cn.

④ 海关总署网站，http：//www. customs. gov. cn.

⑤ 董天策：《在开放与控制之间：危机传播的基本准则与尺度——汶川大地震新闻报道的经验与启示》，《新闻与传播研究》2008 年第 4 期。

红等利用猪肉质量安全新闻报道研究各治理主体在猪肉质量安全事件爆发后的作用及存在原因;① 如申振东等利用政府网站、权威新闻网站、国家统计局公布的资料分析我国 2013—2015 年间的典型突发事件;② 如刘晓君等利用网络爬虫挖掘新闻、新浪微博、百度搜索指数等文本数据,利用 QCA 方法对公共安全感影响因素进行分析。③

本研究基于挖掘到的新闻数据,证实了这种新闻报道数据作为危机研究数据的可行性。以 2017 年 10 月—2019 年 1 月间关于问题疫苗的新闻报道为例,通过新闻与数据之间的比较,**得出二者之间的高度相关性:①新闻报道数量与事件危害程度高度相关**。从(图 5.4)突发事件数量和新闻报道数量关系图可以清晰地看出,突发事件与新闻报道在数量与时间上基本吻合。从(图 5.5)新闻报道数量时间轴可以清晰地看出,2017 年 10 月—2019 年 1 月间关于问题疫苗新闻报道的数量大致呈现出“波动——平缓——爆发——持续波动”的发展趋势。2017 年 11 月,相关新闻报道出现小波动,是由于“百白破疫苗效价指标不符合标准规定”事件爆发,事件后舆论走势相对平稳,属于舆情的萌芽阶段,为后续的舆情的“井喷式”爆发奠定了基础。2018 年 7 月爆发的“违法违规生产冻干人用狂犬疫苗”事件,导致疫苗安全舆情全面爆发,该事件引起社会极大关注。但由于危机应对中理念错位,并缺乏相应的法律保障,危机并未终结。在 2018 年 10 月《药品管理法修正草案》审议与 2018 年 11 月《疫苗管理法(征求意见稿)》征求意见时再度引发舆论。由此可见,问题疫苗事件网络舆情的阶段性特征十分明显。**②新闻报道中各主体出现次数与危机演变过程中各主体参与情况高度相关**。从(图 5.4)突发事件数量和新闻报道数量关系图可以清晰地看出,在事件新闻报道中,各主体在不同

① 周洁红、刘青、李凯等:《社会共治视角下猪肉质量安全治理问题研究——基于 10160 个猪肉质量安全新闻的实证分析》,《农业经济问题》2016 年第 12 期。

② 申振东、郭勇、张罗娜:《关于我国公共危机管理的思考——基于近三年 60 起典型突发事件的分析》,《贵州社会科学》2016 年第 6 期。

③ 刘晓君、杨菁:《重大突发事件中公众安全感的影响因素研究——基于 32 起事件网络爬虫数据的 QCA 分析》,《风险灾害研究》2018 年第 1 期。

时期出现的比例也有所不同，如在事件爆发初期（2018 年 7—8 月），相关新闻报道中政府所占有比例最大，企业次之，第三方机构最少，事件爆发后期，研究机构所占比例提高，政府逐渐减少，企业逐渐减少，随着监管要求的提高，政府所占比例逐渐回升，而在事件后期（2018 年 12 月），相关新闻报道中，恢复政府为主、企业次之的局面。在危机演化过程各主体参与实际来看，政府部门与企业是主要参与主体，民众、第三方组织等力量在此次危机中发挥的作用非常有限，与新闻报道展示情况高度一致。有部分学者在研究中指出，由于目前危机数据库的匮乏，并未有完整的危机数据库帮助了解危机动态变化。①

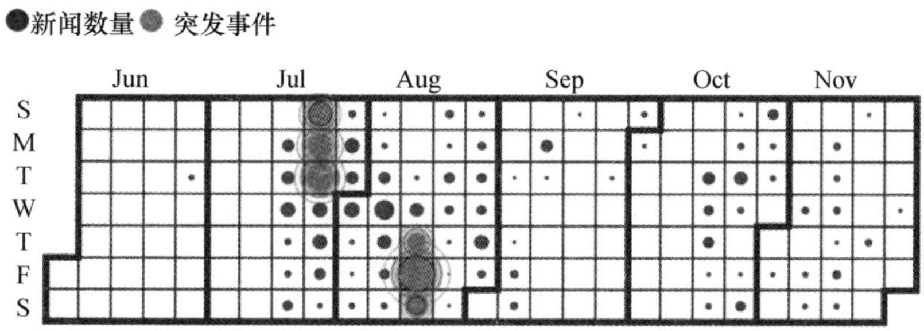

图 5.4　突发事件数量和新闻报道数量关系（以问题疫苗危机为例）

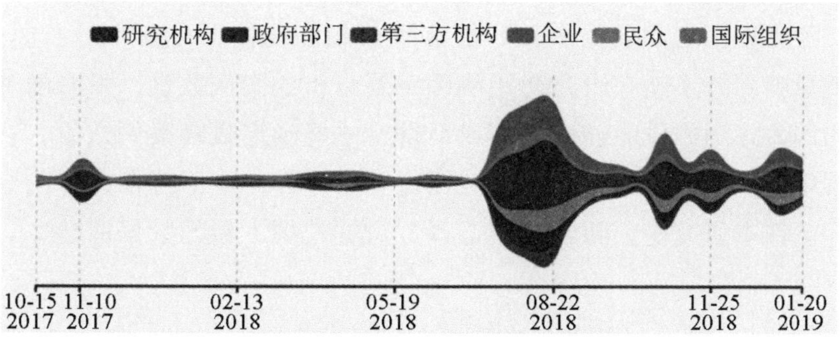

图 5.5　新闻报道数量时间轴（以问题疫苗危机为例）

① 邵东珂：《我国群体性事件数据库的构建与应用》，《中国行政管理》2017 年第 3 期。

基于此，本研究利用 Web 数据挖掘方法挖掘与选择案例相关新闻数据，通过所得数据，建立新闻数据库，在此基础上对关键信息进行编码。本研究的新闻报道数据来自两方面：一种是具备独立新闻采编权的网络媒体，从数据可得性来考虑，选取新华网作为代表；另一种是国内商业资讯网站，从数据可得性来考虑，选取新浪网作为代表。以上两个网站收录了大量及时的新闻报告、覆盖全面且具备权威性和代表性。据此建立的新闻数据库具有典型性和全面性。

第二节 内源性“非常态危机”识别

一 案例选择

在现有案例研究中，根据案例数量的划分，可以分为单案例研究或小规模案例研究（N < 5）、中等规模案例研究（5 < N < 100）和大规模案例研究（N > 100）。研究中认为中等规模研究既能够用于发展理论，也能检验理论。[①] 查尔斯·瑞金（Charles C. Ragin）等人提出的清晰集定性比较分析方法就属于一种中等规模案例研究方法。[②] 使用清晰集定性比较分析法在案例选择上，遵循“最大差异”和“最大相似”相结合的方法。[③] 即在选取案例过程中，一方面要考虑理论维度与条件的一致性，由此分析出哪些核心变量导致结果的不同，另一方面要考虑案例之间的异质性，能够进行相互比较。[④] 这种案例选择要求就意味着并不能在研究初始就确定要分析的案例数量，只有随着研究的深入，当假设能够被证实或证伪，才能确定最终案例数量，在这过程中，一些符合要求的案例被保留下来，另一些不符合条件的则被舍弃。在本研究中，随着案例选择、数据挖掘、新闻数据库建立、编

① Dul J., Hak T., *Case Study Methodology in Business Research*, London: Routledge, 2007.

② Ragin C. C. Fuzzy-set Social Science, University of Chicago Press, 2000; Ragin C. C., *The Comparative Method: Moving Beyond Qualitative and Quantitative Strategies*, University of California Press, 2014.

③ Rihoux B., Ragin C. C., *Applied Social Research Methods: Configurational Comparative Methods: Qualitative Comparative Analysis (QCA) and Related Techniques*, SAGE Publications, 2009.

④ Mahoney J., Goertz G., "The Possibility Principle: Choosing Negative Cases in Comparative Research", *American PoliticalSscience Review*, Vol. 98, No. 4, 2004, pp. 653 – 669.

码等研究进展，不符合要求的案例逐步被舍弃，最终保留10个符合理论建构和研究需求的“非传统安全危机”案例（见表5.1）。需要特别说明的是，案例筛选阶段由作者指导5位非传统安全管理专业研究生共同完成。5位研究生均具备良好的非传统安全管理专业知识，每人根据理论框架（见第四章）在案例库中独立选择案例，而后进行对比，如某一案例有4人及以上选择，则入选，对未满4人选择的案例进行反复探讨后确定该案例是否入选。

二　条件选择

在条件的选择上，根据查尔斯 C. 瑞金（Charles C. Ragin）等人的提议，小样本和中等样本研究中，条件数量要尽可能少些，在定性比较分析方法使用中，案例数量和条件数量之间应达到良好的平衡，在10个左右案例分析中，通常选择4—7个解释条件。[①] 本研究在前期数据挖掘和文本分析的基础上，结合前期理论构建，对案例进行逐一编码（0，1）。

首先是条件变量的指标选取。本书在非常态危机影响因素理论构建中（见第三章第三节）提出危机演变的影响因素主要是应对过程中的主体参与、信息传播、策略运用、群体响应四大类。根据理论构建和研究意旨，条件变量编码使用到的指标包括：主体参与（具有完整的外部力量，包括政府主导、媒体报道、专家论证、公众参与与社会救援，编码为“1”，有一项缺失编码为“0”）、信息传播（具有完整信息传播系统，包括信息提供、信息传递和信息反馈路径通畅，编码为“1”，有一项缺失编码为“0”）、策略运用（具有完整的策略运用体系，包括策略提供、策略执行、策略反馈路径畅通，编码为“1”，有一项缺失编码为“0”）、群体响应（具有完整的群体响应，包括存

---

① Rihoux B.，Ragin C. C.，*Applied Social Research Methods*：*Configurational Comparative Methods*：*Qualitative Comparative Analysis*（*QCA*）*and Related Techniques*，SAGE Publications，2009.

表 5.1　　案例信息

案例编号	案例代码	案例名称	时间	事件概述	新闻数量（条）	1. 威胁	2. 实践	3. 地域	非传统安全威胁	4. 危机来源	5. 发展形式	6. 传递路径	7. 演化结果	非传统安全危机	7.1 安全化过程	7.2 安全化结果	非常态危机
1	JJ01	玩具质量安全危机	2014 年至 2015 年	我国是儿童玩具生产与出国大国，近年发生多起儿童玩具出口召回事件。2014 年 1 月 8 日《人民日报》发文称部分玩具成为身边的“不定时炸弹”，引发国内外对于玩具质量安全的舆论危机。后原国家质检总局多次采取质量监控、制定标准、公开信息等方式化解危机	890	经济安全	非军事武力	国内 - 国外 - 国内	是	技术因素，社会因素	空间扩展，程度扩展	触发路径	安全化不当	是	主体复合性、主体间异质性	无	否
2	XX01	社保系统漏洞危机	2015 年至 2016 年	2015 年 4 月 22 日某漏洞平台公布全国超 30 个省市的社保、户籍查询等系统存在漏洞，数千万用户的社保信息有泄露风险，部分媒体指出信息可能存在流入海外的可能，一时间引发网民大量恐慌。漏洞得到及时排查并得到修复	1432	信息安全	非军事武力	国内 - 国外 - 国内	是	技术因素，社会因素	空间扩展，程度扩展	触发路径	去安全化成功	是	/	/	否

续表

案例编号	案例代码	案例名称	时间	事件概述	新闻数量（条）	1. 威胁	2. 实践	3. 地域	非传统安全威胁	4. 危机来源	5. 发展形式	6. 传递路径	7. 演化结果	非传统安全危机	7.1 安全化过程	7.2 安全化结果	非常态危机
3	ST01	中韩雾霾危机	2017年至2018年	近年来我国雾霾天气增多，韩媒称“韩国雾霾是由中国引起的”，引发大量中韩两国人民对两国环境安全的争议。后生态环境部用数据证明该舆论为无中生有	421	生态安全	非军事武力	国内－国外－国内	是	自然因素，技术因素，社会因素	空间扩展，程度扩展	触发路径	去安全化成功	是	/	/	否
4	XX02	国内互联网大面积瘫痪危机	2014年	2014年1月21日下午，全国DNS域名解析系统出现了大范围的访问故障，大量关于“美国黑客攻击”“账号密码外泄”“世界网络大战”的言论引发公众对网络安全的恐慌	552	信息安全	非军事武力	国内－国外－国内	是	技术因素，社会因素	空间扩展，程度扩展	触发路径	安全化不当	是	主体复合性、客体系统性、主体间异质性	政府信任危机	是

续表

案例编号	案例代码	案例名称	时间	事件概述	新闻数量（条）	1. 威胁	2. 实践	3. 地域	非传统安全威胁	4. 危机来源	5. 发展形式	6. 传递路径	7. 演化结果	非传统安全危机	7.1 安全化过程	7.2 安全化结果	非常态危机
5	ZY01	中阿远洋捕捞冲突危机	2016年至2017年	近海渔业资源紧张，大量渔业企业开展远洋捕捞活动。2016年中国渔船“鲁烟远渔010号”在阿根廷开展渔业捕捞屡受阻，同年3月14日该渔船被阿海警船追赶数小时，阿方开枪射击，造成恐慌。后经交涉阿方表示将采取有效措施杜绝类似事件再次发生	461	资源安全	非军事武力	国内－国外－国内	是	自然因素，社会因素	空间扩展，程度扩展	触发路径	安全化不当	是	主体复合性、客体系统性、主体间异质性	军事武力介入	是
6	SH01	问题疫苗危机	2017年至2018年	长春长生生物科技有限公司于2017年不符合标准规定生产，于2018年违法违规生产冻干人用狂犬疫苗，该疫苗大量销往国内外。短期内多次曝光问题疫苗事件，导致公民政府公信力急剧下降，引发舆论危机	2431	社会安全	非军事武力	国内－国外－国内	是	技术因素，社会因素	空间扩展，程度扩展	触发路径	安全化不当	是	主体复合性、客体系统性、主体间异质性	重新引发社会安全事件，政府信任危机	是

续表

案例编号	案例代码	案例名称	时间	事件概述	新闻数量（条）	1. 威胁	2. 实践	3. 地域	非传统安全威胁	4. 危机来源	5. 发展形式	6. 传递路径	7. 演化结果	非传统安全危机	7.1 安全化过程	7.2 安全化结果	非常态危机
7	SH02	幼儿园虐童危机	2017年至2018年	2017年多位家长举报红黄蓝幼儿园国际班虐童，该事件引起国内外关于儿童人身安全、政府学前教育监管的讨论。事件发生后，联合国儿童基金会也参与到社会监管中。短期内关于幼儿教育管理及保护弱势群体成为全社会舆论热点	761	社会安全	非军事武力	国内-国外-国内	是	社会因素	空间扩展，程度扩展	触发路径	安全化不当	是	主体复合性、客观系统性、主体间异质性	政府信任危机	是
8	SH03	非洲猪瘟疫情危机	2018年	我国于2018年8月发现首例“非洲猪瘟”，对我国猪肉进出口造成影响，短期内引发猪肉价格波动、小范围恐慌等问题，后发生持续长期猪肉价格波动和恐慌现象	654	社会安全	非军事武力	国内-国外-国内	是	技术因素，社会因素	空间扩展，程度扩展	触发路径	安全化不当	是	主体复合性、客体系统性、主体间异质性	重新引发社会安全事件，政府信任危机	是

续表

案例编号	案例代码	案例名称	时间	事件概述	新闻数量（条）	1. 威胁	2. 实践	3. 地域	非传统安全威胁	4. 危机来源	5. 发展形式	6. 传递路径	7. 演化结果	非传统安全危机	7.1 安全化过程	7.2 安全化结果	非常态危机
9	JJ02	P2P“爆雷”危机	2018年	2018年连续出现P2P平台出现因为逾期兑付或经营不善问题，未能偿付投资人本金利息，而出现的平台停业、清盘、法人跑路、平台失联、倒闭等问题。短期内引发公众对国内外经济安全的恐慌，由此引发多起社会冲突事件对我国经济安全和社会安全造成冲击	1238	经济安全	非军事武力	国内－国外－国内	是	技术因素，社会因素	空间扩展，程度扩展	触发路径	安全化不当	是	主体复合性、客体系统性、主体间异质性	重新引发社会安全事件，政府信任危机	是
10	KJ01	基因编辑婴儿危机	2018年	2018年11月26日，南方科技大学贺建奎宣布基因编辑婴儿在中国诞生，迅速激起轩然大波，震动中国和世界，引发全球关于科学精神和伦理道德的讨论，引发社会恐慌	650	科技安全	非军事武力	国内－国外－国内	是	技术因素，社会因素	空间扩展，程度扩展	触发路径	安全化不当	是	主体复合性、客体系统性、主体间异质性	重新引发社会安全事件，政府信任危机	是

在群体选择、群体互动、资源获取，编码为“1”，有一项缺失编码为“0”）。其次是结果变量的指标选取。本研究中将危机演化结果作为结果变量。“我国传统的危机治理比较强调危机本身及其直接影响的应对结果”①，危机演化结果文献中一般将危机演变结果分为应对成功或应对失败，如“危机系统性失败”② “政府公共危机管理失灵”③ 等。针对本研究的理论建构（见3.2节和3.3节），结果变量编码使用到的指标包括：危机演变中的“安全化”演化程度（由于“安全化不当”演变为非常态危机的编码为“1”，未演变为非常态危机编码为“0”）。以上共计4个条件变量和1个结果变量。需要特别说明的是，编码阶段由作者指导5位非传统安全管理专业研究生共同完成。5位研究生均具备良好的非传统安全管理专业知识，每人根据指标独立进行编码，而后进行对比，如对某一案例任意2人编码差异超过50%，则重新编码，对差异未超过50%的差异编码进行反复探讨后确定该案例在对应指标下的数值。如此反复进行，直至最终完成对10个案例的全部编码，编码结果如表5.2所示。

表5.2　　简要逻辑真值

主体参与	信息传播	策略运用	群体响应	结果	案例数量	案例代码
0	0	1	0	1	2	SH01；SH03
1	1	0	1	0	1	JJ01
1	1	1	0	0	1	XX01
0	1	1	1	0	1	ST01
0	0	0	1	1	1	XX02
0	0	0	1	1	1	ZY01

① 刘淑华、潘丽婷、魏以宁：《地方政府危机治理政策传播与信息交互行为研究——基于大数据分析的视角》，《公共行政评论》2017年第1期。

② Berry T., Brian T., *Organizational Learning from Disasters*: *Crisis Management Systems and Structures for Prevention and Recovery*, Oxford, 2006, pp. 191-204.

③ 金太军：《政府公共危机管理失灵：内在机理与消解路径——基于风险社会视域》，《学术月刊》2011年第9期。

续表

主体参与	信息传播	策略运用	群体响应	结果	案例数量	案例代码
0	0	1	1	1	1	JJ02
1	0	1	0	1	1	SH02
1	0	0	1	1	1	KJ01

三　数据结果

在定性比较分析中，探究的是多重推断的因果关系，也就是不同要素间的配置和组合产出了同样的结果。[①] 案例中多重原因条件的组合产生一个结果，在逻辑上有三种情况：第一种，相关条件的组合产生一个结果，用逻辑公式表达为 $A * B \rightarrow Y$（其中“ * ”表示“和”，即英文“AND”）；第二种，不同的条件组合产生了相同的结果，用逻辑公式表达为 $A * B + C * D \rightarrow Y$（其中“ + ”表示“或”，即英文“OR”）；第三种，相关条件的出现或缺失，与其他条件的组合，产生相同的结果，用逻辑公式表达为 $A * B + \sim A * D \rightarrow Y$（其中“ ~ ”表示条件 A 的“缺失”，即英文“Absent”）。由此，可以较好地比较案例之间不同因果模式，使案例间的系统化比较成为可能。

在定性比较分析因果推断中最重要的问题是：哪些条件（或条件组合）是得到结果的“必要条件”（Necessary Condition）或“充分条件”（Sufficient Condition）?[②] 一般这样规定：如果条件 X 总在结果 Y 产生时出现，那么条件 X 就是结果 Y 产生的“必要条件”，换句话说，没有条件 X 的出现（ ~X），结果 Y 无法产生；如果结果 Y 总是在条件 X 出现时产生，那么条件 X 就是结果 Y 产生的“充分条件”，但这一结果同样可以产生于其他条件之下。在现实案例中，所有案例的条件或者条件组合与结果之间不完全符合“必要性”与“充分性”，所以定性比较分析中，一般采用拟合参数（Parameters of Fit）。

---

① Rihoux B.，Ragin C. C.，*Applied Social Research Methods*：*Configurational Comparative Methods*：*Qualitative Comparative Analysis*（*QCA*）*and Related Techniques*，SAGE Publications，2009.

② Rihoux B.，Ragin C. C.，*Applied Social Research Methods*：*Configurational Comparative Methods*：*Qualitative Comparative Analysis*（*QCA*）*and Related Techniques*，SAGE Publications，2009.

拟合参数有两种计算方式：一致性（Consistency）和覆盖率（Coverage）。其中“一致性”测量条件组合在多大程度上是结果的子集，即测量模型的显著性；“覆盖率”测量结果多大程度上能对条件组合进行解释。相应地，“方案一致性”（Solution Consistency）用于测量某一方案在多大程度上是结果的子集，“方案覆盖率”（Solution Coverage）测量结果在多大程度上能对方案中条件组合进行解释。在技术上，对结果值还需要做出其他两种测量，分别是：原始覆盖率（Raw Coverage）、唯一覆盖率（Unique Coverage）。其中，“原始覆盖率”测量给定项覆盖结果案例的比例，“唯一覆盖率”测量结果案例被给定项覆盖的比例。①

如上所述，首先，本研究利用 fsqca 软件对 10 个案例的单一条件的一致性与覆盖率进行分析（见表 5.3）。研究中一般规定：如果条件 X 是结果 Y 的必要条件，那么一致性指标取值应大于 0.9，覆盖率应超过 0.5。② 由分析数据可得，除了“~信息传播”（即信息传播缺失）外，没有一个变量的必要性或覆盖率超过 0.9，说明信息传播缺失是导致非常态危机的必要条件。除此之外其余所有变量均不能够单一解释结果，因此有必要对条件组合进行进一步分析。

表 5.3　　　单一条件的一致性与覆盖率

条件	一致性	覆盖率
主体参与	0.286	0.500
~主体参与	0.714	0.833
信息传播	0.000	0.000

① Ragin C. C.，“Set Relations in Social Research：Evaluating Their Consistency and Coverage”，*Political analysis*，Vol. 14，No. 3，2006，pp. 291 –310.

② Ragin C. C.，*Redesigning social inquiry：Fuzzy Sets and Beyond*，Chicago：University of Chicago Press，2008，pp. 190 –212.

续表

条件	一致性	覆盖率
~策略运用	0.429	0.750
~信息传播	1.000	1.000
策略运用	0.571	0.667
群体响应	0.571	0.667
~群体响应	0.429	0.750

在条件组合分析中，采用系统默认的阈值设置方法，将充分性阈值设置为0.8，案例频数阈值设为1。[①] 最终得到了结果的复杂方案、简约方案与中等方案（见表5.4）。分析可得，表中列出所有方案构成的路径和方案的一致性均为1，大于0.8，说明分析所得的路径与方案是危机结果产生的充分条件。当将所有逻辑余项考虑在内，所得复杂方案与中等方案结果一致。路径1、2、3均可解释42.9%的结果。同时，"~信息传播"的方案覆盖率为"1"，说明缺失的信息传播实现了对案例的全覆盖。最终的结果即非常态危机的出现有四条路径：第一条，信息传播缺失；第二条，信息传播缺失与群体响应缺失与策略运用；第三条，信息传播缺失与策略运用缺失与群体响应；第四条，信息传播缺失与主体参与缺失与群体响应。可以用如下式子表示。

非常态危机 = ~信息传播 +
~信息传播 * 策略运用 * ~群体响应 +
~信息传播 * ~策略运用 * 群体响应 +
~主体参与 * ~信息传播 * 群体响应

① RaginC. C., *Redesigning Social Inquiry: Fuzzy Sets and Beyond*, Chicago: University of Chicago Press, 2008, pp. 190 – 212.

表 5.4　　不同路径与方案的覆盖率与一致性

方案类型		条件组合	原始覆盖率	唯一覆盖率	一致性
复杂方案	路径 1	~信息传播 * 策略运用 * ~群体响应	0.429	0.429	1
	路径 2	~信息传播 * ~策略运用 * 群体响应	0.429	0.143	1
	路径 3	~主体参与 * ~信息传播 * 群体响应	0.429	0.143	1
		方案覆盖率	1		
		方案一致性	1		
简约方案	路径 1	~信息传播	1	1	1
		方案覆盖率	1		
		方案一致性	1		
中等方案	路径 1	~信息传播 * 策略运用 * ~群体响应	0.429	0.429	1
	路径 2	~信息传播 * ~策略运用 * 群体响应	0.429	0.143	1
	路径 3	~主体参与 * ~信息传播 * 群体响应	0.429	0.143	1
		方案覆盖率	1		
		方案一致性	1		

第三节　内源性“非常态危机”成因归类

在数据结果的基础上，本研究采用查尔斯·瑞金（Charles C. Ragin）等人提出的标识方法对条件组合进行标识：使用·表示该条件存在，使用⊗表示该条件缺失，无标识表示该条件在模型里不重要；其中形状较大的·和⊗代表“核心条件”，形状较小的·和⊗代表

"辅助条件"。[①] **根据路径和方案结果，本研究提出了引发"非常态危机"（即"安全化不当"过程）的四种原因**（如图5.5所示），**分别是"信息错乱型""理念错位型""时机错失型""资源错配型"。**

表5.5　　四种成因的核心条件和辅助条件

模型名称	信息错乱型	理念错位型	时机错失型	资源错配型
条件组合	~信息传播	~信息传播 * 策略运用 * ~群体响应	~信息传播 * ~策略运用 * 群体响应	~主体参与 * 信息传播 * 群体响应
主体参与				⊗
信息传播	⊗	⊗	⊗	⊗
策略运用		·	⊗	
群体响应		⊗	·	·

一　信息错乱型

所谓信息错乱，主要表现为信息传播渠道不通畅，舆情应对不及时，舆情引导存在缺陷。在此类型中，"非常态危机"成因是信息传播缺失。在本研究选择的10个案例中，均表现出来这一成因。综合来看，这类危机有以下特征：①危机预警不及时与充分。②信息提供和传递渠道不通畅。③危机中的信息反馈未得到重视。主要表现在：

一是危机预警不够准确与及时。危机预警需要结合从潜在风险到半现实状态下的威胁再到现实危机的演变过程，包括对常规性的警示信息收集处理和对这些信息的反应，只有在危机预警中妥善处理预警信息并给予积极回应，才能实现危机的有效管控。[②] 研究中指出完整的危机预警系统包括预警信息搜集子系统、预警信息分析和评估子系统、危机预测子系统、危机预警指标子系统、危机警报子系统、危机

---

① Ragin, C. C., Fiss, P. C., Net Effects Analysis Versus Configurational Analysis: An Empirical Demonstration// C. C. Ragin (Ed.), *Redesigning Social Inquiry*: *Fuzzy Sets and Beyond*. Chicago: University of Chicago Press, 2008, pp. 190 – 212.

② 龚会莲、胡胜强：《公共危机预警策略的选择逻辑与比较分析》，《行政论坛》2019年第3期。

预控对策子系统等。[①] 从现实中看，一方面，危机预警不够准确，预警信息缺少分类详细、等级明确的预警信息收集路径、信息处理与信息发布平台，尤其是对于跨国性的危机，缺少相关预警机制。另一方面，相关部门对于潜在危机预警处理不积极、不及时、不明确，即使掌握一些信息也不能在部门之间得以共享，特别是对专家或现场专业人员的“发哨人”“吹哨人”信息，以及各类在场信息反馈不予重视，甚至进行过度的“政治管控”等。

二是信息传播渠道不通畅。政府信息公开能力和舆情应对能力是政府治理能力现代化的重要组成部分。危机中的信息传播渠道不通畅主要表现：首先是“官宣”信息不及时、不透明，甚至不可信。“官宣”信息是普通民众获取信息的最主要渠道，“官宣”信息出现内容错误、逻辑不清、反复更改，将会直接影响信息的可信度。其次是信息共享和使用渠道不畅。这将直接导致决策“非智慧”、参与“非智慧”、维护“非智慧”。[②] 其中最关键的是对信息传播技术应用不当，如未能理解“数字治理”提出的“为所有治理主体提供技术支持、简化治理过程、提高民主化程度”的战略目标[③]，未能用好其技术优势和网络治理结构。

三是强制“禁谣”与“造谣”监管缺失。互联网的广泛使用使信息传递加速，助力了虚假信息散布，阻碍了危机解决的正常进度。在危机爆发前期对舆情采取不分情况的一味“封堵防”，危机演变过程中缺少有效的不起负面作用的“造谣”监管机制，会加剧公众在危机中的现实恐慌。特别令人悲哀的是“禁谣”内容本身成为一种不真实的“谣言”时，这必会导致“危机”后果的迅速恶化。

---

① 张小明：《公共危机预警机制设计与指标体系构建》，《中国行政管理》2006 年第 7 期。

② 余潇枫、潘临灵：《智慧城市建设中“非传统安全危机”识别与应对》，《中国行政管理》2018 年第 10 期。

③ 徐晓林、刘勇：《数字治理对城市政府善治的影响研究》，《公共管理学报》2006 年第 1 期。

二 理念错位型

所谓理念错位，主要表现在“以常态思维应对非常态危机”，以“传统安全观”应对“非传统安全危机”。在此类型中，“非常态危机”成因包括：信息传播缺失为核心条件，群体响应缺失和策略运用为辅助条件。综合来看，这类危机有以下特征：①类似危机曾有发生，存在一定应对经验，但应对经验以应急管理为主；②用以往经验予以应对，应对结果失败；③危机演变过程中信息不畅，资源获取困难。典型案例有“问题疫苗危机”“非洲猪瘟疫情危机”等。如“问题疫苗危机”中，长春长生生物科技有限公司曾于 2017 年 11 月被爆出生产的百白破疫苗效价指标不符合标准规定可能产生影响免疫保护的效果，政府以处理不合格疫苗和给予处罚等形式应对，并未重视疫苗生产环节所存在漏洞。后该企业于 2018 年 7 月被曝光违法违规生产冻干人用狂犬疫苗，政府以相似方式处理。但此系列事件后公众对于疫苗安全的质疑不断，据舆情之声网站数据显示[①]，自 2018 年 7 月 15 日至 2018 年 7 月 24 日近 10 天全网与“疫苗”相关的声量达到 172173 条，其中语义负面的信息高达 114643 条，社会深陷疫苗安全的愤怒与恐惧之中，再次引发社会安全事件和政府信任危机。从典型案例来看，主要表现在：

一是将危机应对视作一种“应急管理”，忽视其是一种“能力建构”。在“狭义安全”理念指导下，容易将突发事件、紧急事件、危机事件视作单纯的“维稳事件”，把危机应对仅视作一种“维稳管理”的临时“应急”，忽视其是一种服务于民生的“责任履行”与“能力建构”：在危机应对中普遍基于一种“消极安全”价值。在安全性质的分类上，国外研究中普遍将其分为“消极安全”（Negative Security）与“积极安全”（Positive Security）：如阿诺德·沃尔夫（Arnold Wolfer）认为安全是“免于恐惧”（freedom from threats），将其定义为一种

① 舆情之声网站，http：//monitor. wenjuntech. com.

防御状态[①]，被认为是一种消极安全观；杰夫·海斯曼（Jef Huysmans）探讨了转换“安全研究的保守语言”的可能性，认为“需要一个积极意义上的安全”[②]。在安全的价值方面，贡希尔德·霍根森（Gunhild Hoogensen）认为是研究者和实践者赋予安全“价值”，因此“消极安全”的“否定的价值”导致他被期望尽可能少出现，而“积极安全”的价值在于他提供一种追求需求、满足生命愉悦的基础。[③]在危机应对中基于“消极安全”价值观会产生奉行“小事不防”“大事化了”“政治为上”的管控办法，甚至欺上瞒下，企图侥幸过关。

二是决策部门未能意识到此类危机的紧迫性，未深入思考其恶劣后果。由于缺少法律意识，部分决策部门把危机应对仅视为等待和执行“上级指令”，坐失时机，酿成大错。从案例来看，决策部门在危机中的应对态度一般分为三个阶段：第一阶段，采取消极的态度应对，以达到维稳目标；第二阶段，以过去已有经验应对，未能准确把握该危机的性质；第三阶段，受中央政府、社会组织、公众等的压力，转为积极主动，改变行为与策略，但由于错过最佳应对时机，导致最终对政府公信力造成重大伤害。

三是过于坚守政府单一行为体的“危机管理”观，忽视社会多元主体参与的“危机治理”观，以致各群体间容易产生行动错位与产生冲突。主要原因是危机中各主体间存在利益博弈，除政府外的其他主体参与危机应对的权利和责任暂无明确而具体的规定，导致政府与社会组织、企业、个人之间沟通机制与响应机制缺乏相通：如从政府与社会组织危机合作来看，随着市场经济体制的建立，社会组织在危机应对中成为不可或缺的力量，但其在获取和运用资源、协调关系、运

---

① Wolfers A., *Discord and Collaboration: Essays on International Politics*, The Johns Hopkins University Press, 1962, p. 153.

② Huysmans J., "Defining Social Constructivism in Security Studies: The Normative Dilemma of Writing Security", *Alternatives Global Local Political*, Vol. 27, 2002, p. 19.

③ Gjørv G. H., "Security by any Other Name: Negative Security, Positive Security, and a Multi-actor Security Approach", *Review of International Studies*, Vol. 38, No. 4, 2012, pp. 835 – 859.

用资源等方面存在明显不足,[①] 大多数社会组织在政府规制和市场挤压下难以发挥作用，这主要体现在“身份困境”“资源困境”“依赖困境”等方面[②]；从政府与企业危机合作来看，企业作为危机应对中的重要角色，存在难以融入政府预案制定与实施、政企危机应对平台衔接不够、政企缺乏相应的动员机制和协调机制等问题导致缺乏政府的快速联动能力[③]；从政府与个人危机合作来看，政府与个人之间的沟通机制缺乏相通，公民作为危机应对中的重要主体，采取消极应对却是目前普遍现实之态[④]。根据危机事件与个人利益之间相关性的程度，可以将个人与危机事件之间的关系划分为高关联度、中关联度、低关联度、无关联度四个档次。[⑤] 政府与个人，尤其是与高关联度人群在危机沟通中缺乏相通，体现在缺乏信息获取渠道、利益表达渠道、信息反馈渠道，这种沟通机制的缺乏，最终会导致显性的、极端的群体性行为爆发出来。

三　时机错失型

所谓时机错失，主要表现为在危机应对过程中，触发点、临界点、转折点三个重要时机的错失会导致危机的连连失控（见 4.2 节）。在此类型中，“非常态危机”成因包括：信息传播缺失为核心条件，策略运用缺失和群体响应为辅助条件。综合来看，这类危机有以下特征：①此类危机为首次出现，并无应对经验；②危机中关键点的信息传递不畅；③危机演变中群体互动导致谣言四起。典型案例有“中阿远洋捕捞冲突”“基因编辑婴儿”危机等。以“中阿远洋捕捞冲突”危机

① 周秀平、刘求实：《社会组织危机参与的效果研究》，《重庆大学学报》（社会科学版）2012 年第 4 期。

② 申振东、郭勇、张罗娜：《关于我国公共危机管理的思考——基于近三年 60 起典型突发事件的分析》，《贵州社会科学》2016 年第 6 期。

③ 周定财：《公共危机治理中政府与企业互动关系的构建》，《湖北社会科学》2017 年第 7 期。

④ 仲逸智：《公共危机治理中的公民积极参与——基于公民主体角色与责任的研究》，《河南社会科学》2013 年第 12 期。

⑤ 金太军、赵军锋：《风险社会的治理之道》，北京大学出版社 2018 年版。

为例，我国近海渔业资源紧张导致大量企业开展远洋捕捞活动，2016年中国渔船“鲁烟远渔010号”在阿根廷开展渔业捕捞屡受阻，但渔业公司与当地政府间并未就此建立良好沟通，在危机触发点前未有预警信息与防范举措，后阿根廷方海警在一次阻挠捕捞中选择开枪射击。由于阿方海警的参与导致一时间关于此事件谣言四起，且在应对过程中并无明确国内法与国际法规范，进一步加剧了此次危机应对的困难。从典型案例来看，主要表现在：

一是在危机触发点前缺失“智库原则”的运用。不确定性是危机管理面临的最大问题，如问题根源、演变、可能解决防范都存在不确定性。[①] 危机早期尤其具有不确定性，决策者对于模糊的、动态的甚至是高度不确定的境况的认知能力具有局限性。而风险或威胁的发现与研判需要专业化的知识与能力。专业化的智库在危机初期是否有准确预判与预警是影响危机是否被“触发”的关键。若相关智库对潜在危机研判错误、报告不及时、防控预案不到位，或报告了不受重视和采用，则会直接导致危机升级。

二是在危机临界点前错失事件处置的“最佳时机”。临界点是防止危机扩散与蔓延的关键点，一般及时采取如隔离、阻断、防控、救援等措施就能防止危机深化。当面对众多的诱发因素，决策者必须从模糊的、两难的、矛盾的信号中获得知识，从中挖掘出“非常态”因素，这些因素不仅有技术性因素，也有社会性因素，而这些因素多不是“自明”的，而是需要决策部门通过特定程序“确定”后启动应急响应机制。如在2020年“新冠肺炎疫情”中，专家就采取干预措施的时间和效果做了预测，以1月23日为界，如果推迟5天采取干预措施，感染人数将比提早5天采取干预措施至少多140000人。[②] 若政府部门未能及时启动应急响应机制，或者只是消极地应对危机、设立错

---

① Ansell C., Boin A., Keller A., “Managing Transboundary Crises: Identifying the Building Blocks of an Effective Response System”, *Journal of Contingencies & Crisis Management*, Vol. 18, No. 4, 2010, pp. 195 – 207.

② Yang Z., Zeng Z., Wang K., “Modified SEIR and AI Prediction of the Epidemics Trend of COVID – 19 in China Under Public Health Interventions”, *Journal of Thoracic Disease*, 2020.

误的处置目标，必将导致危机与次生危机的全面爆发。

三是在危机转折点把握不当。危机爆发会使社会处于一个非常的情境之中，需要非常决策来适应，如公民自由的限制、军队的调用、武器的使用等。转折点作为控制危机蔓延的关键，会涉及基本价值与可能有的政治风险，包括对待危机的责任态度，应对危机的技术措施，消解危机的组织动员，应对挑战的反应强度，回应危机的公众关心。[①]危机发展过程中存在多种转折点，如自然条件变化、专业人士介入、社会力量援助、全球援助与合作等，若无法准确把握转折点的时机，或对相关资源无法做到妥善调配，或没有及时对危机场景中的相关责任人进行及时追究与处分等，都将会错失转折点的机遇，导致“非常态危机”的爆发与恶化。

四 资源错配型

所谓资源错配，主要表现为危机应对过程中，在决策、治理、资源调配等方面与危机应对的实际需求错配。资源优化配置是危机应对极其重要的条件。危机扩散和蔓延需要地方政府和国家层面的迅速响应，合理地分配各类资源。在此类型中，“非常态危机”成因包括：信息传播缺失为核心条件，主体参与缺失和群体响应为辅助条件。综合来看，这类危机有以下特征：①此类危机为首次出现，并无应对经验；②危机演化过程中的管理机构和管理规范不明确，导致谣言四起；③不同主体之间缺乏相通；④现存法律缺失，导致危机应对缺乏合法性和规范性。典型案例有“国内互联网大面积瘫痪危机”“P2P‘暴雷’危机”等。例如2014年爆发的“国内互联网大面积瘫痪危机”，国内互联网节点发生大面积瘫痪，导致众多网站无法访问。当时对于网络安全如网络系统、信息系统、网络技术设施并无明确管理机构与规范，一时间“网络世界大战”“美国黑客攻击”等谣言引起恐慌。从典型案例来看，主要表现在：

一是决策体制非实战型。首先是决策体制总体规划与顶层设计薄

---

① 余潇枫：《非传统安全与公共危机治理》，浙江大学出版社2007年版。

弱，只限于“纸上谈兵”，在实际操作中统筹、应对、保障能力较弱，很多应急预案成为“档案材料”。我国目前应急管理呈现“纵向上属地化、横向上综合化”的变化趋势。[①] 当前跨区域危机事件增多，跨区域危机事件往往呈现过程突然性、时间紧迫性、影响社会性和结果威胁性，将急剧改变公共管理和公共资源配置秩序，导致区域性社会运行机制中断或瘫痪，但现行的区域之间危机应对存在“进退失据”“有组织的不负责任”“力不从心”三重困境。[②] 其次是原有响应机制不被启用等，另设途径进行层层申报，或者新的应急机制迟迟建立不起来等。目前参与应急管理的部门较多，从表面看似乎应急力量强大，但是不同部门之间存在职责交叉现象，如几个部门同时参与某一突发事件的应急管理，导致存在职责不清的问题，涉及安全风险的排查无人负责，直接导致其转化为现实威胁。最后是响应过程中暴露出已有的众多体制机制相互联动配合的严重不足，使得部分应急举措存在而不到位、到位而没达到预期效果等问题，特别是应对“非常态危机”，原有的与安全相关的职能部门或者是“有头无脚”，或者是“有脚无头”，或者是“中间粗两头尖”等在危机治理中恍若“局外人”。

二是治理体制非专家型。非专家型的领导在压力下更容易暴露应对短板问题，将会导致在财政投入、资源调配、应急处置方案、共享机制等方面因错配而严重失序的问题。治理体制非专家型的短板主要表现在危机学习与法律跟进上，一方面，非专家治理体制对于已有危机学习能力无法满足现有形势需要，各组织尤其是政府部门，对于危机的反应和危机学习能力不尽相同，即使是经历了相同的危机事件，不同组织的学习和反馈能力都不同。[③] 而且即使是组织认识到存在需要改变的情境，也不一定能实现。[④] 同时，危机学习是分类的，普遍

---

① 钟开斌、林炜炜：《中国救灾体制的调整与变化：基于典型案例的比较研究》，《理论与改革》2018 年第 3 期。

② 金太军、赵军锋：《风险社会的治理之道》，北京大学出版社 2018 年版。

③ Carley J. S. , Harrald J. R. , “Organizational Learning under Fire Theory and Practice”, *American Behavioral Scientist*, Vol. 40, No. 3, 1997, pp. 301 – 332.

④ 张美莲：《西方公共部门危机学习：理论进展与研究启示》，《公共行政评论》2016 年第 5 期。

在一类危机发生后才会引发对此类危机的学习，现有的大量危机是过去未曾出现过的，只有具有专业知识、多元化的、技术化的专家组，才能满足危机学习要求，迅速调整危机应对的方案与决策。另一方面表现在法律跟进上，非常态危机的爆发及恶化最终会导致使用军事武力手段或是社会失序的现象，从某种意义上说属于一种紧急状态。对于紧急状况下的决策，在适用范围、领域、对象、条件和方式都需要做特殊规定，相关规范需要解释力和约束力，专家型治理体制有助于在后续对一类危机做出合法性和规范性条件的跟进。

三是资源调配非合理型。主要表现为分工协作、资源分配与共享存在欠缺。首先是管理机构和管理规范上存在不足，表现为横向部门之间合作执行力度低、同级部门之间联动和协调难度大、决策协调难等问题。其次是国家层面与地方层面危机管理部门之间的合作分散，不同部门之间存在职责交叉的现象，同时由于部门机构负责人在行政级别之间的差异，导致在操作中力量相对薄弱，协调力度有限，需要通过不断向上级请示、审批来协调，进而导致错过危机处置的最佳时期。最后是危机应对中缺少国际合作条件。相对来看，我国应对国内公共危机条件成熟，跨国危机应对合作相对不足。随着国际交流频繁，跨国恐怖主义、重大传染性疾病、网络信息安全等威胁增多，危机发生的频率和造成损失较历史时期明显增多。如在恐怖主义应对中缺乏“内外整合治理”①，历史现实问题导致中印边界危机应对合作存在难题②。同时，我国现有危机管理部门设置中未强化国际融合。例如目前应急管理部下设国际合作与救援司，但在实际操作中无法对各个国家危机应对职能部门的积极性和力量进行调动和整合，缺乏在更高层次上促成各国政府间合作机制建立的机构，缺乏对联合国及其他国际性组织的组织协调能力。由于缺乏国际合作条件，直接导致开展国际危机应对合作受到各种阻碍。

---

① 王宏伟：《国家安全治理的内外整合：以打击“东突”恐怖主义为例》，《国际安全研究》2019 年第 3 期。

② 谢贵平：《中国陆疆安全的识别、评估与治理》，《国际展望》2016 年第 5 期。

需要说明的是，四种原因是在现有案例基础上根据科学方法建构出来的“理想类型”，在现实中并非独立存在。在危机演变过程中，四种原因相互转化、互相作用，甚至以复合方式出现使得“安全化不当”，只是在某一具体案例的某一阶段中，某种类型表现得更明显。

第六章

内源性“非常态危机”的应对体系探索

本章旨在以国家非传统安全能力建设为目标，从宏观视角对当前中国内源性“非常态危机”应对提出新思路。在非传统安全威胁逐渐加剧的现实下，非传统安全视角下的安全治理体系建设尤为重要。针对前文提出的“非常态危机”四方面主要成因，本研究提出内源性“非常态危机”的应对体系构建的关键在于：理念适合、条件融合、体制耦合与信息整合。

此处有三点说明，其一，选择“非常态危机应对”这一话语，而非“非常态危机管理”或“非常态危机治理”的原因在于“应对”更具有及时性，更适合“体系建构”。童星在对“应对突发公共事件”“危机管理”“应急管理”几个术语进行概念辨别时提出了“危机应对”与“危机管理”并无根本的区别，在使用中存在交叉引用和使用，但是“危机应对”包含及时性，“危机管理”则更制度化。[①] 基于本研究的研究意旨，研究中使用“应对”一词。其二，对“非常态危机”应对进行“体系”建构，而非“制度”建构或“能力”建构，主要原因在于成功的危机应对需要知识、技能、领导力和承担风险能力、紧迫感、警戒等多要素[②]。“体系”是“若干有关事务或某些意识

---

① 童星：《熵：风险危机管理研究新视角》，《江苏社会科学》2008 年第 6 期。

② Ali F. , *Crisis and Emergency Management*, Florida: CRC Press, 2014.

互相联系而构成的一个整体”[①]，包括一套完整的理念、法律、体制、机制、条件等，能够较为全面地应对“非常态危机”。其三，从宏观视角对当前中国内源性“非常态危机”应对提出新思路，而非具体到每个危机的应对。主要原因在于若针对具体危机的应对提出思路，涉及具体部门为应对该危机所需要的转型和改革，即可成为一项独立研究，这与本研究的提升国家非传统安全能力建设的目标不符。因此根据本研究的意旨，本章选择从宏观视角对内源性“非常态危机”应对做一个总体概述。

2014 年国家安全委员会第一次会议中提出构建“集政治安全、国土安全、军事安全、经济安全、文化安全、社会安全、科技安全、信息安全、生态安全、资源安全、核安全等于一体的国家安全体系”。[②]目前已经形成了“公共安全、国家安全、世界安全相互交融、相互补充、相互促进的多层次复合型国家安全体系”[③]。危机应对是对于国家治理体系与治理能力的“大考”，危机应对体系是国家安全体系的重要组成部分。构建危机应对体系已成为国家进行危机应对的必要手段。如我国现有的“一案三制”体系，助力我国应急管理呈现体系强大、相应及时、动员有力、救灾有效的特征[④]；如美国联邦应急管理署提出的整合式危机管理系统（Integrated Emergency Management System, IEMS），将危机管理分为舒缓政策、准备政策、回应政策和恢复政策四大功能阶段予以应对。现代政府进行危机管理的主要动力来自两个维度，其一，内在需求，目的是为了规避显著问题，其二，外生需求，目的是为了提高民众满意度。[⑤] 为满足这两个维度的需求，这需要回

---

① 中国社会科学院语言研究所词典编辑室：《现代汉语词典》（第 6 版），商务印书馆 2012 年版。

② 《中央国家安全委员会第一次会议召开，习近平发表重要讲话》，http：//www. gov. cn/xinwen/2014 －04/15/content_ 2659641. htm.

③ 钟开斌：《中国国家安全体系的演进与发展：基于层次结构的分析》，《中国行政管理》2018 年第 5 期。

④ 彭宗超：《政治制度对应急管理体系及其运行绩效的影响——中美比较的视角》，《新视野》2014 年第 2 期。

⑤ 唐钧：《论政府风险管理——基于国内外政府风险管理实践的评述》，《中国行政管理》2015 年第 4 期。

答四个重要问题：①如何化解“非传统安全威胁”，使之不演化为“常态危机”甚至是“非常态危机”；②如何使得“常态危机”得以成功应对以避免其成为“非常态危机”；③如何应对已发生的“非常态危机”以免引发极端后果；④如何通过应对危机提高我国危机应对能力与国家非传统安全治理能力。**在非传统安全威胁逐渐加剧的现实下，由非传统安全威胁引发的非传统安全危机的“去安全化”的条件如何创设？“非传统安全视角下的安全治理体系”**[①] **建设尤为重要。**针对前文分析的“非常态危机”四方面主要成因（见5.3节），**本研究从提高国家安全能力建设角度提出内源性“非常态危机”的应对体系构建的关键在于：理念适合、条件融合、体制耦合与信息整合。**

第一节　理念适合：以积极安全与总体安全为目标

从“安全化”理论来看，“去安全化”成功表明了安全问题和“不安全”状态的消解，危机应对从本质上是一种“去安全化”过程。“去安全化”过程中涉及施事话语、价值认同、交往生态三个维度，对施事话语的分析由施事话语的自我放映、不同语境下施事话语特征、干扰因素以及准确展示组成，对价值认同的分析主要由施动方、共同利益、共有知识组成，对交往生态的分析主要是共有语境与主体间互动。[②] 在此过程中，多是使用“积极安全”的方式来消除威胁或是化解危机。导致现有“以常态思维应对非常态危机”的理念错位的原因在于现有非常态危机应对中仍以“应急管理”为主要目标，对于威胁的消极理解，导致应对策略的消极防范，最终导致对抗状态强化危险状态。

为改变对安全的消极理解，余潇枫在研究中提出“广义安全”理

① 徐晓林、刘帅、毛子骏、周博雅：《公共管理研究的非传统安全命题》，《中国行政管理》2018年第10期。

② 余潇枫、张伟鹏：《基于话语分析的广义“去安全化”理论建构》，《浙江大学学报》（人文社会科学版）2019年第4期。

论，该理论的提出基于将人的生存状态分为四个层级：优化状态、弱化状态、劣化状态和危险状态。将这四种状态与人的生存需求的安全状态相联系，可以得到四种安全状态：生存优态、生存弱态，生存劣态，生存危态。[①] 在“广义安全”体系中，安全战略不仅要考虑安全梯度的底端，即“危态”，更需要在其顶端，即“优态”，进行设计。所以，与其着眼于对可能有的“危态”进行设防与对抗，不如着眼于对可能有的“优态”进行设计与共建、共赢、共享更有利于和平与发展。不同的危机类别和不同的安全状态对危机应对能力要求不同（见图6.1）。从“应急管理”的角度看，危机应对属于一种“危态”的设防与对抗，而从“广义安全”角度看，安全能力建设属于一种“优态”的积极建构，危机应对是一种“行为体间的优态共存”。危机应对能力提升应取代“危机终结”，成为危机成功应对的标志。

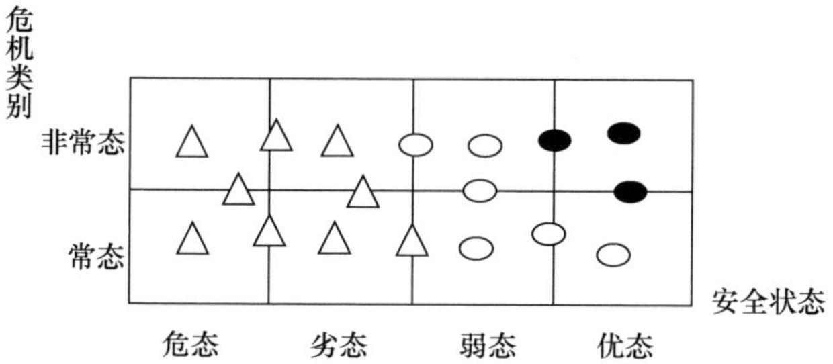

图6.1　危机类别、安全状态与应对能力矩阵

在“积极安全”理念下，“安全”在三个维度上得到扩展：其一，在指涉对象上超越“国家”作为其唯一中心；其二，在领域上低政治领域安全议题进入国家安全议题中；其三，在价值上融合“安全与发展”等理论困境。[②] 危机应对作为一种“社会建构”，其中最重要的是

① 余潇枫：《从危态对抗到优态共存——广义安全观与非传统安全战略的价值定位》，《世界经济与政治》2004 年第 2 期。

② 余潇枫：《和合主义：“广义安全论”的建构与可能》，《南国学术》2018 年第 1 期。

"危机意义建构"[①]。**在"积极安全"理念下，危机意义及应对理念从三个方面得到转型。**

一是从关注事件安全转为关注趋势安全。应急管理部的首要职责是"推动应急预案体系建设和预案演练"。对"预案体系建设"的重视，直接说明国家层面对于"趋势安全"的把握。事件安全关注对于危机事件本身的应对，与应急管理能力相对应，以往的应急管理是一种"狭义的应急管理"[②]，而趋势安全关注对于危机事件的预防机制、体制建设、机制健全、条件整合和能力建设。我国目前在危机应对实践中已初步分离出关注"事件安全"应对的应急管理部和关注"趋势安全"应对的中央政法委员会，[③] 也体现出未来危机应对中对于"趋势安全"的关注。如从此次"新冠肺炎疫情"可以看出，传染病专家对于疫情的趋势判断直接为政府初始响应和决策提供科学依据。

二是从关注地域安全转为关注全域安全。"人类命运共同体"理念就是一种全域安全能力建设的目标指向。在全球化时代，安全的"渗透性""联动性""社会性"增强，安全呈现"共生"状态。[④] 如边境地区低政治领域交流促进跨境治理合作，人口流动促进传染性疾病全球合作，经济全球化促进共同抵御经济风险。

三是从关注单一安全转为关注总体安全。"总体国家安全"概念是我国安全治理观念从狭义走向广义的一个重要标志。危机应对中最核心的是"能否准确且及时地对问题进严重性和动态性进行诊断"[⑤]，即危机的识别能力。传统的危机管理是对于单一领域的危机加以识别与应对，总体国家安全视角下的危机识别与应对是对"危机管理体系

---

① 刘一弘：《危机管理的意义建构——基于"甲流"事件的政府话语分析》，《公共管理学报》2017 年第 4 期。

② 蔡立辉、董慧明：《论机构改革与我国应急管理事业的发展》，《行政论坛》2018 年第 3 期。

③ 南京大学童星教授在暨南大学首届公共安全与全球治理国际研讨会上的发言，广东省广州市，2019 年 6 月 15 日。

④ 刘雪莲、欧阳皓玥：《从共存安全到共生安全：基于边境安全特殊性的思考》，《国际安全研究》2019 年第 2 期。

⑤ Ali F.，*Crisis and Emergency Management*，Florida：CRC Press，2014.

的整体变革”[①]，实践中有学者提出“全视域分析、全类别关注、全过程治理、全主体参与、全工具运用”[②] 的全方位建构。如在“新冠肺炎疫情”中，通过反思我国现有生物安全体系，促进建立全面、完善的生物安全法律和政策，通过提升国家生物安全以提高总体国家安全治理能力。

第二节　条件融合：以多方联动与跨界合作为上

非传统安全威胁具有始发性、潜在性、扩散性、多样性、综合性等特征[③]，相互影响与融合，由此产生的非传统安全危机具有复合性，因而对其进行预警防控需要有跨部门、跨地区、跨军民的充分联动条件，具体表现在区域危机预警条件创设、危机协同的条件创设与积极参与跨界危机应对合作。

一是区域危机预警条件创设。主要包括两个层面，其一，对于防止“常态危机”生成的预警条件创设。其二，防止“常态危机”升级为“非常态危机”的预警条件创设。主要做到三方面：首先是加强对政府官员对于非传统安全威胁、非传统安全危机和非常态危机的认知教育。从国家安全角度对政府官员进行充分的危机预警教育、危机认知教育、危机治理教育，以防出现预判失误、决策失误、措施不得当等行为，加剧危机伤害。其次是危机预警平台设立。如充分利用现有国家预警发布中心，采取热线、微信公众号等形式给予动态的权威预警信息公示；充分利用社会与大众力量，提供预警信息收集与反馈路径，提升公民向心力与社会凝聚力。最后是设置完整的危机预警机制，包括危机信息搜集机制、危机预测机制、危机警报机制、危机应对机

① 张海波：《中国总体国家安全观下的安全治理与应急管理》，《社会科学文摘》2016 年第 5 期。

② 李尧远、曹蓉：《全面风险治理：灾害防治模式的理想形态——兼论总体国家安全观的学术启示》，《中国行政管理》2018 年第 2 期。

③ 余潇枫：《非传统安全概论》，北京大学出版社 2015 年版。

制等。如在，暴发的“新冠肺炎疫情”的早期预警中，凸显出行政机制与社群机制关系的扭曲，由此科学（专业）共同体以独立自主的方式发挥社群机制至关重要。[①]

二是危机协同的条件创设。首先是协同方式的优化。危机协同方式分为“自上而下”的协同与“自下而上”的协同。[②] 一般认为“自上而下”的协同是正式机制的结果，有利于采取有计划的应对措施，是一种正式的协同工作，而“自下而上”的协同则是组织成员在不受领导引导下自发开展协同工作，是一种突生的协同工作。在危机应对中通过应急预案、沟通平台构建、管理系统完善等方式将两种协同方式相互结合得以优化。其次是协同机构的区域融合。优化重大非传统安全威胁区域响应机制，形成由专业部门牵头，多职能部门协同的机制，形成集预警、监测、防控为一体的“区域应急联动模式”[③]，必要时成立临时应急工作小组协调区域危机合作。最后是多元主体参与协同的条件创设。寻求安全是一个“互动的过程”[④]，企业、媒体、社会组织等参与到危机协同中，能极大弥补政府公共服务不足。

三是积极参与跨界危机应对合作。危机的跨界性质可以分为三个维度：政治边界、功能边界与具有时间性。[⑤] 非传统安全威胁日益凸显，给各国发展带来严重的威胁，如“新冠肺炎疫情”中，由于存在更多全球病例的可能性，世界卫生组织（WHO）紧急情况委员会将本

---

① 顾昕：《知识的力量与社会治理的引人——突发性疫情早期预警系统的完善》，《治理研究》2020年第2期。

② Boin A，. Bynander F.，“Explaining success and failure in crisis coordination”，*Geografiska Annaler*，Vol. 97，No. 1，2015，pp. 123 – 135.

③ 滕五晓、王清、夏剑霺：《危机应对的区域应急联动模式研究》，《社会科学》2010年第7期。

④ Comfort L. K.，“Rethinking Security：Organizational Fragility in Extreme Events”，*Public Administration Review*，Vol. 9，2002，pp. 98 – 107.

⑤ Ansell C.，Boin A.，Keller A.，“Managing Transboundary Crises：Identifying the Building Blocks of an Effective Response System”，*Journal of Contingencies & Crisis Management*，Vol. 18，No. 4，2010，pp. 195 – 207.

次疫情判断为“国际关注的突发公共卫生事件”[①]。我国作为负责任大国，应重视“跨区域大国协调”的作用，共同为国际社会供给公共产品。[②] 这需要加强国家间互利合作，提升双边政治互信，同时更要增加在非传统安全领域合作的危机感和认同感，加强合作领域的顶层设计，共同推进合作的深化，促进危机解决，为“去安全化”创设条件。在危机应对的实践中，需超越某一具体危机，用一种广泛的、长远的眼光，通过积极参与跨国危机应对合作促进国内安全，最终提高安全治理能力。

第三节　体制耦合：以法律完善与跨界配套为先

非传统安全危机应对面临的最大问题恰恰是“危机应对体制”的危机。“去安全化”注重强调主体责任，通过建构议题来消除公众对于安全议题的认同。[③] 成功的“去安全化”需要完善的法律、体制、机制、队伍等条件的配套，而这些条件的缺失或不能配套则会是“安全化失当”的重要原因。例如“新冠肺炎疫情”暴发，首先暴露的就是《生物安全法》等法律的缺失以及危机应对指挥的体制性耦合不足。

一是要完善法律体系。不可否认的是，“非常态危机”的爆发与应对对促进法制建设有重要推进作用，如“SARS 危机”直接推动我国公共卫生和突发事件法律体系的完善，“问题疫苗危机”直接作为导火索推动我国《疫苗管理法》制定工作的推进。从完善法律体系来看，一方面，要从总体国家安全角度，完善现有法律法规，以前瞻性与补充性相结合的方式，加强非传统安全领域已有的各类法律法规、

---

① 外交部发言人就世界卫生组织发布新型冠状病毒感染的肺炎疫情为“国际关注的突发公共卫生事件”答记者问，http：//www. qstheory. cn/2020－02/02/c_ 1125521068. htm.

② 王磊、郑先武：《大国协调与跨区域安全治理》，《国际安全研究》2014 年第 1 期。

③ Hansen L. ，“Desecuritization：The Normative-Political in the Copenhagen School and Directions for How to Apply it. ”，*Review of International Studies*，Vol. 3，2012，pp. 525－546.

政策和制度的配套与整合。另一方面，提高应急管理部门的职能层次，重视应急预案体系的可操作性。应急预案是危机中应急行为直接的规范依据，在实际操作中需细化应急情境，明确责任主体，规范步骤流程并做好相应评估。

二是要健全央地、军地联合救援体制。在“新冠肺炎疫情”应对中，一些地方和部门暴露出在预防预警、先期处置、应急能力、市场监管等方面的短板和不足，[①] 暴露出地方政府在危机应对中的能力不足。这就需要形成中央政府与地方政府联合救援体制，以及必要时候的军队与地方的联合救援体制：①部门联合，形成央地部门联合，使其组成部门具备协调能力与第一时间实际责任能力，完成央地信息汇总、报送和传递，承担危机中第一时间的重大决策、行动与咨询；②央地资源共享，完善政府应急救灾物资储备体系，在危机的联合应对中，中央物资可为地方所利用；③军地联合，采用“平战结合”机制，在必要时，军队可参与地方应急，建立军地在信息搜集、情报预警等方面的互通有无与资源共享机制。

三是提升“专责化”应对危机能力，即危机应对的专门化、专业化、专职化。危机应对的紧迫性在于短时间内需要整合各部门信息，并在短时间内做出反应和决策。就我国的公共卫生危机应对来说，现有的“疾控中心——卫健委——各级政府”的逐级报告制度链条过长、耦合不够紧密。危机应对能力“专责化”还包括信息及时、准确和全面供给，专业救援队伍及时到位，媒体危机报道准确、及时、专职，这是抑制危机蔓延的关键因素。

第四节　信息整合：以重视专家与信息共享为要

非传统安全危机应对的信息整合，除了政治性，还更多地涉及科

① 新华社评论员：《在疫情大考中不断提升治理能力》，《新华每日电讯》2020 年 2 月 12 日第 4 版。

学专业知识，一则科学知识的传播有时会胜过“一打”行政命令的效果，因而决策系统中需要专家，信息整合需要充分运用“智库”的力量。

一是力求能充分整合危机中各方信息。危机沟通具有高度的模糊性、不稳定的条件和信息需求的多样性。危机中信息整合首先是发挥“智库”作用，行政体系以外的专家往往掌握一手信息，利用专业知识进行的专业研判和科学认识，将对危机演变起到关键作用。如在传染性疾病疫情中，临床医生和流行病学专家对于病例和疫情的信息，能够转化为有组织的、系统性的防范行为，为社会和政府提供专业化信息。其次是重视和利用互联网信息，尤其是社交媒体信息。在信息传播中，社交媒体不仅是个人网络形式，更是晋级状况下政府信息来源和政府的沟通工具。[①] 应优化社交媒体危机传播，发挥专家在社交媒体中的作用，确保紧急状况下可靠与科学信息的传播。[②] 最后是做好危机应对部门间的信息整合。应急管理部是法定的危机信息整合发布部门，需要提升危机中信息整合工作的权威性和科学性，在危机预警环节开始就能集成不同层级的应急信息，统一及时地对外发布，并统一组织救助体系，统筹应急力量投放，努力改变因信息不能整合而导致的多头上报、多头指挥、多头调度的现象。

二是重视危机中各环节信息的阶段性整合。危机治理体系是一个复杂系统，包括风险预警、风险监控、威胁评估、决策指挥、应急救援和恢复重建等相互关联的环节。在政府各部门信息共享的基础之上，危机治理中各环节信息的充分共享，有助于信息整合效能的提升。如公众的风险感知具有“放大效应”[③]，危机演化过程中的风险沟通，往

---

① Helsloot I.，Groenendaal J.，“Twitter：An Underutilized Potential during Sudden Crises?” *Journal of Contingencies and Crisis Management*，Vol. 3，No. 21，2013，pp. 178 – 183.

② Hagen L.，Keller T. E.，Neely S. R.，et al.，“Crisis Communications in the Age of Social Media：A Network Analysis of Zika-Related Tweets”，*Social Science Computer Review*，Vol. 36，No. 5，2018，pp. 523 – 541.

③ Huang J.，Yang J. Z.，“Beyond Under the Dome：An Environmental Documentary Amplified Public Risk Perception about Air Pollution in China”，*Journal of Risk Research*，Vol. 2，No. 2，2019，pp. 227 – 241.

往被认为只是一种“增强合法性或实现危机化解的工具性手段”，而忽视了其“作为一个有机环节在风险治理体系整合中的功能和作用”。

三是加强危机中整合信息的合理利用。行政部门首先需要对“智库”提供信息的重视与吸纳，如行业专家提供的预判、评估、指导、经验与教训分析，救援专家提供的应急救援的相关专业知识信息，要及时与定时召开专家咨询、各方联席会议、发布信息与共享信息。其次是注重通过信息整合来修复政府信任，如通过信息公开、策略调整、沟通重建等手段来修复信任。危机事件后重点在于恢复公众“心理公平感知”与制定全新规则，而非通过解释修复信任。[①] 最后是通过新技术促进安全治理能力提高。“数字治理”“智慧城市建设”为政府危机应对提供了新路径，因而可依托现有的智慧城市技术，如大数据、云计算和人工智能技术，建构包括监测、预警、报警、应急处置为一体的危机信息收集与反馈架构，通过整合信息提高危机应对水平，从而提高国家安全治理能力。

① 徐彪：《公共危机事件后的政府信任修复》，《中国行政管理》2013 年第 2 期。